अंग्रेज़ ऐसा बनारस राज बनाना चाहते थे जो ब्रिटिश राजनीतिक हित के अनुकूल हो। इससे यह बात भी उजागर होती है कि क्यों दूसरे दावेदारों को विस्मृत कर दिया गया। बाबू जगत सिंह का मुख्य अपराध यह था कि उन्होंने गंगा के क्षेत्र में अंग्रेज़ों का विरोध करने की कोशिश लगभग ऐसे समय में की जब अंग्रेज़ इस क्षेत्र में अपने क़दम मज़बूती से जमाने की कोशिश कर रहे थे तब बाबू जगत सिंह ने एक असफल लेकिन बहुत गम्भीर विद्रोह का आयोजन किया। बाबू जगत सिंह के विस्मृत संघर्ष और उनकी आज़ादी के आग्रह पर आधारित यह पुस्तक बनारस क्षेत्र में विद्रोहों की वंशावली को भी प्रभावित करती है। बाबू जगत सिंह के सारनाथ की ख़ुदाई से सम्बन्धित होने के कारण यह पुस्तक बौद्ध स्थल सारनाथ के पुन: प्रतिष्ठापन की प्रक्रिया के सन्दर्भ में भी कई गम्भीर तथ्यात्मक अंश प्रस्तुत करती है।

पुस्तक विशेष रूप से 1799 में बनारस में हुए विद्रोह का विस्तृत और सूक्ष्म विवरण प्रस्तुत करती है और अंग्रेज़ों के ख़िलाफ़ हिन्दू-मुस्लिम अभिजात वर्ग की एक मज़बूत प्रक्रियात्मक एकता को भी दर्शाती है। बनारस को एक मध्यवर्ती राज्य (Buffer State) बनाने के लिए अवध से छीन लिया गया था, ताकि भविष्य में पूर्वी-पश्चिमी ज़मींदार और नवाब एकजुट न हो सकें और आपस में सहयोग-सहभागिता न कर सकें। अपने संकीर्ण राजनीतिक उद्देश्यों के लिए भारतीय राजाओं एवं ज़मींदारों की मर्यादा में अंग्रेज़ों का ग़ैर मुनासिब हस्तक्षेप, विभिन्न ज़मींदारों और राज परिवारों के सक्षम और यथोचित दावेदारों के लिए शुभ संकेत नहीं था। बाबू जगत सिंह एवं वज़ीर अली की इस अनकही कहानी के माध्यम से यह किताब इस पहलू को बख़ूबी पेश करती है। पुस्तक शोध का एक बेजोड़ नमूना है जिसे शायद प्रारम्भ ही नहीं किया गया होता यदि श्री प्रदीप नारायण सिंह ने पितृऋण या पूर्वजों को समुचित श्रद्धांजलि प्रदान करने की ग़रज़ से इतिहास की रिक्तता को भरने का प्रयास नहीं किया होता।

बनारस के विस्मृत जननायक

बाबू जगत सिंह

(1799 : भारतीय स्वतन्त्रता संघर्ष की अनकही गाथा)

लेखक

एच.ए. कुरेशी

श्रेया पाठक

अनुवादक

शान कश्यप

वाणी प्रकाशन

प्रकाशन के उत्कृष्टतम 61 वर्ष

पेपरबैक पहला संस्करण : 2024

vaniprakashan.com

वाणी प्रकाशन
4695, 21-ए, दरियागंज, नयी दिल्ली-110 002
फ़ोन : + 91 11 23273167, 23275710
शाखाएँ
अशोक राजपथ, पटना-800 004, बिहार
कॉफ़ी हाउस कैम्पस, महात्मा गांधी मार्ग, प्रयागराज-211 001, उत्तर प्रदेश
महात्मा गांधी अन्तरराष्ट्रीय हिन्दी विश्वविद्यालय, वर्धा-442 001, महाराष्ट्र
36/ए, शेक्सपियर सरणी, रानी बिरला गर्ल्स कॉलेज के पास, कोलकाता-700 017, प. बंगाल
sales@vaniprakashan.in
vaniprakashan@gmail.com

BANARAS KE VISMRIT JANNAYAK : BABU JAGAT SINGH
(1799 : Bhartiya Swatantrata Sangharsh Ki Ankahi Gatha)
by H.A. Qureshi, Shreya Pathak
Translated by Shan Kashyap

ISBN : 978-93-6287-567-9
History

मूल्य : ₹ 795

थॉमसन प्रेस (इंडिया) लि. में मुद्रित

वाणी प्रकाशन का लोगो मक़बूल फ़िदा हुसेन की कूची से

विषयानुक्रमणिका

	चित्र-निरूपण	7
	संक्षिप्तीकरण	9
	प्रस्तावना	11
	दो शब्द	15
	भूमिका	17
	आभार	21
	घटनाक्रम	23
	परिचय	29
1.	राज स्रोत	31
2.	बाबू जगत सिंह : नूतन आख्यान की निर्मिति	57
3.	अज्ञात का अन्वेषण : सारनाथ खोज की गुत्थी	85
4.	राज का उत्तराधिकार : दावेदार, तकरार, भटकाव	103
5.	तख़्तनशीनी और तख़्तापलट : संघर्ष और षड्यन्त्र के बीच	123
6.	बाबू जगत सिंह और उपनिवेश विरोधी प्रतिरोध : भूमिका, प्रतिक्रिया, दमन	145
7.	अवनति की ओर : दमन, आशंका और मुक़दमा	187
	उपसंहार	229
	परिशिष्ट-I	244
	परिशिष्ट-II	269
	परिशिष्ट-III	281
	परिशिष्ट-IV	296
	ग्रन्थ-सूची	298
	नामानुक्रमणिका	325

चित्र-निरूपण

प्लेट 1.1 : राजा मंसाराम (1738-40), शासक वंश के संस्थापक

प्लेट 1.2 : राजा बहादुर बलवन्त सिंह, 1740 -70, विक्टोरिया मेमोरियल हाल, कलकत्ता में हाथी-दाँत पर बना छोटे आकार का चित्र

प्लेट 1.3 : राजा चेत सिंह, 1770-81

प्लेट 1.4 : ग्वालियर में राजा चेत सिंह के उत्तराधिकारियों के वर्तमान निवास स्थान के प्रवेश द्वार पर दर्शाये गये नाम

प्लेट 1.5 : शिवाला घाट का वह स्थान जहाँ पर 1781 का सशस्त्र विद्रोह हुआ था

प्लेट 1.6 : वह स्थान जहाँ पर 1781 के सशस्त्र विद्रोह में तीन अंग्रेज़ अधिकारियों की हत्या की गयी थी और बाद में उन्हें यहाँ दफ़नाया गया था। यह स्थान निवास-स्थानों तथा घने हरे-भरे पेड़-पौधों से घिरा है और यह स्थल स्पष्ट रूप से देखा नहीं जा सकता

प्लेट 1.7 : आर्कियोलॉजिकल सर्वे ऑफ़ इंडिया द्वारा सुरक्षित स्मारक पर लगा हुआ पटल जिसमें 17 अगस्त 1781 की सशस्त्र क्रान्ति में मारे गये अंग्रेज़ अधिकारियों के नाम अंकित हैं

मानचित्र 3.1 : सारनाथ भौगोलिक अवलोकन (राणा पी. बी. सिंह, 2024, पृ. 168 के आधार पर)

मानचित्र 3.2 : जगत सिंह स्तूप का स्वरूप (ए.एस.आई. रिपोर्ट, 1914 का आधार)

मानचित्र 3.3 : धर्मराजिका (जगत सिंह) स्तूप, ब्राउन 1959 के रेखाचित्र पर आधारित

मानचित्र 3.4 : सारनाथ के अवशेषों का रेखाचित्र (मेजर एम किट्टो, 1851-52, आभार, ए.एस.आई. आर., खण्ड-1)

मानचित्र 3.5 : सारनाथ : पुरातात्विक भूवैन्यासिक नियोजन (ए.एस.आई.1959 पर आधारित)

प्लेट 3.1 : सारनाथ का पुरातात्त्विक स्थल

प्लेट 3.2 : जगतगंज मन्दिर के द्वार पर स्थापित पत्थर पट्टिका

प्लेट 3.3 : धर्मराजिका स्तूप के समीप संक्षिप्त इतिहास दर्शाती हुई पत्थर पट्टिकाएँ

प्लेट 3.4 : धर्मराजिका स्तूप (जगत सिंह स्तूप), 2022

प्लेट 4.1	:	जगतगंज मस्जिद और जगतगंज कोठी के दालान के फ़ारसी अभिलेख
प्लेट 4.2	:	दसाराम के वंशजों का वंश वृक्ष लाल रंग में है तथा अन्यों का नीले रंग में है
प्लेट 4.3	:	बाबू जगत सिंह के परिवार का वंश वृक्ष II (हिन्दी)
प्लेट 4.4	:	बाबू जगत सिंह के परिवार का वंश वृक्ष III (अंग्रेज़ी)
प्लेट 4.5	:	काशीराज वंशावली
प्लेट 4.6	:	भदोही और चकिया के क्षेत्र को दर्शाने वाला काशीराज नक़्शा (केरा मंगरूर)
प्लेट 4.7	:	नदी की ओर से रामनगर क़िले का दृश्य
चित्र 6.1	:	कश्मीरी पशमीना पुरुष दुशाला (सोने की कढ़ाई)
चित्र 6.2	:	बनारसी अठरंगा अंगरखा बूटी / गंगा-जमुनी वाली बुनाई (विशेषत: बनारस तथा जगतगंज राजघराने हेतु निर्मित)
चित्र 6.3	:	अंगरखे के साथ पहना जाने वाला चूड़ीदार पैजामा बनारसी हस्तकला (सोने चाँदी की बुनाई)
चित्र 6.4	:	शमला (डिब्बे के साथ) बनारसी हस्तकला (विशेषत: बनारस राजघराने में पहनने का प्रचलन)
चित्र 6.5	:	बनारस में निर्मित महीन मर्सलीन पर सोने की कलाकारी (पुरुष के साफे का कपड़ा)
चित्र 6.6	:	बालिका की कुर्ती बनारसी हस्तकला (सोने-चाँदी की बुनाई)
चित्र 6.7	:	बालिका का लहँगा बनारसी ताशा की हस्तकला (सोने-चाँदी की बुनाई)
चित्र 6.8	:	बनारसी हस्तकला महिला की ओढ़नी (ऊपर की चादर) (सोने-चाँदी की बुनाई
प्लेट 6.1	:	बनारस में डेविस की रिहाइशगाह पर हमले की तस्वीर
प्लेट 6.2	:	14 जनवरी 1799 को मारे गये चैरी और अन्य अंग्रेज़ों की याद में बनाया गया स्मारक और उस पर अंकित शिलालेख
चित्र 7.1	:	चुनार का क़िला जहाँ बाबू जगत सिंह को 21.03.1799 से 10.08.1799 तक बनारस की विशेष अदालत में उन पर मुक़दमा चलाने के दौरान हिरासत में रखा गया था
चित्र 7.2	:	फोर्ट विलियम जहाँ बाबू जगत सिंह को 31.08.1799 से 19.10.1799 तक क़ैद में रखा गया था
प्लेट 8.1	:	बनारस के रईसों की तस्वीर जिसमें राय बहादुर, कवीन्द्र नारायण सिंह बैठे हुए लोगों में बायीं ओर से दूसरे व्यक्ति हैं

संक्षिप्तीकरण

एएएस	एशियन एंड अफ़्रीकन स्टडीज़
एड. एमएस.	एडिशनल मैनुस्क्रिप्ट
एएसआई	आर्कियोलॉजिकल सर्वे ऑफ़ इंडिया
बीसीजेसी	बंगाल क्रिमिनल एंड जुडिशियल कॉन्सल्टेशंस
बीसीओ	बनारस कमिश्नर ऑफ़िस
बीएल	ब्रिटिश लाइब्रेरी
बीएम	ब्रिटिश म्यूज़ियम
बीएनए	ब्रिटिश न्यूज़पेपर आर्काइव
सीपीसी	कलेंडर ऑफ परशियन कॉरेस्पोंडेंस
डीआर	डंकन रिकॉर्ड्स
ईआईसी	ईस्ट इंडिया कम्पनी
एफपीडी	फ़ॉरेन एंड पॉलिटिकल डिपार्टमेंट
एफडब्लूआईएचसी	फोर्ट विलियम इंडिया हाउस कॉरेस्पोंडेंस
एचपीसी	होम पब्लिक कॉन्सल्टेशंस
आईएचसी	इंडियन हिस्ट्री कांग्रेस
आईएचआरसी	इंडियन हिस्टॉरिकल रिकॉर्ड कमीशन
आईओआर	इंडिया ऑफ़िस रिकॉर्ड्स
जेएसआरएफपी	जगत सिंह रॉयल फैमिली प्रोजेक्ट
एमएफ	माइक्रोफ़िल्म
एनएआई	नेशनल आर्काइव्स ऑफ इंडिया

ओसी	ओरिजिनल कॉन्सल्टेशंस
पीडी	पब्लिक डिपार्टमेंट
आरएपी	रीजनल आर्काइव्स प्रयागराज
आरएवी	रीजनल आर्काइव्स वाराणसी
एससी	सिलेक्ट कमिटी
सेक. कोंस.	सीक्रेट कॉन्सल्टेशंस
सेक. प्र.	सीक्रेट प्रोसीडिंग्स
यूपीएसए	उत्तर प्रदेश स्टेट आर्काइव्स
डब्लूबीएसए	वेस्ट बंगाल स्टेट आर्काइव्स

प्रस्तावना

जब 18वीं सदी करवट ले रही थी और अंग्रेज़ अपने लिए पुख़्ता ज़मीन तलाश रहे थे तब बनारस शहर की अहमियत बढ़ती जा रही थी। गंगा के मैदान में पूरब की ओर बढ़ने के लिए यह एक द्वार तो था ही, लखनऊ व बंगाल से नज़दीकियों के कारण बनारस की अहमियत में इज़ाफा होता जाता था। बनारस को अपने अधीन रखने के लिए अंग्रेज़ों ने कई क़वायदें कीं। अपने राजनीतिक स्वार्थों के अनुकूल किसी राजा को गद्दी पर बिठाने की मुहिम इन क़वायदों का हिस्सा भी थीं और तरीक़ा भी। अंग्रेज़ों ने कई रियासतों के वंशानुक्रम और परम्पराओं में दख़ल देना आरम्भ कर दिया था। बनारस राज इसका अपवाद नहीं था। 1775 में फ़ैज़ाबाद की सन्धि के तहत अंग्रेज़ों ने बनारस राज को अपने अधीन कर लिया। तत्पश्चात बनारस राज अंग्रेज़ों का मुखापेक्षी बन गया। इन परिस्थितियों ने कई विद्रोहों को सन्दर्भ प्रदान किया। चेत सिंह का विद्रोह (1781) और बाद में बाबू जगत सिंह का विद्रोह (1799) इन्हीं परिस्थितियों से प्रेरित था। चूँकि चेत सिंह के विद्रोह पर वारेन हेस्टिंग्स की भी प्रेतछाया मँडराती रही इसलिए इतिहासकारों का ध्यान उधर तो गया, लेकिन जगत सिंह एवं वज़ीर अली द्वारा किये गये विद्रोह इतिहासकारों की आँखों से ओझल रह गये। यह किताब इतिहासकारों को इस खोये हुए इतिहास की छानबीन में गहराई से उतरने का निमन्त्रण देती है।

बनारस को 'प्रकाश का शहर', 'मोक्ष का शहर' और 'शिव की नगरी' इत्यादि के रूप में प्रदर्शित किया जाता रहा है। इसमें कोई सन्देह नहीं है कि वाराणसी विभिन्न विश्वासों, धर्मों और सम्प्रदायों का पालना रहा है। यह भक्ति आन्दोलन की भी प्रमुख पीठ के रूप में जाना जाता रहा है।

समाजशास्त्री और मानवविज्ञानी इस बात को रेखांकित करते हैं कि यह एक ऐसी जगह है जहाँ हिन्दू धर्म की 'छोटी'/'लघु' और महान व शास्त्रीय परम्पराएँ एक-दूसरे से लगातार सवाल-जवाब करती रही हैं। यह सम्वाद सतत जारी है। बनारस के विभिन्न पहलुओं पर इतिहास-लेखन में इतिहासकारों की भरपूर शिरकत रही है। बनारस के इतिहास पर इतिहासकारों ने बहुत स्याही उड़ेली है जिसकी बानगी ये है कि बनारस

का इतिहास धार्मिक नुक़्तेनज़र से लगातार अन्वेषित होता रहा है और इतिहासकारों ने इसके कई नये और नायाब कलेवर सामने रखे हैं। बनारस के सामाजिक व आर्थिक पहलुओं पर भी इतिहासकारों ने ध्यान दिया है लेकिन बनारस के अनेक पहलुओं पर ध्यान देते हुए भी राजनीतिक बनारस के प्रति इतिहासकार अपेक्षाकृत उदासीन नज़र आते हैं। प्रतिस्पर्धी राजनीति या सत्ता-शक्ति के राजनीतिक स्थल के रूप में बनारस पर पर्याप्त ध्यान नहीं दिया जा सका। पवित्र काशी का विचार, शहर के तमाम दूसरे पहलुओं पर ग़ालिब और हावी रहा है। बनारस के बरअक्स इतिहास लेखन की यह स्थिति निकट अतीत के आकलन में भी दिखाई पड़ती है। प्लासी व बक्सर के बाद, जब अंग्रेज़ अपने लिए रास्ता तलाश रहे थे और बनारस को नियन्त्रित करने की दिशा में दृढ़ थे, तब के इतिहास के भी कई पहलू अन्वेषित नहीं किये जा सके हैं। राजा चेत सिंह के विद्रोह के बाद उन्हीं के रिश्तेदारों में एक बाबू जगत सिंह ने भी विभिन्न कारणों से राजगद्दी से अपदस्थ एवं निर्वासित अवध के नवाब वज़ीर अली के साथ अंग्रेज़ों के ख़िलाफ़ विद्रोह को साकार रूप देने में महत्त्वपूर्ण भूमिका निभाई थी। वज़ीर अली तब बनारस में थे और बाबू जगत सिंह ने उनके साथ एक व्यापक साझेदारी वाले तीव्र विद्रोह को अंजाम देने की क़वायद की। बाबू जगत सिंह और उनका विद्रोह दोनों ही इतिहासकारों की निगाह से ओझल रहे हैं। यदि कहीं इसका ज़िक्र किया भी गया है तो वह मात्र झलक भर रहा है। प्रस्तुत पुस्तक बनारस की अठारहवीं शताब्दी के सन्दर्भ में इतिहास के एक आकर्षक और विस्मृत पहलू को प्रस्तुत करती है। यह ध्यान रखना चाहिए कि व्यवसाय और बैंकिंग के एक केन्द्र के रूप में भी बनारस उन लोगों को आकर्षित करता था जो सत्ता का मोल भाव करने के लिए धन चाहते थे। इसके अलावा बनारस एक ऐसा शहर भी था जिसका दौरा मराठों, मुग़ल राजकुमारों, अवध नवाबों के रिश्तेदारों के साथ-साथ ब्रिटिश अधिकारियों के द्वारा भी अक्सर किया जाता था। अठारहवीं सदी की ऐसी सक्रिय अन्य घटनाओं से लबरेज़ शहर के भी अनेक नायकों एवं खलनायकों को इतिहासलेखन ने तरजीह नहीं दी। प्रस्तुत पुस्तक ऐसे विस्मृत पहलुओं को दुरुस्त करने, उसे इतिहास के दायरे में लाने का एक संजीदा प्रयास है।

प्रस्तुत पुस्तक कई शोधपरक निबन्धों का एक समुच्चय है, जिसकी बुनियाद बनारस के राजनीतिक इतिहास के अज्ञात एवं अप्रयुक्त स्रोतों पर आधारित है। ऐसे स्रोत जो न केवल क्षेत्रीय अभिलेखागारों, भारत के विभिन्न राज्य अभिलेखागारों और भारतीय राष्ट्रीय अभिलेखागार में बिखरे हुए थे, बल्कि कई अन्तरराष्ट्रीय अभिलेखागारों में भी मौजूद थे, लेकिन इतिहासकारों की नज़र से ओझल और अनजान बने हुए थे। अब जबकि बाबू जगत सिंह के वंशज द्वारा इन बिखरे स्रोतों को एक सिरे से पिरोने का कार्य किया जा रहा है तो ऐसे अवसर और सन्दर्भ पैदा हो रहे हैं, जिससे बनारस राज के अनछुए और अज्ञात प्रसंगों पर नयी रोशनी पड़ेगी। विस्मृत नायकों और खलनायकों को इतिहास की परिधि में प्रवेश मिलेगा। नवीन स्रोतों एवं नये कार्य-कारण

सम्बन्धों पर आधारित नये वृत्तान्त कई समानान्तर वृत्तान्तों के द्वार खोलने में सफल होंगे। अंग्रेज़ ऐसा बनारस राज बनाना चाहते थे जो ब्रिटिश राजनीतिक हित के अनुकूल हो। इससे यह बात भी उजागर होती है कि क्यों दूसरे दावेदारों को विस्मृत कर दिया गया। बाबू जगत सिंह का मुख्य अपराध यह था कि उन्होंने गंगा के क्षेत्र में अंग्रेज़ों का विरोध करने की कोशिश लगभग ऐसे समय में की जब अंग्रेज़ इस क्षेत्र में अपने क़दम मज़बूती से जमाने की कोशिश कर रहे थे तब बाबू जगत सिंह ने एक असफल लेकिन बहुत गम्भीर विद्रोह का आयोजन किया। बाबू जगत सिंह के विस्मृत संघर्ष और उनकी आज़ादी के आग्रह पर आधारित यह पुस्तक बनारस क्षेत्र में विद्रोहों की वंशावली को भी प्रभावित करती है। बाबू जगत सिंह के सारनाथ की खोदाई से सम्बन्धित होने के कारण यह पुस्तक बौद्ध सारनाथ के पुन: प्रतिष्ठापन की प्रक्रिया के सन्दर्भ में भी कई गम्भीर तथ्यात्मक अंश प्रस्तुत करती है।

सारनाथ के सन्दर्भ में नये साक्ष्य और नये विश्वसनीय स्रोत पहले से प्रचलित वृत्तान्त एवं आख्यान के विन्यास में बदलाव की माँग करते हैं। नवीन साक्ष्यों के आलोक में खण्डन के सिद्धान्त के आधार पर विरासत से प्राप्त वृत्तान्त का पुन: संयोजन होना चाहिए। पुस्तक के माध्यम से जो नई कहानी उभर रही है उससे बाबू जगत सिंह की भूमिका के आकलन के लिए नया परिप्रेक्ष्य प्रस्तुत हो रहा है। सारनाथ की खोज और इन नवीन स्रोतों के आलोक में बाबू जगत सिंह की भूमिका की बारीकियों का दोबारा जायज़ा लिया जाना चाहिए और प्राप्त स्रोतों की गहन जाँच व पुष्टि के उपरान्त 'जगत सिंह स्तूप' पर चस्पाँ इबारत बदली जानी चाहिए। स्रोतों से उभरे नये कार्य-कारण सम्बन्धों के आधार पर बाबू जगत सिंह की पुन: परिभाषित भूमिका को उजागर किया ही जाना चाहिए। यह नितान्त आवश्यक हो जाता है, क्योंकि सारनाथ में दुनिया भर से बौद्ध तीर्थयात्री आते हैं। क्या बौद्ध तीर्थयात्रियों को सारनाथ की खोदाई में बाबू जगत सिंह की भूमिका की नवीन व्याख्या से परिचित नहीं कराया जाना चाहिए?

पुस्तक विशेष रूप से 1799 में बनारस में हुए विद्रोह का विस्तृत और सूक्ष्म विवरण प्रस्तुत करती है और अंग्रेज़ों के ख़िलाफ़ हिन्दू-मुस्लिम अभिजात वर्ग की एक मज़बूत प्रक्रियात्मक एकता को भी दर्शाती है। बनारस को एक मध्यवर्ती राज्य (Buffer State) बनाने के लिए अवध से छीन लिया गया था, ताकि भविष्य में पूर्वी-पश्चिमी ज़मींदार और नवाब एकजुट न हो सकें और आपस में सहयोग-सहभागिता न कर सकें। अपने संकीर्ण राजनीतिक उद्देश्यों के लिए भारतीय राजाओं एवं ज़मींदारों की मर्यादा में अंग्रेज़ों का ग़ैर मुनासिब हस्तक्षेप, विभिन्न ज़मींदारों और राज परिवारों के सक्षम और यथोचित दावेदारों के लिए शुभ संकेत नहीं था। बाबू जगत सिंह एवं वज़ीर अली की इस अनकही कहानी के माध्यम से यह किताब इस पहलू को बख़ूबी पेश करती है। पुस्तक शोध का एक बेजोड़ नमूना है जिसे शायद प्रारम्भ ही नहीं किया

गया होता यदि श्री प्रदीप नारायण सिंह ने पितृऋण या पूर्वजों को समुचित श्रद्धांजलि प्रदान करने की ग़रज़ से इतिहास की रिक्तता को भरने का प्रयास नहीं किया होता। पूर्वजों को अक़ीदत पेश करने की लालसा ने उन्हें प्रेरित किया वरना कौन इन बिखरे हुए स्त्रोतों को प्राप्त कर संकलित कराने, व्याख्यायित कराने के कठिन उद्यम को कार्यान्वित करने का बीड़ा उठाता। सुश्री श्रेया पाठक ने वृत्तान्त का आरम्भिक ख़ाका बनाया। जनाब एच. ए. क़ुरेशी साहब जैसे सधे हुए इतिहासकार एवं वरिष्ठ सांस्कृतिक भूगोलवेत्ता प्रो. राणा पी.बी. सिंह ने इसे अपने अनुभव से सींचा और एक सघन वृत्तान्त आकार ले सका। इस बात में सन्देह नहीं है कि इस पुस्तक से विवाद उत्पन्न होगा परन्तु यह स्त्रोतों की एक मज़बूत शृंखला पर आधारित है जो बनारस के राजनीतिक इतिहास, विशेष रूप से अठारहवीं शताब्दी के उत्तरार्ध और उन्नीसवीं शताब्दी के प्रारम्भ को नयी दिशा प्रदान करने के कई प्रस्थान बिन्दु उपलब्ध करा सकता है।

30 मार्च 2024

ध्रुव कुमार सिंह

इतिहास विभाग
सामाजिक विज्ञान संकाय
काशी हिन्दू विश्वविद्यालय
वाराणसी

दो शब्द

आपके समक्ष मूल पुस्तक का हिन्दी अनुवाद प्रस्तुत है। मूल पुस्तक को छपने के लिए देने के समय से ही तथ्यों की तलाश जारी रखी गयी, जिसकी परिणति उसमें परिशिष्ट-II के रूप में हुई। यह प्रक्रिया अनवरत जारी है जिसके फलस्वरूप परिशिष्ट-III व IV का समावेश इस अनुवाद में जोड़ा जा रहा है।

हमें आपको यह बताते हुए अत्यधिक हर्ष हो रहा है कि बनारस के डॉ. (मेजर) अरविन्द कुमार सिंह और विख्यात *पर्यटक गाइड* अशोक आनन्द भी अब जगत सिंह रॉयल फ़ैमिली प्रोजेक्ट के अभिन्न अंग बन गये हैं और इस अनुवाद को सज़ाने-सँवारने में हमारे साथ जी-जान से लगे हुए हैं। यह ज्ञात रहे कि मूल पुस्तक का अनुवाद रेवेनशाह यूनिवर्सिटी कटक के इतिहास विभाग से पी.एच. डी. कर रहे शान कश्यप द्वारा किया गया है। हर चरण में इसके जाँचने और परखने का दायित्व बनारस हिन्दू यूनिवर्सिटी के हिन्दी विभाग के प्रोफ़ेसर प्रभात मिश्रा के द्वारा निर्वहन किया गया।

इससे पूर्व अशोक आनन्द जी ने अशोक मिशन एजुकेशनल सोसाइटी के तत्त्वावधान में डॉ. सुभाष चन्द्र यादव, क्षेत्रीय पुरातत्त्व अधिकारी, वाराणसी द्वारा *बनारस के विस्मृत नायक बाबू जगत सिंह : पुनर्मूल्यांकन* विषय पर 20 जनवरी 2024 को एकल व्याख्यान का आयोजन किया, जिसका संचालन डॉ. (मेजर) अरविन्द कुमार सिंह जी ने किया। मेजर सिंह ने *1799 में काशी में हुई ब्रितानी हुकूमत के ख़िलाफ़ बग़ावत* तथा बाबू जगत सिंह के 1787 में सारनाथ को सर्वप्रथम चिह्नित करने के अन्तर्गत दो डाक्यूमेंट्री बनाकर यू-ट्यूब पर प्रसारित किया। इस किताब को ध्यानपूर्वक और सावधानी के साथ टाइप करने के लिए हम मो. तौफ़ीक़ के आभारी हैं। अवनि धर, कमर्शियल आर्टिस्ट वाराणसी, के समय-समय पर दिये गये महत्त्वपूर्ण सुझावों के लिए हम उनके कृतज्ञ हैं।

जगत सिंह रॉयल फ़ैमिली प्रोजेक्ट के अन्तर्गत बाबू जगत सिंह के जीवन और उनकी उपलब्धियों पर आवश्यक अध्ययन सामग्री के इकट्ठा करने से लेकर पहले अंग्रेज़ी और अब अनवरत अध्ययन से प्रकाश में आये नये तथ्यों के समावेश सहित

अनुवाद को आपके समक्ष रखते समय आपको यह बताना आवश्यक है कि यह इसलिए सम्भव हो सका कि श्री प्रदीप नारायण सिंह जी, प्रोजेक्ट के संरक्षक, सदैव से इस प्रोजेक्ट से जुड़े सब लोगों को अनवरत उत्साहित करने और भरसक प्रयत्नों से गतिशील रखने के लिए अग्रसर रहे। उन्होंने उस समय भी हार नहीं मानी और हताश नहीं हुए जब भरसक प्रयत्नों के बाद भी वांछित सामग्री उपलब्ध नहीं हो पा रही थी। उनकी इस ललक, लगन और स्फूर्तिदायक प्रयासों के फलस्वरूप अन्त में कलकत्ता तथा प्रयागराज अभिलेखागारों से वांछित सामग्री के प्राप्त होने पर दोनों किताबें उस रूप में आ पायीं जिसमें अब आप इनको पढ़ रहे हैं। अध्ययन एवं लेखन की प्रक्रिया बराबर गतिमान है। इसके फलस्वरूप अंग्रेज़ी भाषा में लिखी गई भूमिका में भी वांछित संशोधन कर दिये गये हैं।

हामिद आफ़ाक़ क़ुरेशी अलतेमी अलसिद्दीक़ी

भूमिका

जगत सिंह रॉयल फ़ैमिली प्रोजेक्ट (जेएसआरएफपी) के तत्त्वावधान में तैयार हुई पुस्तक *रेज़िस्टेंस एंड रिफ्लेक्शन ऑफ़ योर, जगत सिंह राजपरिवार ऑफ़ बनारस* के मसौदे की परख और पड़ताल करते हुए यह स्पष्ट हुआ था कि इसमें प्रस्तुत किये गये साक्ष्यों को फिर से सुनियोजित करने की आवश्यकता है। इसमें पुनर्लेखन का पक्ष भी शामिल था। मसौदे में अध्याय-विभाजन की रूपरेखा को बदलने की ज़रूरत नहीं थी और उसे वैसे ही बनाये रखा गया है।

ख़ैर-उद्दीन मुहम्मद ने, जो विनीत भाव से अपने नाम के आगे 'फ़क़ीर' लगाते थे, *तोहफ़ा-ए-ताज़ा* नाम की किताब लिखी थी, जिसे ग़लती से बलवन्तनामा कहा जाता है। आगे का रास्ता इसी किताब से खुला। इसके अनुवाद को अन्य उपलब्ध वंशावलियों के साथ पढ़ने से जगत सिंह राजपरिवार की सही वंशावली का पता चला। इस प्रकार जगत सिंह के कुल के बारे में उस भरोसेमन्द लेखक से हुई एक महत्त्वपूर्ण ग़लती को सुधारने का मौक़ा भी मिला।

इस विषय पर काम करने वाले और इसमें हाथ आज़माने वाले कई अन्वेषकों की सुस्ती के कारण एक और ग़लती की ज़िन्दगी लम्बी हो गयी थी। नये साहित्य से जुड़े रहने की मेरी पुरानी आदत ने इस कड़ी को तोड़ दिया है। ज़हीरुद्दीन मलिक ने अपनी किताब *द रेन ऑफ़ मुहम्मद शाह* में बताया कि मुर्तुज़ा ख़ान जागीरदार न होकर उन चार सरकारों के फ़ौजदार थे, जो संयुक्त रूप से बनारस की ज़मींदारी में शामिल थीं। साथ ही मीर रुस्तम अली उप-फ़ौजदार थे। मलिक ने यह जानकारी ग़ुलाम हुसैन ख़ान बिन हिम्मत ख़ान की किताब *ज़िक्र-उस-सियर* के हवाले से मुहैया कराई है। मालूम हुआ कि मुर्तुज़ा ख़ान और मीर रुस्तम अली के नाते ही मनोरंजन सिंह के परिवार को बनारस में हुकूमत का स्थायी आधार मुमकिन हुआ था। मज़े की बात तो यह है कि यह किताब ख़ुद बनारस के राजा की लाइब्रेरी में *तारीख़-ए-बनारस* नाम से पायी जाती है।

मैंने इस प्रोजेक्ट के लिए इकट्ठा किये गये सभी साक्ष्यों और स्रोतों की चौकस पड़ताल की। इस शुग़ल में बाबू जगत सिंह के जीवन को ढक चुके रहस्यवाद से छुटकारा मिला–यह स्पष्ट रूप से 1796 में हुई घटना को लेकर है। इस घटना की बारीक और ज़रूरी सूचनाओं को विश्लेषित करने से अंग्रेज़ी हुकूमत की मानसिकता या ज़हनियत की समझ पुख़्ता होती है कि आखिर क्यों बाबू जगत सिंह की सज़ा-ए-मौत को देश निकाले में बदला गया था?

इसके पहले मैंने अवध के वज़ीर अली की पूरी ज़िन्दगी को उसकी बारीकियों को समझने के लिए पढ़ा था। इस अध्ययन में वे सारे शख़्स भी शामिल थे जिनकी करनी और भरनी का कोई सिरा वज़ीर अली की ज़िन्दगी से जा जुड़ा था और उसे बदलता रहा। इस तरह वज़ीर अली और उनसे ताल्लुक़ रखने वाले हर शख़्स का ब्योरा मेरे हाथों लिखी गयी दो किताबों में उम्दगी से दर्ज है। इसमें बाबू जगत सिंह का जीवनवृत्त भी है, लेकिन सारनाथ से जुड़ी कड़ी पर कुछ नहीं कहा गया है। उन जिल्दों में बाबू जगत सिंह के आकलन पर तफ़सील से बात नहीं हो पायी, क्योंकि वे मुख्यत: वज़ीर अली पर केन्द्रित थे। उन किताबों में बाबू जगत सिंह से सम्बन्धित समस्त तथ्य मौजूद थे लेकिन उन पर मुनासिब रोशनी डालने की ज़रूरत और व्याख्या तथा आकलन करने के वास्ते इस किताब के सामने आने की सूरत तय हो गयी। यह मौक़ा मुझे मेरी पहली किताबों में नहीं मिल पाया था जो इस किताब ने मुहैया करवाया।

बाबू जगत सिंह की ज़िन्दगी और उनका इतिहास उभारने के लिए सहायक होने वाले सभी स्रोत और साक्ष्य अभिलेखीय (आर्काइवल) हैं। इस वजह से हम यह ठीक-ठीक जान पाते हैं कि जिसने जो किया वह क्यों और कैसे किया। साथ ही इस मामले से जुड़े सभी लोगों पर पुख़्ता दस्तावेज़ और इक़रारनामे भी मौजूद हैं। इन सभी को पढ़कर ऐसे इस्तेमाल किया गया है कि साथ मिलकर वह एक कहानी; एक तारीख़ बयां करें। यह सारे बयान उन लोगों के हैं जो घटनाओं में भागीदार थे और बिना किसी लाग-लपेट के अपनी बातें अपने ओहदे के साथ रोज़मर्रा में उजागर होने वाले मनोभाव से दर्ज कर रहे थे। घटना में अपराध हो या क्रान्ति उसे अंज़ाम देने वाले भी यह बड़ी साफ़गोई से बतलाते हैं कि उन्होंने उनको सौंपे गए काम क्यों किये या नहीं किये।

बनारस में चले मुक़दमे और काउंसिल के उपाध्यक्ष का प्रस्ताव, जो अभी तक अभिलेखागार की धूल में छिपा था ब्रिटिश लाइब्रेरी, लन्दन से ढूँढ़ निकाला गया है। इन स्रोतों को पहली बार इस किताब में इस्तेमाल किया गया है, ताकि नयी रोशनी मिले।

साफ़ है कि आगे के पन्नों में जो भी इतिहास सामने आयेगा वो इन्हीं स्रोतों और उनकी विवेचना पर आधारित है। इसे बड़ी साफ़गोई और ज़ाहिर लहजे में कहने की सम्भव कोशिश हुई है।

आपके हाथों में रखी किताब मैंने सँवारी है और इसे आख़िरी मुक़ाम तक पहुंचाया है। मैं यह भूमिका तब लिख रहा था जब मेरी बीवी मौत के क़रीब थी और उसी शाम लखनऊ में मग़रिब की नमाज़ पढ़ने के बाद उसका इन्तक़ाल हो गया। ख़ुदा उसकी रूह को जन्नत- उल-फ़िरदौस बख़्शे!

16 जुलाई 2023

हामिद आफ़ाक़ क़ुरेशी अलतेमी अलसिद्दीक़ी
जगतगंज, बनारस

आभार

प्रस्तुत पुस्तक जगत सिंह रॉयल फ़ैमिली प्रोजेक्ट (जेएसआरएफपी) के समापन का परिणाम है। प्रोजेक्ट समिति श्रेया पाठक की आभारी है जिन्होंने इस परियोजना के लिए शोध कार्य करते हुए 1 जून 2023 को परिशोधित और संशोधित ड्राफ्ट राजपरिवार जगतगंज रिसर्च प्रोजेक्ट को उपलब्ध कराया। प्रोजेक्ट समिति और उसके सदस्यों ने तब डॉ. हामिद आफ़ाक़ क़ुरेशी (अलतेमि अलसिद्दीक़ी) से सम्पर्क साधा जो चौरानवे शोध-पत्रों और अट्ठावन पुस्तकों के लेखक हैं। इन पुस्तकों में से एक अवध के वज़ीर अली पर है। जिसमें बाबू जगत सिंह का समग्र जीवनवृत्त मौजूद है। इसमें सारनाथ के बौद्ध अवशेषों की खोज और अनुरक्षण में बाबू जगत सिंह की मुख्य भूमिका की जानकारी नहीं थी। समिति ने डॉ. क़ुरेशी को बनारस आमन्त्रित किया और उन्हें अपने शोध मसौदे की एक कॉपी भेंट की। डॉ. क़ुरेशी की समीक्षा और आकलन के बाद यह तय हुआ कि पहले तैयार किये गये मसौदे को समग्रता देने की आवश्यकता है और उसी प्रक्रिया के फलस्वरूप यह पुस्तक तैयार हुई, जिसे आप अभी पढ़ रहे हैं। बाबू जगत सिंह राजपरिवार के प्रतिनिधि और प्रोजेक्ट समिति के संरक्षक श्री प्रदीप नारायण सिंह को इतिहास और तथ्यों की प्रामाणिकता में गहन रुचि है और वह इन पर चर्चा करते कभी नहीं थकते। उन्होंने इस दिशा में उत्सुकता और उमंग से काम करते हुए भारत के विभिन्न पुस्तकालयों से लेकर लन्दन की ब्रिटिश लाइब्रेरी तक दस्तावेज़ खँगाल डाले, जिसके बिना इस पुस्तक को लिखने के लिए पर्याप्त और नये साक्ष्य मिलना सम्भव न था। उनके लिए यह देखना सुखद है कि अभिलेखागार की यात्रा करते हुए कई मूल दस्तावेज़ और प्राथमिक स्रोत अब इस पुस्तक के सहारे लोगों के मध्य पहुँच जायेंगे।

वरिष्ठ अधिवक्ता श्री त्रिपुरारी शंकर की धारदार लेखन और विवेचन शैली और बनारस पर उनकी विस्तीर्ण जानकारी प्रोजेक्ट की पूर्णता में सहायक हुई। समिति भाग्यशाली और समृद्ध हुई कि अकादमिक विषयों पर प्रो. राणा पी. बी. सिंह (सेवानिवृत्त प्राध्यापक व विभागाध्यक्ष, भूगोल विभाग, बनारस हिन्दू विश्वविद्यालय)

का सहयोग और मार्गदर्शन मिला। उनकी स्कॉलरशिप ने जीवनपर्यन्त बनारस के विभिन्न विषयों और आयामों को प्रकाश में लाया है; साथ ही इस पुस्तक के लिए सारनाथ के अध्याय का पुनर्लेखन और पूरी किताब में उसकी प्रभावी उपस्थिति उनके प्रयासों का परिणाम है, जिसके लिए उन्हें सहृदय धन्यवाद है। अधिवक्ता श्री अरविन्द कुमार सिंह प्रोजेक्ट के प्रारम्भ से ही इससे जुड़े रहे, अपना मूल्यवान समय दिया और वही डॉ. क़ुरेशी को लखनऊ से बनारस आने के लिए निमन्त्रित करने गये थे। श्री प्रदीप नारायण सिंह की अपनी टीम, जिसमें विकास यादव, मोहम्मद शमीम अहमद, और सैयद एहसन अहमद पूरे समर्पण के साथ समिति और प्रोजेक्ट के कार्य को सुचारु ढंग से चलते रहने में बहुत सहायक सिद्ध हुए। चाहे वह स्रोतों, दस्तावेज़ों, और द्वितीयक स्रोतों का संचयन हो, या पत्र-व्यवहार, कोई टेक्निकल मुद्दा हो, या शोध प्रबन्ध के लिए किसी सहायक पक्ष की खोजबीन, यह सभी हमेशा पूरे समर्पण भाव से शोध समिति की सहायता के लिए चौबीसों घण्टे तत्पर रहे। हम प्रमुखता से अपनी कृतज्ञता निम्नलिखित व्यक्तियों के लिए प्रकट करते हैं जिन्होंने इस पुस्तक के लिए शोध कार्य में प्रयोग हुए आर्काइवल रिकॉर्ड और फ़ाइलों को ढूँढने में सहायता की : श्रीमती जयप्रभा रवीन्द्रन (सहायक निदेशक, राष्ट्रीय अभिलेखागार, नयी दिल्ली), डॉ. सुमिता दास मजूमदार (सहायक निदेशक, राष्ट्रीय अभिलेखागार, नयी दिल्ली), और श्री फ़रीद अहमद (प्रभारी, रिसर्च रूम, राष्ट्रीय अभिलेखागार)। साथ ही हम अलिकी-एनेस्टेसिया आर्कोमानी (एशियन एंड अफ्रीकन स्टडीज़ रेफ्रेन्स स्पेशलिस्ट ऑफ़ ब्रिटिश लाइब्रेरी व अफ्रीकन स्टडीज़ रेफ्रेन्स सर्विस) का धन्यवाद करते हैं जिन्होंने हमेशा चेष्टा से बाबू जगत सिंह पर लाइब्रेरी में उपलब्ध सभी सामग्रियों को ढूँढ़ने और उपलब्ध करवाने में बहुत सहायता की। इसके बिना बाबू जगत सिंह के कई पक्षों पर प्रकाश डालना असम्भव था। हम उन सभी पुस्तकालयों और अभिलेखागारों के अधिकारियों और सहायकों का धन्यवाद करते हैं जहाँ श्रेया पाठक (वरिष्ठ शोध सहायक) ने शोध कार्य किया। साथ ही राष्ट्रीय अभिलेखागार (नयी दिल्ली) के साथ प्रादेशिक अभिलेखागार (प्रयागराज) और पश्चिम बंगाल अभिलेखागार (कोलकाता) से शोध सामग्री को एकत्र करने का ज़िम्मा अंशुमान श्रीवास्तव, नीलाश्री दासगुप्ता, और समी अहमद ने उठाया था और हम उनके कठिन परिश्रम के लिए कृतज्ञता प्रकट करते हैं। इस प्रोजेक्ट को मौलाना अब्दुल बातिन नोमानी (मुफ़्ती-ए-शहर, बनारस) की दुआ और आशीष मिलता रहा।

जगतगंज रॉयल फ़ैमिली प्रोजेक्ट
के संरक्षक और सभी सदस्य

घटनाक्रम

1719	मुग़ल बादशाह मोहम्मद शाह बनारस सरकार का फ़रमान प्रदान करते हैं जिसमें जौनपुर, चुनार, ग़ाज़ीपुर, आज़मगढ़, बलिया, और मिर्ज़ापुर का पूर्वी हिस्सा शामिल था। मुर्तुज़ा ख़ान को फ़ौजदार बनाया गया।
1738	चार सरकारों का सनद मंसाराम के पुत्र बलवन्त सिंह के नाम पर जारी हुआ, और मंसाराम ने अपने तीन भाई दसाराम, मायाराम, और दयाराम के साथ राजवंश की स्थापना की।
1740	मंसाराम का देहान्त और उनके पुत्र राजा बलवन्त सिंह का उत्तराधिकार।
1752	रामनगर क़िले का राजपरिवार के आवास के रूप में निर्माण।
1754	सफ़दर जंग का देहान्त और नवाब शुजा-उद्दौला का पदारोहण।
1757-60	बंगाल के गवर्नर के पद पर रॉबर्ट क्लाइव का प्रथम कार्यकाल।
1757	पलासी का युद्ध।
1764-67	बंगाल के गवर्नर के पद पर रॉबर्ट क्लाइव का द्वितीय कार्यकाल।
1764	बक्सर का युद्ध।
16 अगस्त 1765	इंग्लिश ईस्ट इंडिया कम्पनी, अवध के नवाब और मुग़ल बादशाह के मध्य इलाहाबाद की सन्धि।
23 अगस्त 1770	राजा बलवन्त सिंह का देहान्त।
10 अक्टूबर 1770	बनारस ज़मींदारी पर चेत सिंह का राज्यारोहण।

22 नवम्बर 1770	चेत सिंह के नाम पर पट्टा।
1773	हेस्टिंग्स और नवाब शुजा-उद्दौला के मध्य परामर्श; रेगुलेटिंग एक्ट को पास किया गया जिसके बाद हेस्टिंग्स बंगाल के गवर्नर जनरल हुए और चार सदस्यों वाली काउंसिल बनाई गयी।
1773-85	बंगाल के गवर्नर जनरल के रूप में हेस्टिंग्स का कार्यकाल।
1775	नवाब शुजा-उद्दौला का देहान्त और आसफ़-उद्दौला का उत्तराधिकार।
21 मई 1775	नवाब आसफ़-उद्दौला और ईस्ट इंडिया कम्पनी के मध्य सन्धि जिसके उपरान्त बनारस ब्रिटिश अधिकार के अन्तर्गत आ गया और निर्धारित राजस्व का भुगतान कम्पनी को किया जाना तय हुआ।
15 अप्रैल 1776	राजा चेत सिंह को सनद प्राप्त हुआ; नये बन्दोबस्त के अन्तर्गत चार सरकारों की मंजूरी, बनारस और जौनपुर की कोतवाली, और बनारस का टकसाल चेत सिंह के नाम पर।
जनवरी 1777	थॉमस ग्राहम बनारस के रेज़ीडेंट बने।
1778-81	राजा चेत सिंह से युद्ध अनुदान के लिए बराबर उठती माँग।
14 अगस्त 1781	बनारस में वारेन हेस्टिंग्स का आगमन।
16 अगस्त 1781	शिवाला क़िले में राजा की गिरफ़्तारी के बाद बग़ावत का बिगुल।
30 सितम्बर 1781	राजा महीपनारायण का राज्यारोहण।
1787	सारनाथ में उत्खनन और जगतगंज का निर्माण।
अक्टूबर 1793-मार्च 1798	बंगाल के गवर्नर जनरल के रूप में सर जॉन शोर का कार्यकाल।
27 अक्टूबर 1794	बनारस के राजा और रेज़ीडेंट (ईस्ट इंडिया कम्पनी के प्रतिनिधि) के मध्य नयी सन्धि जिसके अन्तर्गत राज बनारस की पारिवारिक जागीर का निर्माण करके शेष क्षेत्र को कम्पनी के प्रत्यक्ष राज के अधीन कर लिया गया; बनारस में स्थायी बन्दोबस्त का आरम्भ और कलेक्टर की नियुक्ति।
जुलाई 1795	बनारस में सैमुएल डेविस की जज और मजिस्ट्रेट के पद पर नियुक्ति।
14 जनवरी 1795	बनारस की ज़मींदारी पर क़ानूनी और वास्तविक वारिस

	होने के अधिकार का दावा करते हुए बाबू जगत सिंह की याचिका।
सितम्बर 1795	राजा महीपनारायण का देहान्त; उनके पुत्र राजा उदितनारायण सिंह बहादुर का उत्तराधिकार।
25 सितम्बर 1795	जगत सिंह को रु 1000 के मासिक पेंशन का अनुदान।
1796	कोर्ट ऑफ़ सर्किट के मुक़दमे में बाबू जगत सिंह पर हथियारबन्द लोगों की सहायता से सेकरोल में कोषागार और बन्दूकों की लूट का आरोप; जाँच में उनके विरोधियों का षड्यन्त्र साबित हुआ।
जुलाई 1796	लखनऊ में लम्सडेन की रेज़ीडेंट के पद पर नियुक्ति और जॉर्ज फ्रेडरिक चेरी को बनारस में गवर्नर जरनल का एजेंट बनाया गया।
21 सितम्बर 1797	नवाब आसफ़-उद्दौला का देहान्त और वज़ीर अली का राज्यारोहण।
29 सितम्बर 1797	वज़ीर अली को अवध का मसनद देने के लम्सडेन के फ़ैसले को बोर्ड की मंजूरी।
2 अक्टूबर 1797	वज़ीर अली के उत्तराधिकार को मंजूरी देते हुए बोर्ड का दूसरा रेज़ोल्यूशन।
23 दिसम्बर 1797	वज़ीर अली को अपदस्थ करने सर जॉन शोर का लखनऊ में आगमन।
21 जनवरी 1798	वज़ीर अली मसनद से अपदस्थ और उनकी जगह सआदत अली ख़ान पदस्थ किये गये।
21 फ़रवरी 1798	अंग्रेज़ों और सआदत अली ख़ान के बीच नयी सन्धि।
21 फ़रवरी 1798	सर जॉन शोर का लखनऊ से प्रस्थान।
फ़रवरी 1798	वज़ीर अली का लखनऊ से पलायन, बनारस आगमन।
5 मार्च 1798	लखनऊ में घटित घटनाओं के सम्बन्ध में प्रस्ताव पारित।
मई 1798-जुलाई 1805	बंगाल के गवर्नर जनरल के रूप में वेलेज़ली का कार्यकाल।
18 अगस्त 1798	बनारस शहर के कोतवाल मिर्ज़ा पंचू के ख़िलाफ़ वज़ीर अली ने चेरी से शिकायत की।
सितम्बर 1798	कम्पनी शासन के ख़िलाफ़ विरोध की योजना को लेकर बाबू जगत सिंह और वज़ीर अली के बीच ख़ुफ़िया बैठक।
1798	सारनाथ की खोज के सन्दर्भ में एशियाटिक सोसाइटी ऑफ़ बंगाल के *जर्नल एशियाटिक रिसर्चेज* में 1798 में जोनाथन डंकन का पहला प्रकाशन; 1799 में पुन:प्रकाशन।

24 दिसम्बर 1798	चेरी को गवर्नर जनरल का निर्देश कि वज़ीर अली को बनारस से कलकत्ता भेजा जाये।
14 जनवरी 1799	विरोध की शुरुआत, गवर्नर-जनरल के एजेंट चेरी और उसके सहायकों का क़त्ल; बनारस मजिस्ट्रेट सैमुएल डेविस और उसके परिवार पर धावा। जनरल एरस्किन की सेना का माधवदास बाग़ पर क़ब्ज़ा।
15 जनवरी 1799	राजा उदितनारायण सिंह की कलेक्टर से भेंटवार्ता।
मार्च 1799	चौथा आंग्ल-मैसूर युद्ध।
5 अप्रैल-4 मई 1799	श्रीरंगपट्टम पर क़ब्ज़ा।
20 मई 1799	बनारस विशेष अदालत का निर्माण; सरकार के ख़िलाफ़ षड्यन्त्र और विरोध में शामिल सभी व्यक्तियों पर मुक़दमा।
17 जून 1799	बनारस की विशेष अदालत में मुक़दमे की शुरुआत।
जुलाई 1799	वज़ीर अली ने जयपुर में पनाह ली।
22 जुलाई 1799	बनारस की विशेष अदालत ने बाबू जगत सिंह को सज़ा-ए-मौत सुनाई; लेकिन निज़ामत अदालत ने रेग्युलेशन XVI, 1795, बनारस डिविज़न के सेक्शन 23 के तहत सज़ा को बदलकर आजीवन देश निकाला में बदला और पुष्टि के लिए काउंसिल के उपाध्यक्ष को भेज दिया।
23 जुलाई 1799	कलकत्ता काउंसिल ने रेज़ोल्यूशन पास करके सज़ा-ए-मौत को तब के प्रचलित रेग्युलेशन का पालन करते हुए आजीवन देशनिकाले में बदला और बनारस अदालत को निर्देश दिया कि बाबू जगत सिंह को कलकत्ता भेजा जाये।
2 दिसम्बर 1799	जयपुर के राजा ने वज़ीर अली को अंग्रेज़ अफ़सर कोलिन्स को सौंपा।
1815	ए.एस.आई. के डाइरेक्टर जनरल कनिंघम द्वारा सारनाथ का उत्खनन।
18 मार्च 1818	बाबू जगत सिंह के पौत्र फतेह नारायण का जन्म।
12 अप्रैल 1860	फतेह नारायण सिंह को रु. 1000/- वार्षिकी राजस्व वाला भूमि का अनुदान दिया गया।
10 मार्च 1862	भूमि अनुदान का सनद फतेह नारायण सिंह के नाम पर जारी हुआ।
23 मार्च 1868	फतेह नारायण सिंह के पुत्र ऐश्वर्य नारायण सिंह का जन्म।

1867	फतेह नारायण सिंह के तीसरे पुत्र इन्द्र नारायण सिंह का जन्म।
1 जनवरी 1877	महारानी विक्टोरिया की तरफ़ से ऐश्वर्य नारायण सिंह को 'सर्टिफिकेट ऑफ़ रेकग्नीशन'।
9 अक्टूबर 1877	बाबू ऐश्वर्य नारायण का देहान्त।
1858-77	फतेह नारायण के दूसरे पुत्र ईश नारायण सिंह।
1902-3	इन्द्र नारायण ने महाराज आदित्य नारायण सिंह का अभिभावक होने का मानद कार्य स्वीकारा।
16 जुलाई 1909	इन्द्र नारायण सिंह का देहान्त।

परिचय

बाबू जगत सिंह द्वारा अंग्रेज़ों के सिर पर तूफ़ान लाने के सपने के समान (जो अन्ततः 14 जनवरी 1799 को पूरा हुआ था), श्री प्रदीप नारायण सिंह के मन में अपने पूर्वजों के जीवन का सच और उनकी उपलब्धियों को देश और समाज के सामने लाने का विचार हमेशा सबसे ऊपर था। वह बाबू जगत सिंह वल्द बाबू शिव लाल सिंह वल्द बाबू दशाराम (ज़्यादातर दसाराम लिखा गया है, जिसका इस पुस्तक में पालन किया गया है) के वंशज हैं, जिनमें से दसाराम बनारस राज के संस्थापक मंसाराम के सगे भाई थे। उद्यत को समर्थन का मूर्त रूप देने के लिए एक कार्यकारी समिति का गठन किया गया। इसे 20 अप्रैल 2019 को जगत सिंह रॉयल फ़ैमिली प्रोजेक्ट (जेएसआरएफपी) का नाम दिया गया। इस समिति में पाँच सदस्य शामिल थे:

1. श्री प्रदीप नारायण सिंह, राजपरिवार के प्रतिनिधि और संरक्षक, जेएसआरएफपी
2. डॉ. श्रेया पाठक, इतिहास में एसोशिएट प्रोफ़ेसर, वसन्ता कॉलेज महिला, वाराणसी, सीनियर रिसर्च एसोशिएट
3. श्री त्रिपुरारी शंकर, अधिवक्ता, वाराणसी और परामर्शदाता व सलाहकार, जेएसआरएफपी
4. श्री अरविन्द कुमार सिंह, अधिवक्ता, वाराणसी और परामर्शदाता व सलाहकार, जेएसआरएफपी
5. प्रोफ़ेसर राणा पी.बी. सिंह, सेवानिवृत्त प्रोफ़ेसर और भूगोल विभाग के अध्यक्ष, बीएचयू, परामर्शदाता व सलाहकार, जेएसआरएफ, जिन्होंने पुस्तक के सभी अध्यायों का भी अध्ययन किया और सुधार के लिए उपयोगी सुझाव दिये।

शुरुआती शोध कार्य के बाद और जब तक अभिलेखीय स्त्रोतों का संग्रह शुरू हुआ दुनिया कोविड-19 महामारी में जा फँसी। इसकी वजह से सभी अभिलेखागार और पुस्तकालयों को बन्द कर दिया गया और 2021 के मध्य में हमारा काम रुक गया।

जब सब कुछ सामान्य हुआ तो शोध कार्य की गाड़ी आगे बढ़ी। भारतीय राष्ट्रीय अभिलेखागार, नयी दिल्ली; उत्तर प्रदेश राज्य अभिलेखागार, लखनऊ; पश्चिम बंगाल राज्य अभिलेखागार, कोलकाता; क्षेत्रीय अभिलेखागार, वाराणसी; और क्षेत्रीय अभिलेखागार, प्रयागराज से शोध सामग्री और प्राथमिक स्त्रोतों को इकट्ठा किया

गया। इसके परिणामस्वरूप डॉ. श्रेया पाठक ने 'अन्तिम पुनरीक्षित और संशोधित' ड्राफ्ट 01.06.2023 को राजपरिवार जगतगंज रिसर्च प्रोजेक्ट की कार्यकारी समिति को प्रस्तुत किया। ख़ैर-उद्दीन मुहम्मद की फ़ारसी कृति को छोड़कर, जो सी कुरवेन द्वारा अपने अनुवादित रूप में उपलब्ध है, और मराठों के मराठी पत्रों के अलावा, शेष प्राथमिक स्रोत सामग्री को विभिन्न अभिलेखागारों से इकट्ठा किया गया और उनके संरक्षण के मद्देनज़र उन्हें अभिलेखीय सामग्री कहा जाना चाहिए और वे अंग्रेज़ी भाषा में हैं। ये वास्तव में रिकॉर्ड के दस्तावेज़ हैं जिनमें प्राप्त और जारी किये गये पत्र और सरकारी काग़ज़ात, पत्राचार, संकल्प, कार्यवाही, कार्यवृत्त, रिपोर्ट, समझौते, पेटेंट आदि शामिल हैं, जो स्थिति की गम्भीरता के अनुसार घटनाओं में ऐतिहासिक पात्रों की सहज प्रतिक्रिया के कारण अस्तित्व में आते हैं।

इसके बाद यह पता चला कि इस विषय के सबसे क़रीब प्रकाशित शोध कार्य दो खण्डों में द *फ्लीकर्स ऑफ़ एन इंडिपेंडेंट नवाबी : नवाब वज़ीर अली ख़ान ऑफ़* अवध नामक एक पुस्तक थी। पुस्तक के लेखक डॉ. हामिद आफ़ाक़ क़ुरेशी ने *तोहफा-ए-ताज़ा ऑफ़ फ़क़ीर खैरुद्दीन एंड मिनट्स ऑफ़ चार्जेस ऑफ़ वारेन हेस्टिंग्स* को भी सम्पादित और पुनः प्रकाशित किया था। पुस्तक को ख़रीदा और पढ़ा गया और यह पता चला कि विद्वान लेखक ने 1799 के प्रतिरोध पर तफ़सील से लिखा है; उनका काम यूरोपीय और स्वदेशी भाषाओं में सभी उपलब्ध प्राथमिक और माध्यमिक स्रोतों पर आधारित था और अवध की राजनीति और वज़ीर अली के मामले पर अधिक केन्द्रित था जैसा कि शीर्षक से ही स्पष्ट है। इसका एक हिस्सा बाबू जगत सिंह से सम्बन्धित था, लेकिन इसमें सारनाथ की खोज के साथ उनके सम्बन्ध पर कोई चर्चा नहीं थी। इसलिए उन्हें समिति की एक बैठक में आमन्त्रित करने का निर्णय लिया गया और उपर्युक्त 'अन्तिम प्रस्तुति' की एक प्रति उन्हें दी गयी। उन्होंने समिति की अगली बैठक में भाग लिया और प्रोजेक्ट के बारे में अपने विचार रखे। उनके विचारों से परिचित होने पर यह तय हुआ कि उन्हें प्रोजेक्ट के 'मेंटर और प्रमुख लेखक' के रूप में शामिल किया जाये ताकि वे 'तथ्यों की जांच कर सकें, और डॉ. श्रेया पाठक की तैयार की हुई रिपोर्ट को संशोधित करें और यदि आवश्यक हो तो उसका पुनर्लेखन करें।' पुस्तक की भूमिका यह स्पष्ट करती है कि इसे कैसे किया गया है।

यह दावा करने के लिए कोई सबूत नहीं है कि बाबू जगत सिंह कभी बनारस के किसी राजा के दीवान या नायब थे। ऐसा प्रतीत होता है कि सारनाथ के लेखकों ने ग़लती से उन्हें बाबू जगत देव सिंह के साथ भ्रमित कर दिया है, जो राजा महीपनारायण सिंह के नायब थे (कैलेंडर ऑफ़ पर्शियन कॉरेस्पोंडेंस, खण्ड 6, संख्या 1228-30)।

संरक्षक और सदस्य, जेएसआरएफपी

1

राज स्त्रोत

शहर-ए-बनारस अनन्य है, अनुपम है। यहाँ इतिहास की धारा ईसा पूर्व बारहवीं शताब्दी से अविरल बह रही है। काशी या बनारस सप्तपुरियों में से एक है। यह पावन गंगा के तट पर स्थित एक महत् हिन्दू तीर्थ है। यह क्षेत्र उत्तर में वरुणा और दक्षिण में असि (अस्सी) नदियों से घिरा है। इसी भौगोलिक ठौर के कारण इसे वाराणसी कहते हैं। इस सटीक स्थिति की पुष्टि करने के साथ ही, *'स्कन्द पुराण'* का काशी खण्ड इसके आध्यात्मिक महत्त्व को भी रेखांकित करता है :[1]

दक्षिणोत्तरदिग्भागेकत्वासिंवरणांसुराः।
क्षेत्रस्य मोक्ष निक्षेय रक्षारिवृत्तिमाययुः।।

विधाता ने शहर के उत्तर और दक्षिण में वरुणा और असि नदियों का सृजन किया, जिससे इसे प्राकृतिक और सुस्पष्ट सीमाएँ मिलीं। इसे एक पूजनीय स्थल माना जाता है और यह भी मान लिया गया है कि यहाँ मनुष्य के सभी प्रकार के दुःख दूर होते हैं और मुक्ति मिलती है।

वामन पुराण में विष्णु हेमेश्वर को इन पाँच श्लोकों में काशी के बारे में बताते हैं :[2]

योसोब्रह्माण्डकेपुण्ये मदंशप्रभवो व्ययः।
प्रयागेवसतेनित्यं योगशायीतिविश्रुतः।।
चरणाद्दक्षिणातस्य विनिर्गतासरिद्वरा।
विश्श्रुतावरणेत्येवसर्वपापहरा शुभा।।
सव्यादन्या द्वितीया च असिरित्येवविश्रुता।
तेउभे च सरिच्छेष्ठेलोकपूज्येवभूवतुः।।
तयोर्मध्येतु योदेशस्तत क्षेत्र योगशायिने।
त्रैलोक्य प्रवरंतीर्थसर्व्वपापविमोचनम्।।
नतादृशंहिगगने न भूम्यां न रसातले।
तत्रास्तिनगरीपुण्या ख्यातावारानसीशुभा।।

(प्रयाग के दक्षिण से वरुणा नामक नदी निकलती है, जो अत्यन्त पवित्र है और मनुष्यों को दु:खों और पापों से मुक्त करती है। एक और धारा है जिसका नाम असि है। इन दो धाराओं के बीच स्थित अक्षय भूखण्ड लोगों और संतों के लिए बहुत पावन है और उनका वहाँ आना-जाना लगा रहता है। सम्पूर्ण ब्रह्माण्ड में इसके बराबर कोई भूमि नहीं है। यही वह भूमि है जहाँ पवित्र और प्रख्यात शहर वाराणसी अपनी अद्‌भुत शोभा और वैभव के साथ विद्यमान है।)

काशी या बनारस धार्मिक और सांस्कृतिक रूप से एक प्रमुख शहर है। इसका राजनीतिक महत्त्व भी उतार-चढ़ाव से भरा किन्तु चमकदार रहा है। यह छठी शताब्दी ईसा पूर्व में सोलह महाजनपदों में से एक था।[3] एक बार कोसल और मगध अपनी प्रमुखता स्थापित करने के लिए काशी को नष्ट करने की लड़ाई में उलझ गये।[4] ग्यारहवीं शताब्दी के अन्तिम दो दशकों में कन्नौज को अपनी राजधानी बनाने से पहले गहड़वाल राजवंश ने प्रभुत्व के आरम्भिक काल में काशी को ही राजधानी बनाया था। प्रसिद्ध साहित्यिक लेखक मैकाले, जो अपने बहुमुखी निबन्धों के लिए जाने जाते हैं, ने काशी के बारे में अपनी भावनाओं को व्यक्त करते हुए कहा है 'यह समृद्धि, जनसंख्या, गरिमा और पवित्रता में एशिया के अग्रणी शहरों में से एक है।'[5]

शहर की प्राचीनता और इसकी संस्कृति का सार प्रस्तुत करते हुए कमल गुप्त ने लिखा है :[6]

"चाहे अतीत का बनारस हो, या आज का, या भविष्य का ही क्यों न हो, वह एक महत्त्वपूर्ण शहर था, है और अवश्य ही आगे भी रहेगा। बनारस पहले से ही एक शहर ही नहीं बल्कि अपने आप में एक संस्कृति है। बनारस ईंट-पत्थरों की कथा नहीं, अपने आप में एक इतिहास है... इस शहर को देखना आसान है, लेकिन इससे परिचित होना मुश्किल है। इसे छूना आसान है, इसे पकड़ना मुश्किल है। इसका चित्र बनाना आसान है, लेकिन इसे पाना कठिन है। इस रूप में यह शहर आसान होते हुए भी बहुत जटिल है–यह एक कठिन शहर है! हालाँकि, यह सच है कि इस शहर में कठिनाइयों से गुज़रने का अपना आनन्द और स्वाद है, एक सुखद एहसास है। जो लोग इसके पास से गुज़रते थे, वे इसका बाहरी दृश्य देखते थे; जो लोग इसे समझते हैं या इसका हिस्सा बनते हैं वे इसकी प्रकट चेतना का अनुभव कर सकते हैं। इसे देखने में दृष्टि की भूमिका कम होती है, वस्तुत: आत्मीय अनुराग की आवश्यकता होती है।"

क्रिस्टोफर बेली ने ब्रिटिश शासन के विस्तार (1770-1870) के दौरान उत्तर भारतीय समाज का अध्ययन किया है और उसने यहाँ के शासकों, नागरिकों और बाज़ारों पर ध्यान केन्द्रित किया। इससे वह समझ सका कि इस बड़े हिस्से में शहरों की बसावट तीन तरह की है। पहले में लगभग 4 लाख की आबादी वाले दिल्ली, आगरा और लाहौर के शाही शहर शामिल हैं। वह कहता है कि इन शहरों ने अब वह

प्रमुखता खो दी है जो उन्हें कभी गंगा के मैदान के पश्चिम में प्राप्त थी। वह बनारस और लखनऊ को दूसरे समूह में रखता है और इन शहरों की आबादी लगभग 2 लाख बताता है। उसके अनुसार इन दोनों शहरों ने समय के साथ-साथ अपने-अपने क्षेत्रों में लगभग प्रभुत्व हासिल कर लिया था।[7] इसलिए यह कोई आश्चर्य की बात नहीं है कि बेली इस प्रभुत्व की प्रकृति को इंगित करने के लिए बनारस में निर्वासित मुग़ल शहज़ादे जहाँदार शाह के आसपास बसने वाले एक बड़े मोहल्ले और साहूकारों तथा चौधरियों के एक पूरे समुदाय का पता लगा लेता है।

भूल किससे नहीं होती। यह न होता तो ज़्यादातर विश्वसनीय और सटीक जानकारी देने वाले ख़ैर-उद्दीन मुहम्मद से भी एक बड़ी ग़लती नहीं होती। उन्होंने ग़लत दावा किया है कि बनारस की सरकार, जिसमें जौनपुर, चुनार, ग़ाज़ीपुर, अज़ीमगढ़ (जिसे अब आज़मगढ़ कहा जाता है), बलिया और मिर्ज़ापुर के पूर्वी हिस्से शामिल थे, बादशाह मोहम्मद शाह ने नवाब मुर्तुज़ा ख़ान को जागीर के रूप में 28 सितम्बर 1719 से अपने शासनकाल की शुरुआत के बाद प्रदान किया था।[8] उन पर भरोसा करते हुए, ए. एल. श्रीवास्तव[9] ने वही ग़लती दोहराई और एच.आर. नेविल[10] ने भी उन्हें केवल एक जागीरदार के रूप में ही पहचाना है। इस उलझन को ग़ुलाम हुसैन ख़ान पुत्र हिम्मत ख़ान की *ज़िक्र-उस-सियर* और शाकिर ख़ान की *तारीख़-ए-शाकिर ख़ानी* के हवाले से सुलझाया गया है, जो ज़हीर उद्दीन मलिक द्वारा उद्धृत दो बेहतर और विश्वसनीय स्रोत हैं।[11] यह स्रोत इंगित करते हैं कि मुर्तुज़ा ख़ान उस समय से फ़ौजदार नियुक्त था और सालाना राजस्व की एक निर्धारित राशि का भुगतान करने के साथ ही, शाही दरबार को विशेष प्रकार के महँगे कपड़े उपलब्ध कराने की ज़िम्मेदारी भी उसे सौंपी गयी थी। उनकी सिफ़ारिश पर ही, मीर रुस्तम अली को 5 लाख रुपये का भुगतान करने और अधिशेष अपने पास रखने की शर्त के साथ नायब फ़ौजदार बनाया गया था। सआदत ख़ान 30 अगस्त 1722 को अवध के पहले नवाब बने (यह तारीख़ ग़लती से 9 सितम्बर लिखी जाती रही है और आधुनिक लेखकों ने अपनी पुस्तकों में इसे इसी तरह सही मान लिया है)। सआदत ख़ान ने सक्रिय रूप से स्थानीय ज़मींदारों का दमन किया और छोटे मनसबदारों द्वारा अलग कर ली गयी जागीरों पर क़ब्ज़ा करके अवध में अपनी शक्ति स्थापित की। मुर्तुज़ा ख़ान को उससे ख़तरे की आशंका थी; उसने 1728 में नवाब के साथ राजस्व का समझौता किया और उसे अपनी सरकार का इजारा (ठेका) 7 लाख रुपये सालाना पर दे दिया।[12] सआदत ख़ान ने अज़ीमगढ़ के महाबत ख़ान के ख़िलाफ़ एक दण्डात्मक अभियान का नेतृत्व करके अपनी नियुक्ति का जश्न मनाया। महाबत ख़ान को हराकर क़ैद किया गया और उसकी जगह उसके बेटे इरादत ख़ान ने ले ली। रुस्तम अली ने सआदत ख़ान के अधीन भी सरकार का प्रबन्धन जारी रखा, लेकिन पहले की तुलना में अब उसे इसके एवज़ में 8 लाख

रूपये सालाना चुकाने थे।[13] रुस्तम अली इलाक़े की चार सरकारों की देखरेख के लिए ज़्यादातर मंसाराम पर निर्भर थे।[14] चूँकि मंसाराम जल्द ही बनारस में एक नये राजवंश के संस्थापक बन गये, इसलिए उनके और उनके वंश के विवरण को चित्रित करने के लिए उन पर अलग से ध्यान दिलाना आवश्यक है

सर्वविद्या की राजधानी से परे : राजवंश के प्रारम्भिक वर्ष

मंसाराम एक त्रिकर्मा ब्राह्मण या गौतम भूमिहार थे और दतरया (कुर्वेन के ओतातारिया) या गंगापुर गाँव के ज़मींदार थे, जो उन्हें अपने पिता मनोरंजन सिंह से विरासत में मिली थी। (मनोरंजन सिंह को यहाँ मीरांजी के रूप में सन्दर्भित किया गया है, जो फ़ारसी की शिकस्त लिखावट में लिखे जाने पर मनोरंजन सिंह का अपभ्रंश प्रतीत होता है; कुर्वेन ने इसे मतरंजन सिंह के रूप में देखा और लिखा है)। मनोरंजन सिंह ने भाइयों की इच्छा के विपरीत, अपने तरीक़े से खेती से आजीविका अर्जित की थी।[15] इस गाँव का लगभग आधा भाग मनोरंजन सिंह की इस ज़मींदारी का हिस्सा था। इस परिवार की उत्पत्ति ग्यारहवीं शताब्दी में मानी जाती है जब बनारस में राजा बानर का शासन था। राजपुरोहित कीथू (श्रीकृष्ण) मिश्र इस परिवार के जाने-माने पूर्वज हैं। वह बनारस से 6 मील दूर दतरया (ओतातारिया) गाँव में संयमित जीवन जीने वाले एक धर्मपरायण ब्राह्मण थे। राजा बनारस ने उन्हें धन और भूमि की कई पेशकश कीं, लेकिन उन्होंने कभी भी इन्हें स्वीकार नहीं किया। आख़िरकार, एक दिन, राजा ने उनकी जानकारी के बिना लगान-मुक्त भूमि का एक अनुदान उनकी पगड़ी से बाँध दिया। जब उन्हें अपनी पगड़ी में इस छिपे हुए अनुदान का पता चला तो उन्होंने रोष से भरकर यह कहा कि भविष्य में राजा का शासन उनके बेटों को सौंप दिया जायेगा। ऐसा ही हुआ, 1029 में सालार मसऊद की सेनाओं के आक्रमण में राजा बानर का शासन समाप्त हो गया। कीथू (श्रीकृष्ण) मिश्र के वंशज नए शासकों की सेवाओं में शामिल हो गए। उन्हें ओहदे मिले और वे दिन-ब-दिन अधिक से अधिक इन शासकों की ओर झुकते रहे।[16] ज़ाहिर है कि गज़नवियों के दौर में ऐसा अत्यधिक अल्पकालीन और ग़ोरियों तथा प्रारम्भिक देहली सुल्तानों के समय में धीरे-धीरे दीर्घकालीन होते-होते बाद में आने वाले समय में अनवरत रूप से हुआ होगा।

मनोरंजन सिंह (उर्फ़ मीरांजी) के चार बेटे थे—मंसाराम, मायाराम, दसाराम और दयाराम।[17] मनोरंजन सिंह (मीरांजी) की 1721 में मृत्यु हो गयी।[18] इसके बाद मंसाराम और उनके तीन भाई मिलकर अपने पिता की ज़मींदारी के मामलों की देखरेख करने लगे। मीर रुस्तम अली चूँकि अपनी ज़िम्मेदारियों को लेकर लापरवाह थे, इसलिए शासन व्यवस्था की सारी ज़िम्मेदारी मंसाराम के ही कन्धों पर आ गयी थी। मंसाराम ही चार सरकारों के वास्तविक प्रशासक बन गये। इन हालातों की भनक पाकर सआदत ख़ान ने अपने नायब और दामाद सफ़दर जंग को निर्देशित किया कि ग़ाज़ीपुर शेख़

अब्दुल्ला को दे दिया जाये ताकि विशाल सरकार के शेष तीन खण्ड रुस्तम अली को दिए जा सकें। सफ़दर जंग ने 1738 में इस मामले को निपटाने के लिए जौनपुर पर चढ़ाई की।[19] मौक़ा पाकर दरबारियों ने निहित स्वार्थों के कारण मीर रुस्तम अली को मंसाराम के ख़िलाफ़ करने का षड्यन्त्र रचा लेकिन मंसाराम ने उन्हें पटकनी दे दी और सफदर जंग के साथ समझौते के लिए रुस्तम अली की सहमति प्राप्त करने में कामयाब रहे।[20]

मंसाराम ने वार्षिक राजस्व के रूप में 12 लाख के भुगतान पर अपने मालिक मीर रुस्तम अली के अधीन चार सरकारों की ज़मींदारी जारी रखने की पेशकश की। इसके पहले कि यह फ़ैसला हो पाता शेख़ अब्दुल्ला आये और उन्होंने सभी सरकारों के लिए 8 लाख रुपये की अतिरिक्त बोली लगायी। यह न जानते हुए कि सआदत ख़ान के आदेश के अनुसार ग़ाज़ीपुर को अलग किया जा रहा था, मंसाराम के दुश्मनों ने मीर रुस्तम अली को समझाया कि ग़ाज़ीपुर को अलग करना और बढ़ा हुआ राजस्व देने की सहमति केवल मंसाराम का चकमा था। इसलिए मीर ने अपने अब तक के भरोसेमन्द प्रतिनिधि के सम्बन्ध में बिना सोचे-समझे और मंसाराम से परामर्श किये बिना ही सफ़दर जंग के कुछ दरबारियों के साथ बातचीत जारी रखने के लिए एक और दूत भेज दिया, जिसे यह भी निर्देश था कि इस मामले में मंसाराम को किसी भी तरह का हस्तक्षेप करने की अनुमति नहीं दी जानी चाहिए। बदली हुई इन परिस्थितियों में मंसाराम ने महसूस किया कि क्षेत्र में उनकी शक्ति और रुस्तम अली के साथ प्रभाव कम होता जायेगा। कमज़ोर होकर वह फिर से हीनता या विस्मृति की स्थिति में नहीं आना चाहते थे। इस नाते उन्होंने बनारस, जौनपुर और चुनार की तीन सरकारें प्राप्त करने पर सहमति व्यक्त की। 13 लाख रुपये वार्षिक राजस्व का भुगतान करने की शर्त रही और मंसाराम ने अपने बेटे बलवन्त सिंह के लिए इसे हासिल कर लिया। आख़िरी बचा ग़ाज़ीपुर शेख़ अब्दुल्ला को 3 लाख रुपये में दे दिया गया।[21] पिछले वर्षों में इनके कार्यों का सम्मान करते हुए, सफ़दर जंग ने मंसाराम की पेशकश मान ली। बनारस की कोतवाली, जौनपुर का क़िला और बनारस का टकसाल बलवन्त सिंह को दिये सनद में शामिल नहीं किये गये। इन्हें नवाब के अन्य आश्रितों को दिया गया। अपने-अपने इलाक़ों में नये शासकों को पदस्थ करने के लिए सेनाएँ भेजी गयीं।[22]

पदच्युत होने के उपरान्त रुस्तम अली इलाहाबाद चले गये, जहाँ उनकी मृत्यु हो गयी।[23] इसके बाद, उनका घर मंसाराम की सम्पत्ति बन गया और 'अभी भी बनारस राज्य और आंशिक रूप से जगतगंज परिवार की संपत्ति है'।[24] हालाँकि मंसाराम ने सफलतापूर्वक ज़मींदारी हासिल कर ली, लेकिन वह लम्बे समय तक इसका आनन्द नहीं ले सके और 1740 में उनका निधन हो गया। ज़मींदारी उनके बेटे बलवन्त सिंह के अधीन उनकी सारी क़ब्ज़ेदारी के साथ जारी रही, जिसमें अठारह महाल शामिल थे और 24,50,881 रुपयों का वार्षिक राजस्व प्राप्त होता था।[25]

एक ओर अहमद शाह अब्दाली (1747-72) के आक्रमणों और दूसरी ओर फर्रुखाबाद तथा रामपुर के बंगश और रुहैला अफ़ग़ानों के साथ झड़पों ने अवध के नवाबों को उनसे निपटने में अमूमन उलझाये रखा। इससे बलवन्त सिंह को ज़मीदारी में सम्मिलित क्षेत्रों का विस्तार करने और अपनी शक्ति को मज़बूत करने के माकूल मौक़े मिलते रहे। सबसे पहले, उन्होंने 1752 में अपना निवास स्थान गंगापुर क़िले से गंगा नदी के तट पर स्थित रामनगर क़िले में स्थानान्तरित कर दिया। अपनी स्थिति को और मज़बूत करने और ज़रूरत के समय सुरक्षित स्थानों के लिए उन्होंने पतीता, लतीफ़पुर (लतीफ़गढ़), बिजयगढ़, अगोरी, और केरा मंगरूर परगनों पर क़ब्ज़ा कर लिया। 1754 में सफ़दर जंग (1739-54) की मृत्यु हो गयी और शुजा-उद्दौला (1754-75) अवध के नये नवाब बने। इस राजनीतिक फ़ेरबदल का लाभ उठाते हुए राजा बलवन्त सिंह चुनार को हासिल करना चाहते थे, लेकिन शुजा-उद्दौला को इसकी भनक लग गयी और उन्होंने चढ़ाई करके इसे ख़ुद हासिल कर अपने एक भरोसेमंद अधिकारी की कमान में सौंप दिया। इस प्रकरण पर ए.एल. श्रीवास्तव द्वारा अच्छी तरह से शोध किया गया है और इसे उनके शुजा-उद्दौला, खण्ड 1 में बेहतर ढंग से पढ़ा जा सकता है। इसी बीच अहमद शाह अब्दाली की सेना द्वारा अवध पर आक्रमण की योजना बनाई जाने लगी और जल्दी ही (मई-जून 1757) में अब्दाली की सेना ने आक्रमण कर भी दिया। शुजा-उद्दौला को बलवन्त सिंह के साथ शान्ति कायम करने के लिए सहमत होना पड़ा। बलवन्त सिंह ने समझौते की ख़ातिर तुरन्त 5 लाख रुपये उनको पेश किए। साथ ही उन्होंने नवाब को दी जाने वाली सालाना राजस्व की रक़म को 5 लाख और बढ़ाकर 12 लाख रुपये कर दिया। बदले में शुजा-उद्दौला ने बलवन्त सिंह की सारी ज़मींदारी के क्षेत्र पर उन्हें क़ाबिज़ किया और फ़रवरी-मार्च 1757 में फ़ैज़ाबाद के लिए निकलने से पहले भदोही का परगना बेलगान जागीर की सूरत में सौंप दिया।[26]

इस प्रकार प्लासी की लड़ाई (1757) के समय तक राजा बलवन्त सिंह ने क्षेत्रीय अधिग्रहण की अपनी सोची-समझी नीति को आगे बढ़ाना जारी रखा और अपनी क़ब्ज़ेदारी को विरासत में मिले अठारह परगनों से छियानवे तक बढ़ा लिया।[27] नवाब शुजा-उद्दौला और राजा बलवन्त सिंह के तनाव को देखते हुए अंग्रेज़ों की पक्की राय थी कि नवाब के साथ टकराव की स्थिति में उन्हें बलवन्त सिंह का साथ देना है। फोर्ट विलियम के अधिकारियों की शासकीय निकाय, जिसे 'सिलेक्ट कमिटी' कहा जाता था, ने अपने दस्तावेज़ों में बलवन्त सिंह का उल्लेख किया है। 13 फ़रवरी 1761 के एक पत्र में उन्होंने बलवन्त सिंह की पहचान एक 'विस्तृत अनुभव और व्यापक क्षितिज वाले व्यक्ति' के रूप में की है। उनके सैन्य अधिकारी मेजर कार्नेक अपनी टिप्पणी में आशान्वित दिखते हैं कि 'शुजा-उद्दौला के साथ आपके संघर्ष में, बनारस

के राजा बलवन्त सिंह ख़ुशी से आपके साथ शामिल होंगे'।[28] बक्सर युद्ध (22 अक्टूबर 1764) से ठीक पहले, कम्पनी अधिकारियों ने वकालत की, 'हम सोचते हैं कि यह हमारा कर्तव्य है कि हम उसके (शुजा-उद्दौला के) ख़िलाफ़ सभी दुश्मनों को इकट्ठा कर सकें, इसलिए बलवन्त सिंह के साथ प्रस्तावित गठबन्धन एक उचित उपाय होगा और यह आने वाले समय में बंगाल प्रान्तों के लिए भी एक मज़बूत ढाल साबित हो सकेगा'।[29] इन सबके परिणामस्वरूप अन्तत: 18 मार्च 1764 को राजा बलवन्त सिंह[30] के साथ एक समझौते पर हस्ताक्षर किये गये, और उन्हें आश्वासन दिया गया कि वह अपने वर्तमान क्षेत्र को जागीर के रूप में रखना जारी रखेंगे।[31] इसके बावजूद वह खुले तौर पर अंग्रेज़ों के साथ शामिल नहीं हो सके और चूंकि नवाब शुजा-उद्दौला को उनसे डर था, इसलिए नवाब ने बलवन्त सिंह को ग़ाज़ीपुर में गंगा के पार अपने सैनिकों को तैनात करने का निर्देश दिया। बलवन्त सिंह ग़ाज़ीपुर ज़िले के अमला[32] में टिके रहे और उन्होंने लड़ाई में भाग नहीं लिया।[33] हालाँकि, बलवन्त सिंह के इस क़दम ने अंग्रेज़ों को लड़ाई के दौरान बनारस क्षेत्र की परेशानी से मुक्त कर दिया। अंग्रेज़ों ने राजा की सेवा बनारस से राजस्व प्राप्त करने और इन क्षेत्रों की निगरानी के लिए ही ली थी। जबकि उस समय की लड़ाइयों के बाद शुजा-उद्दौला हार चुका था और अवध का पूरा क्षेत्र अंग्रेज़ों के क़ब्ज़े में था। बाद में राजा की सहायता से चुनार और इलाहाबाद पर भी अंग्रेज़ों का अधिकार हो गया।[34]

चूँकि अंग्रेज़ अचानक अपने अधीन आने वाले विशाल प्रदेशों पर शासन करने की सहज स्थिति में नहीं थे, इसलिए उन्हें 16 अगस्त 1765 को इलाहाबाद की सन्धि पर हस्ताक्षर करना पड़ा। इसके द्वारा उपरोक्त सभी क्षेत्र और बनारस को नवाब शुजा-उद्दौला को बहाल कर दिया गया। शर्त यह थी कि वह राजा बलवन्त सिंह के अधीन बनारस और ग़ाज़ीपुर की ज़मींदारी उसी राजस्व राशि पर जारी रखेंगे जो उन्होंने उथल-पुथल से पहले उन्हें दी थी।[35] इस क़दम के पीछे निहित उद्देश्य को बिहार के दीवान शितब रे ने गवर्नर जॉन कार्टियर को लिखे अपने पत्र में स्पष्ट किया था, 'लॉर्ड क्लाइव के वज़ीर और बलवन्त के बीच सन्धि होने की एक ही सूरत दिखती है कि बलवन्त सिंह ने कम्पनी की सरपरस्ती में अपनी ज़मींदारी महफ़ूज़ कर ली। अंग्रेज़ों का फ़ायदा यह हुआ कि बिहार और बनारस की सीमाएँ लगी होने के कारण ज़रूरत के समय यह अंग्रेज़ों के लिए फ़ायदेमन्द साबित हो सके।[36] यह साफ़ है कि अंग्रेज़ों ने ऐसे सभी उपक्रमों का अपने हित में इस्तेमाल किया, क्योंकि राजा बलवन्त सिंह को उत्तर भारत के सभी सैन्य और अन्य महत्त्वपूर्ण मामले सीधे बंगाल के गवर्नर जॉन कार्टियर को रिपोर्ट करना आवश्यक था, जिसका कार्यकाल 1769 में शुरू हुआ था।[37]

राजा बलवन्त सिंह की मृत्यु 23 अगस्त 1770 को हुई।[38] उत्तराधिकार का प्रश्न अगले अध्याय में उठाया गया है, इसलिए यहाँ यह कहना पर्याप्त होगा कि 10 अक्टूबर 1770 को राजा बलवन्त सिंह के पुत्र चेत सिंह को अगला शासक बनने की अनुमति दी

गयी थी। 22,48,449 रुपये के वार्षिक राजस्व का भुगतान करने के साथ उनके लिए समान राजनीतिक स्थिति और अधिकार मुहैया करवाये गये थे।[39] यहाँ यह उल्लेख किया जा सकता है कि 6 सितम्बर 1773 को शुजा- उद्दौला और वारेन हेस्टिंग्स के बीच एक बैठक में, शुजा-उद्दौला ने हेस्टिंग्स को यह समझाने की कोशिश की कि 1765 की सन्धि का पाँचवाँ अनुच्छेद विशेष रूप से बलवन्त सिंह से सम्बन्धित था और उनके जीवनकाल तक ही लागू था। लेकिन हेस्टिंग्स ने नवाब को इसका सहारा लेने की अनुमति नहीं दी और नवाब को अपनी इच्छाओं के विपरीत पहले उल्लिखित शर्तों पर ही चेत सिंह को बनारस की ज़मींदारी देने के लिए सहमत होना पड़ा।[40]

जब 26 जनवरी 1775 को शुजा-उद्दौला की मृत्यु हो गयी, तो कलकत्ता में अंग्रेज़ों के शासकीय निकाय ने एक फ़रमान जारी किया कि नवाब के साथ सन्धि उनकी मृत्यु के साथ ही समाप्त हो गयी। अंग्रेज़ों की सैन्य सुरक्षा के एवज़ में नए नवाब आसफ-उद-दौला को मजबूरन बनारस ज़मींदारी का हक़ छोड़ने की मंजूरी देनी पड़ी। तय हुआ कि बनारस के राजा अब सीधे कम्पनी को राजस्व का भुगतान करेंगे। इसके परिणामस्वरूप 21 मई 1775 को बनारस को अंग्रेज़ी क्षेत्र का हिस्सा बनाने के लिए एक नई सन्धि पर हस्ताक्षर किये गये।[41] काउंसिल ने आगे निम्नलिखित निर्णय लिए :[42]

- राजा को कम्पनी को उतना ही कर देना था जितना वह नवाब को दे रहे थे।
- उन्हें टकसाल के मामले में कुछ सीमाओं के साथ कम्पनी की सम्प्रभुता के तहत आन्तरिक सरकार के प्रबन्धन में पूर्ण और अनियन्त्रित प्रभुत्व का प्रयोग करने का अधिकार दिया गया था।
- राजा एक अंग्रेज़ अधिकारी की कमान के तहत निजी सैनिकों की सेवा कम्पनी की आवश्यकता के अनुरूप प्रदान करेंगे और इसके बदले हर सैनिक को 15 रुपये मासिक भत्ता दिया जायेगा।
- जब तक राजा कम्पनी के साथ अपनी संलग्नता और प्राधिकारी के प्रति अपनी वफ़ादारी जारी रखेगा, एक निश्चित सालाना पेशगी के अलावा, उससे किसी भी प्रकार की कोई और माँग नहीं की जायेगी, न ही किसी दिखावे के रूप में या उसके क्षेत्र की शान्ति को भंग करने के लिए।

23 अक्टूबर 1775 को राजा को सनद, पट्टा और क़ौलनामा प्रदान किया गया था, लेकिन जल्द ही इनकी शर्तों को संशोधित करके 15 अप्रैल 1776 को फिर से प्रदान किया गया।[43] पारित रेग्युलेशन एक्ट, 1773 के प्रावधानों के अनुसार चार परिषद सदस्यों की सहमति और बहुमत के निर्णय के बिना कुछ भी नहीं हो सकता था। वारेन हेस्टिंग्स, जिन्हें गवर्नर जनरल का पद मिला, अपनी इच्छा के अनुरूप कुछ भी करने में असमर्थ रहे, क्योंकि बारवेल को छोड़कर अन्य सभी सदस्यों ने उनकी लालसाओं, झुकाव और धारणाओं का विरोध किया। हालाँकि जब 25 सितम्बर 1776 को पार्षदों में से एक मॉनसन की मृत्यु हो गयी, तो हेस्टिंग्स एक बार फिर से बनारस

की नई अधिगृहीत ज़मींदारी पर शासन करने की अपनी पुरानी धारणा को उजागर करने के लिए स्वतन्त्र हो गये; जैसा कि मौजूदा रेज़ीडेंट ने सिन्धिया के साथ ब्रिटिश दूत एंडरसन को बताया था, "अगर मैंने अधिकार की छाया भी डाल दी तो मैं उसकी उदासीनता के लिए उसे पीड़ा पहुँचाऊँगा...उसे उसकी मज्जा हड्डियों पर लाना मेरे वश में होगा।"[44] गवर्नर जनरल के निर्देश के बिना वह ऐसा करने का साहस नहीं कर सकते थे, जिसका निहितार्थ बिल्कुल स्पष्ट है। इस उद्देश्य के लिए जिन्हें सहायक चुना वे दिसम्बर 1776[45] में रेज़ीडेंट के रूप में उनके अनुयायी थॉमस ग्राहम और सहायक रेज़ीडेंट के रूप में काउंसलर बारवेल के भाई डैनियल बारवेल के रूप में दुधारी तलवार की तरह थे।[46] ग्राहम ने जनवरी 1777 में रेज़ीडेंसी को सुशोभित किया और राजा के आन्तरिक मामलों में हस्तक्षेप करना शुरू कर दिया, जो कि कलकत्ता के पार्षदों की उस मंशा के विपरीत था, जिसे मॉनसन की मृत्यु के बाद लोकविदित काउंसिल ने व्यक्त किया था; उन्होंने राजा से बर्ख़ास्त दीवान औसान सिंह को 'बिना छेड़छाड़' के बनारस में रहने की अनुमति देने के लिए कहा।[47] ग्राहम और बारवेल इससे संतुष्ट नहीं थे। उन्होंने राजा से औसान सिंह को जौनपुर देने के लिए भी कहा। राजा ने इसका विरोध किया, लेकिन दबाव में उन्हे सैयदपुर का परगना देने पर सहमति व्यक्त की। जिससे 65,000 रुपये का राजस्व प्राप्त होता था जिसमें से उन्हे 15,000 रुपये का भुगतान राजा को करना आवश्यक था और शेष राशि का उपयोग वह स्वयं के लिए कर सकते थे।[48]

बेड़ियाँ टूटी : अनधिकृत प्राधिकार का विरोध

देशी राज्यों के दरबार में तैनात रेज़ीडेंट को कलकत्ता काउंसिल की इच्छा और कार्यवाहक गवर्नर जनरल के निर्देशों के अनुसार काम करना पड़ता था। थॉमस ग्राहम भी इसके अपवाद नहीं थे। उन्होंने भी ऐसा ही किया। इसके अलावा रेज़ीडेंट बहादुर जिस दरबार में तैनात होते वहाँ के शासकों की गतिविधियों पर भी नज़र रखते थे। इसलिए यह आश्चर्य की बात नहीं है कि समकालीन अभिलेखों में थॉमस ग्राहम को मराठों के साथ राजा के गुप्त पत्राचार के बारे में कलकत्ता में अपने वरिष्ठों को रिपोर्ट भेजते दिखलाया गया है।[49] ग्राहम केवल इतने से ही सन्तुष्ट नहीं थे, बल्कि उन्होंने सेना और आन्तरिक मामलों से सम्बन्धित विस्तृत रिपोर्टें भी जोड़ीं क्योंकि प्रत्येक रेज़ीडेंट को अपने नियमित कर्तव्यों के अनुसार ऐसी सभी चीज़ों का विवरण देना आवश्यक था। ऐसा आन्तरिक मामलों और समूहों पर नज़र रखने के लिए किया जाता था, ताकि उन्हें अपने पिट्ठू के रूप में इस्तेमाल किया जा सके और उनके अधीन संस्थाओं को उस स्तर से आगे बढ़ने की अनुमति न दी जाये जिसे वे सुरक्षित स्तर मानते थे। इन देसी रियासतों को कमज़ोर करने की एक और रणनीति यह थी कि उनके राजस्व का

अधिक से अधिक अधिशेष वास्तविक कारणों की आड़ में अपने स्वयं के उपयोग के लिए निकाला जाये। जब इंग्लैंड और फ्रांस के बीच युद्ध छिड़ गया, तो राजा चेत सिंह को 1778 में 5 लाख रुपये का योगदान देकर सिपाहियों की तीन बटालियनों को खड़ा करने और बनाये रखने का ख़र्च उठाना पड़ा था।[50] इस आदेश के अनुपालन के लिए अनिच्छुक होने के बावजूद, राजा ने बहुत असुविधा के साथ तीन महीने के भीतर राशि का भुगतान किया। इतने पर भी वह राहत की साँस नहीं ले सके, क्योंकि उपरोक्त भुगतान के तुरन्त बाद, जुलाई 1779 में ऐसी ही माँग को उसी आधार पर दोहराया गया था।[51] हेस्टिंग्स ने फिर 25 अगस्त के अपने पत्र में लिखा :

> *उनकी निष्क्रियता अत्यन्त आपत्तिजनक है। हम चाहते हैं कि यह पत्र प्राप्त होने पर तुरन्त थॉमस ग्राहम को राशि का भुगतान किया जाये। यदि वह ऐसा करने में विफल रहते हैं तो ग्राहम दीनापुर में तैनात दो बटालियनों की सहायता से राशि वसूल करेगा और राजा को उन बटालियनों के अतिरिक्त ख़र्चों के लिए ज़िम्मेदार ठहराया जायेगा।*[52]

कलकत्ता काउंसिल ने सितम्बर 1779 में दो बटालियनों को तत्काल बनारस भेजने का आदेश दिया।[53] सेना ने विधिवत प्रस्थान किया, राजा के महल के पास डेरा डाला और संगीनों का भय दिखा उनसे रक़म का भुगतान कराया।[54] इसके अलावा, उन्हें सेना की टुकड़ी के प्रस्थान करने के ख़र्च के एवज़ में रु. 20,000 देने के लिए भी मजबूर किया गया।[55]

तीसरी बार भी उनसे 5 लाख रुपये की युद्ध सब्सिडी की माँग की गयी क्योंकि जून 1780 में भी युद्ध जारी था।[56] दो पार्षद, फ्रांसिस और व्हीलर, यह स्वीकार करने में काफ़ी स्पष्ट थे कि युद्ध सब्सिडी को घोषित उद्देश्य के लिए नहीं बल्कि सामान्य राजस्व अनुमान के लिए विनियोजित किया जा रहा था।[57] इस प्रकार यह स्पष्ट है कि यह सब युद्ध के कारण होने वाले वास्तविक ख़र्चों के बजाय कम्पनी की अपनी वित्तीय ज़रूरतों और कठिनाइयों को पूरा करने के लिए किया जा रहा था, जिसका ज़िक्र केवल धन वसूलने के बहाने के रूप में किया गया था। इन सबके पीछे खड़ा व्यक्ति स्वयं स्पष्ट रूप से स्वीकार करता है :

> *मेरे लिए इस विषय (मराठा युद्ध) पर कोई नया विचार प्रस्तुत करना असम्भव है। युद्ध के अभियोजन में हम सम्भवतः जो एकमात्र कठिनाई महसूस कर सकते हैं, वह धन की कमी होगी, और मुझे लगता है कि यह कठिनाई हमारे उन्नत सेना के ख़र्चों में चेत सिंह को अपना वित्तीय योगदान करके दूर करने के लिए विवश करके सुलझाई जा सकती है। आख़िर उसे अपनी सेना का प्रमुख बनकर हमारी सेना में शामिल होने को तो नहीं कहा जा रहा। यदि वह जमींदार होता, हमारी*

सरकार के अलावा किसी अन्य सरकार पर निर्भर होता, तो इस बात पर ज़ोर दिया जाता; और चूँकि बड़ी रक़म अदा करने की उनकी क्षमता सार्वभौमिक रूप से मान्य है, तो अकेले उन्हें ख़र्चों के साथ-साथ युद्ध की तबाही से छूट क्यों दी जानी चाहिए?[58]

इसलिए आश्चर्य नहीं कि बनारस के रेज़ीडेंट फॉक को 19 अक्टूबर 1780 को काउंसिल द्वारा देय भुगतान की राशि की माँग करने के लिए निर्देशित किया गया था और भुगतान में किसी भी देरी के मामले में सेना बुलाने का अधिकार दिया गया था।[59] काउंसिल पैसे निकालने के लिए इतनी बेचैन थी कि उसने ब्रिगेडियर जनरल स्टिबर्ट को उसी दिन बनारस में सेना मार्च करने का आदेश दिया, जिस दिन निर्णय लिया गया था।[60] हालाँकि राजा ने 7 अक्टूबर 1780 तक सभी किश्तें चुका दीं और आदेश रद्द करना पड़ा।[61] मज़े की बात यह है कि राजा पर उनकी 'पिछली अवज्ञा'[62] का इल्ज़ाम मढ़कर 1 लाख रुपये का जुर्माना और लगाया गया और उन्हें इसका भुगतान करने के लिए मजबूर भी किया गया।[63]

मराठों की ओर से बढ़ते आसन्न सैन्य ख़तरे में उलझने के कारण, पार्षदों में से एक, सर आयर कूट ने सितम्बर 1780 में बंगाल की रक्षा के उद्देश्य से एक सैन्य योजना के रूप में एक मिनिट (स्मरण) रिकॉर्ड किया। उन्होंने बनारस के राजा से सेवा के लिए एक हज़ार घोड़े हासिल करने का प्रस्ताव रखा[64], जिसका विवरण राजा चेत सिंह की सैन्य शक्ति, स्थिति, ताक़त और अन्य सैन्य विवरणों पर ग्राहम की एक ख़ुफ़िया रिपोर्ट द्वारा प्रदान किया गया था।[65] जब वारेन हेस्टिंग्स ने जनवरी 1781 में राजा से कम्पनी की सेवा के लिए उनके द्वारा प्रदान किये जा सकने वाले घोड़ों की संख्या के बारे में पूछा, राजा ने स्पष्ट कर दिया कि वह उन्हें उनकी सेवा के लिए केवल 250 घोड़े ही प्रदान कर सकते हैं, और इससे अधिक नहीं।[66] लगातार तक़ाज़े के बावजूद, नये रेज़ीडेंट मार्खम ने शुरू में 2,000 घुड़सवार सेना की आपूर्ति की माँग की, लेकिन बाद में यह आंकड़ा घटाकर 1,500 कर दिया। जैसा कि हमने ऊपर देखा है, अंग्रेज़ उसकी सेना की ताक़त पर नज़र रखते थे और जानते थे कि उनके पास क्या है, लेकिन ऐसा प्रतीत होता है कि वह जानबूझ कर उन्हें अधिक परेशानी में डालने और उनकी क्षमता से परे संख्या की माँग करने की कोशिश कर रहे थे। राजा ने बताया कि उनकी सेवा में घुड़सवार सेना की कुल संख्या 1,300 थी और वह 500 घोड़ों और 500 बरक़ अन्दाज़ को छोड़ सकते थे।[67] राजा की दुर्दशा समझने के लिए यह ध्यान में रखना चाहिए कि 5 लाख युद्ध सब्सिडी की अन्तिम किश्त 7 अक्टूबर 1780 को उनके द्वारा भुगतान की गयी थी और फ़रवरी 1781 में पाँच महीने के भीतर 1,500 घुड़सवार सेना की एक और माँग उन पर थोप दी गयी थी। इस माँग में अंग्रेज़ों ने यह उल्लेख नहीं किया कि उन्हें पुरानी सन्धि का पालन करते हुए राजा को 15 रुपये प्रति

सवार का भुगतान करना भी आवश्यक था; बल्कि, उन्होंने 1,000 घुड़सवार सेना के रखरखाव के लिए लगभग 5 लाख की नयी माँग उठा दी। इस प्रकार नयी माँग की सीमा और राजा पर इसके बढ़ते बोझ को संख्यात्मक गणना करके आसानी से समझा जा सकता है।

राजा चेत सिंह से निपटने के लिए बनारस जाने से पहले वारेन हेस्टिंग्स ने जानबूझकर अपने हाथ मज़बूत करने की कोशिश की। उन्होंने 21 मई 1781 को काउंसिल में एक मिनिट पारित करने के लिए हेरफेर किया ताकि उन्हें कोई भी व्यवस्था करने का पूरा अधिकार मिल सके और जो उन्हें विवेकपूर्ण लगे तथा उनके द्वारा की गयी कोई भी सन्धि या अनुबन्ध उतना ही प्रभावी होगा जितना कि गवर्नर जनरल की पूर्ण सहमति से पारित किया गया था।[68] काउंसिल में इसी तरह, उन्होंने ख़ुद को पूरी सैन्य शक्तियाँ प्रदान कर लीं, जिसके कारण उनके द्वारा जारी किये गये किसी भी सैन्य आदेश को गवर्नर जनरल और उनकी परिषद द्वारा पारित किये गये आदेशों के समान ही माना जाना था। उन्होंने कमांडर-इन-चीफ़ की पूरी शक्तियाँ भी अपने पास रख लीं, हालाँकि उस समय गवर्नर जनरल के अलावा व्हीलर ही काउंसिल के एकमात्र सदस्य थे।[69] ऐसी व्यापक शक्तियों की पूरी ताक़त हासिल करने के लिए विभिन्न स्थानों पर तैनात सभी महत्त्वपूर्ण सैन्य अधिकारियों को अनिवार्य आदेश जारी किये गये थे और जिनकी सैन्य सहायता की उन्हें उन सभी योजनाओं के लिए आवश्यकता हो सकती थी, जो वह बना रहे थे। इसका पूरा सच व स्थिति व्हीलर के पत्र में चित्रित हुई है जिसमें उन्होंने खुले तौर पर स्वीकार किया है :

> *यह घोषित किया गया कि राजा के अपराधों के लिए शीघ्र दण्ड की आवश्यकता है, क्योंकि उसकी सम्पत्ति बहुत अधिक थी और कम्पनी की अत्यावश्यकताएँ दबाव डाल रही थीं। इसलिए राहत के लिए उनसे बड़ी आर्थिक सहायता प्राप्त करना नीति और न्याय का एक उपाय माना जाता था। दण्डस्वरूप जिस राशि तक गवर्नर ने पहले से तय राशि को बढ़ाने का अपना संकल्प घोषित किया, वह 40 या 50 लाख थी। भुगतान करने की उनकी क्षमता एक ऐसे तथ्य के रूप में बतायी गयी थी जिसे सन्देह के दायरे में नहीं रखा जा सकता था। जहाँ तक मुझे याद है गवर्नर ने दो विकल्प ख़ुद सुझाये और उनकी घोषणा की थी। अगर चेत सिंह ने माँग का पालन करने से इनकार कर दिया तो उसकी ज़मींदारी से पूरी तरह निष्कासन, या उसके क़िलों पर क़ब्ज़ा करके, उसमें जमा ख़ज़ाने से कम्पनी के लिए उपरोक्त राशि प्राप्त किया जाना था।[70]*

वास्तव में 1778 की शुरुआत में, यहाँ तक कि पार्षदों में से एक फ्रांसिस ने भी 28 सितम्बर 1778 को काउंसिल की एक मिनिट (स्मरण) में कहा था :

यदि ऊपरी ताक़तों के विवेक पर उस पर ऐसी माँगें बढ़ाई जा सकती हैं, तो इससे बचने के लिए उसके पास कोई अधिकार नहीं है; उसके पास कोई संपत्ति नहीं है, या कम-से-कम, उसके पास कोई सुरक्षा नहीं है। अब हम पाँच लाख के स्थान पर उससे पचास की माँग करें; और चाहे वह पैसे देने से इनकार कर दे, या पैसे देने में असमर्थ हो, उसकी ज़मींदारी की ज़ब्ती इसका तत्काल परिणाम हो सकती है, जब तक कि वह एक नयी सन्धि द्वारा ख़ुद को छुड़ाने का साधन नहीं ढूँढ़ पाता।[71]

यह भी ध्यान में रखा जाना चाहिए कि बनारस की ज़मींदारी के दावेदारों और उत्तराधिकारियों में से एक, महीपनारायण सिंह के पिता दुर्गविजय सिंह, ने भी दानापुर में वारेन हेस्टिंग्स से मिलकर उनसे कार्रवाई करने का आग्रह किया था। अत: 14 अगस्त 1781 को बनारस पहुँचकर हेस्टिंग्स ने रेज़ीडेंट मार्खम के माध्यम से राजा को ब्रिटिश सरकार के प्रति उनकी निष्ठा एवं लगाव के बारे में व्याप्त संशय से सम्बन्धित एक पत्र भेजा।[72]

1. या तो समय के मिज़ाज से परामर्श करके या किसी पूर्व-निर्धारित योजना के अनुरूप, राजा ने 5 लाख रुपये की माँग की शेष राशि का भुगतान रोक दिया। यह उस समय हुआ जब कार्नेक की कमान में सेना मालवा की ओर मार्च करने के लिए तैयार थी। चूँकि इसके लिए कोई अन्य प्रावधान नहीं किया गया था, इससे सेना को बहुत परेशानी हुई और कई सौ लोग भाग गये।
2. हालाँकि घोड़ों की माँग 2,000 से घटाकर 1,000 कर दी गयी, फिर भी राजा ने गोलमोल जवाब दिए और एक भी घुड़सवार का योगदान नहीं दिया।
3. राजा ने अपने गुप्त एजेंटों के माध्यम से, उस सरकार में अशान्ति फैलाने का प्रयास किया था, जिस पर वह निर्भर था।
4. सरकार और अपनी प्रजा के प्रति अपने कर्तव्य की उपेक्षा के कारण बनारस शहर में डकैती और हत्या के मामले की संख्या बढ़ रही थी। उन्होंने आपत्ति जताई कि ये उन शर्तों का उल्लंघन है जिन पर आपको इस ज़मींदारी की पुष्टि की गयी थी।

राजा चेत सिंह ने अपने ऊपर लगे सभी आरोपों को उसी दिन बलपूर्वक, लेकिन विनम्रता के साथ ख़ारिज कर दिया, जैसा कि उन दिनों के कुलीनों के शिष्टाचार और तौर-तरीक़ों के अनुसार आवश्यक था :[73]

1. पहले शुल्क के लिए उन्होंने कहा कि उन्होंने रुपये की पहली किश्त का भुगतान किया है। रेज़ीडेंट को 1,70,000 रुपये दिये और आगे के भुगतान के लिए समय माँगा, लेकिन गवर्नर जनरल द्वारा डाँटे जाने पर उसने शेष भुगतान कर दिया। चूँकि सेना को यह राशि भेजना उस पर निर्भर नहीं था, इसलिए भुगतान में किसी भी देरी के लिए वह ज़िम्मेदार नहीं थे।
2. उन्होंने सरकार को सूचित किया था कि उनकी सेवा में 1,300 घोड़े हैं; उनकी पेशकश कि 500 घोड़े और 500 बरक़अंदाज़ सरकारी सेवा के लिए तैयार थे, की कोई प्रतिक्रिया नहीं

मिली। उन्होंने कहा कि उन्होंने तुरन्त सिपाहियों की दो कम्पनियाँ तैनात कर दी थीं और सरकारी आदेशों पर भुगतान के लिए एक तन्ख्वाह भी जारी किया गया था।

3. उन्होंने तीसरे आरोप से इनकार करते हुए कहा कि अब्दुल्ला बेग और उनके सेवकों को छोड़कर, उनका कोई भी आदमी कलकत्ता नहीं गया था और उनके दुश्मनों ने उनके बारे में ग़लत जानकारी दी थी।
4. डकैतियों के सम्बन्ध में उन्होंने कहा कि उन्होंने अपने अमीनों को निषेधाज्ञा दे दी थी और उनसे जुर्माना बांड ले लिया था और अपराधियों को दण्डित करने में बहुत सावधानी बरती थी।

जैसा कि पूर्वगामी विवरणों से स्पष्ट है, हेस्टिंग्स ने पहले ही अपना मन बना लिया था कि क्या करना है, इसलिए राजा के स्पष्टीकरण को युक्ति संगत मानने का प्रश्न ही नहीं उठता। हेस्टिंग्स ने इसे असन्तोषजनक होने के अवास्तविक आधार पर सिरे से ख़ारिज कर दिया और 'आक्रामक' क़रार दिया। इसके बाद उन्होंने उसी तरीक़े से कार्य किया जैसा कि व्हीलर के पत्र और फ्रांसिस के कार्यवृत्त में पूर्ववर्ती पृष्ठों में उल्लिखित है। तत्कालीन रेज़ीडेंट मार्खम को राजा को उनके शिवाला महल में इस निर्देश के साथ गिरफ़्तार करने के लिए कहा गया था कि इसे लागू करने के लिए सैन्य बल का उपयोग किया जायेगा, ताकि इसके विरोध की स्थिति से निपटा जा सके। दिये गये आदेशों की सटीकता के साथ आदेशों का अनुपालन किया गया। राजा को अपने महल तक ही सीमित रखा गया था और उसके बाहर सेना तैनात थी और केवल आठ या दस लोगों को उनकी आवश्यक ज़रूरतों को पूरा करने की अनुमति थी। एक बार जब वह ऐसी दु:खद परिस्थिति में फँस गये, तो राजा ने उस समय की कूटनीति की सामान्य परिष्कृत भाषा में दी गयी प्रार्थनाओं के माध्यम से ज़िद्दी गवर्नर जनरल को ख़ुश करने के लिए हर सम्भव प्रयास किया। यहाँ तक कि वह अपने क़िलों और उनमें मौजूद ख़ज़ाने को भी समर्पित करने की हद तक चले गये[74], लेकिन वारेन हेस्टिंग्स का यही एकमात्र उद्देश्य नहीं था। वह चाहते थे कि राजा की गद्दी पर बैठा कोई व्यक्ति बिना किसी आपत्ति के वह सब कुछ करे जो वह चाहता है। जिस तरह से उन्होंने इसे चुना, वह मौजूदा राजा को हेरफेर के माध्यम से एक नये राजा द्वारा प्रतिस्थापित करना था, और उसके बाद उन्होंने जो कुछ भी किया वह इस भयावह डिज़ाइन को प्राप्त करने के लिए था। यह बताता है कि राजा की उपर्युक्त प्रार्थना से वारेन हेस्टिंग्स की कानों पर जूँ नहीं रेंगी।

अपनी राजधानी के भीतर किसी भी शासक प्राधिकारी को उन लोगों के समर्थन के बिना अपमानित करना, जो वहाँ की राजनीति में बहुत महत्त्व रखते थे, प्रतिकूल प्रभाव डालने के लिए काफ़ी था। यहाँ भी वही हुआ। अपने राजा की गिरफ़्तारी की ख़बर बड़े पैमाने पर लोगों के बीच जंगल की आग की तरह फैल गयी और उनमें बदले की

भावना भर गयी।[75] सेना गंगा पार कर गयी और अपने राजा को बचाने के लिए दौड़ पड़ी।[76] आग में घी डालने के लिए, चेत सिंह को संदेश चेत राम के माध्यम से भेजा गया था, जो राजदण्ड-ग्राही थे और फिर मार्खम के साथ उसी क्षमता में नौकर थे।[77] यह बताता है कि इस प्रकरण में शामिल लोग क्यों उन्मत्त हो गये और क्यों अंग्रेज़ों के ख़िलाफ़ पनप रहे असन्तोष के कारण न केवल बनारस की ज़मींदारी में, बल्कि अवध में भी ऐसे सभी तत्त्वों का स्वत:स्फूर्त विस्फोट हुआ।

मेजर स्कॉट को 'बनारिस' नामक किताब में लिखते हुए हेस्टिंग्स अधिक मुखर हैं :

आप राजा के पत्र में मार्खम के चोबदार चेत राम के लिए अक्सर अभद्र भाषा के संकेत देखेंगे। मुझे उस व्यक्ति की बदतमीज़ी पर कोई सन्देह नहीं है, लेकिन मैंने मामले में इस पर कोई ध्यान नहीं दिया, क्योंकि इसका इससे कोई आवश्यक सम्बन्ध नहीं था। चोबदार शिवालय में तब तक नहीं पहुँचा जब तक हंगामा लगभग शुरू नहीं हो गया। यह मैं जानता हूँ क्योंकि वह राजा के एक वकील के साथ गया था जिसे मैंने राजा के पास जाने और उसे यह बताने का आदेश दिया था कि यदि कोई ख़ून बहाया गया, तो उसे इसके लिए जवाब देना होगा। मैंने तब उन सेनाओं के बारे में सुना जो नदी पार कर शिवाला में उतरी थीं। मैंने यह सन्देश वकील और चोबदार दोनों को सम्बोधित किया। चोबदार ने इसे अपने तरीक़े से प्रस्तुत किया, और इसमें कुछ धृष्टता भी जोड़ दी। उसने इसके लिए अपना जीवन खो दिया, और वह इसका हक़दार था... [78]

इस प्रकरण के बारे में वर्णन करते और पढ़ते समय यह सदैव ध्यान में रखना चाहिए कि सभी प्रकार की सैन्य शक्तियों को पहले से ही विस्तृत मानकर वारेन हेस्टिंग्स ऐसे प्रस्तावों को विशेष रूप से उन लोगों तक पहुँचाना नहीं भूले थे जो घटना-स्थल के सबसे नज़दीक थे और यथासम्भव शीघ्र वहाँ पहुँच सकते थे। इसमें अन्य लोगों के अलावा मॉर्गन, कर्नल मियूर, कर्नल कमिंग, मेजर पोफ़म, मिडिलटन और मार्खम भी शामिल थे, जिनमें से पोफ़म को उसकी टुकड़ी के साथ राजा चेत सिंह के शिवाला महल से बमुश्किल 2 मील की दूरी पर रखा गया था।[79]

16 अगस्त 1781 को वारेन हेस्टिंग्स ने मार्खम को यह निर्देश दिया था :

मेरा आदेश है कि आप कल सुबह अपने सामान्य गार्ड के साथ राजा चेत सिंह के घर जायें और उसे गिरफ़्तार कर लें। आप उसे सूचित करें कि आप मेरे द्वारा दिए गये आदेशों के तहत कार्य कर रहे हैं, तत्काल अधीनता चाहेंगे और उसके इनकार के मामले में आप मेजर पोफ़म की टुकड़ी से सम्बन्धित सिपाहियों की दो कंपनियों के आगमन की प्रतीक्षा करेंगे, जिन्हें इस सेवा के निष्पादन में आपका

अनुसरण करने और सहायता करने के लिए निर्देशित किया गया है। राजा को गिरफ़्तार करने के बाद आप उसे अगले आदेश तक अपनी हिरासत में रखेंगे।[80]

स्थिति बेक़ाबू और इतनी तेज़ी से विस्फोटक होती गयी कि निर्देशानुसार मेजर पोफ़म, जिन्हें उनकी सहजता हेतु ठीक उनके चलने पर उसकी सहायता हेतु प्रस्थान करना था, उस समय तक वहाँ नहीं पहुँचे थे और स्वाभाविक रूप से लेफ्टिनेंट स्टाकर के लिए यह चिन्ता का विषय बन गयी, जो मौके पर टुकड़ी की कमान सम्भाल रहे थे और निर्देशों के अनुसार बिना किसी विशेष तैयारी के सामान्य गार्ड के साथ चले गये थे। उन्होंने नयी स्थिति से निपटने के लिए गोला-बारूद और अन्य आवश्यक वस्तुएँ उपलब्ध कराने के लिए एक माँगपत्र भेजा।[81] यह स्पष्ट है कि स्थिति इतनी तेजी से घटित हुई और विस्फोटक हो गयी और आपातकालीन स्थिति में ऊपर बताए अनुसार उन्हें उपरोक्त माँग करनी पड़ी थी।

नतीजा यह हुआ कि लेफ्टिनेंट स्टॉकर, स्कॉट और सिम्स को उनके सैनिकों के साथ क्रोधित लोगों ने उसी स्थान पर मार डाला था, जैसा कि शिवाला महल पहुँचने पर मेजर पोफ़म को मालूम हुआ था।[82] इस प्रसंग पर लिखते हुए रेव. जी. आर. ग्लीग ने चुटकी लेते हुए कहा, 'यह सर्वविदित है कि इस हंगामे, जैसा कि इसे कहा जाता है, का कितना दु:खद परिणाम हुआ। कुछ ग़ैर-ज़िम्मेदार लापरवाही के कारण सिपाहियों की दो कंपनियाँ बिना गोला-बारूद के अपनी पोस्ट पर आ गयीं; और बड़ी संख्या के हमलों के ख़िलाफ़ ख़ुद का बचाव करने में असमर्थ होने के कारण, कड़े प्रतिरोध के बाद, उन्हें टुकड़े-टुकड़े कर दिया गया।' यह अस्थिर और गैर-तथ्यात्मक है क्योंकि स्टॉकर 'सामान्य गार्ड' के साथ था, जिसका काम केवल सन्देश देना था और मेजर पोफ़म को इस काम के निष्पादन में उसका पालन करने और सहायता करने का आदेश दिया गया था, लेकिन उसने आदेश का अक्षरश: पालन नहीं किया, जिसके परिणामस्वरूप तबाही हुई। चूँकि ब्रिटिश विरोधी गतिविधियों में शामिल लोगों की संख्या और ऐसे उपक्रमों की ताक़त का आकलन पुस्तक में आगे के अध्यायों में इसी आधार पर हुआ है, इसलिए यहाँ यह उल्लेख करना पर्याप्त होगा कि राजा चेत सिंह उस समय 20,000 लोगों की सेना इकट्ठा करने में सक्षम थे।[83]

इस प्रकार बनारस राज का उद्‌भव इस अध्याय में वर्णित तरीक़े से चेत सिंह तक होता है। यहाँ यह जोड़ा जा सकता है कि मंसाराम को राजा बहादुर की उपाधि की पेशकश की गयी थी, लेकिन उन्होंने इसे अपने बेटे बलवन्त सिंह के लिए स्वीकार करना पसन्द किया। अत: यह उन्हें सम्राट मुहम्मद शाह द्वारा एक फ़रमान के माध्यम से प्रदान की गयी थी।[84]

चेत सिंह की पदोन्नति से उत्तराधिकार का प्रश्न सामने आया, जिसकी चर्चा अध्याय 4 में आगे की गयी है।

टिप्पणियाँ

1. सिद्धान्त त्रिवेदी, *श्री काशी खण्ड पूर्वार्ध,* खण्ड XXX, 1906 संवत, पृष्ठ 20-1, जंगमबाड़ी मठ कलेक्शन, ईगंगोत्री द्वारा डिजिटल रूप में सम्प्रेषित
2. *वामन पुराण,* अध्याय 3, वाराणसी : ऑल इंडिया काशीराज ट्रस्ट, फोर्ट रामनगर, एनवाइ, 3 : पृष्ठ 26-30, प। 321
3. द सेक्रेड बुक्स ऑफ़ द ईस्ट, विभिन्न प्राच्य विद्वानों का अनुवाद और एफ. मैक्स म्यूलर संपादित, वियनय टेक्स्ट, खण्ड XVII, भाग II, VII खण्डहक, ऑक्सफोर्ड : क्लरेनडन प्रेस, 1882, पृष्ठ 146, न1
4. आर. सी. मजूमदार, हिस्ट्री एंड कल्चर ऑफ़ इंडियन पीपल, खण्ड II, बॉम्बे, महाराष्ट्र : भारतीय विद्या भवन, 1996, पृष्ठ 22-3
5. *द ऑक्सफोर्डशायर वीकली न्यूज़,* 11 फ़रवरी 1880, बीएनएस, लन्दन : ब्रिटिश लाइब्रेरी
6. राणा पी. बी. सिंह, 'इंट्रोडक्शन : द पर्सनेलिटी ऑफ़ बनारस', *बनारस (वाराणसी) कॉस्मिक ऑर्डर, सेक्रेड सिटी, हिन्दू ट्रेडीशनस* में सम्पादन : राणा पी. बी. सिंह, वाराणसी : तारा बुक एजेंसी, 1992 पृष्ठ 6
7. सी. ए. बेली, *रूलर्स, टाउनसमेन एंड बाज़ार्स (नॉर्थ इंडियन सोसाइटी इन द ऐज ऑफ़ ब्रिटिश एक्सपैनशन 1770-1870),* कैम्ब्रिज : कैम्ब्रिज यूनिवर्सिटी प्रेस, 1983, पृष्ठ 123
8. खैरुद्दीन, द *बलवन्तनामा,* अनुवाद फ्रेडरिक कुरवेन, इलाहाबाद, नॉर्थ वेस्ट प्रोविन्स : गवर्नमेंट प्रेस, 1875, पृष्ठ 2
9. ए.एल. श्रीवास्तव, *द फ़र्स्ट टू नवाब्स ऑफ़ अवध,* आगरा, उत्तर प्रदेश : शिव लाल अग्रवाल एंड कम्पनी लिमिटेड, 1954, पृष्ठ 42
10. एच. आर. नेविल, *बनारस : ए गज़ेटियर,* खण्ड XXVI, इलाहाबाद, उत्तर प्रदेश, आगरा और अवध : इलाहाबाद गवर्नमेंट प्रेस, 1909, पृष्ठ 198
11. *ज़हीरुद्दीन मलिक : द रेन ऑफ़ एम. शाह,* बॉम्बे : एशिया पब्लिशिंग हाउस, 1977, पृष्ठ 338
12. पूर्वोक्त
13. नेविल, बनारस, पृष्ठ 198
14. *बनारस डिस्ट्रिक्ट गज़ेटियर,* नयी दिल्ली : गवर्नमेंट ऑफ़ इंडिया, 1963, पृष्ठ 60
15. *कैलेंडर ऑफ़ पर्शियन कॉरेस्पोन्डेंस* (यहाँ के बाद सीपीसी), पत्र संख्या 1407, दिनांक 23 मार्च 1779 (पावती तारीख़), खण्ड V, कलकत्ता बंगाल : सेंट्रल पब्लिकेशन ब्रांच, गवर्नमेंट ऑफ़ इंडिया, 1776-80, खैरुद्दीन, बलवन्तनामा, पृष्ठ 2
16. ख़ैरु-उद्दीन, बलवन्तनामा, पृष्ठ 1
17. सीपीसी, पत्र संख्या 1407, V
18. डब्लू के फिर्मिंगर, *अफेयर्स ऑफ़ द ईस्ट इंडिया कम्पनी : बीइंग फिफ्थ रिपोर्ट फ्राम सिलेक्ट कमिटी ऑफ़ हाउस ऑफ़ कॉमन्स 28 जुलाई 1812,* खण्ड II दिल्ली : बीआर पब्लिशिंग कार्पोरेशन, 2001, पृष्ठ 468

19. श्रीवास्तव, *फ़र्स्ट टू नवाब्स ऑफ़ अवध*, पृष्ठ 186
20. सीपीसी, पत्र संख्या 1407, V; साथ ही एच ए क़ुरेशी, 'द इवेलुऐशन ऑफ़ सफदर जंग्स' कॅम्पेगन ऑफ़ जौनपुर इन 1738', *तोहफ़ा-ए-ताज़ा* में, लखनऊ : न्यू रॉयल बुक कम्पनी, 2009, पृष्ठ 10-11
21. सीपीसी, पत्र संख्या 1407, जिल्द V; क़ुरेशी, तोहफ़ा-ए-ताज़ा, पृष्ठ 10
22. क़ुरेशी, *तोहफ़ा-ए-ताज़ा,* पृष्ठ 10; नेविल, बनारस, पृष्ठ 198 साथ, *प्रोसीडिंग्स ऑफ़ इंडियन हिस्टॉरिकल रेकॉड्र्स कमीशन,* खण्ड XIV, 1937, पृष्ठ 65
23. क़ुरेशी, *तोहफ़ा-ए-ताज़ा,* पृष्ठ 9
24. जगतगंज राजपरिवार का ज्ञापन पत्र (परिवार का इतिहासवृत्त), पृष्ठ 2
25. फिर्मिंगर, *अफेयर्स ऑफ़ द ईस्ट इंडिया कम्पनी,* पृष्ठ 469
26. विल्टन ओल्डहम, हिस्टॉरिकल एंड स्टेटिस्टिकल मेमोइर ऑफ़ ग़ाज़ीपुर डिस्ट्रिक्ट, भाग 1। साथ ही एच. ए क़ुरेशी, द मुग़ल्स, *द इंग्लिश एंड द रूलर्स ऑफ़ अवध : ए केलिडोस्कोपिक स्टडी,* लखनऊ, 2003, पृष्ठ 46-7 पर सफ़दर जंग के मार्च-अप्रेल 1752 के अभियान को देखें, पृष्ठ 49 से 1756 में शुजा-उद्दौला के विरोधी अभियान के लिए देखें। ए. एल. श्रीवास्तव, शुजा-उद्दौला, खण्ड 1, आगरा: शिव लाल अगरवाल एंड को लिमिटेड, 1961, पृष्ठ 27-31
27. श्रेया पाठक, *द रूलिंग डाइनेस्टी ऑफ़ बनारस स्टेट, राइज़ एंड डेवलपमेंट 1740 टू 1950* एडी, न्यू दिल्ली : अनामिका पब्लिशर्स एंड डिस्ट्रीब्यूटर्स (पी) लिमिटेड, 2014, पृष्ठ 34-40
28. फ़ॉरेन एंड पॉलिटिकल डिपार्टमेंट (यहाँ से एफ़एचडी), सीक्रेट कमिटी प्रोसीडिंग्स, कर्नाक को सीक्रेट कमिटी का पत्र, दिनांक 13 फ़रवरी 1761
29. एफ़पीडी, खण्ड 3, राजा शितब राय का मेजर कर्नाक को पत्र, 29 मार्च 1764, पृष्ठ 97
30. एफ़पीडी, सेक. प्रो. जनवरी-जुलाई 1764, खण्ड 3, फोर्ट विलियम से मेजर कर्नाक को पत्र, 29 मार्च 1764, पृष्ठ 97
31. एफ़पीडी, सेक. प्रो. जनवरी-जुलाई 1764, खण्ड 3, 29 मार्च 1764, बोर्ड को कर्नाक का पत्र, 18 मार्च 1764; साथ, एफ़पीडी, सेक. प्रो. 24 जुलाई-दिसम्बर 1764, खण्ड 4, मीर अशरफ़ का कथन, 11 अक्टूबर 1764, पृष्ठ 597
32. एफ़पीडी, सेक. प्रो. जनवरी-जुलाई 1764, खण्ड 3, दरबार रेजीडेंट का फोर्ट विलियम को पत्र, 29 जून 1764
33. सीपीसी, खियाली राम का राजा शितब राय को पत्र, अंक 2459, 1
34. एफ़पीडी, सेक. प्रो. जुलाई-दिसम्बर 1764, खण्ड 4, मेजर मुनरो का वनसिटार्ट को पत्र, प्रेज़ीडेंट काउंसिल, 22 नवंबर 1764, 6 दिसम्बर 1764, पृष्ठ 734-5
35. सीयू ऐचीसन, *ए कलेक्शन ऑफ़ ट्रीटीज, एंगेजमेंट्स एंड सनद्स रिलेटिंग टू इंडिया एंड नेबरिंग कंट्रीज़,* खण्ड II, दिल्ली : मित्तल पब्लिकेशंस, 1983, पृष्ठ 99
36. सीपीसी, राजा शितब राय का पत्र, अंक 377, II, 21 सितम्बर, 1770

37. सीपीसी, राजा बलवन्त सिंह को पत्र, अंक 97, III, 22/ 23 फ़रवरी, 1770
38. पब्लिक डिपार्टमेंट, कोर्ट को पत्र, 11 सितम्बर 1770, पैरा 2; साथ, सीपीसी, राजा बलवन्त सिंह का पत्र, 6 अगस्त 1770, अंक 320, दिनांक 1 सितम्बर अंकित, III
39. एफ़पीडी, सीक्रेट, 4 अक्टूबर, 1773, अंक 6, पट्टे का अनुवाद, सीपीसी, खण्ड IV, अंक 496, 504
40. एफ़पीडी, सेक. प्रो. 31 मई - 30 दिसम्बर 1773, काउंसिल को हेस्टिंग्स का पत्र, दिनांक 4 सितम्बर, खण्ड 18, अंक 2, 4 अक्टूबर 1773, पृष्ठ 561-3
41. एफ़पीडी, एससी, 6 जून 1775, अंक 6, 'ट्रीटी बिवीन द नवाब एंड द कम्पनी', दिनांक मई 21, 1775
42. एफ़पीडी, एससी, 5 जुलाई 1775, अंक 2
43. एफ़एफ़डी, एससी, 15 अप्रैल 1776, कंसल्टेशन क्रमांक 11 (सनद) अंक 12 (पट्टा), अंक 13 (क़बूलियत)
44. ब्रिटिश म्यूज़ियम, एडीशनल मैनुस्क्रिप्ट अंक 45422, ग्राहम से एंडर्सन को, 5 अप्रैल 1777, नेशनल आर्काइव्स ऑफ़ इंडिया (यहाँ से एनएआई)
45. एफ़पीडी, सेक. प्रो. 11 नवम्बर-30 दिसम्बर 1776, खण्ड 45, मिनिट्स ऑफ़ गवर्नर जनरल, दिनांक दिसम्बर 23, 1776, पृष्ठ 3857-8
46. डंकन रेकॉर्ड्स (यहाँ से डीआर), बनारस कमिश्नर्स ऑफ़िस (यहाँ से बीसीओ), बस्ता 1, खण्ड 2, दिसम्बर 1776, ग्राहम को काउंसिल का पत्र, 9 जनवरी 1777, पृष्ठ 3
47. डीआर, बीसीओ, बस्ता 1, खण्ड 2, दिसम्बर 1776, औसान सिंह और राजा चेत सिंह को हेस्टिंग्स का पत्र, पृष्ठ 47-8
48. 'सीपीसी', महाराज मिसर को शम्भूनाथ का पत्र, 31 मार्च 1778, खण्ड V, अंक 854
49. बीएम, ऍड एम एस 29141, हेस्टिंग्स को ग्राहम का पत्र, 23 जुलाई 1778, एनएआई
50. पीडी, कोर्ट को पत्र, 17 अगस्त 1778, पैरा 12
51. एफ़पीडी, 19 जुलाई 1779, अंक 2, ग्राहम को काउंसिल का पत्र
52. सीपीसी, राजा चेत सिंह को हेस्टिंग्स का पत्र, अंक 1569, 27 अगस्त 1779, V
53. वारेन हेस्टिंग्स, *ए नेरेटिव ऑफ़ द लेट ट्रांजैक्सन्स एट बनारस,* कलकत्ता, 1853, पृष्ठ 3; राजा चेत सिंह को हेस्टिंग्स का पत्र, 25 सितम्बर 1779, खण्ड V, अंक 1618, 1782। सीपीसी भी देखें।
54. एफ़पीडी, 1 नवम्बर 1779, अंक 4 और 5, काउंसिल को ग्राहम का पत्र, 20 और 22 अक्टूबर 1779
55. एफ़पीडी, 12 नवम्बर 1779, अंक 2, हेस्टिंग्स को ग्राहम का पत्र, दिनांक 27 अक्टूबर 1779
56. एफ़पीडी, 22 जून 1780, अंक 1; सीपीसी भी देखें, राजा चेत सिंह को हेस्टिंग्स का पत्र, 22 जून 1780, खण्ड V, संख्या 1920

57. बीएम ऍंड एम एस संख्या 29199, प्रवेश संख्या 270, क्रमांक 270, मिनट ऑफ़ व्हीलर एंड फ्रांसिस, 15 जून 1780
58. रेव जीआर गिलीग, *मेमोइर्स ऑफ़ द लाइफ ऑफ़ द राइट ऑनरेबल वारेन हेस्टिंग्स,* खण्ड II दिनांक 25 जून 1780 का पत्र, लन्दन : आर बेंटले, 1841, पृष्ठ 399
59. होम पब्लिक कंसल्टेशन (यहाँ से एचपीसी), 26 अक्टूबर 1780, अंक 21, फौक को काउंसिल का पत्र, 19 अक्टूबर 1780
60. एचपीसी, 26 अक्टूबर 1780, अंक 22, स्टीब्बर्ट को काउंसिल का पत्र, 19 अक्टूबर 1780
61. एफ़पीडी, 2 नवम्बर 1780, अंक 1, रेजीडेंट को काउंसिल का पत्र, 2 नवम्बर 1780
62. एचपीसी, 26 अक्टूबर 1780, अंक 21, फोक को काउंसिल का पत्र, 19 अक्टूबर 1780
63. जेम्स मिल, *हिस्ट्री ऑफ़ ब्रिटिश इंडिया,* खण्ड 2, 1817; द्वितीय संस्करण, न्यू दिल्ली: एसोशिएटेड पब्लिशिंग हाउस, 1978, पृष्ठ 848
64. जी डब्लू फॉरेस्ट, *एडमिनिस्ट्रेशन ऑफ़ वारेन हेस्टिंग्स 1772-1785,* ऑफ़िस ऑफ़ सुपरिंटेंडेंट ऑफ़ गवर्नमेंट प्रिंटिंग, 1892, पृष्ठ 190
65. बीएम, ऍंड एम एस 29205, प्रवेश संख्या 273, क्रमांक 273, रिपोर्ट फ्राम ग्राहम, 30 जुलाई 1778 या 1779 (वर्ष स्पष्ट नहीं है)
66. पीजे मार्शल, *द इंपीचमेंट ऑफ़ वारेन हेस्टिंग्स,* लन्दन : ऑक्सफोर्ड यूनिवर्सिटी प्रेस, 1965, पृष्ठ 100
67. सीपीसी, राजा चेत सिंह को पत्र, 15 अगस्त 15, 1781, खण्ड VI, अंक 207
68. एफ़पीडी, एससी, क्रेडेंशियल्स गिवेन टू गवर्नर जनरल डेटेड 3 जुलाई 1781, अंक 7
69. एफ़पीडी, एससी, 3 जुलाई 1781, अंक 7, गवर्नर जनरल को दिया गया प्रमाण पत्र दिनांक 3 जुलाई 1781
70. वारेन हेस्टिंग्स, *ए नेरेटिव ऑफ़ द लेट ट्रांजेक्शन्स एट बनारस,* कलकत्ता, 1853, पृष्ठ 18-19
71. एफ़पीडी, 28 सितम्बर 1778, अंक 2, फ्रांसिस मिनिट (स्मरण)
72. एफ़पीडी, सेक. प्रो. 4 सितम्बर-22 अक्टूबर 1781, राजा चेत सिंह को वारेन हेस्टिंग्स का पत्र, खण्ड 68, अंक 4, 4 सितम्बर 1781, पृष्ठ 1999-2003
73. एफ़पीडी, चेत सिंह को वारेन हेस्टिंग्स का पत्र, पृष्ठ 2004-08
74. एफ़पीडी, चेत सिंह को वारेन हेस्टिंग्स का पत्र, पृष्ठ 2004-08
75. एफ़पीडी, चेत सिंह को वारेन हेस्टिंग्स का पत्र, पृष्ठ 2018
76. एफ़पीडी, चेत सिंह को वारेन हेस्टिंग्स का पत्र, पृष्ठ 2020
77. एफ़पीडी, एससी, व्हीलर को हेस्टिंग्स, 24 अगस्त 1781, 4 सितम्बर 1781, अंक 4; साथ, हेस्टिंग्स, *ए नेरेटिव ऑफ़ द लेट ट्रांजेक्शन्स एट बनारस,* पृष्ठ 18-19
78. ग्लेग, *मेमोइर्स ऑफ़ द लाइफ ऑफ़ वारेन हेस्टिंग्स,* खण्ड II, 1841, पृष्ठ 425
79. एफ़पीडी, एससी, अंक 8, दिनांक 3 जुलाई 1781

80. एफ़पीडी, सेक. प्रो. 4 सितम्बर-22 अक्टूबर 1781, मारखम को हेस्टिंग्स का पत्र, खण्ड 68, अंक 4, 4 सितम्बर 1781, पृष्ठ 2012-13
81. विलियम होज़, *ट्रावेल्स इन इंडिया,* 1794, पृष्ठ 50
82. एफ़पीडी, सेक. प्रो. 4 सितम्बर-22 अक्टूबर 1781, व्हीलर को हेस्टिंग्स का पत्र, खण्ड 68, अंक 4, 4 सितम्बर 1781, पृष्ठ 2022
83. *ओवरलेंड समरी,* 31 अक्टूबर 1894, बीएनए, लन्दन : ब्रिटिश लाइब्रेरी, पृष्ठ 9
84. क़ुरेशी, *तोहफ़ा-ए-ताज़ा,* पृष्ठ 2-3

प्लेट 1.1 : राजा मंसाराम (1738-40), शासक वंश के संस्थापक
© निजी संग्रह

प्लेट 1.2 : राजा बहादुर बलवन्त सिंह, 1740-70, विक्टोरिया मेमोरियल हाल, कलकत्ता में हाथी-दाँत पर बना छोटे आकार का चित्र।

प्लेट 1.3 : राजा चेत सिंह, 1770-81
© निजी संग्रह

प्लेट 1.4 : ग्वालियर में राजा चेत सिंह के उत्तराधिकारियों के वर्तमान निवास स्थान के प्रवेश द्वार पर दर्शाये गये नाम।
© निजी संग्रह

प्लेट 1.5 : शिवाला घाट का वह स्थान जहाँ पर 1781 का सशस्त्र विद्रोह हुआ था।
© जगतगंज परिवार संग्रह

प्लेट 1.6 : वह स्थान जहाँ पर 1781 के सशस्त्र विद्रोह में तीन अंग्रेज़ अधिकारियों की हत्या की गयी थी और बाद में उन्हें यहाँ दफ़नाया गया था। यह स्थान निवास स्थानों तथा घने हरे-भरे पेड़-पौधों से घिरा है और यह स्थल स्पष्ट रूप से देखा नहीं जा सकता।
© जगतगंज परिवार संग्रह

प्लेट 1.7 : आर्कियोलॉजिकल सर्वे ऑफ़ इंडिया द्वारा सुरक्षित स्मारक पर लगा हुआ पटल जिसमें 17 अगस्त 1781 की सशस्त्र क्रान्ति में मारे गये अंग्रेज़ अधिकारियों के नाम अंकित हैं।

2

बाबू जगत सिंह : नूतन आख्यान की निर्मिति

व्यापार करते-करते ईस्ट इंडिया कम्पनी ने किस तरह रजवाड़ों की आपसी खींचतान का फायदा उठाकर बड़ी सुनियोजित तैयारी से मुग़ल बादशाहत पर अपना नियन्त्रण क़ायम किया था, यह इतिहास में मय-तारीख़ दर्ज है। अंग्रेज़ी सत्ता तथा उपनिवेश का प्रतिरोध करने वाली भारतीय शक्तियों में बाबू जगत सिंह का नाम सबसे अनूठा है। ख़ासकर बनारस क्षेत्र में विद्रोह का बिगुल फूँकने वाले लोगों में बाबू जगत सिंह असाधारण रहे हैं। ईस्ट इंडिया कम्पनी के विरुद्ध जगत सिंह का दुस्साहसी विद्रोह उनकी स्वतन्त्र धारणाओं का उम्दा उदाहरण है। बाबू जगत सिंह की जीवनी एक ऐसे ऐतिहासिक सन्दर्भ में सँवर रही थी, जब विदेशी व्यापारी देशी रियासतों को अधीनस्थ करके लगातार उनके आर्थिक स्रोतों पर जबरन अपना अधिकार जमाये जा रहे थे। बाबू जगत सिंह ने बनारस राजघराने के बीच अपना बचपन बिताया था और राजव्यवस्था की बारीकियों से खूब परिचित थे। बड़े होते-होते उन्होंने ठीक समझ लिया था कि व्यापार की आड़ में कैसे कम्पनी के अधिकारी रजवाड़ों के मुनाफ़े को हड़प ले रहे हैं और फिर मनमाने ढंग से राजकाज में भी अपना दखल बढ़ाना शुरू कर दिए हैं। उन्होंने कम्पनी शासन के अन्तर्गत न केवल बनारस राज की दशा और दिशा को देखा व समझा, बल्कि उन्हें इसके विपरीत परिणाम भी झेलने पड़े और राज के प्रति उनके वैध दावों को उचित महत्त्व नहीं दिया गया। इन सारी बातों और उनके जीवन के अन्य सम्बन्धित पहलुओं को आगे के पन्नों में यथासम्भव विस्तार के साथ चित्रित किया गया है। इन घटनाक्रमों ने स्वाभाविक रूप से उनकी विचार प्रक्रिया को प्रभावित किया और उन्हें विदेशी शत्रुओं से छुटकारा पाने के लिए ठोस क़दम उठाने पर मजबूर किया। वह केवल दूरदर्शी ही नहीं थे, बल्कि एक कर्मठ व्यक्ति थे, जिन्होंने न केवल प्रतिरोध की योजना बनायी, बल्कि उसे क्रियान्वित करने का धीरज और साहस प्रदर्शित किया। इस उपनिवेश विरोध के बारे में बाद के अध्यायों में चर्चा की जायेगी। उनके

प्रारम्भिक जीवन के बारे में ज़्यादा जानकारी तो नहीं है, लेकिन यह निश्चित है कि वह बहुआयामी व्यक्तित्व के धनी व्यक्ति थे, जिन्होंने जीवन के सभी क्षेत्रों में अपनी विशिष्ट छाप छोड़ी। उनकी पत्नी का नाम रामांक कुँवर था।[1] वह दसाराम के पोते और राजा बलवन्त सिंह के भतीजे थे और राज के सबसे प्रबल दावेदार थे क्योंकि बलवन्त सिंह का कोई ब्राह्मण तरफ़ेन (माता-पिता दोनों की ओर से) बेटा नहीं था। उनके पूर्वजों ने राज के प्रारम्भिक वर्षों में एक प्रमुख, सक्रिय और उल्लेखनीय भूमिका निभाई थी। इसलिए स्वाभाविक रूप से बाबू जगत सिंह भी बनारस राज में अपनी भूमिका उसी रूप में देखते थे और उन्होंने यह कैसे किया, इसे आगे चित्रित किया जायेगा।

पुरखों की विरासत

मनोरंजन सिंह के चार पुत्र थे, मंसाराम, दसाराम, मायाराम और दयाराम। मनोरंजन सिंह की मृत्यु के बाद ज़मींदारी उनके पुत्रों को मिली। इनमें से दसाराम बनारस के जगतगंज राजपरिवार के पूर्वज थे। दसाराम और मंसाराम मीर रुस्तम अली की सेवा में शामिल हो गये और यहीं मंसाराम को अपने भाई का कुशल राजस्व प्रबन्धन देखने को मिला। मंसाराम को जब बनारस की ज़मींदारी मिली तो उन्होंने दसाराम को शिवपुर और कटेहर का ज़िम्मा सौंप दिया।[2] 1740 में बलवन्त सिंह के राजा बनने पर भी दसाराम शासन में एक महत्त्वपूर्ण और सक्रिय भागीदार बने रहे। कभी-कभी तो वह राजा के भी कई निर्णयों को साफ़गोई से अच्छा या बुरा ठहरा दिया करते थे।[3] शासन में उनका प्रभाव व्यापक था। उन्हें उनकी स्पष्टता और दृढ़ता के लिए जाना जाता था। आगे चलकर बलवन्त सिंह को चाचा दसाराम पर यक़ीन करने में परेशानी होने लगी और उन्होंने उन्हें बन्दी बना लिया। इस घटना को दसाराम के केरा मंगरूर की ओर भागने वाले घटनाक्रम के साथ नहीं जोड़ा जाना चाहिए, जो 1163 हिजरी (30 नवंबर 1749 को आरम्भ) में घटित हुई थी।[4] जब पेशवा बालाजी बाजीराव की माँ काशीबाई अप्रैल 1747 में तीर्थ करने बनारस आयीं तो दसाराम ने मराठों से मदद माँगी।[5] घटनाक्रम उलझते चले गये। राजा बलवन्त सिंह ने शाही अदालत में शिकायत दर्ज करवाई कि दसाराम परिवार सहित काशी बाई के सुरक्षा दल के साथ हैं। काशी बाई ने चेतावनी दी है कि अगर राज का आधा भाग दसाराम के हवाले नहीं किया गया तो मराठे बनारस राज पर चढ़ाई कर देंगे। राजा के दावे को बनारस क्षेत्र के अधिपति अवध के नवाब सफ़दर जंग के प्रतिनिधि का भी समर्थन था। हालाँकि, मराठा प्रतिनिधि ने बलवन्त सिंह के दावे को झुठला दिया क्योंकि मराठे केवल दसाराम की रिहाई में दिलचस्पी ले रहे थे। इसके लिए कई बार गुहार लगाई जा चुकी थी। यह मामला रफादफ़ा हो गया और दिल्ली में इस पर बात आगे नहीं बढ़ी। लेकिन इस घटना से

कुछ ज़रूरी संकेत ज़रूर मिलते हैं। वह यह कि दसाराम को बनारस ज़मींदारी में अपने लिए एक बड़ी भूमिका चाहिए थी, जो बलवन्त सिंह को मंजूर न थी और इसलिए दसाराम पर कार्रवाई हुई थी। भविष्य में दसाराम के परिवार ने इन्हीं कारणों से शासन में भागीदारी की माँग उठानी शुरू की थी। शासन में हिस्सेदारी की माँग का एक सिरा यहाँ जुड़ता ज़रूर है, लेकिन उसके मायने बेहद अलग थे। दसाराम की बनारस में वापसी हुई और बलवन्त सिंह को उनसे समझौता करना पड़ा, शासन सम्बन्धी दसाराम के दावों को भी बहाल करना पड़ा जैसा कि आगे उनके जीवन की अगली महत्त्वपूर्ण कड़ी से पता चलता है।[6]

राजा बलवन्त सिंह को 1163 हिजरी (30 नवम्बर 1749 से आरम्भ) में दसाराम पर फिर से सन्देह हुआ और उनकी गिरफ़्तारी का आदेश दिया गया। दसाराम को विरोध करने के बजाय अपनी सारी सम्पत्ति लेकर भागना पड़ा, क्योंकि विरोध का कोई भी प्रयास आत्मघाती और निष्फल होता। वह एक धर्मान्तरित मुसलमान दायम ख़ान के यहाँ शरण लेने पर विवश हुए। ख़ान मूलतः कान्तित के गहरवार राजपूत परिवार के प्रतिनिधि थे।[7] वह नायब फ़ौजदार के रूप में मीर रुस्तम अली को बनारस प्रशासन की बाग़डोर दिये जाने से पहले केरा मंगरूर के क्षेत्र में रह रहे थे। दायम ख़ान की मंसाराम और उसके भाइयों के बढ़ते प्रभुत्व से बहुत पहले से ही बनारस पर नज़रें गड़ी हुई थीं, क्योंकि कभी मजबूरन उसे बनारस छोड़ना पड़ा था। अपनी इच्छाओं को पूरा करने के लिए उसने अपनी बेटी की शादी मीर रुस्तम अली के बेटे से की थी लेकिन बनारस में इस नये राजवंश के उद्‌भव के साथ उसकी योजना भी सफल नहीं हो सकी। एक शरणार्थी के रूप में दसाराम ने दायम ख़ान की सोयी महत्त्वाकांक्षाओं को आगे बढ़ाया। उनका वहाँ खुले हाथों से स्वागत हुआ, यहाँ तक कि ख़ान ने अपने प्रभाव से चैनपुर और अन्य परगनों का पट्‌टा भी दसाराम के लिए ले लिया। दूसरी ओर राजा बलवन्त सिंह के लिए ख़ान को वश में रखना और केरा मंगरूर के विशाल क्षेत्र पर क़ब्ज़ा करना एक कठिन कार्य था। कोई व्यावहारिक विकल्प नहीं होने के कारण, उन्होंने क्षेत्र पर क़ब्ज़ा करने के लिए अपने चाचा से सम्पर्क करने और उनकी मदद लेने का फ़ैसला किया। दसाराम ने केरा मंगरूर पर हमला करके क़िले पर क़ब्ज़ा कर लिया और ख़ान की सम्पत्ति ज़ब्त कर ली। ख़ान ने भागकर राजा राजरूप के नियन्त्रण वाली मकड़ी कोह में शरण ली। राजरूप ने ख़ान की मदद करने के लिए अभियान चलाया और फिर से क़िले पर क़ब्ज़ा करके दसाराम को कैद कर लिया। ऐसी स्थित में राजा बलवन्त सिंह ने भी तुरन्त हमला किया और राजा राजरूप पर दबाव बनाकर अपने चाचा की रिहाई सुनिश्चित की। ख़ान भाग गया और 1754 में इस क्षेत्र पर बनारस राज का क़ब्ज़ा हुआ। इस प्रकार दसाराम ने क़िले और केरा मंगरूर के क्षेत्र

पर क़ब्ज़ा करने में महत्त्वपूर्ण भूमिका निभाई, जिससे 80,000 रुपये की भारी राशि प्राप्त होती थी।[8]

राजा बलवन्त सिंह ने इस महत्त्वपूर्ण सहायता के बदले अपने चाचा की पुरानी सम्पत्ति को बहाल कर दिया, लेकिन चन्द्रावती के पास रघुवंशी जमींदारों द्वारा दसाराम को मार दिया गया। दसाराम के तीन बेटे थे–जयजीत सिंह, चेत सिंह और ज़ालिम सिंह। जयजीत सिंह की मृत्यु के बाद उनका नाम उनके पुत्र लखन सिंह से आगे बढ़ा।[9] सुलेमानी प्रेस, बनारस वंशावली से प्रकाशित बाबू मनोरंजन सिंह का शजरा मंसाराम के भाइयों के वंशजों के विवरण के साथ दसाराम के चार पुत्रों अर्थात् शिवलाल सिंह, शिव जालिम सिंह, रणजीत सिंह और जयजीत सिंह का उल्लेख करता है। यह ऐतिहासिक दृष्टि से एक बेहतर स्रोत है। इसमें जगत सिंह को शिवलाल सिंह के पुत्र के रूप में दिखाया गया है।[10] जगतगंज राजपरिवार द्वारा सरकार को सौंपे गये ज्ञापन में संलग्न एक अन्य वंशावली तालिका, सुलेमानी प्रेस की उपरोक्त सूची में शिव ग़ुलाम सिंह का नाम भी जोड़ती है और शिवलाल सिंह के पाँच बेटों अर्थात् बसन्त सिंह, पृथ्वी पाल सिंह, दुर्गा नारायण सिंह, जगत सिंह और नन्दन सिंह का नाम लेती है। यह सुलेमानी प्रेस द्वारा प्रकाशित शजरे में भी मौजूद है। बाबू जगत सिंह शिवलाल सिंह के चौथे बेटे और दसाराम के पोते थे जो आमिल के पद पर रहते हुए शिवपुर और कटेहर के परगना के प्रशासन की देखभाल करते रहे। ये दोनों परगने राजा बलवन्त सिंह के समय में भी उनके दादा के पास थे।[11] उन्होंने राजा चेत सिंह के बनारस से भागने के बाद अंग्रेज़ी अधिकारियों को अपने राजस्व के नियमित भुगतान और रेज़ीडेंट का वफ़ादार बने रहने की शर्त पर कम्पनी का प्रभुत्व स्वीकारा था और रेज़ीडेंट की सेवा में उपस्थित रहते थे।[12] इस मसले पर भी खैरुद्दीन के दिये विवरण असत्य और अप्रमाणिक ठहरते हैं। मौजूद वंशावली तालिकाएँ स्पष्ट रूप से साबित करती हैं कि बाबू जगत सिंह शिवलाल सिंह के पुत्र थे।

प्रारम्भिक प्रयास

1770 में राजा बलवन्त सिंह की मृत्यु हो गयी। पिछले अध्याय में चर्चा में आये औसान सिंह ने चेत सिंह को गद्दी पर बिठाने में महत्त्वपूर्ण भूमिका निभाई। हालाँकि, भूमिहारों के बीच उनकी पूर्ण स्वीकृति नहीं थी। हमेशा से ही बाबू जगत सिंह को मूल वंश और जातीय एकरूपता की दृष्टि से गद्दी का सबसे मज़बूत दावेदार माना जाता था। इस इतिहास में रुचि लेने वाले यह ठीक से जानने के लिए कि शाही परिवार और राज के भीतर चीज़ें कैसे उलट-पुलट हो रही थीं, '*चेत सिंह का सपना*' पढ़ सकते हैं। यह गिरिजा शंकर पाण्डे द्वारा लिखित और 1956 में प्रकाशित एक ऐतिहासिक

और राजनीतिक उपन्यास है। लेखक इसमें न तो कोई ऐतिहासिक और अभिलेखीय साक्ष्य देता है और न ही वह अपनी कार्यप्रणाली या स्त्रोतों की किसी सूची का उल्लेख करता है। इतिहास में साहित्य का दख़ल तो होता ही रहा है, लेकिन निस्सन्देह गिरिजा शंकर पाण्डे की सराहना की जानी चाहिए कि उन्होंने कितनी सफ़ाई से उस दौर के राजनीतिक परिदृश्य और अस्थिर क्षेत्रीय समीकरणों को ध्यान में रखकर कथा बुनी है। साथ ही इसे एक तार्किक अनुक्रम में कहानी की तरह बहुत ही मनोरम तरीक़े से सुनाया है। यह उपन्यास बनारस के इतिहास को जानने में रुचि रखने वाले सभी लोगों को पढ़ना चाहिए। पुस्तक बनारस के शाही परिवार के इतिहास का वर्णन करती है। यह विशेष रूप से राजा चेत सिंह के शासन पर केन्द्रित है। उपन्यास राजा बलवन्त सिंह के निधन के साथ शुरू होता है और 1781 में वारेन हेस्टिंग्स की चुनार घटना के साथ समाप्त होता है। इस उपन्यास का पहला खण्ड बड़ी बारीकी से बताता है कि कैसे चेत सिंह को उनके पिता के निधन के बाद गद्दी पर बिठाया गया था और औसान सिंह की इसमें क्या भूमिका थी। इसके साथ ही उपन्यास में आन्तरिक राजनीति, कम्पनी के साथ सम्बन्ध और अवध के नवाब की भूमिका भी उजागर होती है। दूसरे खण्ड का अध्याय न. 26 गद्दी के सबसे मज़बूत दावेदार बाबू जगत सिंह के मामले से सम्बन्धित है और यह बताता है कि कैसे राजा चेत सिंह द्वारा उनके दावे को दृढ़ता से दबाया गया था। चेत सिंह बाबू जगत सिंह को बनारस में अपने शासन की निरन्तरता के लिए एक बड़ा ख़तरा मानते थे।

गिरिजा शंकर पाण्डे के अनुसार, दसाराम के पुत्र शिवलाल सिंह और दयाराम के पुत्र मेहरबान सिंह इस नए राजवंश की नींव और विस्तार में अपने पिता के समान महत्त्वपूर्ण भूमिका और योगदान चाहते थे। शिवलाल सिंह के पुत्र बाबू जगत सिंह थे और मेहरबान सिंह के पुत्र मनयार सिंह थे, जिसकी पुष्टि सुलेमानी प्रेस द्वारा प्रकाशित मनोरंजन सिंह की वंशावली से होती है। किसी वारिस की अनुपस्थिति में दोनों को आशा थी कि राजा बलवन्त सिंह उनके पुत्रों को ही उत्तराधिकारी के रूप में अपनाएँगे। राजा का झुकाव मनयार सिंह की ओर अधिक था, जो हर विशेष अवसर, त्योहारों और मेलों में उनके साथ जाते थे। चेत सिंह को बनारस का नया राजा बनाये जाने के बाद मनयार सिंह नेपाल भाग गये और बाबू जगत सिंह ने इस राजनीतिक अस्थिरता में चुप्पी साधे रखी। शाही परिवार के प्रत्यक्ष वंश से सम्बन्धित शिवलाल सिंह और बाबू जगत सिंह को शिवपुर, कटेहर, नदेसर की जागीरें और वरुणा नदी के तट पर भूमि देकर थोड़ा मनाया भी गया। जब राजा चेत सिंह का सम्बन्ध नवाब शुजा-उद्दौला के साथ शत्रुतापूर्ण हो गया तो जगत सिंह ने इस अवसर का लाभ उठाने का प्रयास किया। बनारस ज़मींदारी का शासक बनने की उनकी सोयी आकांक्षा फिर से जाग

उठी और उन्होंने सैनिकों की गुप्त भर्ती और सैन्य भण्डार की व्यवस्था के माध्यम से सैन्य गतिविधियों की शुरुआत भी की। राजा ने जब इन भर्तियों का कारण पूछा तो शिवलाल सिंह ने इसे लुटेरों के ख़िलाफ़ रक्षात्मक तैयारी बताते हुए टाल दिया। इस पर राजा ने यह निर्देश दिया कि परिवार के सभी सदस्यों के साथ बाबू जगत सिंह को गिरफ़्तार किया जाये और 300 लोगों की एक सेना भी भेज दी। सेना की चढ़ाई की सूचना पाकर शिवलाल सिंह और बाबू जगत सिंह ने परिवार के अन्य सदस्यों के साथ भागने का फ़ैसला किया। जब तक सेना उन तक पहुँची, तब तक सब ख़ाली हो चुका था।[13] हालाँकि यह सब कुछ एक महत्त्वपूर्ण राजनीतिक विकास प्रतीत होता है, लेकिन इसकी सत्यता साबित करने के लिए कोई दस्तावेज़ी सबूत नहीं है। इन घटनाओं का उल्लेख करते हुए अभी तक कोई अभिलेखीय दस्तावेज़ नहीं मिला है। इस प्रकार यह कुछ समय के लिए हमारी साहित्यिक भूख को तृप्त कर सकता है, लेकिन हमें दस्तावेज़ों से बने पुख़्ता इतिहास के रास्ते से आगे बढ़ना है।

जगतगंज की स्थापना

बाबू जगत सिंह ने वाराणसी के पश्चिम में 8 बीघा और 18 बिस्वा भूमि[14] पर जगतगंज नामक एक नये नगर की स्थापना की, जो हाथियों और घोड़ों के झुण्ड और सुन्दर बाज़ारों से सुशोभित था। उनके परिवार का नाम राजपरिवार जगतगंज उन्हीं के नाम पर है। यह आज भीड़-भाड़ वाले बाज़ारों से घिरा शहर के केन्द्र में स्थित है। सारनाथ के बौद्ध अवशेषों की आकस्मिक खोदाई से निकली ईंटें और पत्थर जगतगंज और इसकी इमारतों और तालाबों के निर्माण के लिए कैसे उपलब्ध हुए इसकी चर्चा विस्तार से अध्याय 3 में की जायेगी। हालाँकि बनारस में 14 जनवरी 1799 के सशस्त्र संघर्ष से सम्बन्धित ब्रिटिश अभिलेखों में इस तालाब को जगत सिंह तालाब (टैंक) के रूप में ही पहचाना गया है, लेकिन जैसा कि अध्याय 6 में पता चलेगा इसे बाबू जगत सिंह द्वारा अपने पिता शिव लाल सिंह की स्मृति में बनाये गये मन्दिर के एक शिलालेख में राम सागर कहा गया है। यह मन्दिर 26 फ़रवरी 1792 को बनकर तैयार हुआ था। उनकी माँ ने गणपति, अन्नपूर्णा और शिव का इस मन्दिर में श्रृंगार अपने हाथों से किया था।[15] जगतगंज के सभी अवशेषों के निर्माण में लगभग पाँच साल का समय लगा होगा। इसलिए यह समझना कठिन नहीं है कि सारनाथ के स्तूपों की खोदाई 1787 के आसपास हुई होगी। इसलिए अनुमान है कि सारनाथ सम्बन्धी ऐतिहासिक दस्तावेज़ों और अन्य लेखन में इसे ग़लत तरीक़े से 1794 बताया गया है। स्मारिका के तौर पर लम्बे समय तक सारनाथ में खोदाई किये गये स्तूप को इतिहास और पुरातात्विक रिपोर्टों में जगत सिंह स्तूप के रूप में ही सन्दर्भित किया गया था।

बनारस के तात्कालिक मैजिस्ट्रेट और कलेक्टर सैमुएल डेविस पुत्र जॉन फ्रांसिस डेविस ने बाबू जगत सिंह की प्रशंसा करते हुए लिखा है कि "वह बेहद प्रतिभाशाली, उतने ही अभिमानी व्यक्ति थे।"[16] अपनी अमलदारी के अन्तर्गत रहने वाले लोगों का विश्वास उन्होंने अपनी अच्छी प्रशासनिक प्रतिभा और कौशल से जीत रखा था। उनकी प्रतिभा और लोगों को मिलाकर चलने की उनकी असाधारण क्षमता ने उनके क्षेत्र में एक अच्छा सन्देश फैलाया था; वहाँ शान्ति और समृद्धि थी। राजस्व की वसूली और भुगतान में एक बेहतरीन सामंजस्य था और राजस्व अदायेगी नियमित थी। इस कारण उनका रुतबा बढ़ता ही जाता था। उनके प्रशासनिक क्षेत्र पर उपलब्ध इन आँकड़ों से भी उनके प्रभाव की पुष्टि होती है।[17]

क्षेत्र	**वसूली**
परगना कटेहर	1,17,320-13-3
परगना शिवपुर	45,412-13-3
कुल	1,62,733-10-6

सरकारी दस्तावेज़ों में भी इन इलाकों को वरीयता क्रम में ऊपर ही रखा जाता था क्योंकि इनकी देनदारी हमेशा ही पूरी रहती थी। यह आँकड़े इन ज़िलों में उनके आमिल होने की दक्षता और प्रभावशीलता को दिखलाते हैं। उनके प्रयासों ने बनारस के राजा के दूसरे एजेंटों के साथ एक स्वस्थ प्रतिस्पर्धा भी की और हमेशा उनसे आगे रहे। यहाँ तक कि उन्होंने टप्पा गुज़ारा के लिए भी ज़मानत भरी थी ताकि बाबू प्रताप सिंह और उनके परिवार को राजस्व की प्राप्ति के बाद रखरखाव के लिए पैसे मिल सके। उन्हें राजस्व मामलों की पूरी समझ थी। उन्हें शेष राशि के बारे में इतना यक़ीन था कि जब लोहता के कलेक्टर ने रुपये 483-1-3 की राशि पर विवाद किया तो उन्होंने इसका भुगतान नहीं किया और यह तय करने के लिए कि क्या उन्हें या कलेक्टर को इस राशि का भुगतान करना है, इस सम्बन्ध में जाँच के परिणाम की प्रतीक्षा करना पसन्द किया। उन्हें ऐसे क्षेत्रों का आमिल पाया जाता है, जिनका वार्षिक राजस्व रुपये 2,12,654-14-0 था। उनकी इतनी आमदनी का कारण उपरोक्त अमलदारी के अलावा कोंडोटा, ऊंचागाँव और जगतगंज गाँवों में जागीर की जमीनें भी थीं जो एक इस्तिमरारी बन्दोबस्त (स्थायी बन्दोबस्त) के अन्तर्गत आने वाली जागीरें भी थी। साथ ही चौका ग़ौसाबाद का एक किराया मुक्त गाँव था जो उनकी ख़रीदी सम्पत्ति थी।[18] बक़ौल जोनाथन डंकन उनके पास कई परगनों की अमलदारी थी जिनमें शिवपुर, कटेहर और ख़ानपुर के अलावा टप्पा पुसारेह और श्रीवाँ [सरावाँ] का ताल्लुक़ा भी था जो मिलकर 1795 तक एक बड़ा क्षेत्र बन चुका था।[19]

उनके यहाँ बहादुर सिंह नाम के एक समर्पित और कुशल दीवान थे, जो राजस्व प्राप्ति में उनकी सहायता करते और इस क्षेत्र में अपने मालिक की इच्छाओं का ध्यान रखते। अध्याय 6 में आगे के विवरण के साथ उनका फ़िर से उल्लेख किया जायेगा।

उन दिनों के अभिजात वर्ग के कुछ विशिष्ट लक्षण थे। इनमें से एक पारम्परिक शिक्षा प्राप्त करना था। फ़िर समय के हिसाब से ज़रूरी प्रचलित और ज्ञान के अन्य प्रासंगिक विषयों की ओर भी जाना पड़ता था। इसलिए इसमें कोई आश्चर्य नहीं है कि बाबू जगत सिंह न केवल फ़ारसी के अच्छे जानकार थे बल्कि इसमें एक कुशल कवि भी थे। उन्होंने फ़ारसी में ऐसी कविताएँ रची थीं कि उन्हें एक बार अवध के नवाबों में से एक ने 'भारत कोकिल' कहा था और उन दिनों के विद्वान अभिजात वर्ग द्वारा उनकी बहुत सराहना की गयी थी। उनके फ़ारसी के कृति प्रेम ने उन्हें एक उत्कृष्ट फ़ारसी पुस्तकालय विकसित करने को प्रेरित किया।[20] उन्होंने सभी धर्मों का सम्मान किया और एक मस्जिद तथा एक मन्दिर का निर्माण किया और जगतगंज में एक गुरुद्वारे के लिए भी ज़मीन दी। उन्होंने सूफ़ी फ़क़ीर ग़रीब हुसैन को संरक्षण दिया, जिससे आध्यात्मिक बिरादरी में उनकी लोकप्रियता और बढ़ गयी। निम्नलिखित शिलालेख में यह बात दर्ज है। इस सूफ़ी संत की मृत्यु 1205 हिजरी (10 सितम्बर 1790-30 अगस्त 1791) में हुई थी। जगतगंज में बनाई गयी मस्जिद और बाबू जगत सिंह के निवास स्थान में दो फ़ारसी शिलालेख आज भी बरक़रार हैं। इस शिलालेख के अनुसार मस्जिद का निर्माण जगत सिंह ने 1205 हिजरी में करवाया था। तारीख़ को साबित अल-अरकान द्वारा प्राप्त किया गया है जो गणना पर (500 + 1 + 2 + 400 + 1 + 30 + 1 + 200 + 20 + 1 + 50) 1206 हो जाता है, लेकिन शिलालेख में ही इसका संख्यात्मक मान 1205 भी दर्ज है जिसका अर्थ है कि एक अलिफ़ की गिनती नहीं की गयी है। उक्त सन्त ग़रीब हुसैन को इसी मस्जिद में दफ़नाया गया था।[21] इस शिलालेख में बाबू जगत सिंह का उल्लेख "हर आम और ख़ास तक ज्ञात और प्रिय व्यक्ति के रूप में किया गया है"।[22]

आरिफ़ बिल यक़ीन ग़रीब हुसैन कर्द अज़्म सफ़र ज़ा कौन वा मकाँ
यादगार उश बसाख्त बेहर-ए-सवाब आंकेह नामुश जगत सिंह अस्त अयाँन
मस्जिद ब कमाल वुसअत व ज़ेब बरगुज़ीदह तमाम अहल-ए-जहाँ
साल अतमाम ऊ चुनी आमद बेशक़ व रैब 'साबित-उल-अरकाँन' (1205 हिजरी)

जगतगंज निवास स्थान पर ही मौजूद एक दूसरा अभिलेख निम्नलिखित है :

चूँ शुद तामीर ईं दालान वाला मिस्ल बाग़-ए-इरम गर्दीद ज़ेबा
ख़िर्द कीन मिसरा-ए-तारीख़ आं गुफ़्त मुबारक गश्त दालान-ए-मुअल्ला
(1210 हिजरी [18 जुलाई 1795 - 6 जुलाई 1796])[23]

'मुबारक गश्त दालान मुअल्ला' से तारीख़ निकलती है जिसकी गणना निम्नलिखित है :

(40+2+1+200+20+20+300+400+4+1+30+1+50+40+70+30+1=12 10 हिजरी)।

जगत सिंह : प्रतिरोध का पूर्वरंग

बाबू जगत सिंह ने हमेशा बनारस राज की गद्दी पर अपना दावा किया। जब चेत सिंह और मनयार सिंह ग्वालियर भाग गये थे, तब 1782 में पुत्री पक्ष से वारिस महीपनारायण को उत्तराधिकारी माना गया। चौथे अध्याय में अंग्रेज़ी नीति और उनके निर्णयों पर विस्तार से चर्चा की गयी है। जब लॉर्ड कार्नवालिस और सर जॉन शोर बंगाल के गवर्नर जनरल के रूप में नियुक्त हुए थे तो बाबू जगत सिंह ने बनारस की गद्दी पर अपना दावा मज़बूत करने के लिए फिर से प्रयास किया और कई व्यक्तिगत दलीलें दीं, यहाँ तक कि कई याचिकाएँ भी भेजीं। विडम्बना यह रही कि उनके ये सारे प्रयास व्यर्थ ही रहे।

देसी रियासतों के साथ अंग्रेज़ी नीति के सम्बन्ध में यह प्रवृत्ति रही कि जिस राज्य के साथ वे सम्पर्क में आये, उनके व्यवहार ने व्यापक असन्तोष पैदा किया। ऐसा इसलिए हुआ क्योंकि उन्होंने अपने सहयोगियों से जितना सम्भव हो उतना अधिशेष राजस्व हड़प लेने की शोषणकारी प्रवृत्ति अपनायी जो अप्रत्यक्ष रूप से समाज के कई हिस्सों के आर्थिक पतन का कारण बनती रही। इसलिए कई समूहों और लोगों का व्यवहार उनके प्रति अनुकूल नहीं था। बाबू जगत सिंह भी अंग्रेज़ों से असन्तुष्ट थे क्योंकि उनकी कई याचिकाएँ उन्हें न्याय नहीं दिला सकीं। वास्तव में बाबू जगत सिंह के उत्तराधिकार के मुद्दे पर उतना ध्यान नहीं दिया गया जितना दिया जाना चाहिए था। बाबू जगत सिंह ने कलकत्ता की कौंसिल में बाबू रूप सिंह और बाबू लखन सिंह के साथ मिलकर कई याचिकाएँ प्रस्तुत कीं। यह बनारस में उनकी ज़मींदारी के स्पष्ट अधिकार को लेकर थी जो फ़सली वर्ष 1194 (+592 = सितम्बर 1786-87) के आरम्भ से दर्ज हुए। इनमें से 14 जनवरी, 21 मार्च और 24 मार्च, 1795 के पत्र मिले हैं (परिशिष्ट-II देखें) और बाक़ी की खोज तब तक जारी रखी जानी चाहिए जब तक कि सभी पत्र मिल नहीं जाते। वह एक वर्ष तक कलकत्ता में रहे जहाँ उन्होंने लॉर्ड कार्नवालिस के साथ लगातार बैठकें कीं और व्यक्तिगत रूप से अपनी शिकायतों को प्रकट किया। अन्ततः लॉर्ड कार्नवालिस ने उनसे कहा, "वर्तमान में जोनाथन डंकन एस्क. बनारस में सरकारी रेज़ीडेंट हैं जिन्हें आपका मामला सौंप दिया गया है। आपके दावे की सत्यता की जाँच करके डंकन मुझे यह बताएँगे कि अधिकार को लेकर किये गये आपके दावे कितने ठीक हैं" (परिशिष्ट - II, पृष्ठ 271)। इसके बाद बाबू जगत सिंह बनारस लौट आये।

अंग्रेज़ों के साथ उनके सम्बन्धों पर आगे चर्चा करने से पहले यहाँ यह उल्लेख किया जाना ज़रूरी है कि बाबू जगत सिंह बनारस में गवर्नर जनरल के एजेंट की वास्तविक स्थिति समझते थे। जब उन्होंने पाया कि जोनाथन डंकन को धन की आवश्यकता है तो उन्होंने वह उपलब्ध करवाया। कलकत्ता के अधिकारियों द्वारा उनके इस क़दम की विधिवत सराहना की गयी और डंकन को 26 अगस्त 1790 को उन्हें एक ख़िलअत (सम्मान देने के लिए लबादा) देने के लिए कहा गया।[24] यह ऋण उनके द्वारा 25 मई 1790 को दिया गया था, और इसमें से 15,000 रुपये की राशि जून 1790 में उन्हें वापस कर दी गयी थी।[25] रिकॉर्ड से सत्यापित होता है कि बाबू जगत सिंह दूसरी बार नाव से कलकत्ता गये और 2 सितम्बर 1793 को उन्हें उसी तरह लौटने के लिए दस्तक (पासपोर्ट) प्रदान किया गया था।[26] उन्होंने सर जॉन शोर के गवर्नर जनरल का कार्यभार सम्भालते ही उनके साथ सम्बन्ध स्थापित किये और उन्हें बधाई का एक पत्र भेजा जो 12 दिसम्बर 1793 को प्राप्त हुआ था।[27] उन्होंने दोबारा एक पत्र लिखा जो कलकत्ता में 9 जुलाई 1794 को प्राप्त हुआ था।[28]

वह सर जॉन शोर के गवर्नर जनरल बनने पर व्यक्तिगत रूप से अपना मामला पेश करने के लिए कलकत्ता जाने के लिए बहुत उत्सुक थे, लेकिन डंकन उन्हें गवर्नर जनरल की सहमति के बिना ऐसा करने की अनुमति नहीं दे सकते थे। इसलिए उन्होंने उन्हें लिखित में अपना आवेदन जमा करने के लिए कहा था। 6 अप्रैल 1795 को सर जॉन शोर को डंकन के पत्र द्वारा इसकी पुष्टि होती है जिसमें वह अपने लिए स्पष्ट निर्देशों की अपेक्षा करता है: "किये गये अनुरोध के जवाब में मैं वर्तमान प्रार्थी के अनुरोध को मानूँ या न मानूँ इसका मार्गदर्शन किया जाये।"[29] जगत सिंह ने 14 जनवरी 1795 को डंकन के माध्यम से गवर्नर जनरल को एक याचिका भेजी थी। यह अब तक खोजा गया एकमात्र पत्र है[30] जिससे हमें यह जानने को मिलता है कि बनारस की गद्दी पर उनके दावे के सम्बन्ध में उनका आग्रह क्या था। बाबू जगत सिंह लिखते हैं :

> *आपके याचकों के पूर्वज मनसाराम, दसाराम, दयाराम और मायाराम सभी चार भाई थे और मनोरंजन [सिंह] के पुत्र थे और सभी एक परिवार के रूप में एक ही साथ रहते थे। [इसी संयुक्त रूप में] उन्होंने बनारस... ज़मींदारी का अधिग्रहण किया और उन्होंने स्वयं इसकी देखरेख की ज़िम्मेदारी आपसी सहमति से मंसाराम को सौंपी थी। इन लोगों ने हमेशा ही ज़मींदारी की आमदनी के सरकारी हिस्से का समय से भुगतान किया और बची आमद से संयुक्त परिवार की देखभाल की। उल्लिखित चारों भाइयों की मृत्यु के बाद, अगली पीढ़ी ने भी पहले की तरह मंसाराम के बेटे बलवन्त सिंह और पोते चेत सिंह को सरकारी राजस्व का भुगतान करने के लिए नियुक्त किया और जो भी अधिशेष बचा, उसे पहले की*

ही तरह सभी भाइयों ने आपस में साझा करना जारी रखा। वर्तमान में चेत सिंह के निष्कासन के बाद आपके याचकों के पास चार भाइयों द्वारा अर्जित ज़मींदारी और अन्य सम्पत्ति का अधिकार है। और महीपनारायण को बलवन्त सिंह द्वारा छोड़ी गयी सम्पत्ति का उत्तराधिकारी बनने का कोई अधिकार नहीं है और न ही उनकी मृत्यु के समय अन्य भाइयों द्वारा छोड़ी गयी सम्पत्ति पर। ज़मींदारी और सम्पत्ति पर महीपनारायण का अधिकार नितान्त अन्यायपूर्ण है।

कलकत्ता से लौटने के बाद बाबू जगत सिंह जगतगंज का विस्तार करने में व्यस्त रहे पर उन्होंने जोनाथन डंकन को बनारस की गद्दी पर अपने अधिकारों के सम्बन्ध में सकारात्मक क़दम उठाने के लिए याद दिलाना जारी रखा। उनकी इस याचिका से मालूम होता है कि उन्होंने कम-से-कम तीन बार ऐसा किया होगा। डंकन ने हमेशा उन्हें कहा कि वह इस मामले की 'जाँच' में लगे हुए हैं ताकि 'सही फ़ैसला लिया जा सके'। जोनाथन डंकन केवल उनके दावे से ही सन्तुष्ट नहीं थे बल्कि उन्होंने जगत सिंह से यह पूछा भी था कि 'क्या आप [मुस्लिम] क़ानून के अनुसार या 'हिन्दू धर्म शास्त्र' के अनुसार अपना अधिकार सिद्ध कर सकते हैं?' तब जगत सिंह ने महीपनारायण को हटाकर बनारस की गद्दी पर अपनी बहाली की माँग पर छह तर्क प्रस्तुत किये :

पहले तो शरीअत के अनुसार आपके याचिकाकर्ता का अधिकार इस प्रकार साबित होता है। हम [मुस्लिम] क़ानून द्वारा शासित होते हैं और हमारी विरासत मूलतः एक [मुस्लिम] सम्प्रभु द्वारा प्रदान की गयी है। महीपनारायण बलवन्त सिंह की सम्पत्ति में भागीदार नहीं हैं, और अन्य तीन भाइयों की सम्पत्ति में तो बिल्कुल नहीं है। धर्म शास्त्र के अनुसार भी आपके याचिकाकर्ता का अधिकार क़ानूनी रूप से सिद्ध होता है और महीपनारायण कुछ भी पाने के हक़दार नहीं हैं। जानकारी और राय के लिए आप पण्डितों से सम्पर्क कर सकते हैं।

उन्होंने फिर से यह ध्यान दिलाया कि बाद की पीढ़ी में सभी पुत्र और भाई-भतीजे एक साथ रहा करते थे। ऐसी स्थिति में वारिस के अभाव में उत्तराधिकार चाचा के पुत्रों को जाना चाहिए न कि पुत्री की सन्तान को।

धर्म शास्त्र में परिभाषित राजा के गुणों को धारण नहीं करने वाला व्यक्ति केवल राजा की उपाधि धारण करता है। ऐसे राजा का माल कई भागों में विभक्त हो जाता है। राजा के निहित लक्षणों और विशेष राज-चिह्नों से रहित व्यक्ति केवल किन्हीं परिस्थितिवश राजा हो जाये तो ऐसे व्यक्तियों की मृत्यु के बाद क्या उनका राज्य वास्तविक उत्तराधिकारियों को नहीं मिलना चाहिए? तीसरा, हिन्दुस्तान में प्रचलित ज़मींदारों की प्रथा के अनुसार...भी हमारा अधिकार साबित हो गया है।

यदि चाचा के पुत्र मौजूद हैं, तो क्या पुत्री का बेटा किसी भी चीज़ का हक़दार होगा? तदनुसार जहाँ भी माननीय ईस्ट इंडिया कम्पनी का अधिकार क्षेत्र है, इस प्रथा का अनुपालन किया जाता है। सूबा बिहार में सुन्दर सिंह के राज में बेटी को न तो ज़मींदारी का कोई अधिकार मिला है और न ही उससे जुड़े विशेषाधिकारों का...बल्कि उनके चाचा मुलुस...के बेटे ...और पीताम्बर सिंह को मिल गया है।...इस प्रकार राजा रामचन्द्र की मृत्यु के समय उनके भाइयों के पुत्रों को उनका पूरा हिस्सा दिया गया था। चौथा, अलतमग़ा के अर्थ और भावना से [यह] सदा के लिए एक अनुदान है। शाही आदेश के अनुसार अलतमग़ा परगना बलवन्त सिंह और उनके बेटों पर वंशीय और हमेशा उत्तराधिकार में सदा के लिए राजस्व मुक्त अनुदान के रूप में निश्चित किया गया है। अब आप न्याय करें क्योंकि हम आपके याचक, शरीअत और शास्त्र दोनों के अनुसार राजा बलवन्त सिंह के पुत्रों की कण्डराएँ हैं। महीपनारायण को उक्त अलतमग़ा पर किसी प्रकार का अधिकार नहीं है। पाँचवाँ, उस विलेख के अनुसार भी जिसके द्वारा भदोही की जागीर दी गयी थी, आपके याचिकाकर्ता का अधिकार साबित होता है क्योंकि उस विलेख में यह लिखा है कि शाही आदेश से यह जागीर भी हमेशा के लिए बलवन्त सिंह और उसके उत्तराधिकारियों को दी जाती है। आपके याचकों ने ही उनके लिए क्रियाकर्म (अन्तिम संस्कार भी) किया और शास्त्र के अनुसार, महीपनारायण और उसके पिता ने नहीं किया। बलवन्त सिंह का प्रतिनिधित्व करने का सिर्फ़ हमारा हक़ है। आपके याचक ही सभी दृष्टियों से बलवन्त सिंह के सही और क़ानूनी प्रतिनिधि हैं और जागीर के मालिक हैं। हमें सिद्ध और स्थापित अधिकारों से किस तरह वंचित किया जा सकता है। छठा, आरम्भ से लेकर इस प्रतिनिधित्व को लिखने के समय तक, अलतमग़ा और जागीर हर समय हमारे पूर्ववर्तियों और हम सबको एक सक्षम रखरखाव का ख़र्च उठाने की स्थिति में रहा है, अब हमें उसी से कैसे बाहर रखा जा सकता है?

बनारस की गद्दी पर अपने दावे के लिए बाबू जगत सिंह के तर्कों की प्रकृति स्पष्ट और निर्विवाद थी लेकिन ब्रिटिश गवर्नर जनरल ने बेशर्मी से इस सबसे अपनी आँखें फेर लीं और उनकी याचिका को ठुकरा दिया। बेहतर होगा कि उन्हें उन्हीं के शब्दों में आगे पढ़ा जाये ताकि उन आधारों को समझा जा सके जिन पर उन्होंने ऐसा किया था।

उपरोक्त याचिका रेज़ीडेंट डंकन द्वारा 21 फ़रवरी 1795 को गवर्नर जनरल को वंशावली तालिकाओं के साथ भेजी गयी थी। साथ में यह टिप्पणी भी की गयी थी कि 'दावेदार राजा के परिवार के एक बहुत ही दूर के नातेदार हैं।[31] चूँकि बाबू जगत सिंह

के दावे के सभी पहलुओं का अध्ययन करने के लिए यह एक बहुत ही महत्त्वपूर्ण दस्तावेज़ है, इसलिए इसके प्रासंगिक अंश उद्धृत किये जा रहे हैं' :

__1.__ जैसा कि यह सम्भव प्रतीत होता है कि संलग्न याचिका का सार जल्द ही पक्षों द्वारा आपके सामने लाया जा सकता है और जैसा कि मैंने इस स्थान पर इसके विषय पर कोई कार्यवाही करने से इनकार कर दिया है और यह भी नहीं लगता कि आपकी पूर्व स्वीकृति के बिना इसे बोर्ड के समक्ष रखना मेरे लिए उचित होगा, इसलिए, मैं निम्नलिखित टिप्पणियों से पहले दावे का सारांश प्रस्तुत करना चाहता हूँ। __2.__ जब मैं पहली बार 1787 में यहाँ आया, तो वे तीनों बिना किसी रोज़गार या निर्वाह के साधन के थे; लेकिन जगत सिंह, को (जो इस मामले में प्रमुख है और इस [पूरे मामले] को आगे बढ़ा रहे हैं) जल्द ही राजा से [मूल में हटाया गया लेकिन यहाँ उद्धृत] शिवपुर, कटेहर और ख़ानपुर के कई परगनों के साथ-साथ पुसारेह के टप्पे और श्रीवान [सरवन] के ताल्लुक़े के साथ, देश का एक बड़ा भूभाग, प्राप्त हुआ, जो अच्छी तरह से अभी भी जारी है। यह देखना उचित है कि मेरे मालाबार से लौटने के बाद मिली कुछ शिकायतों को छोड़कर उनके ख़िलाफ़ कोई बड़ी शिकायत नहीं थी। कई वर्षों से उनके बारे में मेरी राय अच्छी ही रही है। मेरे विचारशील विभिन्न योजनाओं के सम्बन्ध में, जो मैंने कभी-कभी स्थानीय प्रशासन की प्रणाली की बहाली और क्षेत्र की समृद्धि के लिए ध्यान में रखी हैं, के आगे बढ़ाने और समर्थन करने में अपने स्वयं के उदाहरण से एक से अधिक बार बेहतर स्तर की तत्परता दिखाई है। __3.__ वर्तमान कार्यभार के दूसरे वर्ष मैंने रूप सिंह को ज़हूराबाद और पचोतर के परगनों की अमलदारी उनके अपने पूर्व में इनमें कार्यरत रहने और समृद्ध होने के कारण सौंपा। इन दोनों ज़िलों पर तब से रूप सिंह का क़ब्ज़ा है। __4.__ जहाँ तक लखन सिंह का सवाल है, मेरे कार्यभार ग्रहण करने पर खेती या अमलदारी के कारण देय राजस्व के कुछ बकाया के कारण, मुझे याद नहीं है कि उन्होंने कभी किसी भी भविष्य के प्रावधान के लिए सीधे मुझसे आवेदन किया था; लेकिन उनकी माँ ने मुझसे उनके अकेलेपन को ध्यान में रखते हुए प्रावधान प्राप्त किया है और 11 फ़रवरी 1791 के बोर्ड के आदेश द्वारा उन्हें मुल्की ख़ज़ाने से 100 रुपये प्रति माह की पेंशन देना तय हुआ है। __5.__ पार्टियों की वर्तमान स्थिति के इस संक्षिप्त विवरण के बाद मैं यह बताना चाहता हूँ कि जगत सिंह को छोड़कर उनमें से किसी ने भी अब तक कोई अन्य दावा नहीं किया है। इसके पहले तो जगत सिंह ने भी कभी इतनी स्पष्टता से अपना पक्ष नहीं रखा कि उनका दावा प्रबल है और उस आधार पर वर्तमान राजा को बेदख़ल किया जा सके। शिवपुर परगने पर अपने वंशानुगत अधिकार के कारण

*समूचे राज्य पर जगत सिंह द्वारा किये जा रहे दावे को मैंने कभी गम्भीरता से नहीं लिया और बनारस की ज़मींदारी पर उनके पिता अथवा दादा के मालिकाना सम्बन्ध के बाद चेत सिंह और फिर महीपनारायण के अधिकार को इतना अधिक समय बीत चला है कि अब उस पर विचार करने की ज़रूरत नहीं लगती। **6.** शायद ही वर्तमान दावे कभी सार्वजनिक रूप से किये गये होंगे, लेकिन सरकार के हाल के विनियमों के डर से जगत सिंह के मन में पैदा हुई आशंकाओं से कि कुछ हद तक गाँव के ज़मींदारों और किसानों को ऐसा बनने के लिए उकसाया जा रहा है जिन्हें हुज़ूरी कहा जाता है क्योंकि उनका भू राजस्व सीधे बनारस के ख़ज़ाने में जमा किया जाता है और यह उनको परगने पर अपनी निर्भरता से मुक्त करता है। इस प्रकार के अलगाववाद को जगत सिंह ने उनके द्वारा शासित क्षेत्र में संकुचित किया। उन्हें सन्देह था कि यह सब कुछ राजा द्वारा किया गया कृत्य था। उनके ये विचार आसन्न नियमों की इस अफ़वाह से भी प्रेरित प्रतीत होते हैं कि वर्तमान आमिलों के दख़ल को तहसीलदारी में बदला जा रहा है। ऐसा प्रतीत होता है कि वर्तमान अर्ज़ी में उन्होंने रूप सिंह और लखन सिंह को उपरोक्त वर्णित कारणों से संयुक्त प्रयास करने के लिए उकसाया और उन्हें केवल उनके आश्रितों के रूप में माना जाना चाहिए। सम्भवत: यह अर्ज़ी उन्हें हर उस साधन का उपयोग करने के लिए प्रेरित करेगी जो वे अपना उद्देश्य प्राप्त करने के अनुकूल समझ सकते हैं। इसलिए उनकी वर्तमान याचिका को औपचारिकता से थोड़ा अधिक माना सकता है। **7.** मैंने राजा से उनके इस प्रयास को नहीं छिपाया है, यहाँ तक कि उसे अर्ज़ी की एक प्रति प्रस्तुत करने की भी पेशकश की है कि वह उस पर उचित समझने पर सिरे से ऐसी आपत्तियाँ कर सकता है जैसा कि उसे उचित लगे लेकिन उसने ऐसे सभी संचार को अस्वीकार कर दिया है और यह कहा कि वह माननीय कम्पनी के चुनाव और बनाने से राजा है और वह उन्हें किसी प्रकार का स्पष्टीकरण देने के लिए बाध्य नहीं होंगे और न ही ऐसा करेंगे; लेकिन आपकी सरकार पर पूरे विश्वास के साथ भरोसा करते हैं। मैंने वर्तमान दलों के पूर्वजों के बीच पारिवारिक झगड़े और दुश्मनी के बारे में पर्याप्त सुना है, जिससे मुझे लगता है कि राजा के लिए इस सम्बन्ध में विरोध करना बहुत सम्भव है और उसे वर्तमान दावेदारों द्वारा वर्णित प्रतिनिधित्व में से एक से अधिक स्थिति का चयन करना चाहिए, **8.** हालाँकि, हो सकता है कि जगत सिंह अपने दावों की पेशकश के साथ-साथ अपने और अपने सहयोगियों की समग्र दलीलों और सबूतों के साथ फिर किसी दिन उपस्थित हो जायें, मैंने उन्हें सुझाव दिया है कि इस विषय पर मेरे द्वारा कोई कार्यवाही नहीं की जायेगी ताकि वह अब प्रेसिडेंसी के समक्ष मुक़दमा*

चलाने में कोई समय न गँवाये। मुझे लगता है कि यह मेरी ओर से मामले की इस रिपोर्ट को अब और अधिक टाला नहीं जा सकता, मुझे आशा है कि इसके वर्तमान चरण में आवश्यक लगने के रूप में ठीक पाया जायेगा। संलग्न अनुलेख वंशावली तालिका से स्पष्ट है कि राजा के कई सम्बन्धी वर्तमान आवेदन में शामिल नहीं हुए हैं [परन्तु यह स्पष्ट रूप से याचकों की ठोस और सही दलीलों को ठुकराने के लिए एक वैध तर्क नहीं हो सकता है]।

वास्तव में बाबू जगत सिंह वल्द शिवलाल वल्द दसाराम, रूप सिंह वल्द जय गोविन्द सिंह वल्द दुर्ग विजय सिंह वल्द सरनाम सिंह वल्द मायाराम और लखन सिंह वल्द जयजीत सिंह वल्द दसाराम[32] की संयुक्त याचिका 21 मार्च 1795 को प्रस्तुत की गयी थी (इसकी तुलना अब पाये गये और परिशिष्ट-II में दिये गये पूर्ण संस्करण से करें)। जो हमारे अधिकारों को प्राप्त करने का अनुरोध करने के लिए प्रस्तुत की गयी याचिकाओं और निर्णय में आपकी ओर से की जा रही देरी का उल्लेख करती है। इनमें से एक की तारीख़ 14 जनवरी 1795 है जैसा कि पहले उल्लेख किया गया है और जैसा कि 24 अप्रैल 1795 के गवर्नर जनरल के मिनिट में निपटाये गये बिन्दुओं से भी स्पष्ट है (परिशिष्ट-II देखें) और जिसका संकेत 15 मई 1795 के गवर्नर जनरल द्वारा कोर्ट ऑफ़ डायरेक्टर्स को भेजे पत्र में भी था। बीच में गवर्नर जनरल ने 30 जुलाई 1795 को बनारस के कार्यभारी रेज़ीडेंट जॉन लम्सडेन को बाबू जगत सिंह और बनारस के राजा को कुछ शर्तों पर साथ होने के लिए राज़ी करने का बीड़ा उठाने का कार्य दिया था। इसकी वजह से बाद में उन्हें मुल्की कोषागार, जो बनारस के राजा का ख़ज़ाना था, से प्रति माह 1,000 रुपये की पेंशन दी गयी।[33] वास्तव में गवर्नर जनरल द्वारा 15 मई 1795 को कोर्ट ऑफ़ डायरेक्टर्स को लिखे गये पत्र से यह स्पष्ट है कि बाबू जगत सिंह, रूप सिंह और लखन सिंह ने महीपनारायण सिंह के स्थान पर बनारस की ज़मींदारी पर दावा किया था जैसा कि इसे 24 अप्रैल 1795 के मिनिट में दर्ज किया गया था (परिशिष्ट-II देखें)।[34] जगत सिंह ने तर्क किया था :

रेज़ीडेंट द्वारा प्रेषित वंशावली तालिका से यह प्रतीत होगा कि सभी दावेदार जो वर्तमान ज़मींदार हैं दिवंगत राजा बलवन्त सिंह के दादा और परिवार के सामान्य पूर्वज मनोरंजन सिंह के वंशज हैं। दावेदारों ने बार-बार सरकार को अनुरोध-पत्र प्रस्तुत किया और रेज़ीडेंट के पत्र से हमें यह प्रतीत हुआ कि वे उनसे औपचारिक निर्णय कराने के लिए दृढ़ थे। इस निर्णय के सम्बन्ध में पहले से ही विवादित हमारे सुझावों पर विचार करना ही उचित प्रतीत होता है, हालाँकि सरकार के समक्ष होने के कारण, इससे न केवल राजा के लिए काफ़ी बेचैनी पैदा हो सकती है, बल्कि उन लोगों के मन में भी भय को बढ़ा सकती है जिनके साथ भूमि का स्थायी

निस्तारण किया गया है। मामले की योग्यता के अनुसार बनारस की ज़मींदारी परिवार के सामान्य पूर्वज (मनोरंजन) सिंह से निम्न क्रम के लोगों पर नहीं उतरी और जिनसे उन तक वंश के उतरने से वर्तमान दावेदारों ने अपना अधिकार पाया, लेकिन पहली बार यह ज़मींदारी राजा चेत सिंह को स्वर्गीय वज़ीर शुजा-उद्दौला द्वारा प्रदान किया गया था। इसलिए इस धारणा के तहत कि ज़मींदारी एक निजी सम्पत्ति है और अन्य ज़मींदारियों के समान वंश के नियमों के अधीन और याचिकाकर्ताओं के दावों के सम्बन्ध में हुई विशेष परिस्थितियों के सन्दर्भ के बिना जो घटित हुए हिन्दू क़ानून के अनुसार अस्वीकार्य होगा। ज़मींदारी विशेष रूप से राजा चेत सिंह द्वारा अधिग्रहित और संगठित की गयी थी और परिवार के सामान्य पूर्वज से यह उत्तराधिकार में नहीं मिली थी जिनकी सम्पत्ति में केवल क़ानून ने उन्हें इस मामले में किसी भी अवधि में हक़दार माना होता जैसा कि उक्त मामले में माना गया है। हालाँकि हिन्दू क़ानून पर आधारित दावे की योग्यता चर्चा के लिए खुली नहीं थी। पूरी ज़मींदारी का विशेष अधिकार वज़ीर शुजा-उद्दौला द्वारा चेत सिंह को प्रदान किया गया था, और यह प्रश्न किये बिना कि क्या यह अनुदान न्याय और देश के उपयोग के अनुरूप था, या नहीं, इसकी वैधता को स्वीकार किया जाना चाहिए, क्योंकि यह सम्प्रभु शक्ति का कार्य था। राजा चेत सिंह ने कम्पनी को देश की सम्प्रभुता के हस्तान्तरण की अवधि में इस अनुदान के तहत ज़मींदारी का अधिग्रहण और आयोजन किया और इस सरकार द्वारा औपचारिक रूप से इसकी पुष्टि की गयी थी, और 1781 में चेत सिंह के निष्कासन पर, कुछ सीमाओं के साथ उनके पास जो अधिकार थे, उन्हें वर्तमान राजा को हस्तान्तरित कर दिया गया था, जिनके पास भी उत्तराधिकार में भाग लेने का कोई दावा था उन्होंने औपचारिक रूप से अपने दावों को प्रमुखता के साथ छोड़ दिया था।

जब महीपनारायण सिंह की मृत्यु हो गयी और उदितनारायण सिंह उत्तराधिकारी बने तब इसकी जानकारी गवर्नर जनरल द्वारा 30 अक्टूबर 1795 के अपने पत्र में कोर्ट ऑफ़ डायरेक्टर्स को दी गयी। साथ ही यह भी सूचित किया गया कि जगत सिंह, रूप सिंह और लखन सिंह ने एक बार फिर इस पत्र के प्रकाशित सार आख्यानों के अनुसार बनारस की ज़मींदारी का दावा किया, लेकिन यह सही नहीं है और उनके दावे की इस समय की प्रकृति का आगे खुलासा हुआ है[35] कि बाबू जगत सिंह को केवल मौद्रिक अनुदान देकर ख़ुश किया गया था। इस पर प्रकाश डालते हुए शोर कोर्ट को लिखते हैं,[36] 'वह (महीपनारायण) एक मिर्गी के दौरे से मर गये, जिसकी बीमारी उन्हें बचपन से थी'। 25 सितम्बर को एजेंट को स्वर्गीय राजा महीपनारायण के सबसे बड़े बेटे उदितनारायण को निम्नलिखित निर्देश जारी करने को कहा गया,

और (इस धारणा के साथ कि उनकी) ज़मींदारी के उत्तराधिकार के लिए विशेष अधिकार निस्सन्देह है, एक ख़िलअत और शोक पत्र और एक और ख़िलअत और अलंकरण का सनद, इसके बाद उन्हें भेजा जायेगा। [बाबू रूप सिंह का नाम यहाँ दो बार लिया गया है, लेकिन ज़ाहिर है कि उनमें से एक बाबू जगत सिंह के लिए है और ऐसा लिपिकीय त्रुटि के कारण है।] रेज़ीडेंट ने हमें सूचित किया कि, इस मामले में चल रही कार्यवाही के आधार पर, ऐसा प्रतीत होता है कि हालाँकि शिकायतकर्ता/या बल्कि बाबू जगत सिंह, उनमें से प्रमुख/राजा की विरासत के लिए किसी भी प्रत्यक्ष दावे से दूर थे, फिर भी वह अपनी ओर से आवेदन में दृढ़ रहे और अपने तथा अन्य बाबुओं के जीवन निर्वाह को सुरक्षित करना भी उनका प्रयोजन रहा है; और जैसा कि उन्होंने (रेज़ीडेंट) ने आगे के आवेदन के लिए संलग्न टिप्पणी की, कम-से-कम यह स्पष्ट करने के लिए कि क्या राजा महीपनारायण के साथ दिवंगत गवर्नर जनरल हेस्टिंग्स द्वारा सम्पन्न समझौते के अनुसार, राजा बलवन्त सिंह के परिवार की इन अधिक दूरस्थ शाखाओं को राजा और (मुताल्लिक़ान) आश्रितों[37] के लिए आरक्षित बड़ी राशि में हिस्सा प्रदान करने के लिए नहीं बनाया गया था? यह भी विश्वास करने का कारण है कि वर्तमान दावेदारों के पक्ष के प्रबल रहने की स्थिति में भाग लेने वाली सरकार राजा के परिवार के सदस्यों के बीच सद्भाव के वांछनीय स्तर को बढ़ावा देने के साथ-साथ ज़िले की भविष्य की शान्ति और अमन सुनिश्चित करने में बहुत योगदान देगी; हमने रेज़ीडेंट को निर्देश दिया कि वे राजा की सहमति से शिकायतकर्ताओं के साथ समायोजन करने का प्रयास करें, या तो उन्हें यह आश्वासन देकर कि उन्हें उनके अच्छे व्यवहार के दौरान सार्वजनिक राजस्व के उस हिस्से का प्रभार, जो अब उनके अधीन एकत्र किया जाता है और सरकार को भुगतान किया जाता है सामान्य नियमों के अधीन जारी रखा जायेगा और जो इस प्रकार लाभान्वित नहीं होते हैं उन्हें अन्य आमिलों के समान निर्वाह के बराबर कमीशन प्रदान किया जायेगा या कुछ को इसी प्रकार इतने क्षेत्र सौंपे जायेंगे या, अधिशेष राजस्व से मूल ख़ज़ाने से देय उचित और मध्यम पेंशन प्रदान की जा सकती है जो अब वर्तमान राजा के साथ समझौते द्वारा मूल रूप से निर्धारित राशि के ऊपर और उससे अधिक वार्षिक रूप से वसूली योग्य होगी। उपरोक्त निर्देशों के परिणामस्वरूप दिवंगत रेज़ीडेंट द्वारा आयोजित कार्यवाही पिछले 22 अगस्त के उनके पत्र में निहित है, जो इसमें सन्दर्भित दस्तावेज़ों के साथ, पैकेट में अलग नम्बर के साथ प्रेषित किये गये हैं। डंकन द्वारा की गयी व्यवस्था, जैसा कि उस पत्र में बताया गया है, जिसकी हमने पुष्टि की है, और जगत सिंह के कहने पर 19 सितम्बर के अपने बाद के पत्र में सुझाये गये संशोधनों के साथ, कई दावेदारों के लिए निम्नलिखित प्रावधान किये गये :

	खेती की आमदनी का देयहक़ (दसवाँ) भाग	मुलकी ख़ज़ाने से भुगतानी	सालाना प्रावधान
बाबू जगत सिंह	7,466	4,534	12,000
बाबू रूप सिंह	6,904	5,196	12,000
बाबू प्रताप सिंह	2,852	9,148	12,000
बाबू लखन सिंह, बाबू ज़ालिम सिंह, व बाबू धर्म सिंह का 2000/ मासिक		7,200	7,200
लखन सिंह की माँ को रु. 100/ मास का भुगतान (-)	1,200		
मुल्की से भुगतान	24,778		

देयहक़ के भुगतान में भिन्नता के कारण, कुल देय राशि घट या बढ़ सकती है।

31 अगस्त 1797[38] को कोर्ट को लिखे पत्र से इसकी पुष्टि होती है जिसमें लिखा गया कि :

30 अक्टूबर 1795 के अपने पत्र में हमने आपको उन दावों के बारे में सूचित किया था जो जगत सिंह और बनारस के राजा के अन्य सम्बन्धियों द्वारा स्वीकार किये गये थे, और साथ ही साथ हमारी मंजूरी के तहत पूर्व रेज़ीडेंट द्वारा उनके साथ किये गये समायोजनों को विस्तृत रूप से उल्लिखित किया गया था। इस समायोजन से परिवार के सभी प्रमुख सदस्य जो उस समय उपस्थित थे, प्रान्त के अधिशेष राजस्व में से अपना निर्धारित हिस्सा पा सकते थे।

उसी पत्र में सरबजीत सिंह के मामले का उल्लेख करते हुए उन्होंने बनारस के राजाओं के नज़दीकी परिवारों के साथ 'सहगोत्रता की स्थिति' पर और अधिक बातचीत भी की है!

इस प्रकार 1795 तक जगत सिंह को यह बिल्कुल स्पष्ट था कि अंग्रेज़ शासक परिवार के 'स्वाभाविक उत्तराधिकारियों' को अपने दावों को फिर से स्थापित नहीं करने देंगे। बाबू जगत सिंह यह समझ चुके थे कि अपने तात्कालिक हितों के कारण समाज में मान्य परम्परानुसार रक्त सम्बन्धों की वरीयता की शुजा-उद्दौला ने अनदेखी की तो ऐसी अंग्रेज़ी व्यवस्था जो सबसे ऊपर केवल आर्थिक हितों को ध्यान में रखती

है, हमारे वंशानुगत अधिकारों की चिन्ता नहीं करने वाली है। अंग्रेज़ों ने इसे न्याय और समानता के रूप में नहीं माना, लेकिन उन्हीं हितों ने मुख्य रूप से उन्हें बनारस में उनका हुक्म मानने वाले राजा का समर्थन करने के लिए प्रेरित किया। शोर काफ़ी स्पष्ट है जब वह कहता है, जैसा कि इस अध्याय में पहले उद्धृत किया गया है 'क्या अनुदान न्याय और देश के उपयोग के अनुरूप था, या नहीं था, इसकी वैधता' उनके द्वारा स्वीकार की गयी थी! पारिवारिक मामलों में उन सभी औपनिवेशिक हस्तक्षेपों, अधिकारों के उल्लंघन और स्वाभाविक उत्तराधिकारियों की अनदेखी ने उन्हें विदेशी शासकों के ख़िलाफ़ असन्तुष्ट बना दिया। इन सभी मामलों को अध्याय 4 में फिर से अधिक विस्तृत तरीक़े से उठाया जायेगा। हालाँकि, यह दिखाने के लिए सबूत हैं कि उन्होंने अपनी शिकायतों के शमन के लिए शान्तिपूर्ण साधनों को कभी भी नहीं छोड़ा। उन्होंने एक बार फिर जीएफ चेरी द्वारा की गयी अपनी प्रार्थना के माध्यम से इच्छा व्यक्त की कि उन्हें गवर्नर जनरल के सामने व्यक्तिगत रूप से अपनी वास्तविक स्थिति को रखने के लिए कलकत्ता जाने की अनुमति दी जाये।[39] उन्होंने लिखा :

> *अब तीन साल हो गये हैं जब मैंने आपसे विदा ली थी और अपनी सेवाएँ देने वाले ज़िला बनारस के सज्जनों के बीच निवास करने आया था। अब मैं कलकत्ता में आपको प्रणाम करने के लिए उत्सुक हूँ, लेकिन आपकी सहमति के बिना, मुझे ऐसा करने की स्वतन्त्रता नहीं है। यह उचित ही है कि सभी अधीनस्थ, हर साल के अन्त में और जब उनका आवश्यक व्यवसाय समाप्त हो जाये, तो हाज़िर हों और अपने से सम्बन्धित सभी परिस्थितियों का उल्लेख करें। इसलिए मुझे आशा है कि आप मुझे एक सप्ताह के लिए वहाँ आने की अनुमति देंगे। मैं उस समय के उपरान्त में अपने कामकाज में वापस आ जाऊँगा।*[40]

फ़ारसी पत्राचार अंग्रेज़ी एब्सट्रैक्ट ऑफ़ लेटर्स रिसीव्ड, 1797 के अनुसार, यह 3 जनवरी को कलकत्ता में प्राप्त हुआ था।[41] हमेशा की तरह, गवर्नर जनरल ने लिखा, 'नहीं चाहता कि कोई भी ख़ुद को परेशानी में डाले, मुझे नहीं लगता कि इस समय इस मसले पर विचार किया जाना आवश्यक है इसलिए अभी मैं आपको यहाँ आने की अनुमति नहीं दे सकता। यदि आप आवश्यक समझें तो रेज़ीडेंट के माध्यम से मुझे ख़बर भिजवाएँ।[42] इसके बावजूद, उन्होंने 12 मई 1797 को कलकत्ता के प्रेसीडेंसी में आने की अनुमति माँगने के लिए एक याचिका प्रस्तुत की।[43] बनारस के कलेक्टर ने उनके अधिकार क्षेत्र की भूमि का अधिग्रहण कर लिया और इस सम्बन्ध में इसकी औपचारिक सूचना 21 अगस्त को कलकत्ता पहुँची। बाबू जगत सिंह ने नये सिरे से इस मामले को सुलझाने के लिए लाला गंगा राम को अपने वकील के रूप में कलकत्ता

भेजा[44] और ऐसा प्रतीत होता है कि यह मामला उनके हक़ में सुलझ गया। कलकत्ता आने की उपरोक्त प्रार्थना का मामला 4 सितम्बर को दर्ज किया गया है, जो उनके 12 मई के अनुरोध का जवाब लगता है।[45] उन्होंने 78 वीं रेज़ीमेंट के एक हिस्से को उस समय सहायता प्रदान की, जबकि यह बनारस की ओर मार्च कर रही थी, और इसके लिए उन्हें 16 दिसम्बर 1797 को धन्यवाद पत्र भी दिया गया था।[46]

कुचले गये मंसूबे

बाबू जगत सिंह का नाम 1796 में बनारस में सर्किट कोर्ट के वरिष्ठ न्यायाधीश लम्सडेन द्वारा एक मुक़दमे के दौरान उपनिवेश विरोधी गतिविधियों के लिए उठाया तो गया था, लेकिन इसी अधिसूचना से यह भी मालूम हो गया कि उन पर लगे आरोप निराधार थे। इस सम्बन्ध में कुछ व्यक्तियों को गिरफ़्तार भी किया गया और उन पर सार्वजनिक ख़ज़ाने को लूटने, सेकरोल में बन्दूकें ज़ब्त करने और उस स्थान पर निवासियों के घरों को लूटने के इरादे से सशस्त्र सैनिकों को इकट्ठा करने का आरोप लगाया गया। यह मुख्य रूप से अंग्रेज़ों का रिहाइशी इलाक़ा था। पीठासीन न्यायालय के न्यायाधीश जो उस समय बनारस के रेज़ीडेंट भी थे और इस मुक़दमे की कार्यवाही की सुनवाई कर रहे थे उनकी राय थी कि इस साज़िश में 'प्रथम प्रस्तावक' के रूप में बाबू जगत सिंह की भूमिका पर सन्देह करने के लिए माक़ूल और मज़बूत आधार थे।[47] बाबू जगत सिंह के दरबान शेख़ ग़ुलाम ने कार्यवाही के दौरान गवाही दी कि मुख्य साज़िशकर्ता तिलक सिंह देर रात बाबू जगत सिंह के साथ उनके आवास पर मिलने आये थे और जब वे बाबू जगत सिंह के घर के भीतर से बाहर आए तो उन्होंने उन्हें एक साथ देखा था। हालाँकि जिरह करने पर उसने इनकार कर दिया और बताया कि तिलक सिंह अकेले अन्दर गये थे और बाहर आये। उनके साथ गये अन्य दो व्यक्ति दरवाज़े पर बैठे रहे। उसने यह बताया कि तिलक सिंह उस समय गये थे जब बाबू जगत सिंह बंगले में बैठे थे और शायद इसीलिए वह उनसे मिले भी थे लेकिन उन्हें नहीं पता था कि उनके बीच क्या बातचीत हुई; साथ ही उन्होंने दोनों को साथ देखने की बात से भी इनकार कर दिया।[48] सन्देह के इन सभी मज़बूत आधारों के बावजूद, बाबू जगत सिंह को न तो पकड़ा गया और न ही मुक़दमे में लाया गया। वास्तव में न्यायाधीश ने पत्राचार के माध्यम से गवर्नर जनरल को इन तथ्यों का अलग से उल्लेख करना उचित समझा जिसमें कहा गया था कि यह 'असम्भव नहीं है कि योजना जैसी अभी प्रतीत होती है उससे अधिक उलझी हुई हो'।[49] न्यायाधीश ने ख़ुद माना कि इस साज़िश में बाबू जगत सिंह की भागीदारी के बारे में सन्देह करने के लिए कोई जगह नहीं थी, लेकिन बाबू जगत सिंह ने यह कहते हुए इनकार कर दिया कि 'आरोप दुश्मनों द्वारा उनके ख़िलाफ़ षड्यन्त्र से उत्पन्न हुए हैं जो उनके चरित्र और प्रतिष्ठा को धूमिल करने

का लक्ष्य रखते हैं।[50] उनकी बात सुनकर डंकन ने पीठासीन न्यायालय के न्यायाधीश जो उस समय बनारस के रेज़ीडेंट भी थे को बाबू जगत सिंह और बाबू रूप सिंह, जो दुर्ग विजय सिंह वल्द सरनाम सिंह वल्द मायाराम के पुत्र थे, द्वारा साज़िशों की कुछ गुप्त सूचनाओं के बारे में बताया कि यह इस मुक़दमे से काफ़ी मिलता-जुलता था। लेकिन चूँकि उन्होंने इससे सम्बन्धित दस्तावेज़ नहीं देखे थे, इसलिए वह यह निर्धारित नहीं कर सके कि ये दोनों मामले किस हद तक मेल खाते हैं। उन्होंने इसे केवल संयोग के रूप में नहीं देखा और दोनों विवरणों में सटीक समानताओं पर सवाल उठाया। यह विवरण डंकन को मिली जानकारी और अदालती कार्रवाई में सामने आये सबूत थे। हालाँकि डंकन को यक़ीन था कि उन्होंने उस समय इस सम्बन्ध में गवर्नर जनरल को सम्बोधित किया था। इन दोनों मामलों के बीच समानता अपने आप में बाबू जगत सिंह के अपराध को दिखाता हुआ प्रमाण था, लेकिन डंकन उस वर्ष का उल्लेख करने में विफल रहे जिसमें ऐसी बात उनके संज्ञान में आयी थी। कम-से-कम, डंकन ने इस बात को सही साबित किया है कि उन्होंने गवर्नर जनरल को एक पत्र सम्बोधित किया था, क्योंकि 19 फ़रवरी 1796 का सर जॉन शोर का एक मिनिट है, जिसमें उन्होंने बाबू जगत सिंह और बाबू (रूप) सिंह की ओर से बनी योजना के विषय पर दो अनौपचारिक पत्रों से बोर्ड के सामने उद्धरण प्रेषित किये थे।[51] ट्रायल जज ने जिन्होंने 1796 के मामले का मूल्यांकन किया था, उनका मानना था कि यह घटनाक्रम एक 'विद्रोह' की वृहद योजना की ओर बढ़ती हुई तरंगों जैसी थी। इस घटना से सम्बन्धित जो भी दस्तावेज़ मिले हैं उनमें दस महीने पहले तक की तारीख़ें हैं और यह स्पष्ट करता है कि प्रतिरोध कम-से-कम एक साल से उद्वेलित रहा होगा। यह पत्र ज़िला बिहार में टिकारी के राजा मित्रजीत सिंह के नाम पर है जिनका चरित्र बहुत ही निष्पक्ष था और वह अंग्रेज़ों के सहयोगी थे। वह शायद ही विरोध के सरगनाओं का अपनी पूरी ताक़त के साथ मदद करने का वादा कर सकते थे। उनके नाम का पत्र और अन्य सम्बन्धित दस्तावेज़ जाली होंगे। यहाँ तक कि बनारस के ट्रायल जज ने भी इस पत्र को जाली माना। उनके ख़िलाफ़ सबूत उतने सकारात्मक नहीं थे जितने कि उन्हें प्रचलित क़ानूनों के तहत दोषी ठहराया जा सके। लेकिन मैजिस्ट्रेट डेविस ने उन्हें 'अपने वर्तमान कार्यालय को अपने क़ब्ज़े में रखने और इससे जुड़े प्रभाव या यहाँ तक कि बनारस में निवास करना जारी रखने को भी बहुत ख़तरनाक माना' और वह उन्हें 'पटना या इस ज़मींदारी की सीमाओं से परे कहीं और स्थानान्तरित करने के पक्ष में थे'।[52] कोई भी ब्रिटिश-विरोधी गतिविधि यदि साबित हो जाती तो उसके लिए कठोर कार्रवाई और क्रूर दण्ड के परिणाम होते। आने वाले अध्यायों में इसे देखा जायेगा जहाँ ऐसी घटनाओं का विस्तार से और व्यापक रूप से वर्णन किया गया है।

अंग्रेज़ों के पास हमले से ठीक एक दिन पहले बाबू जगत सिंह और तिलक सिंह के बीच उनके निवास पर गुप्त बातचीत के पुख़्ता सबूत थे और बाबू जगत सिंह ने उन्हें घोड़े और हाथी उधार देने का वादा किया था। हालाँकि बनारस के मजिस्ट्रेट डेविस ने सर्किट कोर्ट के न्यायाधीश लम्सडेन को सलाह दी कि वे जगत सिंह के ख़िलाफ़ 'निकटवर्ती परगनों में उनके ओहदे और प्रभाव' को ध्यान में रखते हुए कोई भी क़दम उठाने से पहले राजनीतिक विभाग में सरकार को मामला प्रस्तुत करें।[53] उन्होंने आगे कहा कि बाबू जगत सिंह के संकट को दूर करने के लिए सर्किट कोर्ट के समक्ष अपनी उपस्थिति की आवश्यकता के बारे में सभी सावधानियाँ बरतें। यदि सरकार बाबू जगत सिंह को पकड़ने का संकल्प लेती है तो चुनार क़िला उनके कारावास के लिए सबसे अच्छी जगह होगी। इस प्रकार बनारस डिवीज़न के भीतर किसी भी स्थान से परहेज़ किया जायेगा 'जिसके माध्यम से एक प्रमुख आमिल के रूप में उनका प्रभाव और अधिकार मुख्य रूप से विस्तारित होता है।'[54] इतना ही नहीं, डेविस अपने पत्र में यह लिखने से भी नहीं चूके कि एक दिन पहले बाबू जगत सिंह ने स्वेच्छा से उनके पास आकर अपनी चिन्ता व्यक्त की थी कि इस तरह के मामले में उनका नाम सामने आ रहा है और सम्बन्धित पक्षों की किसी भी सूचना से इनकार किया। लेकिन बलराज, जो बाद में इसमें एक सरगना साबित हुए, उसके बारे में डेविस ने लिखा है कि उसने भी बिना किसी परिवर्तन के वही बातें दुहरायी जिससे पता चलता है कि उसने पहले ही निर्धारित कर लिया था कि उन्हें हर समय क्या कहना है।[55] हालाँकि हम जानते हैं कि उनकी लोकप्रियता और प्रभाव जीवन की बहुआयामी गतिविधियों के क्षेत्र में विस्तारित थी और वे केवल आमिल होने तक ही सीमित नहीं थे। गवर्नर जनरल लम्सडेन के 10 फ़रवरी के भेजे पत्र और उसके संलग्नक से सन्तुष्ट नहीं थे और उनके द्वारा आयोजित मुक़दमे की कार्यवाही भी मंगवाई गयी। इन काग़ज़ातों की ध्यानपूर्वक जाँच करने के बाद बोर्ड के पास यह मानने का कोई आधार नहीं था कि तिलक सिंह और उनके सहयोगी इन योजनाओं को कभी अंजाम तक ले जाना चाहते थे। बल्कि वे यह मानने के आग्रही थे कि कथित साज़िश बाबू जगत सिंह को दोषी ठहराने के उद्देश्य से उनके दुश्मनों की मनगढ़न्त कहानी से ज़्यादा कुछ नहीं थी और कोतवाल ख़ुद भड़काने वालों में से एक थे जिनके कारण कुछ झूठे गवाहों की मदद से आरोप भी लगाये गये थे। चूँकि घटना की जगह पर पहले से ही ऐसा कोई भी कार्य करना असम्भव था; उन्हें केवल ऐसा आरोप लगाना था और ऐसा करने का इरादा कभी नहीं था। वे केवल ख़तरे की घण्टी बजाने का इरादा रखते थे और पूरा मामला निजी दुश्मनी का परिणाम था।[56]

डंकन का दावा उनकी निजी राय है, जिसकी सत्यता का पता नहीं लगाया जा सकता क्योंकि इससे सम्बन्धित कोई भी दस्तावेज़ हमारे पास आये है। इसके अलावा

लम्सडेन को बार्लो के पत्र में निहित 1796 का मामला केवल एक छलरचना के रूप में उनके दुश्मनों की करतूत बताया गया है जैसा कि इसकी विस्तृत जाँच से पता चलता है। यह ध्यान देना चाहिए कि 1796 के विदेशी राजनीतिक दस्तावेज़ों की हस्तलिखित सूचियों पर भी एक नज़र डालने मात्र से यह ग़लत धारणा बनती है कि यह बाबू जगत सिंह और तिलक सिंह के बीच की साज़िश थी![57] बाबू जगत सिंह ऐसे व्यक्ति नहीं थे जो केवल लहर पैदा करना पसन्द करते। वे जल्द थम जाने वाले तूफ़ान को खड़ा करने वालों में से भी नहीं थे और न ही छोटे-मोटे विद्रोह को उजागर करना पसन्द करते थे। उनका उद्‌देश्य हमेशा बड़ा होता था। उन्होंने सही अवसर की प्रतीक्षा करना समझदारी समझा होगा जो उन्हें जल्द ही 1798-99 में कुछ वर्षों के भीतर मिला। आगे इसकी तफ़सील से चर्चा की गयी है।

2.1 पेशवा दफ़्तरों से चुने गये काग़ज़ात

2
पानीपत मामला
1747-1761
[कीमत रु. 2 आ. 3]
गवर्नमेंट सेंट्रल प्रेस, मुम्बई
1930

सम्राट के दरबार में पेशवा के एजेंट का पत्र, जिसमें उसे पेशवा के कार्यों के बारे में सम्राट की अनुकूल धारणा के बारे में बताया गया था, उनकी माँ काशीबाई की तीर्थयात्रा सफ़दरजंग को कुछ नागवार गुज़री। याचिकाकर्ता के शान्तिपूर्ण उमदतुल मुल्क से अनुरोध पर नवाब सफ़दरजंग को बहुत परेशानी हुई। याचिकाकर्ता ने पादशाह को आवेदन किया कि नवाब सफ़दरजंग हज़रत के हमारे सब काम ठीक प्रकार से करेंगे अन्यथा नहीं और इस पर उनसे एक गोष्ठी हुई। ऐसा न करने पर हज़रत के ध्यान में जो आयेगा वह यह है कि पादशाही का काम बन्द हो जायेगा। इस पर पादशाह ने कहा, मैं सफ़दरजंग और बालाजीराव के बीच में हूँ। इस प्रकार बोलते हुए सफ़दरजंग से पाई देवड़ी के पास एक संगत हुई और कहा कि बालाजीराव से बहुत आशा है और वे सच्चे हैं। इसके लिए आपको साफ़-सुथरा रहकर पुलिस का काम करना होगा। सफ़दरजंग ने अनुरोध किया कि, 'मेरी शुरू से ही उनसे दुश्मनी थी। हुज़ूर-ए-आलियावर राव महादेव यानी बालाजी राव के हृदय में ईश्वर का वास है और इसका प्रमाण यह है कि उन्होंने कभी किसी को क़सम नहीं दी। यदि ख़ज़ाना लूटना उनका उद्‌देश्य होता तो वकील को सरदारों के पास क्यों भेजते? उसे वाराणसी

की कहानी बतायी। उसे यह सब कुछ अजीब सा लगा। इसलिए जो हज़रत की रज़ा हो वही करो। इस तरह बोलते हुए अगले दिन आलियावर पादशाही ख़ालसा के दीवान नवाब याह्या ख़ाँ को सफ़दरजंग के पास भेज दिया गया और हमें भी आज्ञा दी। वहाँ से हम सफ़दरजंग के घर गये और कहा बहुत अधिक विनम्रता का मतलब है कि मैं आपके साथ वैसा ही व्यवहार करूँगा जैसा आप मेरे साथ करते हैं और मैं आपके काम में हस्तक्षेप नहीं करूँगा। इस पर आलियावरजंग के समक्ष वेतन आदि का निर्णय हो गया। इसी बीच वाराणसी से बलवन्त सिंह से सन्देशवाहक आया और कहने लगा कि दसाराम ज़मींदार के लिए हमें यह कहने के लिये भेजा है कि यदि हम उन्हें आधा राज्य नहीं देते तो (मराठी) सेना उनके पक्ष के लिये मैदान में उतर जायेगी। यदि हम दसाराम के लिए इसे लाते हैं और निवासियों को दण्ड देते हैं, तो हज़रत बार-बार लिखते हैं, यह कि तुम मेरी मातुश्री को जानते हो। फ़िर मुझे क्यों लिखते हो! आपके चार आदमियों को मार डाला और उनसे कुछ नहीं कहा। क्यों, जब मैंने उसे बताया तो वह मेरे घर आयी। हमें ऐसे शब्द की ज़रूरत पड़ेगी और ये लोग ऐसे काम करते हैं कि चाहे वो सबसे हल्की चीज़ ही क्यों न हो, ऐसे काम नहीं करते। इस तरह बलवन्त सिंह की ओर से आवेदन आया। वह व्यवसाय हमें दिखा, और मुस्कराकर बोले, यही तो तुम्हारी अच्छाई है। तब हमने निवेदन किया कि मातुश्री ऐसा नहीं करेंगी। बराबरी के काम करके नाम बदनाम हुआ। हालाँकि, नवाबानी बहुत सावधान थीं। ज़मींदार हम लाते हैं; लेकिन केवल अमीर लोग ही इसके लिए नवाब को धन्यवाद देंगे। वर्तमान सेवा इसी प्रकार चली। मातुश्री ने ज़मींदारी के लिए माँग को लिखित रूप में दिया था। जब इसका मामला वर्तमान में नवाब सफ़दरजंग के पास आया, तो राव कृष्ण राव ने काग़ज़ को गंगा में स्थानांतरित (प्रवाह) कर दिया; और मैं बोला, 'हमने मातुश्री की ओर से उन्हें बताया कि दासाराम पटने से सम्बन्धित किसी कारागार में हिरासत में हैं। उसने बहुत विनती की। इसके लिए हमने समाधान निकाला, तो हमें उसकी ज़रूरत नहीं है। नवाब ने हमारी यात्रा को बहुत सुखद और आरामदायक बना दिया। इसका कहाँ तक धन्यवाद किया जाय। कृपया उतना ही लिखें जितनी वर्तमान सेवा है।'

टिप्पणियाँ

1. पर्शियन कॉरेस्पोंडेंस, खण्ड 1, पत्र संख्या 552, 23 नवम्बर 1801 को प्राप्त, एनएआई (नेशनल आर्काइव्स ऑफ़ इंडिया)
2. ख़ैर-उद्दीन मोहम्मद, *तोहफ़ा-ए-ताज़ा,* अनुवाद फ्रेडेरिक कुरवेन, 1875, पृष्ठ 3
3. जगतगंज राजपरिवार का ज्ञापन, पृष्ठ 8
4. ख़ैर-उद्दीन मुहम्मद, *तोहफ़ा-ए-ताज़ा,* पृष्ठ 30 दसाराम के आरम्भिक जीवन के कुछ पहलू ढूँढ़ निकाले गये हैं लेकिन उन्हें यहाँ उपलब्ध न कराके डॉ. क़ुरेशी की बनारस पर आगामी किताब में तफ़सील से लिखा गया है।

5. पेशवा दफ़्तर के संकलन—पानीपत युद्ध के पत्र और पत्रवलियाँ, पत्र संख्या 2, मुम्बई : गवर्नमेंट सेंट्रल प्रेस, 1930, पृष्ठ 4-5, मेमोरंडम से प्राप्त, पृष्ठ 15, पेशवा दफ़्तर का प्रकाशित मसौदा।
6. केआर क़ानूनगो, 'सम साइडलाइट्स ऑन द हिस्ट्री ऑफ़ बनारस', *प्रोसीडिंग्स ऑफ़ द इंडियन हिस्टॉरिकल रिकॉर्ड्स कमीशन,* खण्ड 14, 1937, पृष्ठ 65-6 ख़ैर-उद्दीन मुहम्मद, तोहफ़ा-ए-ताज़ा, पृष्ठ 3
7. ख़ैर-उद्दीन मुहम्मद, *तोहफ़ा-ए-ताज़ा,* पृष्ठ 34, मेमोरंडम, पृष्ठ 9
8. ख़ैर-उद्दीन मुहम्मद, *तोहफ़ा-ए-ताज़ा,* पृष्ठ 34-6; मेमोरंडम भी देखें, पृष्ठ 9
9. पेडिग्री ऑफ़ द मॉडर्न राजा ऑफ़ बनारस, बनारस डंकन, बस्ता संख्या 16, खण्ड 86, हस्तलिखित पृष्ठ 146; मेमोरंडम, पृष्ठ 9; ख़ैर-उद्दीन मुहम्मद, *तोहफ़ा-ए-ताज़ा,* पृष्ठ 2, बाबू जगत सिंह की पहचान ग़लती से जयजीत सिंह के पुत्र के रूप में की गयी है।
10. *शजरा या फैमिली ट्री ऑफ़ रॉयल फ़ैमिली ऑफ़ बनारस,* गायघाट वाराणसी : सुलेमानी प्रेस
11. मेमोरंडम, पृष्ठ 9
12. ख़ैर-उद्दीन मुहम्मद, *तोहफ़ा-ए-ताज़ा,* पृष्ठ 3
13. गिरिजाशंकर पाण्डे, *चेत सिंह का सपना : अठारहवीं शताब्दी के उत्तर प्रदेश का क्रान्तिकारी राजनीतिक* उपन्यास, भाग 1, वाराणसी : आनन्द पुस्तक भवन 1956; दूसरा संस्करण, 1960, भाग 2, अक्टूबर 1958
14. रेवेन्यू डिपार्टमेंट : जीजी इन काउंसिल, 'एन एकाउंट ऑफ़ प्रॉपर्टी बिलोंगिंग टू बाबू जगत सिंह इन द फॉर्म ऑफ़ अ स्टेटमेंट साइंड बाई जे रूटलेज, कलक्टर, 25 अक्टूबर 1799, 5-19 दिसम्बर 1799, खण्ड 360, डब्ल्यूबीए।
15. जगतगंज में बाबू जगत सिंह के द्वारा निर्माण किये हुए मन्दिर का शिलालेख, हिन्दी अनुवाद अध्याय 3 में उपलब्ध; मेमोरंडम, पृष्ठ 9
16. जॉन फ्रांसिस डेविस, *वज़ीर अली ख़ान ऑर द मैसेकर ऑफ़ बनारस : ए चैप्टर इन ब्रिटिश इंडियन हिस्ट्री,* बनारस : मेडिकल हाल प्रेस, 1881, पृष्ठ 48
17. ए शेकस्पियर, डंकन रिकॉर्ड्स खण्ड 1, पृष्ठ 168-9, 192, 271, नैरेटिव ऐब्सट्रैक्ट्स ऑफ़ जनरल लेटर्स टू द कोर्ट ऑफ़ डाइरेक्टर्स, रेवेन्यू डिपार्टमेंट (1771-1816), कलकत्ता, पृष्ठ 21-3
18. जनवरी-दिसम्बर, 1801 में प्राप्त फ़ारसी पत्रों का अंग्रेज़ी अनुवाद, अंक 224; मूल फ़ारसी दस्तावेज़ फ़ॉरेन पर्शियन डिपार्टमेंट से प्राप्त, दिसम्बर 1801, अंक 444, एनएआई।
19. शोर को डंकन, 21 फ़रवरी 1759, पैरा 2 (बनारस डंकन रिकॉर्ड्स 1788 से 1799, रजिस्टर संख्या 1, बी संख्या 1, लिस्ट संखा 9, सरकार से सेक्रेटरी 13.2.1788, अंक 861)
20. डेविस, पूर्वोक्त, पृष्ठ 48
21. हज़रत मौलाना मुफ़्ती अब्दुल सलाम नोमानी, *तज़किरा मशाईक़-ए-बनारस,* दुर्लभ लेकिन पुन:प्रकाशित, पृष्ठ 124-5
22. मस्जिद में मौजूद फ़ारसी शिलालेख।

23. नोमानी, *तज़किरा मशाईक़-ए-बनारस,* पृष्ठ 124-5
24. केलेंडर ऑफ़ पर्शियन कॉरेस्पोंडेंस (यहाँ से सीपीसी), खण्ड IX, अंक 554
25. प्रेस लिस्ट ऑफ़ प्री-म्यूटिनी रिकॉर्ड्स बनारस कॉरेस्पोंडेंस (1790), गवर्नमेंट सेंट्रल रिकॉर्ड ऑफ़िस, इलाहाबाद, 1956, पृष्ठ 44; दिनांक 29 जुलाई 1790 को कालीकोट का पत्र जो डंकन को दिनांक 9 अगस्त को प्राप्त हुआ, बनारस सेटिलमेंट पेपर्स ऑफ़ डंकन रिकॉर्ड्स जुलाई 1790, खण्ड 38, बस्ता संख्या 7, आरएपी (रीजनल आर्काइव्स प्रयागराज)
26. सीपीसी, खण्ड X, अंक 1621
27. पूर्वोक्त, अंक 1951
28. पूर्वोक्त, अंक 1951
29. शोर को डंकन, 6 अप्रैल 1795 (बनारस डंकन रिकॉर्ड्स बस्ता संख्या 17, खण्ड 87, पृष्ठ 124-7), आरएपी
30. बनारस डंकन बस्ता अंक 16, खण्ड 85, अर्ज़ी का अनुवाद, आरएपी (परिशिष्ट I में उपलब्ध पूर्ण दस्तावेज़ से तुलना करें)।
31. शोर को डंकन, 21 फ़रवरी 1795, पैरा 2, बनारस डंकन रिकॉर्ड्स 1788 से 1799, रजिस्टर संख्या 1, बी संख्या 1, लिस्ट संख्या 9; सेक्रेटरी से सरकार, 13.2.1788, संख्या 861 (परिशिष्ठ-II में उपलब्ध पूर्ण दस्तावेज़ से तुलना करें)।
32. जीनिओलॉजिकल ट्री, ओल्ड न 273 / न्यू न 146 पर, बनारस डंकन, बस्ता संख्या 16, खण्ड संख्या 86 (पेडिग्री ऑफ़ द मॉडर्न राजास ऑफ़ बनारस, प्रोसीडिंग 21 फ़रवरी, अंक 8)।
33. मेमोरंडम, पृष्ठ 10, एसएम हुसैन, *तारीख़-ए-बनारस,* खण्ड II, बनारस : सुलेमानी प्रेस, पृष्ठ 151-2; गवर्नर जनरल के एजेंट लम्सडेन का गवर्नर जनरल सर जॉन शोर को पत्र, दिनांक 10 फ़रवरी, 1796, लेटर्स इश्यूड बाई द एजेंट टू द गवर्नर जनरल, बनारस, अक्टूबर 1795- दिसम्बर 1796, खण्ड 1, अंक 67, आरएपी।
34. नेरेटिव ऐब्स्ट्रैक्ट्स ऑफ़ जनरल लेटर्स टू एंड फ्रोम द कोर्ट ऑफ़ डाइरेक्टर्स इन द रेवेन्यू, टेरिटोरियल रेवेन्यू टेरिटोरियल फाइनेन्शियल एंड मिसलेनियस रेवेन्यू डिपार्टमेंट्स ऑफ़ बंगाल सेक्रेटरियट रिकॉर्ड रूम, गवर्नमेंट प्रिंटिंग प्रेस, अलीपुर, बंगाल, 1937, पृष्ठ 21। कोर्ट ऑफ़ डाइरेक्टर्स को गवर्नर जनरल के पत्र, 8 मार्च 1795-30 सितम्बर 1802, खण्ड 8, 15 मई, पैरा 50, डब्ल्यूबीएसए (वेस्ट बंगाल स्टेट आर्काइव्स)।
35. नेरेटिव एब्स्ट्रेकट्स ऑफ़ जनरल लेटर्स टू एंड फ्रोम द कोर्ट ऑफ़ डाइरेक्टर्स इन द रेवेन्यू, टेरिटोरियल रेवेन्यू टेरिटोरियल फाइनेन्शियल एंड मिसलेनियस रेविन्यू डिपार्टमेंट्स ऑफ़ ऑफ़ द गवर्नमेंट ऑफ़ बंगाल, 1771-1858, बंगाल सेक्रेटेरियट रिकॉर्ड रूम में संरक्षित, गवर्नमेंट प्रिंटिंग प्रेस, अलीपुर, बंगाल, 1937, पृष्ठ 21।
36. कोर्ट ऑफ़ डाइरेक्टर्स को गवर्नर जनरल के पत्र, 8 मार्च 1795-30 सितम्बर 1802, पारा 9, 15-17, खण्ड 8, 30 अक्टूबर 1795, डब्ल्यूबीएसए।

37. यह संवेदना सरकार के सब-सेक्रेटरी ने बनारस के रेजीडेंट को दिनांक 30 जुलाई 1795, अंक 918 (बनारस डंकन रिकॉर्ड्स 1788-99, रजिस्टर संख्या 1, बी संख्या 1, लिस्ट संख्या 9) में प्रेषित की थी।
38. कोर्ट ऑफ़ डाइरेक्टर्स को गवर्नर जनरल के पत्र, 8 मार्च 1795-30 सितम्बर 1802, पैरा 25, खण्ड 8, 31 अगस्त 1797, डब्ल्यूबीएसए।
39. फ़ॉरेन मिसलेनियस, खण्ड 20 : एनबी एडमोनस्टन, फ़ारसी अनुवादक का पत्र, जे नीव को जो बनारस में गवर्नर जनरल के एक्टिंग एजेंट थे, 6 जनवरी 1797, एनएआई।
40. फ़ॉरेन मिसलेनियस, खण्ड 20 : एनबी एडमोनस्टन, फ़ारसी अनुवादक का पत्र, जे नीव बनारस में गवर्नर जनरल के एक्टिंग एजेंट को, 6 जनवरी 1797; प्रोसीडिंग्स फ़ॉरेन डिपार्टमेंट, पॉलिटिकल ब्रांच, 30 जनवरी 1797, अंक 13, एनएआई। (पर्शियन कॉरेस्पोंडेंस से प्राप्त सार में संख्या 10)
41. पर्शियन कॉरेस्पोंडेंस, 1797 में प्राप्त पत्रों का अंग्रेज़ी सार, अंक 10, पृष्ठ 1, एनएआई।
42. फ़ॉरेन मिसलेनियस, खण्ड 20 : एनबी एडमोनस्टोन, फ़ारसी अनुवादक, से जे नीव, बनारस में गवर्नर जनरल के एक्टिंग एजेंट को, 6 जनवरी 1797; पर्शियन कॉरेस्पोंडेंस, 1797 में प्राप्त पत्रों का अंग्रेज़ी सार, 3 जनवरी, अंक 10, पृष्ठ 1, एनएआई।
43. इंडेक्स फ़ॉरेन पॉलिटिकल, 1797-8, पृष्ठ 117
44. पर्शियन कॉरेस्पोंडेंस, 1797 में प्राप्त पत्रों का अंग्रेज़ी सार, संख्या 275, 278, पृष्ठ 1, एनएआई।
45. पूर्वोक्त, संख्या 204, 278, पृष्ठ 1, एनएआई।
46. पूर्वोक्त, संख्या 275, 278, पृष्ठ 1, एनएआई।
47. गवर्नर जनरल के एजेंट लम्सडेन का सर जॉन शोर को पत्र, दिनांक 10 फ़रवरी 1796, लेटर्स इश्यूड बाई द एजेंट टू द गवर्नर जनरल, बनारस, अक्टूबर 1795-दिसम्बर 1796, अंक 1, संख्या 67, आरएपी।
48. शेख़ ग़ुलाम, जगत सिंह के दरबान की बनारस मैजिस्ट्रेट के सामने गवाही, 26 जनवरी 1796, लेटर्स इश्यूड बाई द एजेंट टू द गवर्नर जनरल, बनारस, अक्टूबर 1795-दिसम्बर 1796, अंक 68, खण्ड 1, आरएपी।
49. लम्सडेन का सर जॉन शोर को पत्र, खण्ड 1, अंक 67, आरएपी।
50. डेविस का लम्सडेन को पत्र, 1 फ़रवरी 1796, लेटर रिसीव्ड बाई द एजेंट टू द गवर्नर जनरल, बनारस 1795-6, खण्ड 41, बक्सा संख्या 10, आरएपी।
51. सर जॉन शोर का मिनिट, 19 फ़रवरी 1796 (पॉलिटिकल इंडेक्स, 1796 में अंकित), पृष्ठ 177
52. लम्सडेन का सर जॉन शोर को पत्र, खण्ड 1, अंक 67, आरएपी।
53. डेविस का लम्सडेन को पत्र, 1 फ़रवरी 1796, खण्ड 41, बक्सा संख्या 10, आरएपी।
54. पूर्वोक्त।
55. पूर्वोक्त।

56. बार्लो का लम्सडेन को पत्र, दिनांक 14 फ़रवरी 1796, लेटेर रिसीव्ड बाई द एजेंट टू द गवर्नर जनरल, बनारस 1795-6, खण्ड 41, बक्सा संख्या 10, आरएपी।

57. फ़ॉरेन पॉलिटिकल इंडेक्स 1796, अंक 6, राजपरिवार जगतगंज ग्रन्थालय में उपयोगी पन्नों की स्कैन प्रतियाँ उपलब्ध जिन्हें एनएआई से प्राप्त किया गया है। शोर 'बोर्ड के समक्ष जगत और बाबू (तिलक) सिंह के हवाले से योजनाओं पर मेमोरंडम प्रस्तुत करते हैं जैसा कि मिस्टर लम्सडेन के 10 फ़रवरी के विवरण में भी उपलब्ध है।'

3

अज्ञात का अन्वेषण : सारनाथ खोज की गुत्थी

वाराणसी रेलवे जंक्शन के उत्तर-पूर्व में लगभग 10 किमी (6.25 मील) की दूरी पर अवस्थित सारनाथ[1] उपनगर (25.3762^0 उत्तर, 83.0227^0 पूर्व) संसार के सबसे पवित्र बौद्ध स्थलों में से एक है। यह प्रत्यक्ष रूप से महात्मा गौतम बुद्ध (लगभग 563-483 ईसा पूर्व) के जीवन और शिक्षाओं से सम्बन्धित है, क्योंकि यहीं से उन्होंने अपने जीवन का नया अध्याय आरम्भ किया था। बोधगया में आत्मबोध प्राप्ति के पश्चात् महात्मा बुद्ध ने 528 ईसा पूर्व में अपना 'प्रथम धर्मोपदेश' सारनाथ में पाँच अनुयायियों को दिया था।[2] यह ऐतिहासिक घटना *धर्मचक्र प्रवर्तन* (पाली में, *धम्मचक्कपवत्तन*) के रूप में पवित्र बौद्ध ग्रन्थों में वर्णित है। प्राचीन बौद्ध ग्रन्थों में इस स्थल को ऋषिपत्तन एवं मृगदाव कहा गया है। पहले नाम का अर्थ 'ऋषि का पतन' अर्थात 'रिसयो त्रप्लिता' बताया गया है।[3] यह उस स्थान को प्रदर्शित करता है जहाँ गौतम बुद्ध का धर्मोपदेश सुनने के बाद 500 ऋषियों (प्रत्येक बुद्ध) को बोधिसत्व की प्राप्ति हुई थी।[4] वर्तमान में यह पूरा परिक्षेत्र भारतीय पुरातत्त्व सर्वेक्षण (ए.एस.आई.) के संरक्षण में निहित है (मानचित्र 3.1 एवं प्लेट 3.1)।

ऐतिहासिकता

मृगदाव नाम की उत्पत्ति '*निग्रोधमिग जातक*' में वर्णित *जातक कथा* से हुई है। बनारस के राजा ब्रह्मदत्त वर्तमान सारनाथ क्षेत्र के वन में हिरणों का शिकार करते थे। 500 हिरणों के सुनहरे वन हिरण समूह उस स्थान पर साखा मृग एवं निग्रोध मृग (बोधिसत्व) साथ रहते थे।[5] दोनों ने राजा के शिकार विलास के लिए प्रतिदिन एक हिरण भेजने का प्रस्ताव किया ताकि सबको क्षति पहुँचने के दैनिक त्रास से हिरण-समूह बच सके। एक दिन साखा झुण्ड की एक गर्भवती हिरणी की बारी आयी। उसने शिशु के जन्म तक अपनी बारी न आने देने की विनती की। साखा हिरण ने इस विनती को नहीं स्वीकारा,

इसलिए वह अपनी प्रार्थना के साथ निग्रोध के पास गयी, जिन्होंने गर्भवती हिरणी के स्थान पर शिकार के लिए स्वंय को ही उपस्थित कर दिया। जब राजा को यह सूचना मिली तो निग्रोध की सहनशीलता, दयालुता और करुणा से प्रेरित होकर उन्होंने सभी हिरणों को जन्मदान दे दिया।[6]

ऐसा प्रतीत होता है कि वर्तमान नाम सारंगनाथ शब्द से लिया गया है जिसका अर्थ 'हिरण का स्वामी' है।[7] दिलचस्प है कि यह विशेषण भगवान शिव के लिए प्रयोग किया जाता है। साथ ही यह विशेषता भी है कि बौद्ध अवशेषों से मात्र आधा मील (0.8 किमी) पूर्व में यहाँ एक शिव मन्दिर भी अवस्थित है।[8] वर्तमान सारनाथ क्षेत्र में मुख्य ध्यानाकर्षण बौद्ध मन्दिर और अन्य संरचनाओं में धर्मराजिका स्तूप, धमेख स्तूप और चौखण्डी स्तूप नामक तीन बड़े स्तूप हैं, जिन्होंने पिछली सत्रह शताब्दियों में एक व्यापक, अनवरत और गौरवशाली ऐतिहासिक परिवर्तन होते देखा है (मानचित्र 3.1)।

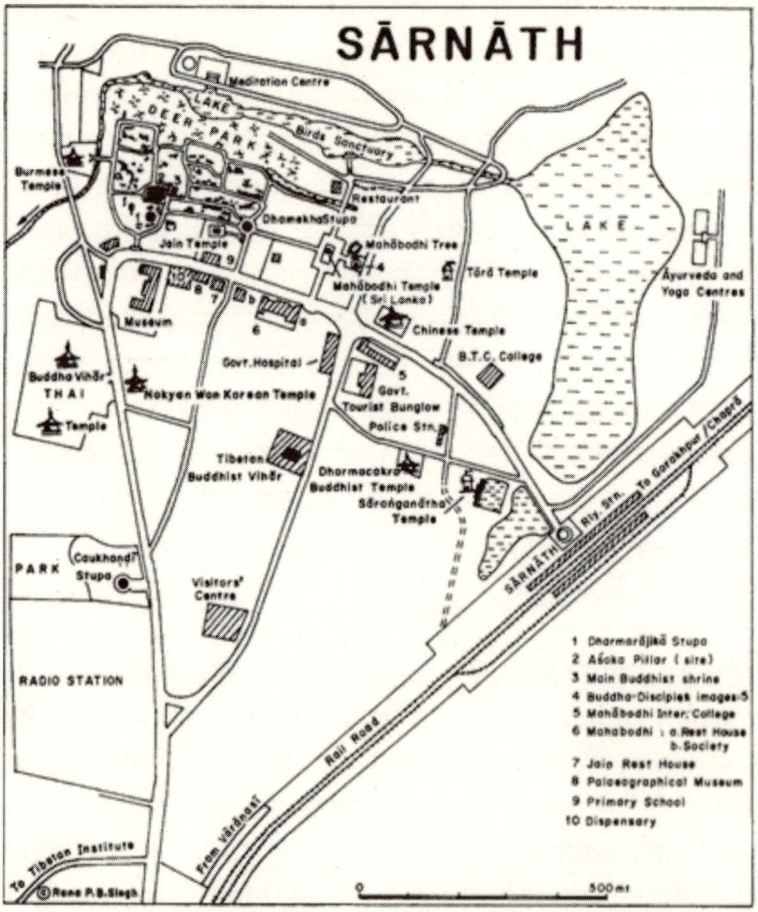

मानचित्र 3.1 : सारनाथ : भौगोलिक अवलोकन (राणा पी. बी. सिंह, 2024, पृ. 168 के आधार पर)

बारहवीं शताब्दी की कालावधि में परिवर्धन के माध्यम से समय-समय पर सारनाथ समृद्ध भी हुआ, पुनश्च इस्लामी आक्रमणकारियों ने इस पुण्यस्थल को नष्ट कर दिया। बारहवीं शताब्दी तक विद्वानों और भिक्षुओं के लिए शिक्षा, तीर्थयात्रा और विहारों का मुख्य केन्द्र रहा सारनाथ इस विध्वंस के बाद विस्मृति का अंग बन गया। सदियों तक यह अपने मलबे के नीचे दबकर खँडहर बना रहा जिसे घनी वनस्पति ने ढका हुआ था।[9] अठारहवीं शताब्दी के अन्तिम दशक में ही यह पुण्यस्थल पुन: उभर कर सामने आया और संसार को इसे देखने का अवसर मिला।

आकस्मिक खोज का विवरण

इस बौद्ध स्थल की खोज का इतिहास उल्लेखनीय और आकर्षक है। यह शानदार और अकल्पनीय रूप से विश्व के सामने आया। 1787 के आसपास एक विशिष्ट घटना घटी जिसके पश्चात् इस स्थान ने विद्वानों, भिक्षुओं और पुरातत्त्वविदों का ध्यान आकर्षित करना आरम्भ किया। लगभग 1787 में स्थानीय राजपरिवार के सदस्य और सारनाथ के ज़मींदार बाबू जगत सिंह को इस क्षेत्र में उपलब्ध ईंटों और पत्थरों के अम्बार का पता चला। उन्होंने अपने नाम पर नगर में एक बाज़ार निर्मित करवाने की योजना को सफल बनाने के लिए इस निर्जन क्षेत्र को खोदकर यहाँ से आवश्यक निर्माण सामग्री प्राप्त करने का मन बनाया तथा मज़दूरों को इस काम में लगा दिया गया। यह बाज़ार आज भी नगर में है और उन्हीं के नाम पर जगतगंज नाम से विख्यात है। धमेख स्तूप से पश्चिम में लगभग 520 फ़ीट (158.5 मीटर) की दूरी पर ईंटों और पत्थरों के ढेर को खोद निकाला गया।[10] स्तूप के टीले से निर्माण सामग्री की खोदाई करते समय एक गोलक-रूप बलुआ पत्थर के बक्से के भीतर एक बेलनाकार हरे रंग की संगमरमर की मंजूषा मिली।[11] बलुआ पत्थर का बक्सा और संगमरमरी मंजूषा सतह से अठारह हाथ (= 27 फ़ीट / 8.23 मीटर) की गहराई पर पाये गये थे। संगमरमर के बक्से में मानव हड्डियां, क्षरित मोती, सोने की पत्तियाँ और अन्य मूल्यवान रत्न भी मिले थे। कालावधि में अस्थियों को गंगा नदी में विसर्जित कर दिया गया और दोनों बक्सों को कलकत्ता (कोलकाता) स्थित एशियाटिक सोसाइटी ऑफ़ बंगाल को सौंप दिया गया।

बक्सों और वस्तुओं के अतिरिक्त उसी स्थान पर भूमिगत बुद्ध की एक मूर्ति भी पायी गयी थी, जिस मूर्ति के नीचे पाल राजा महिपाल का एक शिलालेख था।[12] यह विक्रम संवत 1083 (ईस्वी सन् 1026) का दिनांकित शिलालेख है।[13] बाबू जगत सिंह के श्रमिकों ने ऊपरी तल की दिशा में 50 फ़ीट (15.24 मीटर) व्यास वाला एक विशाल गोलाकार कन्दरा खोदा था जो एक मोटी ईंट की दीवार से घिरा हुआ था। लगभग 27 फ़ीट (8.3 मीटर) की गहराई पर दोनों बक्से मिले थे।[14] सातवीं शताब्दी उत्तरार्ध के चीनी तीर्थयात्री जुआनजैंग (ह्वेन त्सांग /चेन हुई) के अनुसार यह गोलाकार

कोटर सम्राट अशोक द्वारा निर्मित 60 फ़ीट ऊँचे स्तूप का स्थान रहा होगा।[15] इस घटना के कारण स्तूप को लोग **'जगत सिंह स्तूप'** कहने लगे और भारतीय पुरातत्त्व सर्वेक्षण की सभी पूर्व रिपोर्टों में भी इसका उल्लेख इसी नाम से किया गया। कालान्तर में इसे अधिक समीचीन 'धर्मराजिका स्तूप' कहा गया (मानचित्र 3.2 एवं 3.3 तथा प्लेट 3.4)। यह नाम सम्राट अशोक द्वारा महात्मा बुद्ध के अवशेषों को रखने के लिए निर्मित संरचना की स्मृति में दिया गया था।

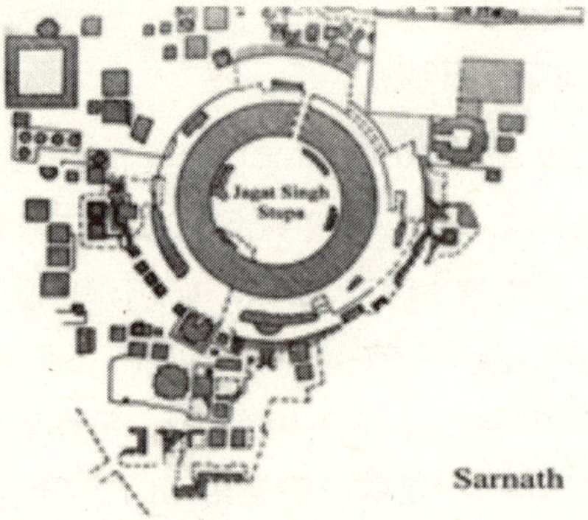

मानचित्र 3.2 : जगत सिंह स्तूप का स्वरूप (ए.एस.आई. रिपोर्ट, 1914 का आधार)

मानचित्र 3.3 : धर्मराजिका (जगत सिंह) स्तूप, ब्राउन 1959 के रेखाचित्र पर आधारित

सारनाथ की खोज पर पहला ज्ञात प्रकाशन बनारस के तत्कालीन रेज़ीडेंट जोनाथन डंकन (1756-1811) द्वारा किया गया था। डंकन ने इस पवित्र बौद्ध स्थल की आकस्मिक और ऐतिहासिक खोज का विस्तृत विवरण प्रस्तुत किया और बाबू जगत सिंह से इसके सम्बन्धों को भी विवेचित किया। यह वृत्तान्त 1798 में (1799 में पुनर्मुद्रित) *एशियाटिक रिसर्चेज* के पाँचवें खण्ड में प्रकाशित हुआ। *एशियाटिक रिसर्चेज* का प्रकाशन सर विलियम जोंस (1746-94) द्वारा 1784 में स्थापित की गयी एशियाटिक सोसाइटी ऑफ़ बंगाल किया करती थी। इस सोसाइटी की स्थापना इतिहास और पुरावशेषों, कलाओं, विज्ञान, भारतीय अध्ययन और एशिया के शास्त्रीय साहित्य पर अन्वेषण करने के लिए की गयी थी। इस खोज पर हुए प्रकाशन ने एकाएक सभी जिज्ञासुओं का ध्यान अपनी ओर आकर्षित किया और इस प्रकार सारनाथ में पुरातात्विक अन्वेषण के युग का प्रारम्भ किया गया।

उपरोक्त लेख का शीर्षक 'एन अकाउंट ऑफ़ द डिस्कवरी ऑफ़ टू अर्नस इन द विसिनिटी ऑफ़ बनारस' था, जिसे सारनाथ की खोज का इतिहास जानने के लिए अवश्य पढ़ा जाना चाहिए।[16] यह स्पष्ट नहीं है कि मंजूषा के भीतर अस्थियाँ किसकी थीं, लेकिन इस विषय में कई दावे और आख्यान उपलब्ध हैं। चूँकि डंकन

इस आवश्यक खोज की बारीकियों में बहुत दिलचस्पी ले रहे थे, उन्होंने तत्कालीन लोकप्रिय सम्भावनाओं और वर्तमान दावों को दर्ज किया है। पहला यह कि ये हड्डियाँ राजा की किसी पत्नी की हो सकती थीं जो अपने पति की चिता पर सती हो गयी होगी। दूसरा यह कि मरने वाले की अस्थियाँ यहाँ इसलिए रखी गयी होंगी ताकि परम्परा अनुसार किसी शुभ अवसर पर उन्हें गंगा नदी में विसर्जित किया जा सके। डंकन इन दोनों सम्भावनाओं से इनकार करते थे और एक तीसरी सम्भावना को लेकर अधिक सम्मत थे। उनका मानना था कि यह हड्डियाँ (शारीरिक धातु) बुद्ध के किसी अनुयाई की होंगी जो गंगा नदी की महिमा का आग्रही नहीं होगा और अपनी अस्थियों को भूमि में गड़े रहने देना चाहता होगा। डंकन ने इस मत की पुष्टि करने के लिए साथ मिली बुद्ध प्रतिमा का उल्लेख किया।[17]

आधिकारिक उत्खनन : नूतन अन्वेषण

1787-88 के इस प्रकरण का इतिहास, पुरातत्त्व और बौद्ध धर्म पर दूरगामी प्रभाव पड़ा। इसने महात्मा बुद्ध के जीवनकाल और बाद के विकास की कथा बताने वाले संरचनात्मक अवशेषों, पुरावशेषों, मिट्टी के बर्तनों और अन्य पुरातात्विक संरचनाओं का पता लगाने के लिए सारनाथ में पुरातात्विक उत्खनन का सूत्रपात किया। सारनाथ में सबसे पहला ज्ञात उत्खनन 1815 में कर्नल सी. मैकेंज़ी द्वारा किया गया। हालाँकि उन्हें कई अवशेष मिले लेकिन इन उत्खननों पर कोई प्रकाशित विवरण उपलब्ध नहीं है और इसलिए उत्खनन के निष्कर्षों के बारे में हमारी जानकारी भी सीमित है। एलेक्ज़ेंडर कनिंघम ने दिसम्बर 1834 से जनवरी 1836 तक दूसरी खोदाई की।[18] कनिंघम ने 1835 में सारनाथ स्थल पर अपनी खोदाई का विस्तृत विवरण दिया है।[19] उन्होंने टावर के बारे में पता लगाने की कई बार कोशिश की और पास के सिंहपुर गाँव के निवासी संगकर (शंकर) नाम के एक मज़दूर के माध्यम से सफल भी हुए। संगकर 1787-88 में खोदाई के लिए नियुक्त श्रमिकों में सीधे तौर पर शामिल था। संगकर ने ही उस समय टावर को तोड़े जाने की प्राथमिक जानकारी दी। उसके अनुसार मंजूषा लगभग 15 इंच ऊँचा और 5-6 इंच व्यास का था और उसमें चालीस से छियालीस मोती, चौदह माणिक, आठ चाँदी और नौ सोने की बालियाँ और मानव बाँह की अस्थि के तीन खण्ड रखे हुए थे। उसने यह भी बतलाया कि डंकन को केवल संगमरमर वाली मंजूषा सौंपी गयी थी जबकि पत्थर के बक्से को उसकी मूल स्थिति में ही छोड़ दिया गया था। इस सूचना ने कनिंघम के उत्साह और जिज्ञासा को और बढ़ा दिया, और उन्होंने तुरन्त संगकर को उस स्थान पर खोदाई का आदेश दिया जहाँ बक्से के होने का दावा किया गया था। चालीस वर्षों के बाद भी अपनी स्मृति पर भरोसा करते हुए संगकर ने 4 फ़ीट व्यास के एक छोटे से क्षेत्र का सीमांकन किया और आश्चर्य है कि उसी दिन वह 12

फ़ीट की गहराई पर दबे पत्थर के बक्से तक पहुँच गया। यह बक्सा चुनार बलुआ पत्थर के एक बड़े गोलाकार हिस्से से बना है जिसमें सपाट ढक्कन से ढकी हुई एक बेलनाकार कक्षिका थी। संगकर ने बतलाया कि बक्सा एक छोटी चौकोर कक्षिका में था जो इसे रखने के लिए पर्याप्त था।

इस जानकारी के आधार पर कनिंघम आगे की खोजों की सम्भावना का अनुमान लगा सकते थे। उन्होंने बाबू जगत सिंह द्वारा छोड़े गये क्षेत्र की खोदाई जारी रखने का निर्णय लिया। मलबा साफ़ करने के बाद कनिंघम को एक अछूती मोटी गोलाकार दीवार मिली। उन्होंने पाया कि अवशेष बक्से को एक ठोस ईंट के अर्धगोलाकार स्तूप के अन्दर रखा गया था, जिसका व्यास तल पर 49 फ़ीट था और 16.5 फ़ीट मोटी ईंट की एक आवरण दीवार से ढका हुआ था, जिसका व्यास अब 82 फ़ीट है। उन्होंने आगे बतलाया है कि बाबू जगत सिंह के मज़दूरों ने आन्तरिक ईंटों की खोदाई केवल आंशिक रूप से की थी और पत्थर के बक्से से लगभग 6 फ़ीट ऊपर तक का आधा हिस्सा अछूता छोड़ दिया था। यहाँ तक कि कनिंघम ने भी बाहरी दीवार की मोटाई जानने और अन्दर के पत्थर के बक्से की जाँच करने के अतिरिक्त ईंटों के ढाँचे को बरक़रार रखा था। आठ साल बाद 1851-52 में मेजर मार्खम किट्टो ने स्तूप की पूरी तरह से खोदाई की (मानचित्र 3.4)।

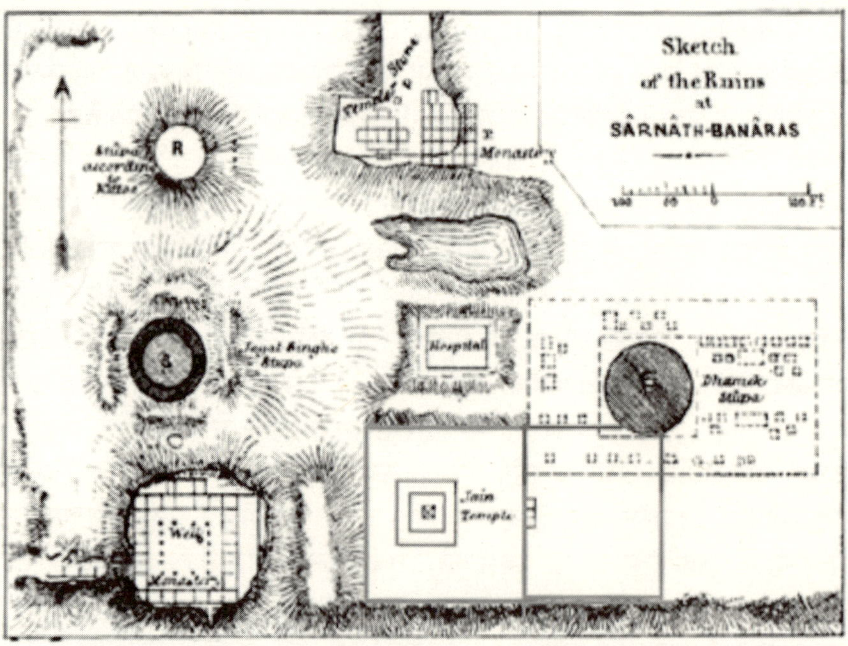

मानचित्र 3.4 : सारनाथ के अवशेषों का रेखाचित्र (मेजर एम किट्टो, 1851-52, आभार, ए.एस.आई. आर., खण्ड-1)

मेजर किट्टो की मृत्यु के बाद एडवर्ड थॉमस (1854) ने इस उत्खनन को जारी

रखा जिसमें आन्तरिक सामग्री को हटा दिया गया और बाहरी आवरण की नींव उजागर हो गयी। शेरिंग (1868) के अनुसार दीवार दो अलग-अलग युगों की थी। इसमें 16.5-इंच मोटाई की एक बाहरी आवरण दीवार थी जिसे बाद में 1026 ई. में स्थिरपाल और वसन्तपाल द्वारा जोड़ा गया था, जबकि निचला भाग बहुत पुराना था।[20] भारतीय पुरातत्त्व सर्वेक्षण के अनुसार इस स्तूप के पाँच निर्माण चरण थे, जिनमें मौर्य काल से लेकर प्रारम्भिक मध्ययुगीन काल तक के बाद के रचनात्मक परिवर्धन शामिल थे। मूल स्तूप का निर्माण अशोक के समय में किया गया था और इसे प्रदक्षिणापथ के साथ कंक्रीट की मोटी परत से ढक दिया गया था। हरी मंजूषा को मूल स्तूप की सतह से 18 हाथ (लगभग 792 सेमी) नीचे, लगभग गुम्बद के केन्द्र में बरामद किया गया था।

1787 की अप्रत्याशित घटना के कारण न केवल स्तूप-स्थल को खोजा जा सका, बल्कि लगभग पचास वर्षों के अन्तराल के बाद अन्य संरचनाओं की भी उल्लेखनीय खोजें हुईं। संगकर (शंकर) द्वारा प्रदान की गयी जानकारी के आधार पर कनिंघम एक और आश्चर्यजनक खोज में सफल रहे।[21] अपनी स्मृति के आधार पर संगकर (शंकर) ने एक छोटी-सी इमारत के बारे में बताया जिसमें कई मूर्तियाँ बारीकी से रखी हुई थीं। हालाँकि बाबू जगत सिंह के मज़दूरों ने ईंटों को ले जाने के लिए कमरे को ध्वस्त किया था लेकिन मूर्तियाँ अपनी मूल स्थिति में अछूती रह गयी थीं। जब कनिंघम ने चिह्नित किये गये स्थान पर उत्खनन आरम्भ किया तो उन्हें केवल 2 फ़ीट की गहराई पर साठ मूर्तियाँ और पर्श नक़्क़ाशी मिलीं जो 10 वर्ग फ़ीट (0.93 वर्ग मीटर) की एक छोटी-सी जगह में रखी हुई थीं। चूँकि मूर्तियों से भरा कमरा मन्दिर के समीप पाया गया था, कनिंघम ने अनुमान लगाया कि ये मन्दिर की थीं और जब मुस्लिम आक्रांताओं ने भिक्षुओं को अपने मठ छोड़ने पर विवश किया होगा तो उसी दौरान गुप्त रूप से वहाँ छिपा दी गयी होंगी। पत्थर का बक्सा, साठ मूर्तियाँ और पर्श नक्काशी को कनिंघम ने एशियाटिक सोसाइटी ऑफ़ बंगाल को सौंप दिया था, जहाँ इसे उनकी सूची में '942बी, ए सार्कोफेगस फाउंड इन द टॉप ऑफ़ माणिक्यला (!) डोनर, लेफ्टिनेंट ए कनिंघम' के रूप में दर्ज किया गया था।[22] बाबू जगत सिंह द्वारा खोजी गयी बुद्ध प्रतिमा के आसन पर लगे शिलालेख को जगतगंज के पास के तालाब से हटा दिया गया था। बाद में मेजर किट्टो ने इसे पाया और बाबू जगत सिंह ने सम्मानपूर्वक वह प्रतिमा उन्हें सौंप दी। विल्फोर्ड ने इस शिलालेख को आधार बनाकर स्तूप की आयु का अनुमान लगाने का प्रयास किया। इस शिलालेख की खोज सारनाथ और बौद्ध धर्म के इतिहास में एक महत्त्वपूर्ण खोज थी।[23] बाबू जगत सिंह ने बुद्ध की मूर्ति के साथ एक स्मरण भी मेजर किट्टो को सौंप दिया, जिन्होंने इसे एशियाटिक सोसाइटी के सामने प्रस्तुत किया। डंकन के अनुसार हरी मंजूषा भी एशियाटिक सोसाइटी ऑफ़ बंगाल को सौंप दिया गया था, लेकिन बाद में कनिंघम ने इसे 1834 से पहले नदारद पाया और जेम्स प्रिंसेप (1799-1840) को लिखे एक पत्र में इसका उल्लेख भी किया था।[24]

एक त्रासद कथा या पथ-प्रदर्शक अन्वेषण ?

इतिहास में प्राचीन ऐतिहासिक स्थल को नष्ट करने के लिए बाबू जगत सिंह की कटु आलोचना की जाती रही है। जनवरी 1794 की अप्रत्याशित घटना इतिहास के पन्नों में एक पथ-प्रदर्शक खोज की जगह एक दुखान्त की तरह दर्ज है। भाटिया[25] ने इस घटना को कटुतापूर्वक 'एक दु:खद घटना' कहा है जबकि मजूमदार[26] इसे 'निर्मम विध्वंस' के रूप में दर्ज करते हैं। वी.ए. नारायण[27] ने सारनाथ की खोज का मुख्य श्रेय जोनाथन डंकन को दिया है। कनिंघम[28] ने सारनाथ के प्रमुख अवशेषों की अपनी सूची में सहानुभूतिपूर्वक स्वीकार किया है कि एक बड़े ईंट के टॉवर की खोज की गयी थी जिसे बाबू जगत सिंह के सहयोग से खोला गया था। वह सारनाथ की सबसे पहले दर्ज की गयी खोदाई का श्रेय बाबू जगत सिंह को देते तो हैं, लेकिन धर्मराजिका स्तूप की जीर्ण-शीर्ण अवस्था के लिए बाबू जगत सिंह को ज़िम्मेदार भी ठहराते हैं। इस खोज ने कई ब्रिटिश अधिकारियों के उत्खनन प्रयोजन को प्रकट किया, जो बाबू जगत सिंह की साख को लगातार हाशिये पर डालते रहे। निस्सन्देह कनिंघम ने बाबू जगत सिंह और उनके मज़दूरों के इस आकस्मिक कृत्य के कारण उसी स्थल पर अन्य संरचनाओं की उल्लेखनीय खोज का भी सराहनीय उल्लेख किया है। सारनाथ के पुरातात्विक क्षेत्र का वर्तमान स्वरूप मानचित्र 3.5 में प्रदर्शित किया गया है।

दुर्भाग्यवश किसी ने भी शाही तालाब के किनारे का शिलालेख नहीं देखा, जो 1792 में बाबू जगत सिंह द्वारा स्तूप (जिसे जगत सिंह स्तूप कहते हैं) की कुछ ईंटों का उपयोग करके बनाये गये शाही मन्दिर के द्वार पर लगाया गया है (प्लेट 3.2 देखें)। बाबू जगत सिंह ने वाराणसी शहर के उत्तर-पश्चिमी भाग में जगतगंज नामक एक नये नगर क्षेत्र की स्थापना की। राजपरिवार जगतगंज का पारिवारिक नाम उनके प्रति एक यादगार श्रद्धांजलि है। यहाँ अब भी भीड़भाड़ वाली दुकानें नज़र आती हैं। सारनाथ के बौद्ध अवशेषों के उत्खनन में मिली ईंटें और पत्थर जगतगंज तालाब के निर्माण के लिए कैसे उपलब्ध हुए, इसकी चर्चा अध्याय 2 में की जा चुकी है। बनारस में 14 जनवरी 1799 के सशस्त्र संघर्ष से सम्बन्धित ब्रिटिश रिकॉर्ड में जैसा कि अध्याय 6 में बताया गया है, इस तालाब को 'जगत सिंह तालाब' कहा गया हालाँकि बाबू जगत सिंह द्वारा अपने पिता शिव लाल सिंह की स्मृति में बनवाए गये मन्दिर के शिलालेख से मालूम होता है कि इसका नाम 'राम सागर' रखा गया था और अन्य प्रतिमाओं के अतिरिक्त भगवान श्रीराम की प्रतिमा भी इस मन्दिर में स्थापित की गयी। यह मन्दिर 26 फ़रवरी 1792 को बनकर पूरा हुआ था। उनकी माँ के हाथों से इस मन्दिर में गणेश, अन्नपूर्णा और शिव की दिव्य प्रतिमाएँ भी सुशोभित की गयी थीं। अनुमानत: उपरोक्त सभी संरचनाओं को बनाने में लगभग पाँच वर्षों का समय लगा होगा। इसलिए उत्खनन गतिविधि भी उसी के अनुसार और पहले शुरू की गयी होगी, जिसे सारनाथ पर लिखने वाले ब्रिटिश विद्वानों के लेखन में ग़लत तरीक़े से वर्ष 1794 बताया गया है; परन्तु वास्तव में यह 1787 होना चाहिए। एक महत्त्वपूर्ण उदाहरण यह है कि पुराने

टीले को पहले 'जगत सिंह स्तूप' कहा जाता था। इस तथ्य को पुण्यस्थल पर पत्थर की पट्टिका में उल्लेखित किया गया है। इसे समय के साथ धर्मराजिका स्तूप नाम दे दिया गया था। सम्भवत: यह बदलाव 1912 में सारनाथ में संग्रहालय खुलने पर पहली बार आया होगा (प्लेट 3.3 और 3.4 देखें)।

स्तूप के विध्वंस की इस पूरी घटना और उसके बाद सारनाथ में प्राचीन अवशेषों की खोज से जुड़े प्रसंगों की गहरी परख तथा पड़ताल होनी चाहिए।

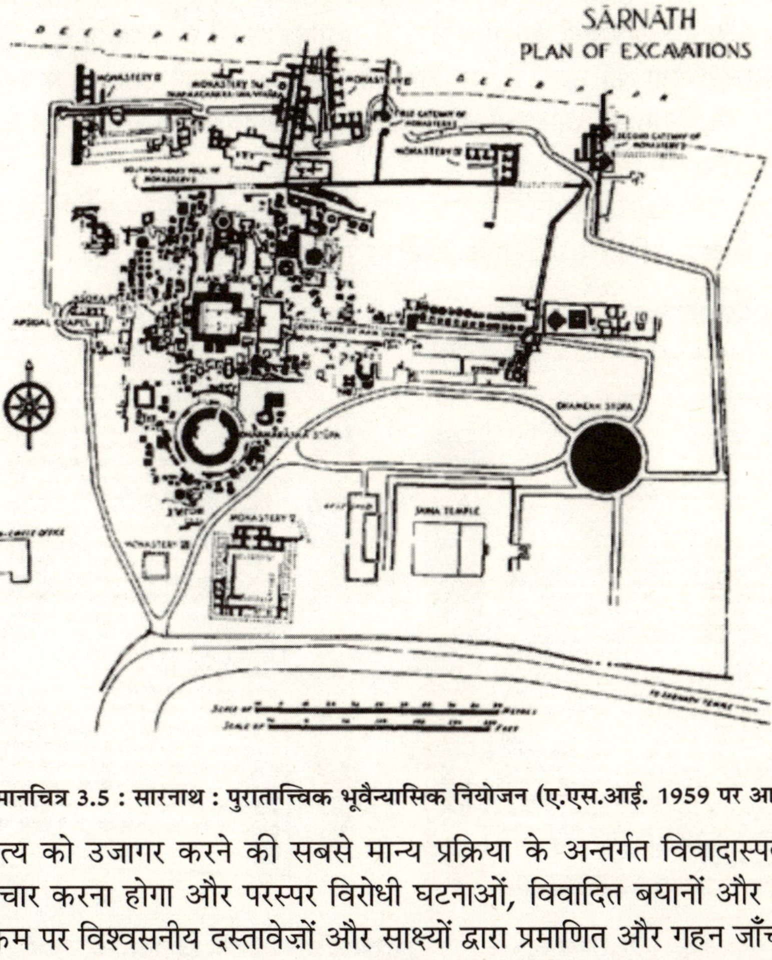

मानचित्र 3.5 : सारनाथ : पुरातात्त्विक भूवैन्यासिक नियोजन (ए.एस.आई. 1959 पर आधारित)

सत्य को उजागर करने की सबसे मान्य प्रक्रिया के अन्तर्गत विवादास्पद प्रश्नों पर विचार करना होगा और परस्पर विरोधी घटनाओं, विवादित बयानों और अस्पष्ट कालक्रम पर विश्वसनीय दस्तावेज़ों और साक्ष्यों द्वारा प्रमाणित और गहन जाँच करनी होगी। बाबू जगत सिंह द्वारा खोजे गये अवशेषों में सदैव विडम्बना विद्यमान रही है। डंकन के अनुसार उन्होंने दोनों बक्से एशियाटिक सोसाइटी को सौंप दिये थे। साथ ही भारतीय पुरातत्त्व सर्वेक्षण के तात्कालिक महानिदेशक कनिंघम की रिपोर्ट में उल्लेखित है कि बाबू जगत सिंह द्वारा गोल पत्थर के बक्से को उसके मूल स्थान पर छोड़ दिया गया था और स्थानीय निवासी संगकर (शंकर) की सहायता से 1835 में किये गये

उत्खनन में इसे फिर से खोजा गया था। कनिंघम ने अपनी रिपोर्ट में इस खोज का बहुत विस्तार से उल्लेख किया है।

यह भी उल्लेखनीय है कि हरे रंग के संगमरमर की मंजूषा 1835 से पहले ही ग़ायब हो गयी थी। यदि डंकन ने पत्थर के बक्से एशियाटिक सोसाइटी को प्रस्तुत किये थे तो कनिंघम के लिए चालीस से अधिक वर्षों के बाद स्तूप के अन्दर उसी बक्से की खोदाई करना कैसे सम्भव हुआ? कनिंघम द्वारा सारनाथ में उत्खनन शुरू करने से पहले एशियाटिक सोसाइटी में वर्षों से रखी हरी मंजूषा कैसे ग़ायब हो गयी? इतिहास में मानव अस्थियों को गंगा नदी में प्रवाहित करने के लिए बाबू जगत सिंह की आलोचना क्यों की जाती है, जबकि डंकन ने स्वयं अपने आलेख में सम्भावना व्यक्त की थी कि मानव अस्थियों को सही समय पर पवित्र नदी में प्रवाहित करने के लिए रखा गया होगा?

ए.एस.आई. द्वारा वर्तमान में स्तूप-स्थल (प्लेट 3.3) के पास स्थापित शिलापट्टी स्तूप का संक्षिप्त इतिहास अंग्रेज़ी व हिन्दी में रेखांकित करती है।

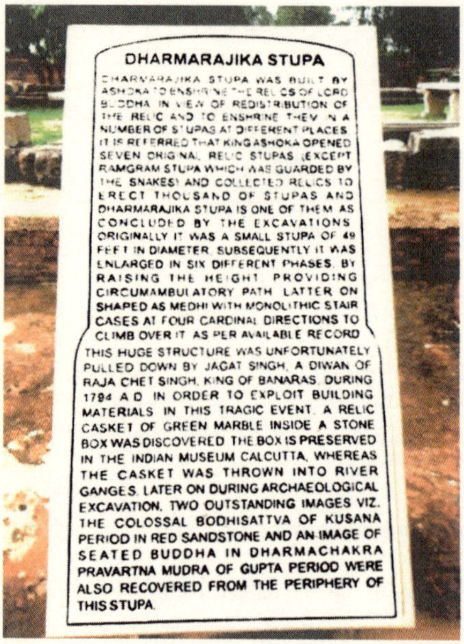

प्लेट 3.3 : धर्मराजिका स्तूप के समीप संक्षिप्त इतिहास दर्शाती हुई पत्थर पट्टिकाएँ

इसमें इसे 'दु:खद घटना' कहा गया है और उल्लिखित है कि मंजूषा को गंगा नदी में फेंक दिया गया था। कई ऐतिहासिक आलेख हरी मंजूषा के खो जाने के लिए बाबू जगत सिंह को दोषी मानते हैं, लेकिन डंकन और कनिंघम के विवरण से यह स्पष्ट है कि मंजूषा एशियाटिक सोसाइटी से गायब हो गयी थी और उसे कभी नदी में नहीं

फेंका गया था। अस्थियों को नदी में प्रवाहित करने के लिए भी बाबू जगत सिंह की आलोचना होती है, लेकिन सूक्ष्म रूप से देखा जाये तो यह गंगा लाभ की मान्यता और उनके मन में निहित परम्पराओं के प्रति श्रद्धा को रेखांकित करता है। यहाँ तक कि डंकन ने भी अपने आलेख में इस पर विचार करते हुए अनुमान लगाया था कि शायद हड्डियों को सही समय पर पवित्र नदी में प्रवाहित करने के लिए छोड़ दिया गया होगा।

बाबू जगत सिंह ने अपने मज़दूरों को ईंटों और पत्थरों को ले जाने के लिए नियुक्त किया, लेकिन तब तक किसी को भी इस तथ्य के बारे में पता नहीं था कि यह एक महान ऐतिहासिक महत्त्व की संरचना थी। यह क्षेत्र एकान्त और घनी वनस्पतियों से ढका था और स्तूप जैसी बड़ी संरचनाओं को छोड़कर सारा ढाँचा मलबे और धूल के नीचे दबा हुआ था। यदि इस स्थान के पुरातात्विक महत्त्व का जरा भी अन्दाज़ा होता तो इसे इस प्रकार कभी नष्ट नहीं किया गया होता। इसकी सत्यता इसी तथ्य से सिद्ध की जा सकती है कि देर-सवेर सभी खोजे गये अवशेष ब्रिटिश अधिकारियों को सौंप दिये गये। एक बार जब बाबू जगत सिंह को उस स्थान के महत्त्व का पता चला तो उन्होंने पत्थर के बक्से को उसकी मूल स्थिति में छोड़ दिया। यहाँ तक कि बाद में कनिंघम द्वारा मुख्य मन्दिर के पास ज़मीन से सिर्फ़ 2 फ़ीट नीचे खोजी गयी साठ मूर्तियाँ भी बरक़रार रहीं। बाबू जगत सिंह के मज़दूरों ने इस स्तूप को खोला लेकिन फिर इसे वैसे ही छोड़ दिया। केवल बाहरी और बाद के परिवर्धन आंशिक रूप से नष्ट किये गये थे। हालाँकि उनके मज़दूरों ने स्तूप को खोला था और हरित मंजूषा को हटाया था लेकिन उन्होंने पूरी संरचना को कभी ध्वस्त नहीं किया था।

ब्रिटिश अधिकारियों ने इसके पुरातात्विक और सांस्कृतिक महत्त्व को जानने के बाद भी इस गौरवशाली विरासत को नष्ट करने में अधिक विनाशकारी भूमिका निभाई। कनिंघम[29] ने स्वयं अपनी रिपोर्ट में उल्लेख किया है कि लगभग चालीस की संख्या में मूर्तियाँ और अधिकांश नक़्क़ाशीदार पत्थर, जिन्हें उन्होंने 1835 में खोदकर ज़मीन पर छोड़ दिया था, उन्हें डेविडसन ने एक गाड़ी में रखा और वरुणा नदी में पुल से नीचे फेंक दिया था। यह पुल की मेहराबों के मध्य नदी के पाट के कटाव को रोकने के लिए किया गया था। यह अजीब है कि कनिंघम ने इस घटना का उल्लेख मात्र कुछ पंक्तियों में एक संक्षिप्त सन्दर्भ में किया और इसकी कोई भी आलोचना दर्ज नहीं की है। ऐसा तब जबकि सारनाथ पुरातात्विक स्थल के रूप में स्थापित हो चुका था। परन्तु कालान्तर में कनिंघम ने बाबू जगत सिंह की लापरवाही पर उनकी कड़ी आलोचना की है। पहले ही बताया जा चुका है कि बाबू जगत सिंह का यह कृत्य केवल अनभिज्ञता के कारण था। कनिंघम के यह दोहरे मानदण्ड उनके औपनिवेशिक पूर्वाग्रहों को दर्शाते हैं। शेर्रिंग[30] ने उल्लेख किया कि पुरावशेषों की यह अपूरणीय क्षति एक ब्रिटिश अधिकारी

की अविवेकपूर्ण और लापरवाह कार्यवाही के कारण हुई थी। उन्होंने कनिंघम की पूरी रिपोर्ट उद्धृत की है और साथ ही इस तथ्य को स्वीकार करते हुए खेद व्यक्त किया कि सारनाथ उत्खनन का पर्यवेक्षण कभी-कभी अनुभवहीन व्यक्तियों द्वारा किया गया था। अनुभवहीनता से उनका अर्थ, 'शिलालेखों को समझने और समय-समय पर जो कुछ हुआ है उसका बुद्धिमानी से वर्णन करने की क्षमता' से था। उन्होंने लिखा है :

> *निर्मम विध्वंस की चर्चा करते हुए मैं यह ज़रूर स्पष्ट कर दूँ कि बरना (वरुणा) नदी पर सेतु निर्माण करते हुए सारनाथ से अड़तालीस मूर्तियों और अन्य गढ़ी हुई शिलाओं को वहाँ से हटाकर नदी में फेंक दिया गया था; ऐसा नदी में कटाव को रोकने के लिए हुआ था; साथ ही दूसरे लोहे वाले पुल के निर्माण में सारनाथ की संरचनाओं से पचास-साठ गाड़ी पत्थर निकाल लिए गये थे।*[31]

नेकनामी और बेनामी

सारनाथ के अधिकांश अवशेषों की खोज का श्रेय निस्सन्देह बाबू जगत सिंह को मिलना चाहिए। शेरिंग (1868) ने उल्लेख किया है कि सारनाथ उत्खनन से प्राप्त हुई अधिकांश मूर्तियाँ मुख्यतः दो जगहों से मिली थीं : पहले उस कक्षिका में जहाँ अवशेष स्तम्भ था और दूसरा उस छोटी इमारत में जहाँ साठ मूर्तियाँ मिली थीं। यह दोनों स्थल जनवरी 1787 की आकस्मिक घटना में खोज निकाले गये थे।

सारनाथ की खोज न केवल बौद्ध तीर्थ के दृष्टिकोण से महत्त्वपूर्ण है, बल्कि ऐतिहासिक, सांस्कृतिक और पुरातात्विक ज्ञान की दिशा में भी एक महत्त्वपूर्ण क़दम है, जिसने शीघ्र ही सभी पुरातत्त्वविदों और इतिहासकारों का ध्यान अपनी ओर आकर्षित किया था। जब कोई घटना या वस्तुस्थिति समय और नियति द्वारा निर्धारित होती है, तो उसे सामने आने से कोई नहीं रोक सकता। भूमि ने सदियों से अपने भीतर जो रहस्य और अवशेष छिपा रखे थे उसे बाबू जगत सिंह के अन्वेषण ने उजागर कर डाला। भले ही उनके मज़दूरों ने इस स्थल को किसी भी उद्देश्य से खोदा हो लेकिन हम परिणाम की महत्ता को दरकिनार नहीं कर सकते। क्योंकि 1787 में उनकी गतिविधियों ने अनजाने में दुनिया के सबसे पवित्र बौद्ध स्थल का पता लगाया जहाँ बुद्ध ने अपना पहला धर्मोपदेश दिया था। बाबू जगत सिंह का इरादा भारत के गौरवशाली अतीत के प्राचीन अवशेषों को नष्ट करने का कभी नहीं था। जब बाबू जगत सिंह को ऐतिहासिक महत्त्व का पता चला तो उन्होंने उन्हें संरक्षित करने के नेक इरादे से पुरावशेषों को उनके मूल स्थान पर अछूता और अक्षुण्ण छोड़ दिया। यदि निर्माण सामग्री का दोहन ही एकमात्र उद्देश्य होता तो निश्चित रूप से धमेक और चौखण्डी स्तूपों को भी पूरी तरह से नष्ट कर दिया गया होता। इतिहास-लेखन

बाबू जगत सिंह को वह श्रेय देने में विफल रहा जिसके वे हक़दार थे, बल्कि उन पर अवशेषों को नष्ट करने का दोष अनावश्यक ही मढ़ा गया और इस मिथ्या को प्रचारित किया गया। सारनाथ स्थल की खोज की कथा में कई ऐसे तथ्य थे जो पहले से ज्ञात नहीं थे और इन्हें एक विशेष रंग की छवि देने के लिए तोड़-मरोड़कर व्याख्या की जाती रही है। तथ्यों को तोड़-मरोड़कर इस तरह प्रस्तुत किया गया कि सारनाथ की खोज का असली श्रेय अंग्रेज़ों को दिया गया, जबकि कनिंघम द्वारा खोदाई के दौरान प्राप्त सभी महत्त्वपूर्ण संरचनाएँ उस मज़दूर द्वारा दी गयी जानकारी पर आधारित थीं जो सबसे पहले 1787 में बाबू जगत सिंह के संरक्षण में हुए उत्खनन में शामिल था। समय आ गया है जब इतिहास को इस प्राचीन ऐतिहासिक और पुरातात्त्विक स्थल की खोज का महत्त्वपूर्ण श्रेय बाबू जगत सिंह को देना चाहिए, जिन्होंने अनजाने में और संयोग से मिट्टी के नीचे दबी कहानी खोज निकाली जो बाद में मधुर स्वरों का गीत बन गयीं।

निष्कर्ष

1787 में स्तूप की खोदाई करते समय बाबू जगत सिंह के श्रमिकों को एक हरे रंग के संगमरमर की मंजूषा मिली थी जो एक गोलाकार बलुआ पत्थर के बक्से में बन्द थी। डंकन के अनुसार दोनों बक्सों को एशियाटिक सोसाइटी ऑफ़ बंगाल को सौंप दिया गया था। हालाँकि 1835 में प्रकाशित कनिंघम की उत्खनन रिपोर्ट के साथ डंकन के आलेख को विश्लेषित करने पर एक अलग ही तस्वीर उभरती है। कनिंघम के अनुसार चुनार के बलुआ पत्थर का बक्सा स्तूप के अन्दर 1835 में पाया गया था। उन्होंने इसे पास के गाँव के एक व्यक्ति (संगकर या शंकर) द्वारा दी गयी जानकारी के आधार पर खोजा था जो 1787 में स्तूप की खोदाई करने वाली टीम के मज़दूरों में से एक था। उन्होंने बताया है कि बाबू जगत सिंह ने बलुआ पत्थर के बक्से को उसकी मूल स्थिति में ही छोड़ दिया था और मंजूषा के अन्दर पायी गयी हड्डियों को गंगा नदी में प्रवाहित कर दिया गया था। उन्हें समुद्र में नहीं फेंका गया था जैसा कि इतिहास में उल्लिखित किया जाता रहा है। गंगा नदी में अस्थि-विसर्जन हिन्दू परम्पराओं में दाह-संस्कार के बाद का महत्त्वपूर्ण संस्कार है। कनिंघम के अनुसार उन्हें एक मोटी गोलाकार दीवार अछूती मिली। पाया गया अवशेष एक ईंट के अर्धगोलाकार स्तूप के अन्दर रखा गया था, जिसका व्यास 49 फ़ीट था, जो एक आवरण ईंट की दीवार से ढका हुआ था। बाबू जगत सिंह के मज़दूरों ने केवल आंशिक रूप से संरचना के आधे हिस्से में पत्थर के बक्से से लगभग 6 फ़ीट की ऊँचाई तक ईंटों की ही खोदाई की थी और बक्से को अछूता छोड़ दिया गया था। इस स्तूप का पूर्ण उत्खनन अठारह वर्ष बाद मेजर किट्टो द्वारा करवाया गया।

इस प्रकार सारनाथ में स्तूप की खोदाई के सम्बन्ध में कुछ बातें स्पष्ट हैं : पहला, यह अनजाने में हुई थी, और कोई नहीं जानता था कि यह स्थान पुरातात्विक महत्त्व का एक प्राचीन बौद्ध स्थल था। जैसे ही बाबू जगत सिंह को इसके महत्त्व के बारे में पता चला, उन्होंने हर सम्भव कोशिश की थी कि इस स्थान की क्षति और न हो सके।

दूसरे, बाबू जगत सिंह के मज़दूर को 1787 में खोदाई के दौरान जो दो बक्से मिले, उन्हें एशियाटिक सोसाइटी ऑफ़ बंगाल को सौंप दिया गया था जहाँ से वे कालान्तर में ग़ायब हो गये। बलुआ पत्थर का बक्सा स्तूप के अन्दर अपने मूल स्थान पर छोड़ दिया गया और अन्ततः कनिंघम द्वारा बाहर निकाला गया।

तीसरा, बाबू जगत सिंह ने कभी भी स्तूप को पूर्णतः नष्ट नहीं किया। स्तूप के सांस्कृतिक एवं ऐतिहासिक महत्त्व को समझने के बाद उन्होंने इस स्थल की सुरक्षा की। मोटी आवरण वाली दीवार के अन्दर मूल स्तूप का एक बड़ा हिस्सा वैसे ही छोड़ दिया गया था। समय के साथ आवरण दीवार के अन्दर मूल स्तूप की खोदाई कनिंघम और बाद में अन्य ब्रिटिश पुरातत्त्वविदों द्वारा की गयी थी। धार्मिक और पुरातात्विक महत्त्व के इस प्राचीन पवित्र बौद्ध स्थल की खोज करने का श्रेय बाबू जगत सिंह को दिया जाना चाहिए जो आज भी असंख्य पर्यटकों-तीर्थ यात्रियों, विद्वानों और दर्शनार्थियों को आकर्षित करता है।

अन्त में, आज सारनाथ संग्रहालय में प्रदर्शित अधिकांश मूर्तियाँ कनिंघम द्वारा किये गये उत्खनन में पायी गयी थीं। इन्हें एक ग्रामीण मज़दूर द्वारा दी गयी जानकारी के आधार पर खोजा जा सका था। यदि बाबू जगत सिंह का यह मज़दूर 1787 में उस स्थान की खोदाई करने न गया होता तो इस पुरातात्विक स्थल की खोज इतनी जल्दी कभी नहीं हो पाती। इतिहास के पन्नों में अंग्रेज़ों ने इस स्थल की खोज का श्रेय स्वयं लेने का प्रयास किया और जानबूझ कर बाबू जगत सिंह को पूरी संरचना को नष्ट करने का क़सूरवार बनाया, और साथ ही इसकी ग़लत तारीख़ भी दर्ज की गयी।

टिप्पणियाँ

1. सिंह, राणा ; किरण शिन्दे एवं प्रवीण राणा, 'सारनाथ, हिअर बुद्धा टाट् द एट फोल्ड पॉथ', ई.डी.ए.-*इंटरनेशनल जर्नल ऑफ़ आर्किटेक्चर एंड इंजीनियरिंग,* खण्ड 11 (2), 2024, पृष्ठ 166-185
2. बी.आर. मणि, *सारनाथ : आर्कियोलॉजी, आर्ट एंड आर्किटेक्चर,* न्यू दिल्ली : आर्कियोलॉजिकल सर्वे ऑफ़ इंडिया, 2012, पृष्ठ 10-11
3. जे जे जोंस, (अनुवाद), द *महावस्तु,* खण्ड 1, लन्दन : लुजॉक एंड को. लिमिटेड, 1949, पृष्ठ 37

4. दयाराम साहनी, *गाइड टू द बुद्धिस्ट रूइन्स ऑफ़ सारनाथ*, कलकत्ता: सेंट्रल पब्लिकेशन ब्रांच, 1926, पृष्ठ 1
5. जोंस, पूर्वोक्त, *महावस्तु*, पृष्ठ 301-6
6. टी. डब्ल्यू. राइस डेविस (अनुवाद), *बुद्धिस्ट बर्थ स्टोरीज़ ओर जातक टेल्स*, लन्दन : ट्रूबनर एंड को, लडगेट हिल, 1880, पृष्ठ 205-09
7. हांस वोल्फगैंग चुमान, *द हिस्टॉरिकल बुद्ध : द टाइम्स, लाइफ, एंड टीचिंग्स ऑफ़ द फाउंडर ऑफ़ बुद्धिज़्म*, न्यू दिल्ली : मोतीलाल बनारसीदास, 2004, पृष्ठ 67
8. साहनी, *गाइड टू द बुद्धिस्ट रूइन्स ऑफ़ सारनाथ, पृष्ठ 1*
9. साहनी, पूर्वोक्त, पृष्ठ 6
10. बृन्दावन चन्द्र भट्टाचार्य, *द हिस्ट्री ऑफ़ सारनाथ ऑर क्रेडल ऑफ़ बुद्धिज़्म*, 1999, पुन:प्रकाशन, वाराणसी : पिल्ग्रिम्स पब्लिशिंग, 2009, पृष्ठ 63-4
11. बी. मजूमदार, *अ गाइड टू सारनाथ*, वाराणसी : पिल्ग्रिम्स पब्लिशिंग, 2007, पृष्ठ 38
12. भट्टाचार्य, *द हिस्ट्री ऑफ़ सारनाथ*, पृष्ठ 64
13. वी. ए. नारायण, *जोनाथन डंकन एंड वाराणसी*, कलकत्ता : फ़रमा के. एल. मुखोपाध्याय, 1959, पृष्ठ 174
14. अलेक्जेंडर कनिंघम, *आर्कियोलॉजिकल सर्वे ऑफ़ इंडिया : फोर रिपोर्ट्स मेड ड्यूरिंग द इयर्स 1862-63-64-65*, खण्ड 1, शिमला : गवर्नमेंट सेंट्रल प्रेस, 1871, पृष्ठ 113
15. कनिंघम, पूर्वोक्त पृष्ठ 24
16. जोनाथन डंकन (1798/1799), 'एन अकाउंट ऑफ़ द डिस्कवरी ऑफ़ टू अर्नस् इन द विसिनिटी ऑफ़ बनारस', *एशियाटिक रिसर्चेज, ऑर ट्रांजेक्शन ऑफ़ द सोसाइटी इंस्टीट्यूटेड इन बंगाल फॉर इंक्वाइरी इन्टू द हिस्ट्री एंड एंटिक्विटीज़, आर्ट्स, साइंसेज, एंड लिटरेचर ऑफ़ एशिया*, खण्ड V, कलकत्ता: एशियाटिक सोसाइटी ऑफ़ बंगाल, पृष्ठ 131-132
17. साहनी, *गाइड टू बुद्धिस्ट रूइन्स ऑफ़ सारनाथ*, पृष्ठ 7
18. कनिंघम, *आर्कियोलॉजिकल सर्वे ऑफ़ इंडिया*, पृष्ठ 114-15
19. एम. ए. शेरिंग, *बनारस : द सेक्रेड सिटी ऑफ़ हिन्दूज*, 1868 : पुन:प्रकाशन, न्यू दिल्ली : बी आर पब्लिशिंग कार्पोरेशन, 1975, पृष्ठ 254-55
20. कनिंघम, *आर्कियोलॉजिकल सर्वे ऑफ़ इंडिया*, पृष्ठ 122-3
21. कनिंघम, पूर्वोक्त, पृष्ठ 113-14
22. एडवर्ड थॉमस, 'नोट ऑफ़ द प्रेसेंट स्टेट ऑफ़ द एक्स्केवेषन्स एट सारनाथ', *जर्नल ऑफ़ एशियाटिक सोसाइटी ऑफ़ बंगाल*, खण्ड XXIII, कलकत्ता : एशियाटिक सोसाइटी ऑफ़ बंगाल, 1855, पृष्ठ 471
23. कनिंघम, *आर्कियोलॉजिकल सर्वे ऑफ़ इंडिया*, पृष्ठ 119
24. सुरेश भाटिया, *सारनाथ, वाराणसी और कौशाम्बी : ए पिल्ग्रिम्स गाइडबुक*, वाराणसी : इंडिका, 2008, पृष्ठ 46

25. मजूमदार, *अ गाइड टू सारनाथ,* पृष्ठ 38

26. नारायण, *जोनाथन डंकन एंड वाराणसी,* पृष्ठ 173

27. कनिंघम, *आर्कियोलॉजिकल सर्वे ऑफ़ इंडिया,* पृष्ठ 106, 118-19

28. कनिंघम, पूर्वोक्त, पृष्ठ 123

29. शेरिंग, *बनारस,* पृष्ठ 235

30. शेरिंग, पूर्वोक्त, पृष्ठ 25

31. शेरिंग, पूर्वोक्त, पृष्ठ 260

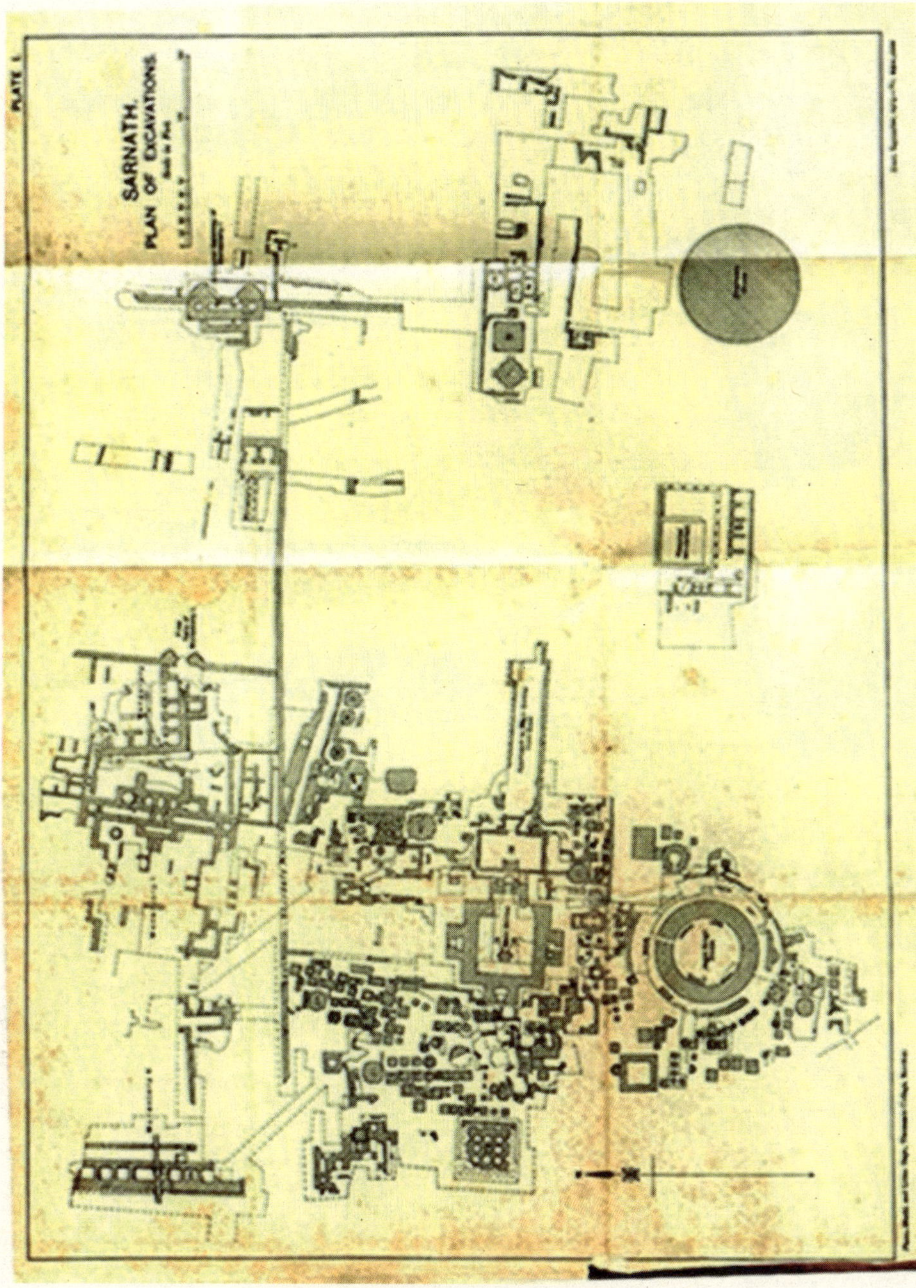

प्लेट 3.1 : सारनाथ का पुरातात्विक स्थल

(साहनी 1926 के आधार पर)

मन्दिर के द्वार का शिलालेख, 1792

॥श्री॥

श्रीमद्गौतमवंशभूषणयशोराजात्मज सद्गुणो
वीरश्रीबलिवंदसिंह-नृपतेर्यो पितृव्यात्मज।
बाबूश्रीशिवलालसिंह इति तत्सूनुर्गुणज्ञाग्रणी-
र्वंशे स्वेऽनुपमश्च सपति जगत्सिंह सतुष्टेन
ते॥१

भक्त्या तुष्टेन धाम्नो रघुकुलतिलकेनैव सम्प्रेरित
मन
प्रत्यग्वाराणसीतो नवनगर चित्रकूटाख्यधाम्नि।
रम्य सर्वर्द्ध्युपेतं त्रिदशपतिपुरस्पर्द्धि मत्तेभवाजि-
व्रातोपेतैः सुहट्टैरुपलसितजगत्गंजसज्ञ विधाय॥२

तत्रैवाष्टसमुद्रनागकु१८४८मिते सवत्सरे दुन्दुभौ
मासे फाल्गुनिके सिते कथितिथौ भानोर्दिनेऽगो
वृषे।
प्रासादेषु चतुर्षु शम्भुदिशि सस्थाप्यदेवेश पुर
शभु स्वीयपितुर्यथोदित फलप्राप्त्यै
शिवेशविधिम॥३

आग्नेय्या द्युमणि शिव स्वजननी याम्या शुभेश
ततो नैऋत्यागणप द्वितीयजननीहस्तेन देव शिव
वायव्या निजवक्त्रभा करयुगेनैवान्नपूर्णा पुर
शभु चापि निवेश्य सर्वपुरत श्रीनन्दिकेशानपि॥४

प्रासादे रुचिरे तदन्तरगते सस्थाप्य सर्वोन्नते
मध्ये श्रीजगदीश्वर रघुपति सौमित्रि सीतायुतम्।
वामे भैरवमेकदन्तमपरो कृत्वाग्रतो मारुतिं।
साराम शुभरामसागरममु स्वीय
समुत्सृष्टवान॥५

चतुर्भि कुलकम॥
दैवज्ञ सार्वभौमश्रीरंगनाथात्मजन्मने
बालकृष्णाभिधस्येय निर्मितिः कृततात शिवम॥
लिपिरिय च द्विवेदी श्रीकाशीनाथस्य॥

॥श्री॥

श्री गौतमवंश के भूषण यशस्वी राजा के सद्गुणी वीर पुत्र, श्रीमान बलिवन्दय सिंह जी के चाचा के पुत्र बाबू श्री शिवलाल सिंह जी थे उनके पुत्र जो गुणज्ञों (गुणवानों) में अग्रणी अपने वंश में अद्वितीय वर्तमान में जगत सिंह नाम से प्रसिद्ध है।1

उनकी भक्ति से सन्तुष्ट रघुकुल तिलक (भगवान राम) से प्रेरित होकर वाराणसी से पश्चिम चित्रकूट धाम में सुन्दर वैभवशाली, इन्द्रलोक से स्पर्धा करने वाले, उन्मत्त हाथियों घोड़ों के समूहों तथा सुन्दर बाजारों से युक्त जगतगंज नामक नवीन नगरको बसाया। 2

वहीं पर सवत् १८४८ में दुन्दुभि नाम सवत्सर, फाल्गुन मास, शुक्ल पक्ष पंचमी तिथि रविवार (२६-०२-१७९२), को वृष लग्न में चार प्रासादो(मन्दिरो) में ईशान कोण में लक्ष्मीपति भगवान विष्णु की स्थापना, इनके सम्मुख अपने पिता द्वारा बताये गये फल प्राप्ति के लिए पार्वतीपति भगवान शभु की स्थापना की।3

अग्निकोण में भगवान सूर्य की एव दक्षिण में शिव की तदनन्तर नैऋत्य कोण में मंगलकारी गणपति की स्थापना अपनी माता के हाथों से करवाई। वायव्य कोण में द्वितीय माता ने अपने दोनों हाथो सेअपनी मुख की आभासे युक्त अन्नपूर्णा एव उनके सम्मुख शिव को स्थापित कर सबके सम्मुख नन्दिकेश्वर की स्थापना की।4

सुन्दर प्रासाद (मन्दिर) के अन्दर मध्य में सबसे ऊँचाई पर जगदीश्वर रघुपति भगवान राम,लक्ष्मण और सीता को स्थापित किया। वाम भाग में भैरव तथा दक्षिण (दाहिने) भाग में एकदन्त (गणपति) तथा उनके आगे मारुति (हनुमान) जी की स्थापना की। बगीचे के साथ मंगलकारी इस रामसागर (तालाब) का निर्माण किया।5

इस प्रकार चारो देवालय है।
दैवज्ञ सार्वभौम श्रीरंगनाथ के पुत्र बालकृष्ण द्वारा ये रचना की गई है। यहं लिपि काशीनाथ द्विवेदी की है। (अर्थात काशीनाथ द्विवेदी द्वारा लिखा गया है।)

शिलालेख का मूल पाठ तथा हिन्दी अनुवाद
प्लेट 3.2 : जगतगंज मन्दिर के द्वार पर स्थापित पत्थर पट्टिका © जगतगंज परिवार संग्रह

प्लेट 3.4 : धर्मराजिका स्तूपा (जगत सिंह स्तूपा), 2022

4

राज का उत्तराधिकार : दावेदार, तकरार, भटकाव

राजा बलवन्त सिंह का देहान्त 23 अगस्त 1770 को हुआ। इसके साथ ही बनारस की गद्दी पर किसका उत्तराधिकार हो इस पर विवाद आरम्भ हो गया। बलवन्त सिंह पर अध्याय 2 में चर्चा की जा चुकी है।

मंसाराम के परिवार की तारीख़, ख़ैर-उद्दीन मुहम्मद की लिखी *'तोहफ़ा-ए-ताज़ा'*, जिसे ग़लती से *'बलवन्तनामा'* भी कहा जाता है, में बारीकी से दर्ज हुई है। यह लेखक अपनी विनम्रता जगज़ाहिर करने के लिए अपने नाम में *'फ़क़ीर'* उपसर्ग लगाया करते थे। *तोहफ़ा-ए-ताज़ा* इस परिवार के इतिहास पर सबसे महत्त्वपूर्ण प्राथमिक स्रोतों में से एक है और 1781 तक की तारीख़ इसमें मिलती है। वैसे तो इसे पाँच अध्यायों में 1799 तक लिखे जाने का इरादा था, लेकिन राजा चेत सिंह की मृत्यु के बाद इसे तीसरे अध्याय पर रोक दिया गया। इस कृति की फ़ारसी पाण्डुलिपि ख़ुदा बख्श ओरिएंटल पब्लिक लाइब्रेरी, पटना में *तोहफ़ा-ए-ताज़ा* के नाम से उपलब्ध है। उस समय की सभी महत्त्वपूर्ण और प्रामाणिक फ़ारसी कृतियों की तरह यह भी एक अंग्रेज़ की प्रेरणा से अस्तित्व में आई। ख़ैर-उद्दीन (1751-1827) ने इसकी प्रस्तावना में स्पष्ट स्वीकारा है कि यह कृति अब्राहम वेलैंड की सलाह पर लिखी गयी थी, जो उनकी जौनपुर यात्रा के दौरान साथ थे। पहला अध्याय राजा मंसाराम और उनके पिता और भाइयों की उत्पत्ति और जन्मस्थान से सम्बन्धित है। इसके हवाले से मालूम होता है कि कैसे मंसाराम ने राजवंश की स्थापना की और मीर रुस्तम अली की बर्ख़ास्तगी के बाद बनारस की ज़मींदारी पर क़ब्ज़ा किया। दूसरा अध्याय राजा बलवन्त सिंह के कार्यकाल और उसमें घटी घटनाओं से सम्बन्धित है। इसमें घटनाओं को सालाना और सिलसिलेवार तरीक़े से रखा गया है। यह हमें ईस्ट इंडिया कम्पनी और अवध के नवाबों के साथ राजा के सम्बन्धों का विस्तृत विवरण प्रदान करता है। तीसरा अध्याय 1184 हिजरी (27 अप्रैल 1770 से आरम्भ) में राजा चेत सिंह के

सत्ता में प्रवेश, रामनगर में नवाब शुजा-उद्दौला के आगमन और उनके द्वारा चेत सिंह के उत्तराधिकार की पुष्टि से सम्बन्धित है परन्तु 1770 की इस घटना का वर्णन इस पुस्तक में तथ्यात्मक नहीं है। यह अध्याय 1770 से 1781 तक राजा चेत सिंह के राज्यारोहण की पूरी अवधि पर प्रकाश डालता है और वारेन हेस्टिंग्स के चुनार अभियान के साथ समाप्त होता है। यह अवध के नवाब और ईस्ट इंडिया कम्पनी दोनों को अपने पक्ष में मनाकर चेत सिंह की गद्दीनशीनी में औसान सिंह की महत्त्वपूर्ण भूमिका का विस्तृत विवरण प्रदान करता है। बाक़ी दो अध्यायों में राजा महीपनारायण सिंह और उनके उत्तराधिकारी राजा उदितनारायण सिंह पर लिखने की योजना थी, लेकिन ऐसा हो न सका। यह कृति जिस तरह से *बलवन्तनामा* और *तोहफ़ा-ए-ताज़ा* शीर्षक से सामने आयी इससे पता चलता है कि ख़ैर-उद्दीन नयी किताब में दो अध्यायों को लिखने का इरादा रखते थे। इन दोनों किताबों का तुलनात्मक अध्ययन अभी तक नहीं किया गया है, ताकि यह पता लगाया जा सके कि ये एक-दूसरे से किस हद तक अलग हैं। हेनरी ब्लॉकमैन ने ठीक ही लिखा कि 'ख़ैर-उद्दीन मुहम्मद की बलवन्तनामा एक मूल्यवान कृति है। इसमें बनारस के नाज़िमों और राजाओं का इतिहास शामिल है और यह वारेन हेस्टिंग्स के समय और कार्यकाल पर दिलचस्प क़िस्सों से पटा है।[1] *तोहफ़ा-ए-ताज़ा ऑफ़ फ़कीर ख़ैर-उद्दीन एंड मिनट्स ऑफ़ चार्जेज ऑफ़ वारेन हेस्टिंग्स*[2] की प्रस्तावना में इशरत हुसैन अंसारी और हामिद आफ़ाक़ क़ुरेशी (अलतेमी अलसिद्दीक़ी) ने ग़ौर किया है कि 'ख़ैर-उद्दीन को एक बहुत ही खरा और उच्च श्रेणी का इतिहासकार माना जाता है, लेकिन यह दावा कई मामलों में ग़लत साबित होता है।' जैसे कि जगतगंज राजपरिवार को लेकर उनसे हुई चूक और ग़लतियों पर इस किताब में चर्चा हुई है। फिर भी उनकी इस मैदान में उस्तादी को देखते हुए सुब्हान अली ख़ान[3] की किताब *बलवन्तनामा* की *तोहफ़ा-ए-ताज़ा* के साथ जुगलबन्दी करने पर यह ज्ञान होता है कि यह कोरी गपों से भरी पड़ी है। ध्यान रहे कि यहाँ वर्णित *बलवन्तनामा* को *तारीख़-ए-बनारस*[4] का नाम भी हासिल है और पटना की ख़ुदा बख़्श लाइब्रेरी में यह इसी नाम से मौजूद है।

दावा और दावेदार

मंसाराम और उनके तीन छोटे भाइयों–दसाराम, मायाराम व दयाराम और दसाराम के पुत्रों के बारे में विभिन्न स्रोतों और शजरों से आवश्यक विवरण पहले ही अध्याय 2 में दिये जा चुके हैं। यहाँ इतना ही उल्लेखित करना पर्याप्त होगा कि बाबू जगत सिंह शिवलाल सिंह के चौथे पुत्र और दसाराम के पोते थे और उस समय शिवपुर और कटेहर परगने का प्रशासन सँभालते थे।[5]

मंसाराम के तीसरे भाई मायाराम के एकलौते पुत्र का नाम सरनाम सिंह था। उनके बैरी मंसूबों से तंग आकर राजा बलवन्त सिंह ने उनके ख़िलाफ़ एक सेना भेजी थी, लेकिन वह बंगाल भाग गये थे। हमेशा अपने अधीनस्थ राज्यों के मामलों में हस्तक्षेप करने की फ़िराक़ में रहने वाले अंग्रेज़ों ने प्रसन्नता से सरनाम सिंह को शरण दे दी थी, फिर उन्होंने कुछ समय बाद सरनाम सिंह को ग़ाज़ीपुर में बसने की अनुमति दे दी। उन्होंने अपने पुत्रों दुर्गविजय सिंह और जगरदेव सिंह को राजा के पास भेजा। नतीजा अच्छा निकला। उनके भरण-पोषण के लिए उन्हें शादियाबाद और ज़ाफराबाद के परगने दिये गये। राजा चेत सिंह के काल में भी इन परगनाओं पर उनका नियन्त्रण बना रहा। राजा उदितनारायण सिंह के समय नायब के रूप में थोड़े समय के कार्यकाल के बाद जगरदेव सिंह की मृत्यु हो गयी। दुर्गविजय सिंह अपने पीछे एक पुत्र रूप सिंह को छोड़कर चल बसे, जो बाबू जगत सिंह के ख़िलाफ़ विरोधी गतिविधियों में प्रमुख रूप से शामिल रहे। इसकी चर्चा अध्याय 2 में हो चुकी है। दयाराम के एक ही पुत्र थे जिनका नाम मेहरबान सिंह था। वे राजा चेत सिंह के शासनकाल के दौरान चल बसे और उनका वंश उनके पाँच पुत्रों से आगे बढ़ा जिनके नाम मनयार सिंह, निहाल सिंह, शिवंबर सिंह, शिवनारायण सिंह और कलन्दर सिंह हैं। मनयार सिंह राजा बलवन्त सिंह के बहुत क़रीबी रहे और उनके दत्तक पुत्र थे। बचपन से ही उनकी पढ़ाई और प्रशिक्षण का ध्यान राजा ने स्वयं रखा था। राजा चेत सिंह के बनारस से भागने के बाद लतीफ़पुर में मनयार सिंह की मृत्यु हो गयी। नंकू सिंह, प्रताप सिंह और आसमान सिंह उनके पुत्र थे।[6]

मंसाराम को अपनी ज़मींदारी में तेज़ी से हुए विस्तार के कारण कुछ ज़मींदारों की चुनौतियों का सामना करना पड़ा। कोटे इस्लाहा के ज़मींदार बरियार सिंह उनमें से एक थे। इस चुनौती से निबटने के लिए मंसाराम ने वैवाहिक गठबन्धन का सहारा लिया जो तब विरोधियों पर जीत हासिल करने की एक मान्य रणनीति थी। बरयार सिंह इस गठबन्धन के लिए सहमत हुए और उन्होंने अपनी बेटी रानी गुलाब कुँवर की शादी राजा बलवन्त सिंह से कर दी। इस विवाह में जन्मी बेटी की शादी हाजीपुर के सरिसा परगना के ज़मींदार दुर्गबिजय सिंह से हुई थी। उनके दो बेटे थे–राजा महीपनारायण और छोटू बाबू। राजा महीपनारायण के पुत्र राजा उदितनारायण थे जो 14 साल की उम्र में अपने पिता के उत्तराधिकारी बने। उत्तराधिकारी के रूप में एक पुत्र को जन्म देने के लिए राजा बलवन्त सिंह ने कुछ और शादियाँ कीं लेकिन बात नहीं बनी। उनकी पाँचवीं पत्नी एक चंदेल राजपूत की बेटी थी जो विजयगढ़ के ज़मींदार थे। इस विवाह से उनके दो बेटे हुए थे–राजा चेत सिंह और सुजान सिंह।[7]

अपनी भूमिहार पत्नी रानी गुलाब कुँवर से राजा बलवन्त सिंह को कोई वारिस नहीं मिला। इस कारण बनारस की गद्दी के कई दावेदार हो गये :

- महीपनारायण, जो राजा बलवन्त सिंह और रानी गुलाब कुँवर की बेटी के पुत्र थे।
- राजा चेत सिंह, जो राजा बलवन्त सिंह और उनकी राजपूत रानी पन्ना कुँवर के पुत्र थे।
- मनयार सिंह, जो राजा बलवन्त सिंह के दत्तक पुत्र और उनके भतीजे थे।[8]
- जगत सिंह, जो राजा बलवन्त सिंह के भतीजे और दसाराम के पौत्र थे। राजा बलवन्त सिंह का कोई वारिस न होने की स्थिति में उनके सबसे बड़े भतीजे होने के नाते जगत सिंह गद्दी के अगले हक़दार थे।

चर्चा आगे बढ़ाने से पहले पाठक यह ध्यान रखें कि बाबू औसान सिंह गौतम भूमिहार थे और जब बलवन्त सिंह गंगापुर के क़िले का निर्माण करवा रहे थे तब वे वहाँ मज़दूर का काम करते थे। औसान सिंह को जानने के बाद बलवन्त सिंह ने अपनी माँ से उनकी सिफ़ारिश की, क्योंकि वह एक गौतम थे। माँ ने औसान सिंह को अपनी सेवा में रख लिया और अपने महल का अधिकारी बना दिया। बाद में बलवन्त सिंह ने उन्हें रामनगर क़िले का कोतवाल बनाया। जब माँ को अपनी अलग जायदाद मिली तो उन्होंने औसान सिंह को उसका प्रबन्धक बना दिया। इसके अलावा चेत सिंह की शिक्षा भी उनकी देखरेख में हुई। इस रिश्ते के कारण उनका उनसे लगाव था।[9]

राजा बलवन्त सिंह ढलती उम्र में लम्बे समय तक बीमार रहे। ख़ैर-उद्दीन मुहम्मद लिखते हैं : चूँकि अब 'मौत नज़दीक थी' बलवन्त सिंह ने *उत्तराधिकारी नियुक्त करने के बारे में सोचना शुरू किया। उनकी इच्छा थी कि बाबू मनयार सिंह के नाम की औपचारिक घोषणा कर दी जाये लेकिन उसके पहले ही रानी गुलाब कुँवर ने हंगामा बरपा कर दिया कि राज्यारोहण के सच्चे अधिकारी बाबू महीपनारायण ही हैं। वैसे तो तब महीपनारायण की उम्र बहुत कम थी इस नाते यह सलाह दी गयी की प्रौढ़ होने तक उनके पिता बाबू दुर्गविजय सिंह उनके निगहबान होंगे। लेकिन बलवन्त सिंह के इर्दगिर्द रहने वालों में बाबू औसान सिंह का रुतबा सबसे अधिक था और उन्होंने अपनी बात मनवा ली। उन्होंने बलवन्त सिंह को सुझाव दिया कि चेत सिंह राजा के पुत्र हैं और उनकी मौजूदगी में न ही किसी भतीजे और न ही पोते को उत्तराधिकारी बनने का अधिकार है।*[10]

स्पष्ट है कि औसान सिंह के तर्क प्रबल हुए क्योंकि बलवन्त सिंह ने गवर्नर जनरल को एक पत्र भेजा। यह 6 अगस्त 1770 को कलकत्ता में प्राप्त हुआ और इसमें निम्नलिखित बातें कही गयीं :

वह अंग्रेज़ों के प्रति अपनी निष्ठा और लगाव में दृढ़ हैं और बनारस के उनके शासन को अंग्रेज़ों की देन मानते हैं। पिछले दो महीनों से बीमारी से उन्होंने बहुत कष्ट झेला लेकिन अब उनका स्वास्थ्य ठीक हो गया है। उनके पुत्र चेत सिंह

अब परिपक्व हैं और राज्य के मामलों का निबटारा कर सकते हैं। अनुरोध है कि गवर्नर जो विश्वास उनमें रखते आये हैं वह अब उनके पुत्र को भी मिले, ताकि वह स्वयं को अंग्रेज़ों की सेवा में समर्पित कर सके। ऐसा करने से बलवन्त सिंह कम्पनी की समृद्धि के लिए आजीवन प्रार्थना करते हुए बनारस में सेवानिवृत्त जीवन व्यतीत कर पायेंगे। विशेष रूप से गवर्नर से निवेदन है कि विवरण के लिए शेख़ अली नक़ी से सम्पर्क करें जो शीघ्र कलकत्ते में महामहिम से मिलने आयेंगे।

इस प्रकार राजा बलवन्त सिंह ने उत्तराधिकार के मुद्दे पर न केवल एक निश्चित निर्णय ले लिया बल्कि कलकत्ता दूत भेजकर यह भी सुनिश्चित किया कि यह निर्णय आधिकारिक हो जाये।[11]

औपनिवेशिक उत्तराधिकार नीति की उठापटक

जब राजा बलवन्त सिंह के पारिवारिक हलक़ों में उत्तराधिकार के मुद्दे उलझ और सुलझ रहे थे, अंग्रेज़ निष्क्रिय नहीं बैठे थे। उन्होंने इस मामले में पहले ही अपना मन पक्का कर लिया था जैसा कि बाद में कोर्ट ऑफ़ डायरेक्टर्स को लिखे उनके पत्र में स्पष्ट होता है–'यह लाज़मी है कि बनारस की ज़मींदारी को परिवार में जारी रखा जाना चाहिए, लेकिन वज़ीर के साथ इस ज़रूरी मुद्दे पर सहमति होनी चाहिए।[12] फोर्ट विलियम के अधिकारी ऐसी किसी घटना का शिकार नहीं होना चाहते थे और उन्होंने जनवरी 1769 की शुरुआत में कोर्ट ऑफ़ डायरेक्टर्स को बनारस की ज़मींदारी लेने का प्रस्ताव दिया, लेकिन वे इस पर सहमति नहीं पा सके।[13] इस तरह उन्हें अब कई दाँव बदलने पड़े क्योंकि बलवन्त सिंह के आख़िरी पत्र ने बनारस की गद्दी के अन्य सभी दावेदारों को दरकिनार कर दिया। नवाब शुजा-उद्दौला की नीति हमेशा धन और लाभ से सन्तुष्ट रहने की रही थी और जब वह अन्ततः इस सम्बन्ध में सहमत हुए तो किसी नयी भूमिका की आवश्यकता नहीं पड़ी। दरअसल अंग्रेज़ों की तरह ही बलवन्त सिंह को भी अवध के नवाब द्वारा चेत सिंह को बनारस की गद्दी पर बैठाने की उनकी योजना में बाधा आने की आशंका थी। आख़िरकार नवाब ही उनके अधिपति थे। इसलिए बलवन्त सिंह ने सैयद नूर-उल-हसन से सम्पर्क किया जो नवाब शुजा-उद्दौला के लिए सज़ावल का काम करते थे। उन्होंने नवाब की ओर से ज़रूरी समझौतों को निबटाने वाले मुहम्मद एलिच खान से भेंट की और उन्हें बलवन्त सिंह की ओर से नज़राना पेश किया।[14] इसके पश्चात ख़ैर-उद्दीन ने जो कुछ लिखा है वह ग़लत है। सही विवरण परिशिष्ट-3 में देखें।[15]

इस तरह चेत सिंह का राज्यारोहण बाबू औसान सिंह द्वारा उनकी वकालत करने के कारण हुआ और राजा बलवन्त सिंह ने इस ओर एक बार जब अपना मन पक्का कर लिया था तो उन्होंने इसे अन्जाम तक ले जाने के लिए पक्के इन्तज़ाम किये।

इस तरह उन्होंने स्वयं ही पुरुष वंशजों में से अन्य लोगों के दावों को दरकिनार कर दिया। इन सभी बातों को ध्यान में रखते हुए यह स्पष्ट है कि पारिवारिक परम्परा को जीवित रखने के लिए मनयार सिंह वल्द मेहरबान सिंह वल्द दयाराम, जिन्हें विधिवत गोद लिया गया था, उनका चयन बेहतर विकल्प था। भले ही उन्होंने मनयार सिंह को नज़रअन्दाज किया फिर भी उनके पास जगत सिंह के रूप में भी एक अन्य बेहतर विकल्प था क्योंकि 'जातीय और सामूहिक परम्पराओं के अनुसार वह दसाराम की अगली नर पीढ़ी की ओर वापस आते जिसका प्रतिनिधित्व कुँवर जगत सिंह करते थे।'[16]

हालाँकि, निम्न तर्क,

'वह गुमनामी में डूब गया होता इस सिद्धान्त की स्वीकृति के बाद कि यदि सर्वोपरि सरकार पदच्युत कर सकती है, तो वह चुनाव भी कर सकती है; लेकिन दुर्भाग्य से महीपनारायण ने कुँवर जगत सिंह की अधिक लोकप्रियता से ईर्ष्या करते हुए वज़ीर अली के विद्रोह में उन्हें फंसाने की पुरज़ोर कोशिश की और उस समय कामयाब भी रहे।[17]

अमान्य है, क्योंकि यह स्पष्ट है कि बाबू जगत सिंह हमेशा सशस्त्र संघर्ष के माध्यम से अंग्रेज़ों को भारत से बाहर निकालने के बारे में सोचते रहते थे और इस सम्बन्ध में उन्होंने अपनी इच्छाओं को कैसे पूर्ण किया यह आने वाले अध्यायों में विस्तार से बताया जायेगा।

अंग्रेज़ों ने यह तर्क देकर इस स्थिति को मंजूरी दे दी कि 1765 की सन्धि के अनुसार, जिसने राजा बलवन्त सिंह की बनारस की ज़मींदारी में निरन्तरता सुनिश्चित की थी, 'यह सच है कि उन्होंने इसमें न तो चेत सिंह को नाम द्वारा या बलवन्त सिंह का परिवार द्वारा का उल्लेख नहीं किया है। लेकिन प्रशासन में मेरे पूर्ववर्ती और उनसे परे कम्पनी दोनों ने निश्चित रूप से बलवन्त सिंह के पूरे परिवार और भावी पीढ़ी को इसमें शामिल समझा था।'[18] इस प्रकार भतीजे या अन्य पुरुष वंशीय दावेदार उस समय उनके लिए महत्त्वपूर्ण नहीं थे और ना वे फ़िर दोबारा हो सकते थे जब जगत सिंह, रूप सिंह और लखन सिंह ने अपने दावों को पेश किया।

इस तरह अंग्रेज़ों के फ़ैसले को 8 सितम्बर 1770 को प्राप्त हुए चेत सिंह के पत्र से बल मिला, जिसमें उन्होंने राजा बलवन्त सिंह की मृत्यु की सूचना देते हुए अंग्रेज़ अधिकारियों से पक्षधरता और सुरक्षा की याचना की थी।[19] अंग्रेज़ चेत सिंह पर शासन करने के प्रति आशान्वित हो गये जैसा कि उनके लिए अनुकूल था और उन्होंने राजा बलवन्त सिंह की जातीय परम्पराओं और रीति-रिवाज़ों के बारे में बिल्कुल नहीं सोचा। परिणामस्वरूप, अगले क़दम में अवध के नवाब ने 22 नवम्बर 1770 को चेत सिंह

के नाम पर पट्टा जारी कर दिया, जिसके अन्तर्गत उन्हें बराबर किश्तों में 22,48,449 रुपये का वार्षिक राजस्व बनारस तथा संवत रुपये में भरना था।[20] चूँकि इससे राजा द्वारा अतिरिक्त भुगतान सुनिश्चित हो गया, अवध के नवाब ने इसे स्वीकार कर लिया।

ख़ैर-उद्दीन मुहम्मद के मुताबिक़, 'रानी गुलाब कुँवर और बाबू मनयार सिंह ने अपने दावों को नहीं छोड़ा, लेकिन जैसे ही उन्हें ज्ञात हुआ कि बाबू औसान सिंह इस स्थिति का मालिक है और चेत सिंह को नवाब शुजा-उद्दौला और अंग्रेज़ों का साथ मिल चुका है' उन्होंने अपने दावे छोड़ दिए और चुप्पी साध ली।[21]

चेत सिंह की ज़मींदारी में औसान सिंह को उनकी वफ़ादारी का इनाम मिला और उन्हें नायब बनाया गया। वह अब अपनी शक्ति की चरम सीमा पर थे। अन्य बाबू उनकी शक्ति से डर गये और उनके सामने झुक गये, लेकिन मनयार सिंह ने उसके सामने झुकने से इनकार कर दिया। इसलिए औसान सिंह ने चेत सिंह के कान भरना शुरू किया कि बलवन्त सिंह के सभी रिश्तेदार और जाति-साथी उन्हें घृणा की दृष्टि से देखते हैं। उन सभी को अपने बराबर लाने के लिए, उन्हें उनसे अपने साथ भोजन करने के लिए कहना चाहिए। इसकी शुरुआत करने के लिए सबसे पहले बाबू मनयार सिंह को चुना गया, क्योंकि वह निकटतम रिश्तेदार थे। जल्द ही उन्हें औसान सिंह का खेल समझ में आ गया और वे रामनगर से बनारस भाग गये। वहाँ भी सुरक्षित न होने पर वह इलाहाबाद चले गये और औसान सिंह ने 1186 हिजरी (4 अप्रैल 1772 से आरम्भ) में उनकी सारी सम्पत्ति ज़ब्त कर ली।[22]

1187 हिजरी (25 मार्च 1773 से आरम्भ) में चेत सिंह के छोटे भाई बाबू सुजान सिंह की पत्नी की मृत्यु हो गयी। चेत सिंह ने सभी को अन्तिम संस्कार की दावत में आमन्त्रित किया ताकि जब वह उन्हें खाने के लिए आमन्त्रित करें तो उन्हें कोई मना न कर सके। जगरदेव सिंह, जगत सिंह, जालिम सिंह, प्रताप रुद्र सिंह और कई अन्य लोग आये, लेकिन औसान सिंह ने सिरदर्द के बहाने ख़ुद को वहाँ से दूर कर लिया और जल्द ही इलाहाबाद भाग गये। इसके बाद वे शुजा-उद्दौला के दरबार में गये और उनकी ही ख़िदमत में लग गये।[23] मनयार सिंह अपनी सुरक्षा को लेकर सन्तुष्ट नहीं थे और उन्होंने एक व्यक्ति के साथ समझौता किया कि अगर वह चेत सिंह की हत्या कर डाले तो वे उसे 10,000 रुपये और दो गाँव का इनाम देंगे। जब इस साज़िश का पर्दाफ़ाश हुआ तो वह भाग निकले।[24] हेस्टिंग्स ने राजा को आश्वासन दिया कि मनयार सिंह राजा के ख़िलाफ़ साज़िश रचते हुए ख़ुद के नाश की कथा बुन रहे थे और साथ ही राजा को कम्पनी के समर्थन का आश्वासन दिया कि वह यह नहीं सोचे कि अंग्रेज़ मनयार सिंह के आचरण को बर्दाश्त करेंगे।[25] इससे प्रोत्साहित होकर राजा चेत सिंह ने दोनों को लखनऊ से निकाला देने के लिए पत्र भेजा। इस तरह चारों ओर से

घिरने पर मनयार सिंह ने अधीनता की पेशकश की और चेत सिंह ने उन्हें और औसान सिंह को रामनगर बुलाने के लिए पत्र भेजा। मनयार सिंह वापस चले आये और राजा की कृपा से अभिभूत हुए लेकिन औसान सिंह ने उन पर भरोसा नहीं किया और वह मुर्शिदाबाद चले गये।[26]

रेज़ीडेंट रॉबर्ट ग्राहम जिस तरह की रिपोर्ट बनारस से कलकत्ता भेज रहे थे उसकी चर्चा अध्याय 2 में की जा चुकी है। रिपोर्ट में क़िलों की मरम्मत, भण्डार प्रावधान, बारूद उत्पादन के आदेश, सेना का जुटान, और रात में असलहा बारूद और सेना की आवाज़ाही जैसे संवेदनशील मुद्दों पर तफ़सील से लिखा गया था।[27] इसकी भी चर्चा है कि कैसे अंग्रेज़ों ने औसान सिंह जैसे राजा चेत सिंह के दुश्मनों को प्रोत्साहित करने और उन्हें ज़मींदारी के क्षेत्र में रखने की नीति अपनायी थी।[28] वारेन हेस्टिंग्स ने एक क़दम आगे बढ़कर उन सभी ज़मींदारों को भी बहाल कर दिया जिन्हें राजा बलवन्त सिंह ने बेदख़ल कर दिया था। यह तब हुआ जबकि काउंसिल का निर्णय था कि जहाँ भी बेदख़ली 1 जुलाई 1775 से पहले हुई थी वहाँ ऐसे किन्हीं दावों को मान्यता नहीं दी जायेगी। ग़ौरतलब है कि इसी तारीख़ को बनारस कम्पनी को सौंप दी गयी थी।[29] धूर्त और मौक़ापरस्त गवर्नर जनरल ज़मींदारी के इर्दगिर्द अपने मनचाहे लोगों का घेरा डाल रहा था।

यदि राजा बलवन्त सिंह ने परिवार के वंशजों के रास्ते में बाँधाएँ पैदा कीं, तो राजा चेत सिंह ने उन सभी को जो स्वयं को राजा बलवन्त सिंह की विरासत का असली दावेदार मानते थे, साथ लेकर वस्तुस्थिति को और अधिक जटिल बना दिया था। बनारस से चुनार भागने में चेत सिंह अपने भाई सुजान सिंह, मनयार सिंह, रानी गुलाब कुँवर, दुर्गबिजय सिंह और उनके दो बेटों महीपनारायण और छोटू बाबू को अपने साथ ले गये थे।[30] हालाँकि जब वह लतीफ़पुर की ओर बढ़े तो रानी गुलाब कुँवर उनके दामाद दुर्गविजय सिंह और उनके दो बेटे महीपनारायण और छोटू बाबू के साथ अलग हो गयीं। विद्रोह के अगले ही दिन 17 अगस्त की सुबह वे हेस्टिंग्स से मिलने गये और बाद में चुनार में उनके साथ शामिल हो गये।[31]

जब अंग्रेज़ों के अधीन होने के बाद बनारस की ज़मींदारी पर 12 जून 1775 को चर्चा हुई तो उल्लेखित किया गया कि जब तक 'राजा इन अनुबन्धों के प्रति निष्ठावान रहेंगे और सरकार के अधिकार का उचित पालन करेंगे; कम्पनी द्वारा उनसे आगे किसी भी प्रकार की माँग नहीं की जायेगी, न ही किसी भी व्यक्ति को राजा के अधिकारों में हस्तक्षेप करने या उनके शासन की शान्ति को भंग करने की अनुमति दी जायेगी।[32] कलकत्ता काउंसिल ने 5 जुलाई[33] को इस पर अपनी मुहर लगा दी। यह निर्णय हुआ कि बनारस के राजा को 'केवल अपनी पेशगी के भुगतान के बदले प्रभुत्व और स्वतन्त्र अधिकार' का प्रयोग करने देना चाहिए।[34]

अंग्रेज़ों ने शुरू में उचित व्यवहार किया लेकिन आमतौर पर वे अपनी बातों से पीछे हट गये और अपने पहले वादों से ख़ुद को दूर करने के लिए नये तरीक़े और साधन ढूँढ़ लिए। बनारस के मामले में भी ऐसा ही हुआ और बनारस की ज़मींदारी का शोषण करने के अलावा उन्होंने उसके राजा को उसकी ही राजधानी में अपमानित करने की कोशिश की। इसके कारण बनारस में एक स्वायत्त सशस्त्र विद्रोह हुआ और राजा चेत सिंह को पद से हटा दिया गया। जैसा कि वारेन हेस्टिंग्स स्वयं लिखते हैं, यह सब पूर्व नियोजित और पहले से तय हो चुकी कार्यवाही थी।[35]

> *बनारस लौटने पर उसका पहला काम राज के उत्तराधिकार और ज़मींदारी के निबटारे का था जो करने के लिए कम्पनी अधिकृत थी। राजपरिवार किसी भी तरह से चेत सिंह की सज़ा का भागीदार नहीं था बल्कि वे उन्हें अपने शत्रु की तरह देखते हैं; एक ऐसे व्यक्ति की तरह जिसने उत्तराधिकार के उनके क़ानूनी अधिकारों को अपने लिए हड़प लिया था। अतः मैंने काउंसिल द्वारा प्रदत्त अपनी शक्तियों का प्रयोग करके राजा बलवन्त सिंह के वंशागत उत्तराधिकारी महीपनारायण को राज सौंप दिया।*

एक कमज़ोर और आज्ञाकारी राजा का अनुभव अंग्रेज़ों के लिए कारगर सिद्ध हुआ था और आश्चर्य नहीं कि उन्होंने फिर से वैसा ही चुनाव किया था। जगत सिंह के बारे में अभी तक जो जानकारी दी गयी है उससे पाठकों को यह अन्दाज़ा हो चुका होगा कि अंग्रेज़ एक ऊर्जावान, सक्रिय, प्रभावशाली और लोकप्रिय विकल्प के साथ जाने का जोख़िम नहीं उठा सकते थे और बनारस में बाबू जगत सिंह का जैसा सम्मान और प्रसिद्धि थी वे अंग्रेज़ों के लिए एक स्पष्ट ख़तरा थे।[36] मेकॉले ने उचित ही लिखा है कि 'प्रत्येक विवाद में, तदनुसार, उन्होंने उस दलील का सहारा लिया जो उनके तात्कालिक उद्देश्य के अनुकूल थी। यह उन्होंने विचारों की स्थिरता को दरकिनार करके किया। इस प्रकार वह कदाचित ही कभी अपने कृत्यों के औचित्य को सिद्ध करने में असफल रहे'।[37]

उत्तराधिकार का भटकाव : झगड़ों का इस्तेमाल करना

एक तत्कालीन अख़बार द *इंग्लिशमैन* से मामले पर यह प्रकाश पड़ता है : 'यह कृत्य (चेत सिंह का गद्दी से उतारा जाना) उस घटना को हलके से उजागर करता है जिसने उत्तराधिकार के सवाल में फ़ेरबदल किया और जिसके बाद ही उत्तराधिकार राजा बलवन्त सिंह की पुत्री के पुत्र को प्राप्त हुआ।[38] पूरे मामले में अजीब बात यह है कि महीपनारायण का चयन पहले ही विस्तार में बताये जा चुके कारणों से किया जा रहा था। हालाँकि 1770 में राजा बलवन्त सिंह की मृत्यु के बाद यह स्पष्ट किया गया था कि उत्तराधिकार का अधिकार केवल पुरुष वंशजों से सम्बन्धित है और 'महिलाएँ

इससे बहिष्कृत रहेंगी'।[39] जैसे उस समय क़ानूनी उत्तराधिकारी के रूप में पुरुष वंशज मौजूद थे, वैसे ही वे इस समय भी मौजूद थे। उल्लेखनीय है कि आरम्भ में रानी गुलाब कुँवर के आग्रह के बावजूद राजा बलवन्त सिंह भी महीपनारायण को उनका उत्तराधिकारी नियुक्त किये जाने के पक्ष में नहीं थे।

बाबू जगत सिंह ने अपना दावा कभी नहीं छोड़ा। अक्टूबर 1793 से मार्च 1798 तक गवर्नर जनरल सर जॉन शोर[40] के कालक्रम में बाबू जगत सिंह के प्रतिनिधित्व और मुल्की राजकोष[41] से प्रति माह 1,000 रुपये की मासिक पेंशन के अनुदान की चर्चा अध्याय 2 में हो चुकी है। इस तरह उन्होंने न केवल बाबू जगत सिंह की दावेदारी को ख़ारिज कर दिया, बल्कि बनारस के राजा के साथ समझौता भी करवाया। इस प्रकार अंग्रेज़ राज्य पर पूर्ण नियन्त्रण रखना चाहते थे। राजा के वास्तविक प्रभुत्व को कम कर दिया गया और राजा अपने मूल अधिकारों को कभी नहीं पा सके। इसके परिणामस्वरूप व्यापक कलह पैदा होते रहे जिससे उनकी शक्ति क्षीण करने के लिए उनके ख़िलाफ़ मनगढ़न्त मामले बनाये गये। 1796 का तिलक राज का मामला इसका एक अच्छा उदाहरण है। 6 जून 1765 के न्यूयॉर्क गज़ट में एक दिलचस्प अंश छपा था :[42]

> *...अगर तब मातृभूमि और उपनिवेश के स्वार्थ एक नहीं हो सकें...अगर एक ही संविधान दोनों में लागू नहीं हो सके...अगर मातृभूमि के कल्याण का तात्पर्य उपनिवेशों में प्राकृतिक अधिकारों का हनन हो...उनके अपने क़ानून बनाने का अधिकार और अपनी सम्पत्ति और उत्तराधिकार के मामलों को ख़ुद के निबटारे के लिए स्वच्छन्द रहने का भाव; अगर ग्रेट ब्रिटेन और उसके उपनिवेशों के मध्य ऐसे अन्तर्विरोध रहें तो यह सम्बन्ध जल्दी ही समाप्त हो जाना चाहिए... और कभी न कभी यह टूटेगा ज़रूर और सम्भवतया इसके परिणामस्वरूप किसी एक का या कदाचित दोनों का विनाश हो जायेगा : अंग्रेज़ी सरकार बहुत देर तक अपने उपनिवेशों में ऐसे सिद्धान्तों को लेकर आगे नहीं बढ़ सकती जो उसकी आन्तरिक नीतियों और विधि का विलोम हैं बग़ैर अपने को उस दासता में खो जाने पर जो वे उपनिवेशों में व्याप्त करेंगें या वे इसको दूर फ़ेंकना न सीख जायें।*

अब हम बनारस के राजाओं के परिवार में दत्तक ग्रहण करने की परम्परा पर एक नज़र डाल लेते हैं। यह जानना काफ़ी दिलचस्प है कि इस तरह के गोद लेने का काम मूल रूप से दत्तक पिता के परिवार के सदस्यों के बीच किया जाता था। यह केवल राजा महीपनारायण सिंह के मामले में है कि गोद लेने की प्रक्रिया पुरुष के स्थान पर महिला वंश से की गयी थी। राजा बलवन्त सिंह ने अपने भतीजे मनयार सिंह को गोद लिया था। दूसरा मामला राजा उदितनारायण सिंह का था जिन्होंने अपने

भाई प्रसिद्ध नारायण के पुत्र ईश्वरी प्रसाद नारायण सिंह को गोद लिया था।[43] तीसरा मामला महाराजा ईश्वरी प्रसाद नारायण सिंह का है जिन्होंने अपने भाई नर नारायण के पुत्र महाराजा प्रभु नारायण सिंह को गोद लिया था।[44] बाद में महाराजा आदित्य नारायण सिंह ने 1934 में महाराजा विभूति नारायण सिंह को अपने पुत्र और उत्तराधिकारी के तौर पर गोद लिया था।[45] यह ऐसे हुआ कि महिला वंशज की ओर से उत्तराधिकारी के सामने आने से वंशानुक्रम में परिवर्तन आ गया और 'प्राकृतिक वंशजों' की शृंखला भी प्रभावित हुई।

अंग्रेज़ ऐसी किन्हीं परम्पराओं में विश्वास न रखकर केवल अपने हितों को साधने में रुचि रखते थे। इसलिए उन्होंने ऐसे दावों का समर्थन किया। ओल्डहम ने इसे उपयुक्त रूप में लिखा है : 'राजा महीपनारायण को यह समझा दिया गया था कि उनका उत्तराधिकार पक्षपात के कारण सिद्ध हुआ, और न कि अधिकार के कारण। इस नाते वे अपने घटे हुए अधिकारों के साथ शासन को स्वीकार करने से सन्तुष्ट होते थे।'[46]

इसकी पुष्टि इस तथ्य से भी होती है कि जब 1782 के उत्तराधिकार पर निर्णय लिया गया, तो इससे अंग्रेज़ों की झोली में पहले की तुलना में लगभग दोगुना वार्षिक राजस्व आ गया और राजा से टकसाल को नियन्त्रित करने और आपराधिक न्याय का प्रशासन करने की शक्ति को छीन लिया गया। वारेन हेस्टिंग्स राजस्व वसूलने का अधिकार छीनने के बारे में भी सोच रहे थे लेकिन उन्होंने ऐसा करने से परहेज़ किया क्योंकि इससे नये राजा को पूरी तरह से असन्तोष हो सकता था।[47] हालाँकि वे बनारस के राजस्व को और अधिक हड़पने की ताक में रहे। अपने शासन के अन्त में राजा महीपनारायण सिंह को 40 लाख रुपये से अधिक का अधिशेष राजस्व छोड़ने के लिए मजबूर किया गया था; न्यायिक प्रशासन अंग्रेज़ों द्वारा चलाया जाना था, और 27 अक्टूबर 1794 को राजस्व की वसूली के लिए एक अंग्रेज़ कलेक्टर को नियुक्त किया गया था। इसके अलावा राजस्व प्रशासन के क्षेत्र में स्थायी बन्दोबस्त का आरम्भ कर दिया गया।[48] यहाँ तक कि राज के क्षेत्रीय अधिग्रहण को भी कुछ परगनों तक सीमित कर दिया गया जिन्हें 'फैमिली डोमेन' का नाम दिया गया।[49] राजा महीपनारायण सिंह की मृत्यु 27 सफ़र, 1210 हिजरी (12 सितम्बर 1795) को हुई। कुँवर उदितनारायण सिंह ने इस मृत्यु के बारे में गवर्नर जनरल को सूचित किया और आशा व्यक्त की कि अंग्रेज़ों ने उनके पिता के प्रति जो दयालुता और सहानुभूति व्यक्त की थी वह उनके प्रति भी जारी रहेगी और उनके उत्तराधिकार की पुष्टि की जायेगी। इसी आशय का एक पत्र रानी गुलाब कुँवर ने भी भेजा था।[50] कुँवर उदितनारायण सिंह राजगद्दी पर बैठ गये। 30 सितम्बर 1796 को उन्हें दी गयी सनद का एक भाग इस प्रकार है :[51]

राजा महीपनारायण सिंह की हाल ही में मृत्यु हो गयी है इसलिए उनके पुत्र राजा उदितनारायण सिंह बहादुर के जागीर महल और अलतमग़ा आदि के साथ उपरोक्त (सरकार बनारस आदि) की ज़मींदारी के उचित अधिकारों पर विचार करते हुए उक्त राजा को स्थायी ज़मींदार के रूप में मान्यता दी जाती है...और उनके ऐसे आदेशों का पालन करेंगे जो सरकार के हितों के लिए अनुकूल हों और साथ ही रैयतों के लिए फ़ायदेमन्द हों...और राजा उपरोक्त सन्धि की निर्दिष्ट शर्तों का पालन करने के लिए बाध्य होंगे और अपनी ज़मींदारी के प्रबन्धन में उन शर्तों के अनुसार कार्यरत होंगे ताकि हम उनके प्रबन्धन का अच्छा मूल्यांकन कर सकें। उपरोक्त आदेशों के क्रियान्वयन में सावधानी बरतें।

इस प्रकार कोर्ट ऑफ़ डाइरेक्टर्स के संशोधनों के समक्ष उन्होंने जो भी लक्ष्य रखे थे वह उपरोक्त उल्लेख के रूप में प्राप्त हो गये।

टिप्पणियाँ

1. हेनरी ब्लॉकमैन, *प्रोसीडिंग्स ऑफ़ द एशियाटिक सोसाइटी ऑफ़ बंगाल,* जुलाई 1870, पृष्ठ 218
2. इशरत हुसैन अंसारी और हामिद आफ़ाक़ क़ुरेशी, *तोहफ़ा-ए-ताज़ा ऑफ़ फ़क़ीर ख़ैर-उद्दीन एंड मिनट्स ऑफ़ चार्जेज़ ऑफ़ वारेन हेस्टिंग्स,* लखनऊ : न्यू रॉयल बुक कम्पनी, 2009, पृष्ठ i
3. सुब्हान अली ख़ाँ, बलवन्तनामा, ख़ुदा बख़्श ओरियन्टल लाइब्रेरी पटना में तारीख़-ए-बनारस के नाम से पायी जाती है।
4. हामिद आफ़ाक़, सोर्सेज ऑन अवध, लखनऊ: न्यू रॉयल बुक कम्पनी, 2004, पृष्ठ 30-1 पुन: इस विषय पर अध्ययन करने पर यह उचित प्रतीत हुआ कि मूल अंग्रेज़ी पुस्तक के गद्य को इस प्रकार से बदल दिया जाता जैसा कि अब लिखा गया है।
5. मेमोरैंडम, पृष्ठ 8
6. ख़ैर-उद्दीन मुहम्मद, *तोहफ़ा-ए-ताज़ा,* पृष्ठ 4-5
7. पूर्वोक्त पृष्ठ 11
8. एफ़पीडी, सीक्रेट कमिटी, अक्टूबर 19, 1770; हार्पर सिलेक्ट कमिटी को, 4 अक्टूबर 1770
9. ख़ैर-उद्दीन मुहम्मद, *तोहफ़ा-ए-ताज़ा,* पृष्ठ 63-4
10. पूर्वोक्त
11. सीपीसी, खण्ड III, अंक 320, कलकत्ता : सुपरिटेंडेंट गवर्नमेंट प्रिंटिंग, 1919
12. पब्लिक डिपार्टमेंट, कोर्ट को सिलेक्ट कमिटी का पत्र, 11 सितम्बर 1770, पैरा 2
13. पब्लिक डिपार्टमेंट, कोर्ट को पत्र, 6 जनवरी 1769, पैरा 6
14. ख़ैर-उद्दीन मुहम्मद, *तोहफ़ा-ए-ताज़ा,* पृष्ठ 63; क़ुरेशी, *मुग़ल्स, इंग्लिश एंड रूलर्स ऑफ़ अवध,* पृष्ठ 122

15. ख़ैर-उद्दीन मुहम्मद, *तोहफ़ा-ए-ताज़ा,* पृष्ठ 64-66
16. जॉन विलियम केए, *हिस्ट्री ऑफ़ द सेपोय वार इन इंडिया 1857-1858,* खण्ड 2, लन्दन : डब्ल्यूएच एलेन एंड को., 1870, पृष्ठ 681-3
17. पूर्वोक्त, पृष्ठ 681-3
18. एडिशनल मैनुस्क्रिप्ट अंक 29212, एक्सेशन नं. 276, रोल न 276, *डायरी ऑफ़ ट्रैंज़ैक्शन्स एंड ओकरेंसेज़ इन वोयज टू बनारस इन 1773,* ब्रिटिश म्यूज़ियम लन्दन, एनएआई, पृष्ठ 72
19. सीपीसी, खण्ड III, अंक 353
20. एफ़पीडी, सीक्रेट प्रोसीडिंग्स, ट्रांसलेशन ऑफ़ द पट्टा, अंक 6, 4 अक्टूबर 1773
21. मुहम्मद, *तोहफ़ा-ए-ताज़ा,* पृष्ठ 63
22. पूर्वोक्त, पृष्ठ 70
23. पूर्वोक्त, पृष्ठ 70-4
24. कलेंडर ऑफ़ पर्शियन कॉरेस्पोंडेंस, खण्ड IV, चेत सिंह का पत्र, 19 जून 1774 को प्राप्त
25. कलेंडर ऑफ़ पर्शियन कॉरेस्पोंडेंस, खण्ड IV, अंक 1128, 29 जून 1774
26. एफ़पीडी, सीक्रेट कमिटी, 30 मार्च 1775, अंक 2, राजा चेत सिंह का काउंसिल को पत्र, 19 मार्च 1775
27. सीसी डेवीज़, *वारेन हेस्टिंग्स एंड अवध,* लन्दन : ऑक्सफोर्ड यूनिवर्सिटी प्रेस, 1939, पृष्ठ 134
28. सीपीसी, महाराज मिसर को शंभूनाथ का पत्र, खण्ड 5, अंक 854, 31 मार्च 1778
29. बनारस कमिश्नर ऑफ़िस, डंकन रिकॉर्ड, खण्ड 4, 1782-8, बस्ता 1, प्रोसीडिंग्स ऑफ़ गवर्नर जनरल इन काउंसिल, 11 अप्रैल 1788, आरएए
30. एफ़पीडी, सीक्रेट प्रोसीडिंग्स, 4 सितम्बर-22 अक्टूबर 1781, खण्ड 68, अंक 4, व्हीलर को हेस्टिंग्स का पत्र, 4 सितम्बर 1781
31. पूर्वोक्त
32. एफ़पीडी, सीक्रेट कमिटी, 12 जून 1775, अंक 2
33. पूर्वोक्त
34. एडिशनल मैनुस्क्रिप्ट अंक 29198, एक्सेशन नं. 270, रोल न 270, 3 मार्च 1775, मिनट्स ऑफ़ मेम्बर्स ऑफ़ द बोर्ड, ब्रिटिश म्यूज़ियम, लन्दन, एनएआई
35. वारेन हेस्टिंग्स, *हिस्ट्री ऑफ़ द प्रोविन्स ऑफ़ बनारस,* इंवरनेस, में 1875, पृष्ठ 36 में उद्धृत।
36. मेमोरैंडम, पृष्ठ 9
37. चार्ल्स रोबर्ट गैसटन, (सं) *मैकाले एस्सेज़ ऑन क्लाइव एंड हेस्टिंग्स,* लन्दन : जिन एंड कम्पनी, 1874, पृष्ठ 160
38. *द इंग्लिशमैन,* 3 अक्टूबर 1912, बीएनए, लन्दन : ब्रिटिश लाइब्रेरी, पृष्ठ 2
39. पब्लिक डिपार्टमेंट, कोर्ट को सिलेक्ट कमिटी का पत्र, 31 अक्टूबर 1770
40. लिस्ट ऑफ़ प्राइवेट सेक्रेटरीज, पृष्ठ 3, एनएआई

41. मेमोरैंडम, पृष्ठ 10
42. *बोस्टन ईवनिंग पोस्ट,* 24 जून 1765, हारबोटल डोर कलेक्शन ऑफ़ अनोटेटेड मैसेच्युसेट्स न्यूज़पपेर्स, 1765-76, खण्ड 1, पृष्ठ 114 पर संकलित। वेब लिंक https://www.masshist.org/ dorr/volume/1/sequence / 124 से 16 मई, 2023 को उद्धृत
43. द *मद्रास वीकली मेल,* 15 जून 1889, बीएनए, लन्दन : ब्रिटिश लाइब्रेरी, पृष्ठ 545
44. द *इंग्लिशमैन,* 3 अक्तूबर 1912; साथ देखें द *सिविल एंड मिलिट्री गज़ेट,* 18 जून 1889, बीएनए, लन्दन : ब्रिटिश लाइब्रेरी, पृष्ठ 3
45. द नोटिंघम ईवनिंग पोस्ट, 5 अप्रैल 1939, बीएनए, लन्दन : ब्रिटिश लाइब्रेरी, पृष्ठ 9
46. डबल्यू ओल्डहम, *हिस्टॉरिकल एंड स्टेटिस्टिकल मेमोइर ऑफ़ द ग़ाज़ीपुर डिस्ट्रिक्ट 1781-85* एडी, पार्ट-II, 1876, पृष्ठ 104-7
47. हेस्टिंग्स, *हिस्ट्री ऑफ़ द प्रोविन्स ऑफ़ बनारस,* पृष्ठ 104-7 में उद्धृत।
48. बीसीओ, डीआर 1788-89, खण्ड 1, बस्ता नं. 1, लिस्ट बी, इंडेक्स न 819, सब सेक्रेटरी टू द गवर्नमेंट को रेज़ीडेंट का पत्र, 27 अक्टूबर 1794; सीयू ऐचीसन, *ए कलेक्शन ऑफ़ ट्रीटीज़, एंगेजमेंट्स एंड सनद्स,* खण्ड 2, अंक 34, कलकत्ता : गवर्नमेंट ऑफ़ इंडिया।
49. *नेविल, बनारस गज़ेटियर,* पृष्ठ 204-5
50. सीपीसी, रानी के माध्यम से राजा बलवन्त सिंह का पत्र, खण्ड 11, 1794-5, अंक 1410
51. ऐचीसन, 'सनद ग्रांटेड टू राजा उदितनारायण सिंह बहादुर', *ए कलेक्शन ऑफ़ ट्रीटीज़, एंगेजमेंट्स एंड सनद्स,* 30 सितम्बर 1796, अंक 35

عارف بالیقین غریب حسین

کرد عزم سفر ز کون و مکاں

یادگارش بساخت بہر ثواب

آنکہ نامش جگت سنگھ است عیاں

مسجد باکمال وسعت و زیب

برگزیدہ تمام اہل جہان

سال اتمام او چنین آمد

بیشک و ریب 'ثابت الارکاں' ۱۲۰۵ھ

بسم اللہ

چوں شد تعمیر این دالان والا

مثل باغ ارم گردید زیبا

خرد کیں مصرعہ تاریخ آں گفت

مبارک گشت دالان معلا ۱۲۱۰ھ

प्लेट 4.1 : जगतगंज मस्जिद और जगतगंज कोठी के दालान के फ़ारसी अभिलेख

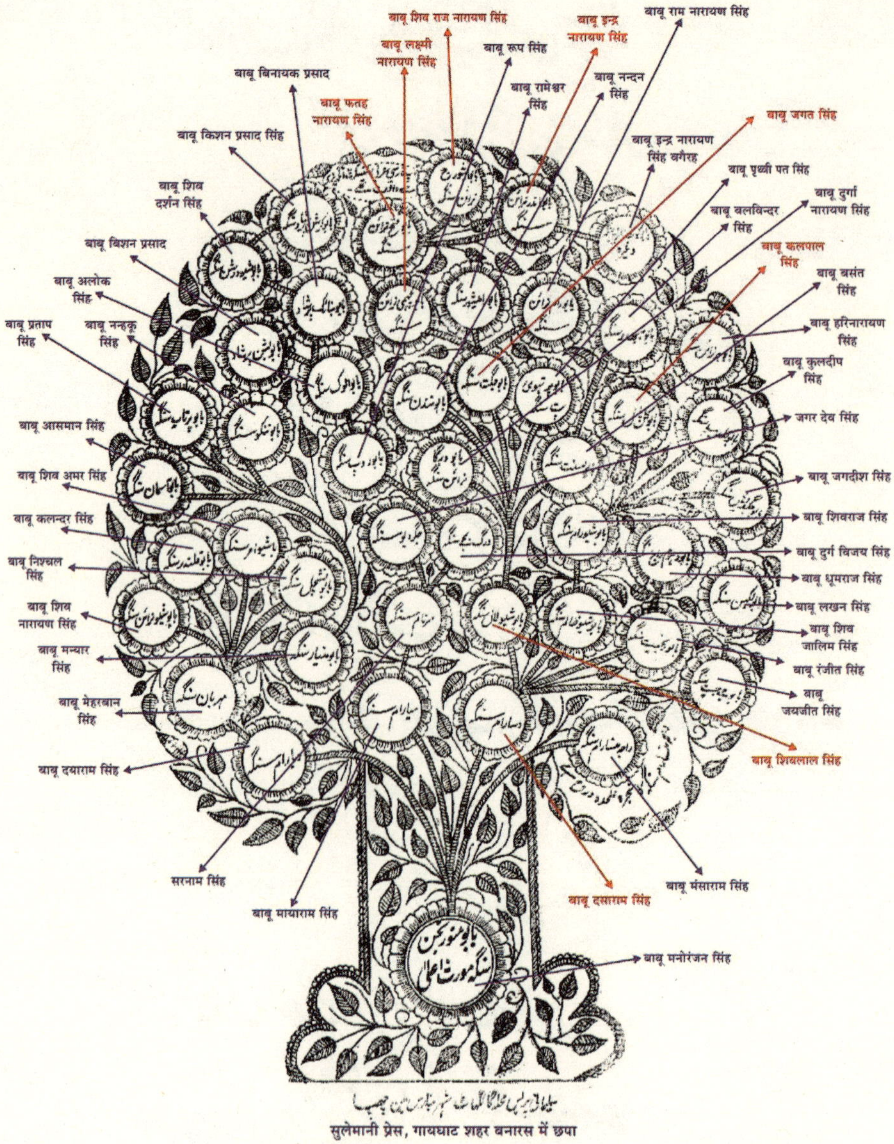

प्लेट 4.2 : दसाराम के वंशजों का वंश वृक्ष लाल रंग में है तथा अन्यों का नीले रंग में है

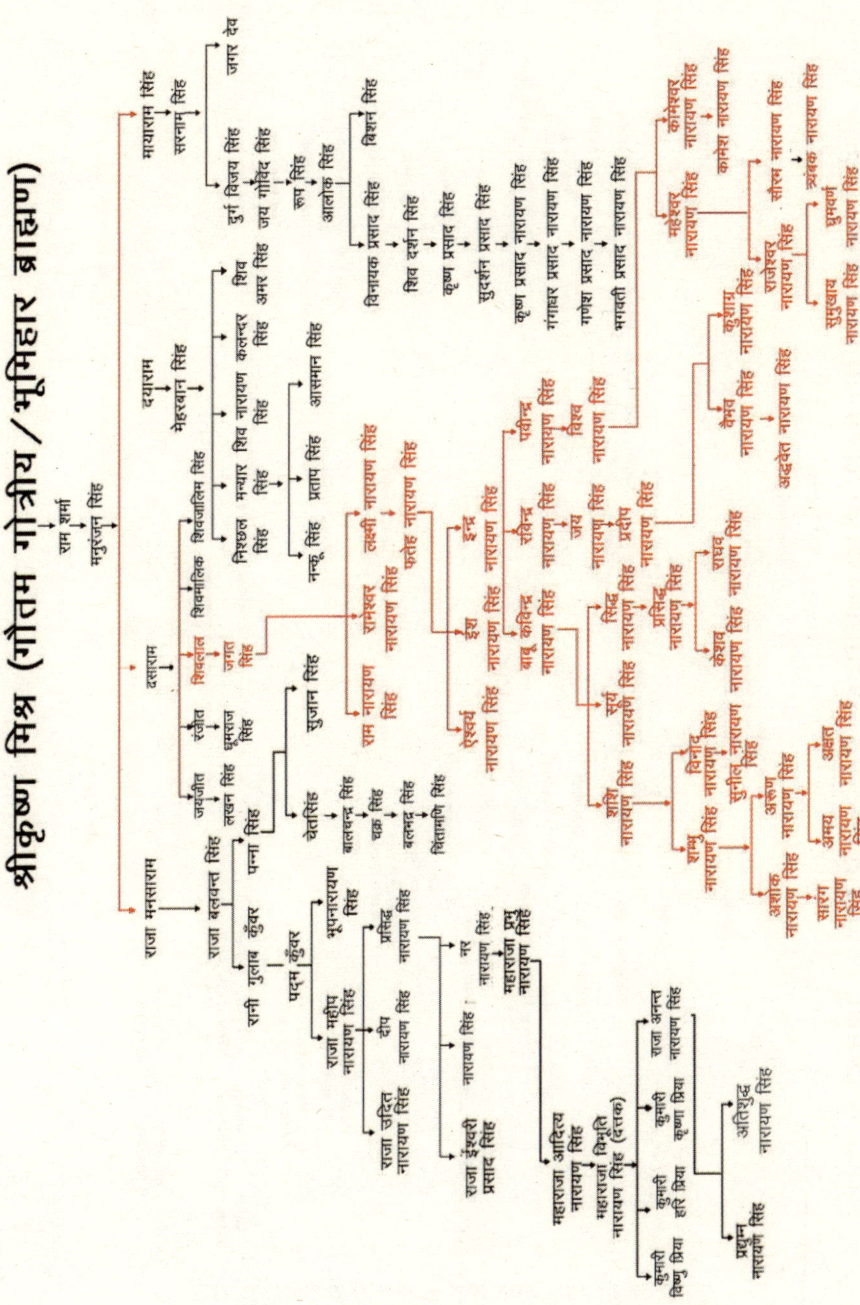

प्लेट 4.3 : बाबू जगत सिंह के परिवार का वंश वृक्ष-II

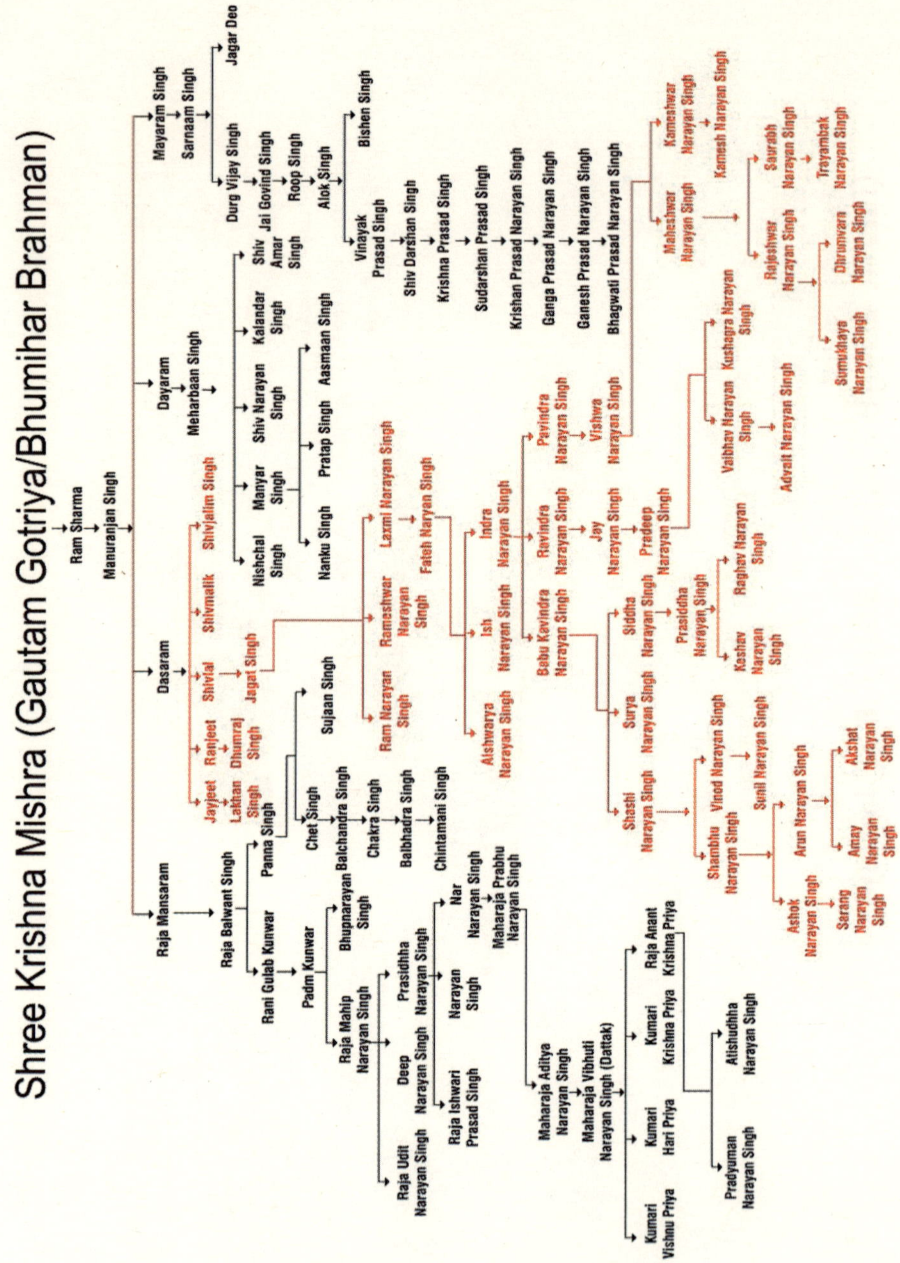

प्लेट 4.4 : बाबू जगत सिंह के परिवार का वंश वृक्ष-III

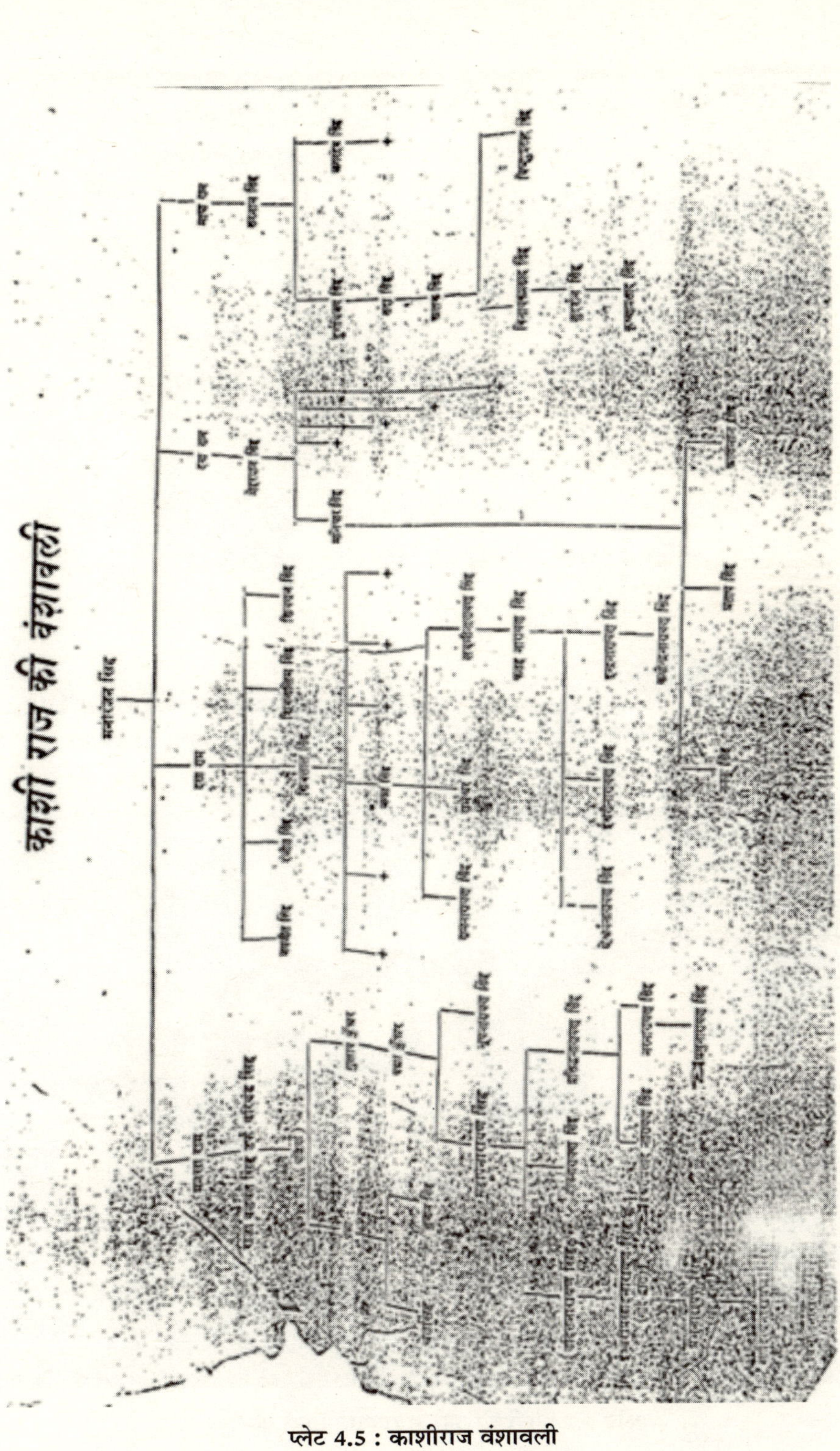

प्लेट 4.5 : काशीराज वंशावली

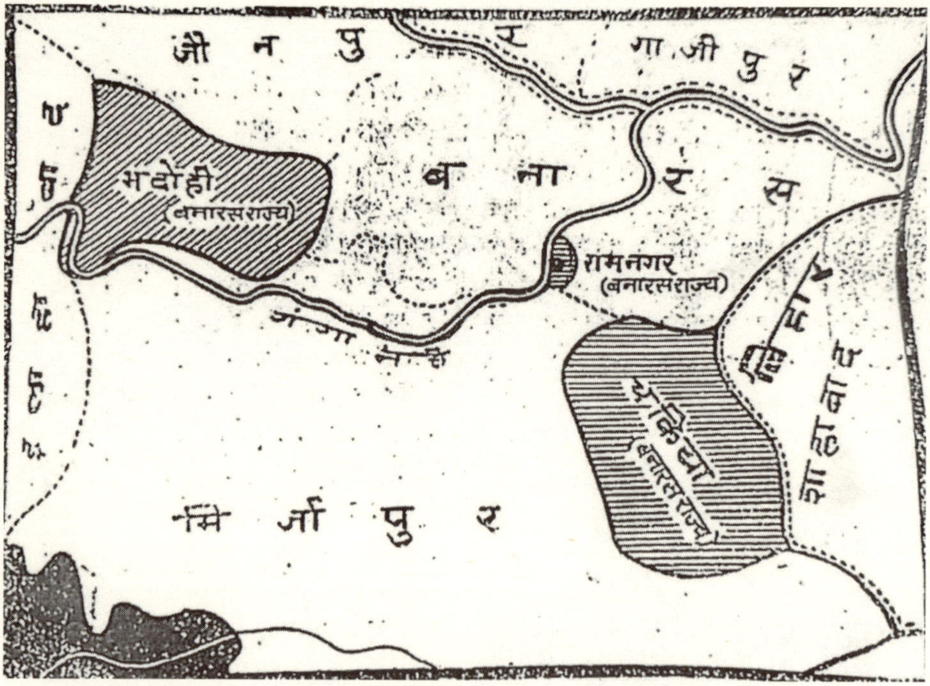

प्लेट 4.6 : भदोही और चकिया के क्षेत्र को दर्शाने वाला काशीराज नक़्शा (केरा मंगरूर)
स्रोत : संसार दीपावली स्पेशल ईशू 1949, पृ. 3

प्लेट 4.7 : नदी की ओर से रामनगर क़िले का दृश्य

5

तख़्तनशीनी और तख़्तापलट : संघर्ष और षड्यन्त्र के बीच

अंग्रेज़ों की नीति हमेशा इस फ़िराक़ में रहती कि उनके अधीनस्थ राज्यों में शासन की बाग़डोर उनकी ही मुट्ठी में रहे। ऐसा करने के लिए उन्हें यह ज़रूरी लगता था कि राजा होने के वंशानुगत अधिकारों की जगह उनके पसन्द के व्यक्ति को ही राजा बना दिया जाये। उनकी यह भी कोशिश होती कि राज्य का विभाजन न होने पाए। इस नीति के प्रति राजे-रजवाड़ों और बड़े ज़मींदारों में भारी अन्सतोष था। वे सभी लोग जिन्हें शासन की बाग़डोर नहीं थमाई जाती, अंग्रेज़ी नीतियों के विरुद्ध उठ खड़े होते थे। यह उपनिवेश विरोधी क्रान्ति का आरम्भिक स्वरूप था। इस विद्रोह की रूपरेखा अवध के बेदख़ल नवाब वज़ीर अली ने बनायी। उनके लिए ताक़त और समर्थन जुटाने में बाबू जगत सिंह की बड़ी भारी भूमिका थी। बाबू जगत सिंह के इस विद्रोह में साथ आने की वजह जानने के लिए हमें पीछे जाकर अवध और अंग्रेज़ों के बीच के सम्बन्ध और फिर वज़ीर अली की बेदख़ली के मामले को समझना होगा।

अध्याय 2 में यह बताया गया है कि अंग्रेज़ी सरकार ने अवध के नवाब को मजबूर किया था कि बनारस की ज़मींदारी उनके हवाले कर दी जाये।[1] ऐसा 21 मई 1775 को किया गया था। नवाब ने ज़रूरत पड़ने पर अंग्रेज़ी सेना की सहायता मिलते रहने की शर्त पर ऐसा किया था।[2]

वज़ीर अली की आपबीती

नवाब आसफ़-उद्दौला का देहान्त 21 सितम्बर 1797 की दोपहर के बाद बीमारी की वजह से हो गया।[3] 1796 से अवध में रेज़ीडेंट बनकर जमे लम्सडेन[4] ने नायब तफ़ज़्ज़ुल हुसैन ख़ान और दूसरे ख़ास दरबारियों से मशवरा करके नवाब के बड़े बेटे मिर्ज़ा वज़ीर अली को गद्दी सौंपने का फ़ैसला किया और नवाब के गुज़रने के छह घण्टे के भीतर ही बेटे को अवध का मसनद सौंप दिया गया। कोई दूसरा रास्ता भी नहीं

था, क्योंकि मृत नवाब की माँ बहू बेगम का साफ़ मानना था कि नवाबी उनके बेटे की अगली पीढ़ी को ही मिले और शुजा-उद्दौला के बेटों को इसमें शामिल न किया जाये। मामले के चश्मदीद आक़ा अहमद बहबहानी ने इसके बारे में जैसा बताया है, उसके बाद शंका का कोई कारण बचता नहीं है।

आसफ़-उद्दौला के प्रमुख किन्नर तहसीन अली ख़ान तथा अन्य किन्नरों और रईसों ने शपथ लेकर प्रमाणित किया कि वज़ीर अली आसफ़-उद्दौला के वैध पुत्र थे। इन वचनों ने उनके समस्त शक व शुब्ह को दूर कर दिया था और उन्होंने फ़ैसले पर अपनी मुहर लगा दी थी। इसके अलावा यह उस क्षेत्र में कम्पनी के राजनीतिक और वाणिज्यिक हितों की रक्षा भी करने वाले थे, जैसा कि लम्सडेन ने अपने निम्नलिखित शब्दों में स्पष्ट रूप से कहा है : 'मुझे वज़ीर अली द्वारा कल शाम और आज की बातचीत में बार-बार आश्वासन दिया गया है कि उनकी एकमात्र निर्भरता आपकी सरकार के संरक्षण और समर्थन पर है और वह इन घोषणाओं पर मेरे अनुमोदन और तफ़ज़्ज़ुल हुसैन ख़ान की मंजूरी के बिना कुछ नहीं करेंगे... कार्यकारी मामले पूरी तरह से मन्त्री (नायब) के हाथों में रहेंगे, और आपके सुझाव से उन्हें विनियमित किया जा सकता है... यद्यपि वह बहुत युवा है और प्रशासन में भागीदारी लेने के लिए अयोग्य है [जो कि उसकी संक्षिप्त नवाबी के विवरण से ग़लत साबित हो जाता है], पर उसका स्वभाव सौम्य है और उसे कम-से-कम वर्तमान परिस्थितियों में आसानी से मनाया जा सकता है।'

इस मुद्दे पर लम्सडेन द्वारा भेजी गयी इस विस्तृत रिपोर्ट पर फोर्ट विलियम के अधिकारियों द्वारा गम्भीरता से विचार किया गया और उन्होंने 29 सितम्बर को काउंसिल में एक प्रस्ताव पारित कर दिया :

...हमें वज़ीर अली के उत्तराधिकार को स्वीकृति देने में कोई असमंजस नहीं है, साथ ही इसका भी दृढ़ निश्चय है कि उसका समर्थन किया जायेगा। अगर उनके उत्तराधिकार के औचित्य पर कुछ सवाल भी उठते हैं तो उनकी घोषणा करना अविवेकी होगा। अवध में शान्ति और सामंजस्य बनाये रखने के लिए यह अनिवार्य है कि वज़ीर अली के प्रशासन को सरकार की मान्यता और समर्थन मिले। उनके पास उत्तराधिकार का स्वाभाविक अधिकार है और हमारे पास उसे चुनौती देने या उसके दावे को नकारने और चुनौती देने वालों का समर्थन करने की कोई पुख़्ता वजह मौजूद नहीं है।'

शुजा-उद्दौला के पुत्र नवाब के भाई सआदत अली ख़ान की ओर से बग़ावत और चालबाज़ी के अँदेशे को भांपते हुए बनारस में गवर्नर जनरल के एजेंट को सआदत

अली की हर ऐसी कोशिश और बग़ावत को रोकना ज़रूरी था। उन्हें सरकार की पूर्व अनुमति के बिना बनारस से बाहर जाने से रोका गया। आवश्यकता पड़ने पर एजेंट को बल प्रयोग करने के लिए भी अधिकृत किया गया था। इसी प्रकार सआदत अली को सेना के साथ सरकार की पूर्व अनुमति के बिना लखनऊ तक पहुँचने से रोका जाना था।[7] वज़ीर अली के उत्तराधिकार के साथ अंग्रेज़ों को उस क्षेत्र के ज़मींदारों से भी प्रतिरोध की आशंका थी। अंग्रेज़ों ने अवध और कम्पनी क्षेत्र के ज़मींदारों के बीच साँठगाँठ की किसी भी सम्भावना को समाप्त करने का प्रयास किया। बनारस में गवर्नर जनरल के एजेंट ने सीमा पर सेना तैनात करने का ज़ोरदार सुझाव भी दिया।[8]

मिर्ज़ा वज़ीर अली को 17 साल 5 महीने और 3 दिन की उम्र में अवध की मसनद पर बिठाया गया, लेकिन ठीक 4 महीने बाद उन्हें पद से हटा दिया गया, क्योंकि वह अंग्रेज़ी इच्छाओं और हुक्म को बर्दाश्त करने के लिए तैयार नहीं थे। लखनऊ में तैनात रेज़ीडेंट लम्सडेन ने ठीक ही अटकल लगाई थी।[9] वज़ीर अली का रूतबा बढ़ने के साथ ही बच्चे पैदा कर सकने की आसफ़-उद्दौला की क्षमता के बारे में अफ़वाहों का शुजा-उद्दौला के पुत्रों और राजनीतिक हलक़ों द्वारा अपने निहित स्वार्थों की पूर्ति के लिए पूरी तरह इस्तेमाल किया गया।[10] गहन विचार-विमर्श के बाद कलकत्ता की काउंसिल ने नये नवाब के बारे में ऐसी अफ़वाहों को नज़रअन्दाज करने का फ़ैसला किया और 2 अक्टूबर 1797 को एक और प्रस्ताव पारित करके उन्हें परेशान करने या छेड़ने वाले सभी प्रयासों के ख़िलाफ़ कम्पनी के पूर्ण समर्थन को दोहराया। कानपुर में अंग्रेज़ी सेना के अधिकारियों को तेज़ी से कर्रवाई करने के लिए तत्पर रहने का निर्देश दिया।[11]

अहमद शाह दुर्रानी से लेकर उसके पोते ज़मान शाह तक अफ़गानों का भय उन दिनों की सभी राजनीतिक ताक़तों को हमेशा परेशान करता रहा। हालाँकि उनमें से कुछ जैसे अफ़गान और बाद में वज़ीर अली, दुर्रानियों को अपने सहयोगी के रूप में देखते थे। फिर सर जॉन शोर इसके अपवाद कैसे हो सकते थे? अपने विरोधियों के बीच सम्भावित सम्बन्धों की आशंका से सर जॉन शोर 25 को जनवरी 1797 को अस्थिर राजनीतिक स्थिति पर काउंसिल की एक बैठक में अपनी भावनाएँ व्यक्त करनी पड़ीं :

> *मुझे निश्चित रूप से यह निष्कर्ष निकालना चाहिए कि उसकी नवाब वज़ीर या कम्पनी के प्रभुत्व पर आक्रमण और लूट की मंशा थी, और उसके ऐसे ही और विचार थे...क्या वज़ीर और कम्पनी की संयुक्त सेनाएँ उनकी सुरक्षा के लिए पर्याप्त हैं; यदि नहीं, तो क्या मराठा सैनिकों के साथ दोनों का एक गठजोड़ उस सुरक्षा को सुनिश्चित करेगा, और, तीसरा, क्या कम्पनी की सेनाओं और वज़ीर को जमुना से परे अलग करना समझदारी होगी।*

शोर ने इस स्थिति में टीपू सुल्तान द्वारा कम्पनी के ख़िलाफ़ सशस्त्र अभियान आरम्भ करने की सम्भावना भी व्यक्त की और इसलिए उन्होंने अपने दाँव-पेंचों को शक्ल देने के लिए दक्षिणी टुकड़ियों का इस्तेमाल करने के बारे में भी सोचा।[12]

प्रतिवादी हुआ पदच्युत : औपनिवेशिक दख़लन्दाज़ी

पदारोहण के समय लिखे गये अपने पत्र में लम्सडेन की अपेक्षाएँ सच हो गयीं, क्योंकि वज़ीर अली ने सर जॉन शोर को लिखे अपने पत्र में संकेत दिया :

> *सर्वशक्तिमान आपकी रक्षा करे, जिन्हें मैं अपने दिवंगत पिता के स्थान पर, यहाँ तक कि उनसे भी श्रेष्ठ, मेरे आदरणीय चाचा के रूप में, मेरे उद्धारकर्ता और अन्तिम दिन तक इस राज्य के सम्मान के रक्षक के रूप में मानता हूँ। ...मुझे आपकी चरम उदारता पर पूर्ण आस्था और दृढ़ विश्वास है, जो कि आपकी विशेषता है, कि मेरे दिवंगत दादा व पिता और कम्पनी के बीच बिरादराना लगाव और मौजूद प्रतिबद्धताओं को ध्यान में रखते हुए, जिसे आपने हाल ही में मेरे साथ नवीनीकृत किया है, और जो ईश्वरीय कृपा और अंग्रेज़ों की दृढ़ता के माध्यम से अलेक्जेंडर की दीवार के रूप में दृढ़ और स्थिर रहेगा...जो कुछ भी इस वंशानुगत राज्य के नागरिकों को सुरक्षा और संरक्षण प्रदान कर सकता है और इसकी समृद्धि को बढ़ाता है, इसे प्रभावी बनाने में आप रुचि लेंगे और अपना प्रयास करेंगे। यह सब आपकी उदारता और मित्रता पर निर्भर करता है और इस तरह मुझे इस दुनिया में समृद्धि और लाभ की मेरी आशाओं के लिए, आपकी अच्छाई के प्रति दायित्वों के अधीन रखता है।*

अंग्रेज़ों की आशाओं को उसी तरह और भी बल मिलता रहा जब वज़ीर अली के एक और सन्देश ने, अंग्रेज़ों और शुजा-उद्दौला और आसफ़-उद्दौला के बीच बने अच्छे सम्बन्धों को याद करते हुए आश्वासन दिया कि 'सहयोग और समर्थन की यह व्यवस्था हमारे बीच हमेशा बनी रहेगी और पीढ़ी-दर-पीढ़ी तब तक दृढ़ और स्थायी बनी रहेगी जब तक क़यामत नहीं आती...हर समय और सभी स्थितियों में आप मुझ पर विश्वास करेंगे। वास्तव में मैं आपकी स्वीकृति प्राप्त करने का इच्छुक हूँ।[13] ऐसी ही बातें वारेन हेस्टिंग्स से लेकर सर जॉन शोर तक सभी के कानों में डाली जाती रही थीं। आसफ़-उद्दौला लगातार बाईस वर्षों तक महीने-दर-महीने और साल-दर-साल यही करते आये थे।

गवर्नर जनरल सर जॉन शोर को तफ़ज़्ज़ुल हुसैन ख़ान पर इतना दृढ़ विश्वास था कि उसने उस अत्यधिक महत्त्वपूर्ण मुद्दे पर जो वज़ीर अली के समर्थन में कलकत्ता

कांउसिल ने पारित किया था पुन: विचार के सम्बन्ध में अपने विचार व्यक्त करने के लिए यह कह कर अनुरोध किया कि उसे "आपके और नायब (तफ़ज़्ज़ुल) की ईमानदारी और क्षमताओं पर मुझे अत्यधिक दृढ़ विश्वास था।"[14] वास्तविकता तो यह है कि तफ़ज़्ज़ुल हुसैन की ईमानदारी हमेशा सन्दिग्ध थी और निश्चित रूप से वह एक षड्यन्त्रकारी था।

अंग्रेज़ जो नवाब वज़ीर अली को केवल वैधानिक शासक बनाना चाहते थे, अपनी अपेक्षाओं को उलटता हुआ पा रहे थे, जैसा कि लम्सडेन के पत्र से परिलक्षित होता है :[15]

> *उन्हें अपने व्यवहार में व्यापक बदलाव की ज़रूरत के बारे में मन्त्री और मेरे द्वारा एक से अधिक बार चेतावनी दी गयी है, और उन्होंने हमारी सलाह को ज़ाहिर तौर पर ग़ौर करने की सलाह को अच्छे भाव से ग्रहण किया। हर मामले में सलाह को मानते हुए कार्य करने के दृढ़ संकल्प को दोहराया भी है, लेकिन हमारे अनुस्मारक उनके तौर-तरीक़ों में बहुत बदलाव लाने में कामयाब नहीं हुए हैं...*

और वज़ीर अली ने स्वयं सर जॉन शोर को स्पष्ट कर दिया, 'आप दोनों राज्यों, अर्थात् कम्पनी और मेरे, हित के लिए जो कुछ भी करना उचित समझेंगे, उसमें मेरी सहमति होगी। लेकिन मुझे आशा है कि सम्पत्ति, प्रभाव और अधिकार, जिन पर मेरा अधिकार है, मेरे ही हाथों में रहेंगे। इसे अंग्रेज़ मानने को तैयार नहीं थे। ऐसी स्थिति में सर जॉन शोर का मानना था कि 'मसनद पर उनका समर्थन करना न केवल कम्पनी की प्रतिष्ठा का अमिट अपमान होगा, बल्कि पूरी सम्भावना है कि मुल्क की तबाही और अवध में अंग्रेज़ी प्रभाव के लिए घातक साबित होगा, यह स्पष्ट है कि ऐसी स्थिति में वज़ीर अली को किसी-न-किसी तरह से अपदस्थ होना ही था।

शुजा-उद्दौला के पुत्र सआदत अली ख़ान का जन्म 18 जमाद-I, 1170 हिजरी (8 फ़रवरी 1757) को हुआ था। 18 साल की अवस्था से ही वे अवध में हर तरह से सत्ता हासिल करने पर आमादा थे। तफ़ज़्ज़ुल हुसैन ख़ान उनके शिक्षक के रूप में लगाव के कारण उनसे घनिष्ठ रूप से जुड़े हुए थे। जब शुजा-उद्दौला ने भुगतान के आधार पर हासिल अंग्रेज़ी सेना के क्रूर प्रहारों से रुहेलखण्ड को रुहेलों के हाथों से छीन लिया, तो सआदत अली ख़ान को बरेली का गवर्नर बनाकर छोड़ दिया गया था। तफ़ज़्ज़ुल हुसैन ख़ान उनके प्रशिक्षण और शिक्षा के लिए उनके साथ थे। जब शुजा-उद्दौला की मृत्यु हुई तब भी वह वहीं मौजूद थे। यह उन्हें अपनी स्वतन्त्रता का दावा करने और मुग़ल सम्राट को धन की पेशकश करके इन क्षेत्रों पर क़ब्ज़ा करने के लिए प्रोत्साहित कर सकता था। चूँकि शुजा-उद्दौला के चौबीस पुत्र थे इसलिए वे सभी अवध में अपना हिस्सा माँग सकते थे। इस चीज़ ने आसफ़-उद्दौला को कर्नल

पी. गैलीज़ से 'अपने उचित अधिकार के लिए समर्थन' और 'यदि आवश्यक हो तो सैनिकों की सहायता' के लिए गुहार लगाने को प्रेरित किया। उन्होंने सआदत अली को अवध लौटने के लिए एक पत्र भी भेजा, लेकिन वह उनकी इच्छाओं का पालन करने के हामी नहीं थे और उन्होंने इस सम्बन्ध में अपने साथ तैनात सैनिकों को उनका साथ देने को कहा। कुछ सैनिक उनकी इच्छाओं को पूरा करने के लिए सहमत हो गये, लेकिन फिर बहू बेगम की ओर से सैनिकों को आसफ़-उद्दौला का समर्थन करने का आदेश मिला। उन्होंने सआदत अली को उपकृत करने से इनकार कर दिया। सआदत अली यह भी जानते थे कि अंग्रेज़ उनके बड़े भाई का समर्थन कर रहे थे। इस कारण वे आसफ़-उद्दौला से जाकर उस समय मिल गये, जब आसफ़ -उद्दौला फ़ैज़ाबाद से लखनऊ लौट रहे थे। इतना कुछ होने के बाद भी शासक बनने की सआदत अली की इच्छा समाप्त नहीं हुई और जल्द ही उन्होंने कुछ अमीरों के साथ मिलकर नायब मुख़्तार -उद्दौला और नवाब आसफ़-उद्दौला दोनों की हत्या की साज़िश रची। तब आसफ़-उद्दौला इटावा में पड़ाव डाले हुए थे। इस षड्यन्त्र के परिणामस्वरूप 27 सफ़र 1190 हिजरी (17 अप्रैल 1776) को मुख़्तार-उद्दौला की हत्या कर दी गयी, लेकिन वे आसफ़-उद्दौला की हत्या करने में असफल रहे। इसलिए उन्हें अपने उस्ताद तफ़ज़्ज़ुल हुसैन ख़ान के साथ नजफ़ ख़ान के शिविर में भागना पड़ा। अन्ततः उन्होंने अंग्रेज़ों से हस्तक्षेप की माँग की और वे उन्हें 2 सितम्बर 1777 को इस शर्त के साथ उनकी लखनऊ वापसी कराने में कामयाब रहे कि वह तफ़ज़्ज़ुल हुसैन ख़ान को अपने साथ नहीं लायेंगे। इसके बाद सआदत अली अमूमन बनारस में रहा करते थे।[16] उन्होंने अक्टूबर 1797 में फिर से अवध की मसनद पर दावा करना शुरू किया। कारण बनीं वज़ीर अली के बारे में उड़ी अफवाहें और ख़ुद का उस वक़्त परिवार में सबसे बड़ा होने का सआदत अली का दावा।[17] 20 अक्टूबर 1797 को इस मुद्दे पर कलकत्ता समिति में विस्तृत विचार-विमर्श हुआ और यह निर्णय लिया गया कि रियासत का शासन भले ही युवा नवाब के नाम पर है पर शासन-व्यवस्था की असल बाग़डोर तफ़ज़्ज़ुल हुसैन ख़ान के हाथों में ही रहनी चाहिए। इसके अलावा शोर ने यह भी विचार बनाया कि सआदत अली का दावा वंशानुक्रम के दृष्टिकोण से बेहतर था और उसके बाद उन्होंने उसी तरीक़े से बाक़ी योजना बनायी और उसे क्रियान्वित किया।[18] हालाँकि वज़ीर अली द्वारा सत्ता के आक्रामक दावे और अलमास, बहू बेगम और अवध के रईसों के समूह की तरकीबों के कारण यह उद्यम इस हद तक विफल हो गया कि रेज़ीडेंसी और नायब के कार्यालय का कामकाज भी ठप हो गया। इन घटनाक्रमों पर तफ़ज़्ज़ुल हुसैन ने फ़ारसी अनुवादक को लिखे पत्र में अपनी भावनाएँ व्यक्त की हैं।[19] इसके बाद तफ़ज़्ज़ुल लगातार अपने पसन्दीदा शागिर्द सआदत अली

को आगे बढ़ाने में लगे रहे और अपने दूत मौलवी सद्दन को एक पत्र के साथ उनके हक़ में वादे मज़बूत करने के लिए भेजा।[20] इसका कारण समझना बहुत कठिन नहीं है। वज़ीर अली की तुलना में सआदत अली ख़ान कम्पनी के हित के अनुसार काम करने के लिए अधिक तत्पर थे, 'यहाँ तक कि मरहूम नवाब (शुजा-उद्दौला) या नवाब आसफ़-उद्दौला से भी अधिक'।[21] उत्तर-पश्चिमी सीमा पर ज़मान शाह के आक्रमण की सम्भावना के कारण अवध के क्षेत्र पर राजनीतिक नियन्त्रण और नवाब के प्रभुत्व की सुरक्षा कम्पनी के लिए अपरिहार्य हो गयी, जिसके लिए नवाब की सेना, सैनिकों के साज़ो-सामान और रसद के भण्डार की आवश्यकता थी और यह सब एक लचीले नवाब के अधीन अधिक आसानी से उपलब्ध हो सकता था।[22] ऐसा इसलिए भी था, क्योंकि सिन्धिया के दरबार में रेज़ीडेंट विलियम पामर ने ज़मान शाह के आक्रमण के बढ़ते ख़तरे और योजना पर सर जॉन शोर को स्पष्ट रूप से चेतावनी देते हुए लिखा था : 'कई परिस्थितियाँ मुझे सन्देह करने के लिए प्रेरित करती हैं कि शाह केवल हिन्दोस्तान से मराठों के ख़ात्मे तक रुकने वाला नहीं, बल्कि टीपू के साथ एकजुट होकर उसकी योजना भारत में ब्रिटिश शक्ति को सीमित करने की है',[23] तथा अवध की सम्पत्ति और वैभव ने उसकी उत्सुकता इस ओर भी बढ़ा दी है।[24]

बहुत बाद में लिखते हुए भी इरविन अवध के मसनद पर तत्कालीन निवर्तमान नवाब के मिज़ाज के बारे में टिप्पणी करने से नहीं चूकते :[25]

> *अवध में अंग्रेज़ों के बढ़ते हुए प्रभावों के बारे में जो कुछ भी देखा था उस पर मनन करने पर हमें इस पर आश्चर्य नहीं करना चाहिए कि नवयुवक नवाब के मन में प्रत्येक अंग्रेज़ी चीज़ के लिए अत्यधिक कड़वे भाव थे और इसे उनकी नैतिक विफलता के रूप में नहीं देखा जाना चाहिए। फिर भी अवध अंग्रेज़ी सरकार के ही प्रभाव में था और इसका उसी प्रकार रहना नियति थी पर वज़ीर अली के मन में इस प्रभाव के प्रति उत्पन्न विद्वेष उन्हें इस क्षेत्र का शासक बने रहने के लिए अयोग्य साबित करता था।*

ज़मान शाह के रुख़ से उत्पन्न भय की वास्तविक तीव्रता को कमांडर-इन-चीफ़ ने 9 अक्टूबर 1797 के अपने मिनिट में दर्शाया था कि यद्यपि वर्तमान बल सैन्य परिस्थितियों में आक्रमण से निपटने के लिए पर्याप्त था, फिर भी कम्पनी के पास छावनियों और शस्त्रागारों और रसदों की सुरक्षा के लिए अवध के नवाब की सेना पर भरोसा करना आवश्यक था। चटगाँव से चुनार तक देसी पैदल सेना की केवल चार रेजीमेंट्स थीं, तीन बिहार में और एक बंगाल में। फ़ौरन वहाँ से उस समय केवल एक ही रेजीमेंट बुलाई जा सकती थी। अन्यथा वहाँ लुटने का ख़तरा पैदा हो सकता था।

बंगाल बहुत दूर था। इसलिए इस मामले में ज़रूरी होते हुए भी वहाँ के रेजीमेंट को नहीं बुलाया जा सकता था। इसलिए यह प्रस्तावित किया गया कि प्रत्येक देसी बटालियन में 100 सैनिकों की अतिरिक्त संख्या और जोड़ी जाये। इस तरह कुल मिलाकर 2000 अतिरिक्त सैनिक उपलब्ध हो जायँ। इन सभी सैन्य योजनाओं के लिए अवध में एक लचीले और समर्पित नवाब की आवश्यकता तो थी ही साथ ही कार्यकारी शक्तियों पर अंग्रेज़ी नियन्त्रण की आवश्यकता भी थी। ख़ासकर तब जब वही कमांडर-इन-चीफ़ 29 अक्टूबर 1798 के अपने मिनिट में इस मामले को फिर से प्रकाश में लाता है, 'यदि उसका आगमन केवल पहले की ही तरह का हो और उद्देश्य केवल लूट ही है, तो दिल्ली और आगरा के क्षेत्रों का इतना दोहन हो चुका है कि ये उसकी लोलुपता को सन्तुष्ट नहीं कर सकते। इससे वह अनभिज्ञ नहीं हो सकता और इसलिए इस मामले में यह निष्कर्ष निकालना उचित है कि अब उसकी नज़र अवध और शायद बनारस में धन के स्रोत पर है'।[26] अंग्रेज़ अधिकारी केए ने तो यहाँ तक कहा है कि ज़मान शाह भारत के मुस्लिम शासकों को अंग्रेज़ों के ख़िलाफ़ जिहाद के लिए उकसाने का प्रयास कर रहा था।[27] हालाँकि केए ने तथ्यों को उलटा समझा क्योंकि मामला बिल्कुल उसके दावे से उलट था जैसा कि हम अगले अध्याय में देखेंगे।

अवध और उसके आसपास के इलाक़े में तेज़ी से बदलती परिस्थितियों के कारण शोर कलकत्ता से चलकर जौनपुर 1 दिसम्बर को पहुँचे और उन्हें लम्सडेन (3 पत्र), बहू बेगम (2 पत्र), तफ़ज़्ज़ुल हुसैन (1 पत्र), और वज़ीर अली (1 पत्र) से कई पत्र प्राप्त हुए। इन सभी पत्रों में अवध के नवाब और सरदारों की वास्तविक स्थिति दर्ज थी। इन पत्रों से शोर ने यह समझ लिया कि यदि इन सबकी अपेक्षाएँ पूरी न की गयी तो ये सब लड़ाई करने पर भी आमादा हो सकते थे। इनमें से वज़ीर अली केवल आन्तरिक स्वायत्तता चाहते थे और यह माँग पूरी नहीं की गयी। शोर को सभी विरोधों के बावजूद कम्पनी के अधिकार का समर्थन करने के बारे में सोचना पड़ा।[28] वह जौनपुर में रुके और देसी पैदल सेना की दो बटालियनों के अलावा उन्होंने 78वीं रेजीमेंट की छह कंपनियों को अपने साथ ले जाने का फ़ैसला किया। इसकी एक टुकड़ी बनारस से कानपुर भेजी गयी और कमांडर-इन-चीफ से बलों का एक ऐसा जत्था बनाने के लिए कहा गया जो कानपुर और लखनऊ में किसी भी स्थिति से निपटने के लिए तैयार हो और फिर उनके साथ रहे।[29] शोर और तफ़ज़्ज़ुल हुसैन की मुलाक़ात 6 दिसम्बर को जौनपुर में हुई, और जैसा कि शोर ने स्वीकार किया :

मैंने कभी भी वज़ीर अली के किसी दावे या प्रस्ताव का समर्थन नहीं किया। मेरी सूचनाओं का प्राथमिक स्रोत तफ़ज़्ज़ुल हुसैन के साथ सम्भव हुई कई दौर की लम्बी-चौड़ी बातचीत थी। फ़ारसी अनुवादक ने बताया भी है कि शोर ने

इस मामले में तफ़ज़्ज़ुल के मशवरे को ही गम्भीरता से लिया था और अपनी योजनाओं के आरम्भ से अन्त तक अमल के लिए उसे तफ़ज़्ज़ुल से काफ़ी महत्त्वपूर्ण मदद मिली थी। इसी का नतीजा था कि उसने सआदत अली को अवध की गद्दी पर बिठाने के अपने प्रस्ताव को अमल में लाने में सफ़लता प्राप्त की।[30]

आसफ़-उद्दौला के मुख्य किन्नर तहसीन अली ख़ान का अनायास दिया गया पहला बयान, जिसमें यह साबित करने का आभास व आधार था कि वज़ीर अली ख़ान आसफ़-उद्दौला का पुत्र था, उसके एक और बयान से बदल दिया गया। साथ ही साथ इस बयान का मनमुआफ़िक़ मतलब निकालने के लिए जोड़-तोड़ कर ऐसे तर्क गढ़ दिये गये जिससे माक़ूल लगने वाला शक पैदा हो गया कि वज़ीर अली ख़ान आसफ़-उद्दौला का पुत्र नहीं था। एडमोंस्टोन ने इसका हवाला दिया है क्योंकि इसने वज़ीर अली को पदच्युत करने के लिए झूठा ही सही लेकिन सटीक आधार तैयार करने में महत्त्वपूर्ण भूमिका निभाई थी। इसके मद्देनज़र शर्मनाक मनगढ़न्त बातों और बयानों के हेरफेर और ऐसी ही कई दूसरी चीज़ों के आधार पर इस तरह की खोज को 'अविवादास्पद रूप से सिद्ध कर लिया गया था' कहना या मानना, जैसा कि इसे 12 जनवरी 1799 को फोर्ट सेंट जॉर्ज से मॉर्निंगटन ने कोर्ट ऑफ़ डायरेक्टर्स को लिखे अपने राजनीतिक पत्र में लिखा था, कहाँ तक न्याय संगत है?[31]

बेशक सर जॉन शोर 23 दिसम्बर 1797 को लखनऊ आये लेकिन जब उन्हें पता चला कि वज़ीर अली और बहू बेगम द्वारा बुलायी गयी सेनाओं के कारण वे शहर के भीतर फँस जायेंगे तो वे बाहर निकल लिए। 9 जनवरी 1798 की शाम को शहर को अवध की क्रोधित सेना और उनके तोपखाने के क़ब्ज़े में छोड़कर जॉन शोर बिबियापुर कोठी जा पहुँचे। शोर ने अन्ततः वज़ीर अली को पदच्युत करने और सआदत अली को अवध के मसनद पर बिठाने का फ़ैसला किया। इससे पहले 5 जनवरी 1798 को उन्होंने सन्धि का एक मसौदा तैयार किया था, पर सआदत अली को हस्ताक्षर करना था, लेकिन जहाँ सआदत का नाम लिखा जाना था, उसे ख़ाली छोड़ दिया और इसे विधिवत मुहरबन्द करके बनारस में ब्रिटिश रेज़ीडेंट चेरी को भेज दिया गया। 7 जनवरी को उन्होंने चेरी से बनारस और कानपुर के मध्य एक तेज़ रफ़्तार डाक यात्रा सुनश्चित करने का आदेश दिया। इसका उद्देश्य सआदत अली को गुप्त रूप से बनारस से लखनऊ भेजना था। 9 जनवरी को बिबियापुर कोठी में सुरक्षित ठिकाना पाकर उन्होंने चेरी से सीलबन्द लिफ़ाफ़ा खोलकर ख़ाली जगह पर सआदत अली का नाम लिखने को कहा। चेरी ने 12 जनवरी को सआदत अली से मुलाक़ात की और सन्धि के प्रत्येक बिन्दु को पढ़ा और उनसे उस पर विचार करने को कहा। सआदत अली ने सन्धि-पत्र को दो बार पढ़ा और कुछ प्रश्न पूछे और अपनी पूरी सन्तुष्टि के बाद वह उनका

पालन करने के लिए सहमत हुए। यह प्रक्रिया चेरी द्वारा उनके सामने दोहराई गयी और उन्हें पढ़कर सुनाने के लिए कहा गया और उन्होंने प्रत्येक प्रस्ताव के सामने 'सहमत' लिखा। 13 जनवरी 1798 को बनारस के मजिस्ट्रेट सैमुअल डेविस के आवास पर डेविस और चेरी दोनों द्वारा इस पर हस्ताक्षर किये गये। इन सभी दस्तावेज़ों को पढ़ने और विचार करने के बावजूद सआदत अली अवध के मसनद पर बैठने को इतने बेताब थे कि उन्होंने इस सन्धि में अवध का आधा हिस्सा अंग्रेज़ों को देने पर सहमति व्यक्त कर दी थी। बाद में 21 फ़रवरी 1798 को जब उनके साथ लखनऊ में एक अन्तिम सन्धि पर हस्ताक्षर किये गये तो इस खण्ड को हटा दिया गया। वह बनारस से कानपुर होते हुए लखनऊ चले गये और 21 जनवरी 1798 को दोपहर 3 से 4 बजे के बीच *दौलत खाना-ए-आसफ़ी* में अवध के मसनद पर विराजमान हुए।[32]

प्रारम्भ में शोर ने वज़ीर अली को अच्छा-ख़ासा निर्वाह भत्ता देने का प्रस्ताव रखा, लेकिन बाद में वह पहले 6 लाख पर माने, फिर 3 और अन्त में केवल 1½ लाख बनारस सिक्का रुपये पर बात बनी जिसकी अदायगी 12,500 रुपये की मासिक किश्तों में होनी थी। वह भी इस शर्त पर कि वज़ीर अली हमेशा कम्पनी के प्रान्तों के भीतर ही संरक्षण में रहेंगे। हालाँकि उन्हें अपनी इच्छा से बनारस में रहने की अनुमति दे दी गयी थी। इस आशय का एक समझौता उन्हें 26 जनवरी 1798[33] को दिया गया और सआदत अली ख़ान के साथ हस्ताक्षरित अन्तिम सन्धि में पाँचवें अनुच्छेद के रूप में शामिल किया गया।[34] 15 लाख रुपये के आभूषणों को छोड़कर, जो सआदत अली ने ले लिए, वज़ीर अली को बाक़ी क़ीमती सामान और गहने और 163 हथियारबन्द लोगों को अपने साथ ले जाने की अनुमति दी गयी।[35] वह 8 फ़रवरी 1798 को लखनऊ से रवाना हुए और उसी महीने की 20 तारीख़ को बनारस पहुँचे।[36] बनारस में उन्हें अंग्रेज़ अफसरों जी एफ़ चेरी और सैमुएल डेविस के साथ लगभग नित्य प्रति व्यवहार करना पड़ता था।[37] यहाँ यह बताना आवश्यक है कि वज़ीर अली को बनारस भेजना इतना आसान कार्य साबित नहीं हुआ था। दरअसल सआदत अली और शोर ने दोबारा विचार करने के बाद वज़ीर अली और उनकी पत्नी को बिना किसी निर्वाह भत्ते के चुनार के क़िले में क़ैद करना चाहा, लेकिन तब बहू बेगम उनके बचाव में आयीं। हालाँकि शम्स उननिसा बेगम (नवाब आसफ़-उद्दौला की पत्नी) के भाई इमाम-उद्दीन और ख़ुद सआदत अली ने इस पर सहमत होने के लिए बहू बेगम से सम्पर्क किया, लेकिन कोई फ़ायदा नहीं हुआ। 1 फ़रवरी 1798 को सआदत अली और रेज़ीडेंट ने इस मामले पर चर्चा की और उन्हें चुनार न भेजने का फ़ैसला किया गया। शोर के साथ इक्कीस अन्य अंग्रेज़ एक साथ इकट्ठा हुए और बहू बेगम को ख़ुश करने के लिए सहमत हुए और इस तरह 26 जनवरी 1798 का समझौता बरक़रार रखा गया।[38]

आवास की अनुपलब्धता के कारण वज़ीर अली को चेरी के निवास से एक मील की सीमा की दूरी पर टेंट में रहना पड़ा।[39] उनके साथ आने वाले लोगों को बनारस में वर्तमान सरकारी नियमों से परिचित कराने के लिए एक चपरासी को तैनात किया गया।[40] ताकि किसी भी संभावित असुविधा को टाला जा सके। शोर ने उनसे 21 फ़रवरी को मुलाक़ात की और उनके 'महत्त्वाकांक्षी एवं निडर स्वभाव' को ध्यान में रखते हुए चेरी को उनके प्रति चौकस और सभ्य रहने, उनके आचरण पर नज़र रखने और उनकी अनुमति के बिना उन्हें बनारस न छोड़ने देने के लिए कहा। इसी कारण जॉन शोर चाहते थे कि वज़ीर अली को वहाँ और अवध से दूर राजमहल में ले जाये। माधव दास बाग़ रुपये 250/ महीना में किरासे पर लिया गया। इसके आहाते को 8 फ़ीट तक बढ़ाने की ज़रूरत थी ताकि आसपड़ोस के घरों से ताकझाँक रोकी जा सके, 60 वर्ग फ़ीट की एक नई छत, और एक ऊँचा चार वर्गाकार मंच और एक शेड (140X19 फ़ीट) बनाए जाने की भी ज़रूरत थी। इसलिए वज़ीर अली को 28 फ़रवरी को चतुर दास बाग़ भेज दिया गया। 1 मार्च से पहले से तैनात चपरासी के साथ दो नये लोग जोड़े गये और उन तीन चपरासियों के नाम वज़ीर मुहम्मद, शिव दयाल सिंह और बाबूराम थे।[41] अप्रैल के दूसरे सप्ताह में वज़ीर अली ने कहा कि बाग़ की दीवार की चौड़ाई 2 फ़ीट और ऊँचाई 18 फ़ीट होनी चाहिए। मरम्मत मई के अन्त तक पूरी हो गयी और वज़ीर अली को यहाँ 1 जून 1798 को लाया गया। यहाँ ईंट के खम्भों और लोहे के काम के साथ दो अवरोधक और विभिन्न स्थानों पर सत्रह बड़े दरवाज़े भी थे। कुल 14,347-9-4 रुपये इसकी मरम्मत में ख़र्च हुए। यह बनारस के औसानगंज इलाक़े में स्थित था जो शहर के पश्चिमी हिस्से से 3 मील दूर था। यह एक चतुर्भुज था और इसके चारों ओर मकान और पेड़ थे।[42] हालाँकि वज़ीर अली के ससुर अशरफ अली ख़ान 29 फ़रवरी 1798 को लखनऊ लौट गये थे[43], लेकिन उनके प्रमुख लेफ्टिनेंट वारिस अली और इज़्ज़त अली वज़ीर अली के साथ बनारस में ही रहे।[44]

सर हेनरी लॉरेंस ने ठीक ही कहा था कि वह 'अपनी राय दर्ज करने के लिए बाध्य हैं कि वज़ीर अली के साथ अन्याय हुआ था।[45] यह अंग्रेज़ों के अपमानजनक व्यवहार, अन्यायपूर्ण बेदख़ली और सल्तनत के मामले में अनचाहे दखल के साथ ही पहले के समझौता का कपटपूर्वक उल्लंघन भी था। ज़ाहिर है थोड़े ही समय में विद्रोह की ज्वाला फूट पड़ी थी।

अवध और अंग्रेज़ों के बीच सम्बन्धों का एक दूसरा बड़ा पहलू अवध की आन्तरिक और बाहरी शान्ति के लिए किराये पर ली गयी ब्रिटिश सेना की सब्सिडी की आड़ में अवध के राजस्व संसाधनों की निकासी थी। इसके हानिकारक परिणाम बनारस राज को भी महसूस हुए जैसा कि अध्याय 4 में चर्चा में आये चेत सिंह के

मामले से स्पष्ट है। इसके परिणाम 1798 में भी उतने ही चुभने वाले और पीड़ादायक थे जितने पहले 1797 में भी महसूस किये गये थे।[46] कम्पनी के लगातार बढ़ते ख़र्चों को सम्भालने के लिए सर जॉन शोर ने बनारस के राजा से ऋण की माँग भी की थी जो फ़रवरी 1797 में प्राप्त हुआ था और बाद में 1 अगस्त 1798 को इसे दोहराया गया जब मॉर्निंगटन ने बनारस में गवर्नर जनरल के एजेंट चेरी को इस सम्बन्ध में हर सम्भव प्रयास करने के लिए लिखा। कम्पनी के लिए 5 लाख रुपये, यदि सम्भव हो तो 10 लाख रुपए की राशि के ऋण पर बातचीत करने के लिए कहा गया था जिसे 12 प्रतिशत ब्याज पर कुछ वर्षों में चुकाया जाना था।[47]

बनारस में ज़ोर-ज़बर्दस्ती का दौर

बनारस उस समय नवाबों और उनके रिश्तेदारों की पसन्दीदा रिहाइशगाह बन गया था। यहाँ तक कि सआदत अली ख़ान भी लखनऊ में नवाब बनने से पहले बनारस में ही रहे थे। जहाँदार शाह की विधवा क़ुतलुग़ सुल्तान बेग़म और उनके पुत्र शहज़ादा शगुफ़्ता बख़्त और उनके दूसरे भाई, फरुख़ाबाद के नवाब के भाई नवाब दिल दिलेर ख़ान और मीर कासिम के बेटे जैसे और कई लोग भी तब बनारस में ही रहा करते थे। शहर में एक साथ मौजूद इन सभी लोगों की पदवी या ओहदे का सवाल कभी नहीं उठाया गया था। हालाँकि जब अन्यायपूर्वक मसनद से हटाये गये वज़ीर अली यहाँ रहने लगे तो उनके ओहदे के बारे में सवाल सिर्फ़ इसलिए उठाया गया क्योंकि अंग्रेज़ नहीं चाहते थे कि यहाँ पर उनके किसी कार्य से और दूसरों के व्यवहार के कारण उनकी महत्ता के विचार की कोई अवांछित स्थिति पैदा हो। अंग्रेज़ों ने ऐसा इसलिए भी किया ताकि वज़ीर अली को उनके अस्थायी जबरन निर्वासन के रूप में एक उदाहरण बनाया जा सके क्योंकि उसी समय मुग़ल शहज़ादे जहाँदार शाह का परिवार अपने ओहदे को तय करवाने की होड़ में लगा हुआ था।[48] इसी बीच वज़ीर अली ने चुनार जाने की योजना बनायी थी।[49] इस योजना का पता चलने पर वज़ीर अली के ओहदे को जल्दी ही तय करना ज़रूरी हो गया था। इसके बारे में पता चलने पर मेजर जनरल एर्स्किन, जो उस समय चुनार में गैरीसन की कमान सँभाल रहे थे, ने चेरी से सम्पर्क साधा। वज़ीर अली का उचित स्वागत करने के लिए उनके ओहदे के बारे में जानना ज़रूरी था। इस बारे में अनिश्चितता की स्थिति थी तो इस सम्बन्ध में कलकत्ता के उच्च अधिकारियों से परामर्श किया गया और चेरी ने आश्वासन दिया कि जब तक उसे अधिकारियों का उत्तर नहीं मिल जाता, वह वज़ीर अली को शिकार पर चुनार न जाने के लिए मनायेगा। उनके अजीबोगरीब बयान और अड़ियल रवैये के कारण अन्ततः वज़ीर अली को कम्पनी के संरक्षण में रहने वाला एक निजी व्यक्ति माना गया।[50] हालाँकि, उन दिनों

प्रचलित शिष्टाचार ऐसे थे कि दैनिक जीवन में और सामान्य उत्सवों, खेलों, मेलों में भाग लेने के दौरान कई सामाजिक रीति-रिवाज़ों और मिलने-जुलने के तरीक़ों के माध्यम से एक-दूसरे के प्रति सम्मान दिखाना एक आम विशेषता थी। त्योहार और सभी प्रकार की सभाओं में एक व्यक्ति की आर्थिक और सामाजिक स्थिति के अनुसार उनके साथ व्यवहार को चिह्नित किया जाता था, जैसा कि हम आगे देखेंगे।

शिष्टाचार के इन अवसरों और व्यवहार के कारण इसमें कोई आश्चर्य की बात नहीं है कि वज़ीर अली विभिन्न अवसरों पर बनारस के राजा के सम्पर्क में आये और ये अंग्रेज़ों के लिए चिन्ता का विषय साबित हुआ। जैसा कि पहले बताया गया है 1775 में अंग्रेज़ों को सौंपे जाने तक बनारस अवध साम्राज्य का एक अभिन्न अंग था। अंग्रेज़ साहब जानते थे कि इस तरह की बैठकों से वज़ीर अली और बनारस के राजा के बीच बहुत क़रीबी और घनिष्ठ सम्बन्ध बन सकते थे और अंग्रेज़ों के लिए ख़तरा पैदा हो सकता था। उन्होंने समय रहते ऐसी सभी सम्भावनाओं से बचने के लिए प्रभावी क़दम उठाये। राजा उदितनारायण सिंह की यात्रा के दौरान, चेरी ने उन्हें वज़ीर अली के साथ सुलह सम्बन्ध न रखने की सलाह दी और राजा के एक दरबारी बाबू सरबजीत सिंह को भी वज़ीर अली के साथ कोई क़रीबी रिश्ता ना रखने के लिए मना लिया। इसे देखते हुए राजा को वज़ीर अली के साथ मेलजोल की किसी भी स्थिति से बचने के लिए सतर्क रहना पड़ा। तमाम सावधानियों के बावजूद एक दिन मेले में भ्रमण के दौरान राजा की मुलाक़ात वज़ीर अली से हो गयी। वज़ीर अली राजा के विनम्र व्यवहार से काफ़ी प्रसन्न थे; उन्होंने उसके साथ अपनी पगड़ी का आदान-प्रदान किया और उन्हें ख़िल्अत भी प्रदान की। इससे उनके बीच कुछ बातचीत भी हुई और वज़ीर अली को पता चला कि मेला अगले दिन किसी अन्य स्थान पर जारी रहेगा। उन्होंने मेले में राजा के दौरे के दौरान उनके साथ जाने की इच्छा व्यक्त की। लौटकर राजा ने बाबू सरबजीत सिंह को इस आकस्मिक मुलाक़ात के बारे में चेरी को सूचित करने का निर्देश दिया। हालाँकि उनका उनसे मिलने का कोई इरादा नहीं था। चेरी ने राजा को भविष्य में सतर्क रहने का निर्देश दिया। अगले दिन जब राजा वज़ीर अली के आवास से गुज़रे तो उन्होंने उनसे सीधे मिलने से परहेज़ किया। बल्कि उन्होंने यह सन्देश देने के लिए एक विश्वसनीय दूत नियुक्त किया कि वह उनके आवास के पास से गुज़रते समय उनकी नींद में ख़लल नहीं डालना चाहते थे। जब वज़ीर अली को सन्देश मिला तो वह तुरन्त मेला देखने गये। राजा से मिले और उनके साथ कुछ समय बिताया। बाद में जब राजा उदितनारायण सिंह दो-तीन महीने तक वज़ीर अली से नहीं मिले, तो उन्होंने राजा के रिश्तेदार शिव रतन सिंह के माध्यम से उनसे सम्पर्क किया और राजा को वज़ीर अली से दोस्ती करने के लिए मना लिया। हालाँकि उन्हें फिर से उनके

दरबारियों द्वारा इसके ख़िलाफ़ सलाह दी गयी और उन्होंने यह विचार छोड़ दिया, लेकिन इससे शिव रतन सिंह इतने आहत हुए कि वह वज़ीर अली के कट्टर अनुयायी बन गये और रात में गुप्त रूप से माधव दास बाग़ आना-जाना शुरू कर दिया। वज़ीर अली ने उन्हें अपनी सेवा में शामिल कर लिया और उन्हें एक घोड़ा भेंट किया। जहाँ तक उदितनारायण सिंह का सवाल है, चेरी की लोमड़ी जैसी चालें सफल रहीं। लेकिन वज़ीर अली शिव रतन सिंह की वफ़ादारी अपनी ओर मोड़ने में कामयाब रहे ![51]

वज़ीर अली के आवास पर एक ख़बरी-अर्दली को तैनात किया गया था जिससे वह इतना नाराज़ हुए कि उन्हें उस पर जासूसी करने का सन्देह हुआ और उन्होंने उसे अपमान के साथ बर्ख़ास्त कर दिया। साथ ही लखनऊ में अपने चाचा को एक बहुत ही सख़्त सन्देश भेजा, जिन्होंने लखनऊ के रेज़ीडेंट के माध्यम से चेरी को कड़ा सन्देश भिजवाया। मामला चेरी के हस्तक्षेप से सुलझाया गया, जिन्होंने बताया कि ओहदेदारों के निवास पर इस तरह की नियुक्ति विशिष्टता का प्रतीक थी। चूँकि वज़ीर अली को कम्पनी के संरक्षण में रहने वाले एक निजी व्यक्ति के रूप में लिया जा रहा था इसलिए इस तरह के भेदभाव की आवश्यकता नहीं थी।[52]

वास्तव में वज़ीर अली बनारस में एक प्रतिष्ठित व्यक्ति माने जाते थे, क्योंकि उन्हें बनारस के सभी ओहदेदारों की तरह अच्छी तरह से प्रशिक्षित हथियारबन्द लोगों को रखने की अनुमति थी। इस सम्बन्ध में उन पर कोई प्रतिबन्ध नहीं लगाया गया था। यह बनारस के मजिस्ट्रेट के लिए लगातार परेशानी का सबब साबित हुआ। वज़ीर अली के हथियारबन्दों के कारण शहर के भीतर कुछ परेशानी होने के बाद डेविस ने चेरी को पत्र लिखकर पूछा कि क्या वज़ीर अली किसी भी तरह से सरकार के स्थापित नियमों के विपरीत उनके संरक्षण में थे? उन्होंने वज़ीर अली के लोगों द्वारा लाल वर्दी के इस्तेमाल पर आपत्ति जतायी, जो कम्पनी की सिपाही वर्दी के समान थी। जब वज़ीर अली से स्पष्टीकरण माँगा गया तो उन्होंने उत्तर दिया कि ये आमतौर पर सेवामुक्त सिपाही थे, जिनके पास पुराने कोट थे। चेरी ने वज़ीर अली से कम्पनी के नियमों से किसी भी सूरत में विचलन से बचने के लिए कहा जिसके संरक्षण में वह बनारस में रह रहे थे।[53] उन्हें सिपाहियों की पोशाक और हथियारों के सम्बन्ध में सरकारी आदेशों के बारे में भी बताया गया लेकिन उन्होंने न तो उनसे उन्हें भंग करने के लिए कहा और न ही उनकी पोशाक में बदलाव करने के लिए कहा।[54] डेविस ने सरकार की अधिसूचना के आधार पर सरकार के मौजूदा नियमों का उल्लंघन करते हुए वर्दी के रूप में लाल कोट के उपयोग पर लगातार आपत्ति जतायी।[55] उन्होंने यह भी माना कि 'सत्ता की छाया, जिसे उन्हें बहुत से अनुचरों और कुछ व्यक्तिगत विशिष्टताओं में बनाये रखने की अनुमति दी गयी थी, किसी भी तरह से उन प्राकृतिक लालसाओं से उत्पन्न होने वाली भविष्य

की परेशानी के जोख़िमों को कम करने के लिए नहीं थी, जो अपदस्थ सम्प्रभुओं को घेर लेती थीं...जो इतनी जल्दी नेपोलियन को एल्बा से वापस ले आये।'[56]

बाद में चेरी ने मामले की जानकारी ली और ख़ुद मौक़े पर जाकर वर्दी देखी। डेविस द्वारा जिस लाल रंग की पोशाक पर आपत्ति जतायी गयी थी, वह वज़ीर अली के हथियारबन्द लोगों की नहीं बल्कि पालकी उठाने वालों की पोशाक साबित हुई। उन्होंने डेविस को वज़ीर अली के सशस्त्र अनुयायियों पर एक विस्तृत रिपोर्ट भेजी, जिनकी सेवा में 109 मेवाती और 105 तिलंगों से लैस लोग थे।[57] वज़ीर अली के पास 1,288 हथियारबन्द लोग थे जिनमें 13 कमांडरों के अधीन 119 घुड़सवार थे और 1,067 पैदल सैनिकों की कमान 29 अधिकारियों के पास थी।[58]

मिर्ज़ा पंचू षड्यन्त्र का मामला

वज़ीर अली के अनुयायियों और बनारस शहर के कोतवाल मिर्जा पंचू द्वारा नियुक्त कर्मचारियों के बीच झगड़े होते रहते थे। यह बनारस के मजिस्ट्रेट सैमुअल डेविस और गवर्नर जनरल के एजेंट जी एफ़ चेरी के लिए लगातार परेशानी का कारण बना रहा। कोतवाल को पुलिस के नियमों पर आवश्यक ध्यान दिलवाने में कई मुश्किलों का सामना करना पड़ा।[59] सरकारी वकील के एक परिचारक ख़ुर्शीद अली ने वज़ीर अली और वारिस अली को बताया कि मिर्ज़ा पंचू कोतवाल ने दो बेरोज़गार व्यक्तियों प्रशान्त सिंह और सम्मन सिंह को वज़ीर अली और वारिस अली की हत्या करने को कहा था, जब वे माधव दास बाग़ से बाहर निकल रहे हों। उल्लेखनीय है कि प्रशान्त सिंह और सम्मन सिंह पहले जोनाथन डंकन की सेवा में रहा करते थे। साथ ही यह दावा किया गया कि इस मामले के गवाह के रूप में उनके पास आठ अन्य व्यक्ति थे। वज़ीर अली और वारिस अली ने गवाहों को अपने सामने बुलाया और चेरी के चपरासी शेख़ वज़ीर मुहम्मद और शिव दयाल की उपस्थिति में उनके बयान सुने। वज़ीर अली 18 अगस्त 1798 को चेरी से मिले और उन्हें इसके बारे में बताया। चेरी ने उनके द्वारा प्रदान की गयी जानकारी पर कोई भरोसा नहीं किया और वज़ीर अली द्वारा उन्हें दी गयी सूची में नामित व्यक्तियों को बुलाया, जिसमें शोभन सिंह के पुत्र प्रशान्त सिंह, जगरूब सिंह के पुत्र सम्मन सिंह, शोभन सिंह के पुत्र डोबरी सिंह, जगरूब सिंह के पुत्र रमन सिंह, बेहराजी सिंह के पुत्र शेवान सिंह, इच्छा सिंह के पुत्र शिव परसन सिंह, बन्नू सिंह के पुत्र मंखू सिंह, उन्देरिन सिंह के पुत्र सुदान्त सिंह, शोभन सिंह के पुत्र संसार सिंह और रिखाई सिंह के पुत्र मनोरथ सिंह शामिल थे। सबसे पहले 18 अगस्त 1798 को ख़ुर्शीद अली को बुलाया गया और उनका बयान दर्ज किया गया। फिर शेष व्यक्तियों को बुलाया गया और उनके बयान 21 अगस्त 1798 को शपथ पर दर्ज किये गये। उनकी

विस्तृत जिरह भी की गयी। अपनी जिरह के दौरान उन्होंने आपस में कोई मतभेद या खण्डन नहीं किया। इसलिए यह कोई आश्चर्य की बात नहीं है कि जब चेरी ने जाँच पर ज़ोर दिया तो उन्होंने वज़ीर अली द्वारा दी गयी जानकारी की निष्पक्ष और सकारात्मक तरीक़े से पुष्टि की। इस प्रकार दी गयी जानकारी की सत्यता से आश्वस्त होकर उन्होंने यह सुनिश्चित करने के लिए इसे सैमुअल डेविस को सौंप दिया कि क्या कोतवाल या जिन्होंने उपरोक्त बयान दिए थे, उनके बीच पहले से तो तनातनी का कोई मामला नहीं चल रहा था। क्या उन्हें निन्दा प्रसारित करने के लिए दण्डित किया जाना था? सैमुअल डेविस ने 25 अगस्त को इच्छा जतायी कि वज़ीर अली और वारिस अली तथ्यों को सत्यापित करने के लिए उनकी कचहरी में उपस्थित हों। इसलिए चेरी ने उन्हें 26 तारीख़ को सैमुअल डेविस के सामने उपस्थित होने के लिए कहा लेकिन वज़ीर अली ने उसी दिन जवाब दिया कि शोर ने केवल उन्हें अपने सभी मामलों के समायोजन के लिए माध्यम के बतौर नामित किया था, और उन्हें केवल यह सूचित करने की आवश्यकता थी कि उनके पास क्या सूचनाएँ हैं। अंग्रेज़ी अदालतों की प्रक्रियात्मक बारीकियाँ तब वज़ीर अली और गवर्नर जनरल के एजेंट और मजिस्ट्रेट सैमुअल डेविस के बीच विवाद का विषय बन गयीं। जबकि डेविस मामले की आगे की सुनवाई के लिए ब्रिटिश अदालतों की प्रक्रियाओं से गुज़रना चाहता था, वज़ीर अली ने यह रुख़ अपनाया कि उनके और मिर्ज़ा पंचू के बीच कोई समानता नहीं थी और इसलिए यह आवश्यक है कि वह मामले की सच्चाई का स्वयं पता लगायें या उस विषय पर गवर्नर जनरल को सम्बोधित करें ताकि वह आवश्यक आदेश पारित करने में सक्षम हो सके, जो वह उचित समझे। चेरी की इच्छा थी कि खुर्शीद अली और अन्य गवाहों को जाँच के लिए अदालत में आने की अनुमति दी जानी चाहिए। हालाँकि, वज़ीर अली ने कहा कि गवाहों को उनकी उपस्थिति में बुलाया गया था और उनसे जिरह भी की गयी थी। इसलिए उन व्यक्तियों को डेविस से मिलने की कोई आवश्यकता नहीं थी। वह भविष्य में डेविस के साथ बैठक करने के इच्छुक थे, लेकिन वर्तमान मामले में, या तो उन्हें मामले को सुलझाना चाहिए या मामले को गवर्नर जनरल के विचार के लिए भेजना चाहिए। वह पूछताछ को नवीनीकृत करने के लिए व्यक्तियों को उनके (चेरी के) पास वापस भेजने पर सहमत हुए लेकिन डेविस के पास नहीं। चूँकि मामला एक सार्वजनिक अधिकारी से सम्बन्धित था, इसलिए चेरी ने उनसे सीधे तौर पर कोई पूछताछ नहीं की थी, बल्कि मजिस्ट्रेट की हैसियत से मामले को डेविस के पास भेज दिया था। मामले की नज़ाकत को ध्यान में रखते हुए चेरी ने स्वयं सभी आरोपों, सबूतों और निन्दा प्रक्रिया की जाँच करने की इच्छा जतायी थी। उन्होंने गवाहों को दर्ज करने और उनसे जिरह करने की प्रक्रिया का पालन किया। डेविस नियमित जाँच के पक्ष में थे, क्योंकि

इसमें एक पुलिस अधिकारी के आचरण का मामला शामिल था। चेरी ने मामले की गम्भीरता की सराहना की और वज़ीर अली को सम्बन्धित अनुयायियों को अदालत में भेजने के लिए मनाने को तैयार थे, लेकिन स्वयं वज़ीर अली के लिए वह चाहते थे कि उनसे जो कुछ भी पता लगाने की आवश्यकता थी, उन्हें बताया जाये ताकि वे इसके लिए प्रश्न तैयार कर सकें और वह उनके उत्तर वज़ीर अली से प्राप्त कर सकें। हालाँकि वह इस बात पर भी सहमत हुए कि सच्चाई का पता लगाया जाना चाहिए, क्योंकि इसमें शहर की क़ानून व्यवस्था की देखभाल करने वाले एक लोक सेवक का चरित्र शामिल था। सैमुअल डेविस ने माना कि मिर्जा पंचू और वज़ीर अली के बीच केवल धार्मिक मतभेद उन्हें ऐसी योजना बनाने के लिए प्रेरित नहीं कर सकते क्योंकि उनका चरित्र बेदाग़ था और उन्होंने बनारस के रेज़ीडेंट जोनाथन डंकन के दिनों से एक ज़िम्मेदार और दायित्त्वपूर्ण पद सँभाला था। 'लाभ या बदले का कोई निर्दिष्ट उद्देश्य नहीं था'; वह उनके द्वारा बताये गये कारणों के मद्देनज़र सच्चाई का पता लगाना चाहते थे क्योंकि उन्हें इस मामले के सम्बन्ध में वज़ीर अली और उनके अनुयायियों के बारे में सन्देह था। जैसा कि अध्याय 2 में उल्लेख किया गया है, यह उनके चरित्र और सोच का अभिन्न अंग था। उन्हें उन लोगों के बारे में सन्देह करने की आदत थी जिनके मामले उनके दैनिक कामकाज के दौरान उनके सामने आते थे। वे उनसे बहुत ही लापरवाही और सतही तरीक़े से निपटते थे और निष्पक्षता से पेश किये गये सबूतों की जाँच करने की ज़हमत नहीं उठाते थे। इसे देखते हुए, डेविस चेरी से सहमत नहीं थे और उन्होंने वज़ीर अली और इस मामले में शामिल सभी व्यक्तियों की अदालत में उपस्थिति पर ज़ोर दिया, अन्यथा, उनका मानना था कि :

> *आधिकारिक निर्देशों के बिना अदालती कार्यवाही के लिए आगे बढ़ना अपमानजनक होगा। सरकार को वज़ीर अली और उनके आश्रितों के सम्बन्ध में शहर की अदालत और पुलिस प्रतिष्ठान के मार्गदर्शन के लिए एक नियम बनाना चाहिए जो 7 नवम्बर 1794 के सरकार के समझौता में निहित प्रावधानों की तुलना में वर्तमान राजनीतिक स्थिति पर अधिक लागू होता है। इस संकल्प को मैं शहर की शान्ति के लिए अधिक अपरिहार्य समझता हूँ... (अन्यथा पूरा ख़तरा है कि) कोर्ट में परीक्षण रोक दिया जायेगा और अदालत की और भी अवमानना होगी अगर वज़ीर अली ने अचानक आगे की कार्यवाही रोक दी।*[60]

वज़ीर अली भी समान रूप से अड़े हुए थे और ख़ुद को और दूसरों को अदालत में पेश करने को तैयार नहीं थे क्योंकि इस सम्बन्ध में उनका शुरू से ही यही रुख़ था। इसके चलते मामला अटक गया। अन्ततः मामले को कलकत्ता भेजने का निर्णय लिया

गया। तदनुसार चेरी ने 5 सितम्बर 1798 को सभी सम्बन्धित दस्तावेज़ और प्राप्त विवरण वेलेजली को विचारार्थ भेज दिये।

हालाँकि ब्रिटिश रिकॉर्ड से ऐसा नहीं लगता कि वेलेजली ने कभी इस प्रकरण पर कोई ध्यान दिया हो। भारत आने के बाद उनकी रुचि टीपू सुल्तान की शक्ति को ख़त्म करने और उत्तरी भारत में ज़मान शाह के आक्रमण के बारहमासी ख़तरे का स्थायी समाधान खोजने में थी। इन सबसे बढ़कर वज़ीर अली ने 14 जनवरी 1799 को अंग्रेज़ों के ख़िलाफ़ एक सशस्त्र संघर्ष शुरू किया जिसके सभी आवश्यक विवरण और इसमें बाबू जगत सिंह की सबसे महत्त्वपूर्ण भूमिका पर आगे बताया गया है।[61]

टिप्पणियाँ

1. सैयद ग़ुलाम हुसैन ख़ान, *सेर मुताख़ीरिन,* खण्ड III, अनुवाद, मुस्तफ़ा, पृष्ठ 106
2. एफ़.पी.डी., एस.सी., ट्रीटी बिट्वीन दी नवाब एंड दी कम्पनी, दिनांक 21 मई 1775, 6 जून 1775, अंक 6
3. फ़ॉरेन सीक्रेट प्रोसीडिंग्स (यहाँ से एफ़एसपी), 4 अगस्त-18 दिसम्बर 1797, 29 सितम्बर 1797, कंसल्टेशन संख्या 1, लखनऊ रेज़ीडेंट लम्सडेन का सर जॉन शोर, गवर्नर जनरल को पत्र, 21 सितम्बर 1797, एनएआई
4. फोर्ट विलियम–इंडिया हाउस कॉरेस्पोंडेंस (पब्लिक सिरीज़), 1796-1800, खण्ड XIII, 1959, पृष्ठ 546
5. एफ़एसपी, लम्सडेन का जॉन शोर को पत्र, आक़ा अहमद बहबहानी, मिरअत-उल-अहवाल-ए-जहाँ नुमा, रज़ा लाइब्रेरी एमएस, 120अ (ख़ुदा बख़्श लाइब्रेरी पटना द्वारा प्रकाशित फ़ारसी किताब और उसका अंग्रेज़ी अनुवाद भी देखें)। लम्सडेन के बड़े दावे उनके कम समय की नवाबी से झूठे साबित होते हैं, देखें, *द फिलिकर्स ऑफ़ एन इंडिपेंडेंट नवाबी : नवाब वज़ीर अली ख़ान ऑफ़ अवध,* खण्ड 1, पृष्ठ 40-116
6. 'लेटर फ्राम एजेंट टू गवर्नर जनरल, बनारस टू जॉन शोर डेटेड 26 सितम्बर 1797', लेटर्स इश्यूड बाई द एजेंट टू द गवर्नर जनरल, बनारस, अक्टूबर 1795 से दिसम्बर 1796, खण्ड 1, बुक संख्या 1, आरएपी
7. एफ़एसपी, कोन्स संख्या 2, मिनिट एंड रेसोल्यूशन्स ऑफ़ गवर्नर जनरल
8. 'गवर्नर जनरल' के बनारस में एजेंट द्वारा जान शोर को पत्र, 26 सितम्बर 1797, लेटर इश्यूड बाई द एजेंट टू दी गवर्नर जनरल बनारस, अक्टूबर 1795 से दिसम्बर 1796, एंड 1, बुक संख्या 1, आरएपी
9. एफ़एसपी, लम्सडेन का जॉन शोर को पत्र, 21.9.1797
10. पूर्वोक्त। कमाल-उद-दिन हैदर, *सवानीहत-ए-सलातीन-ए-अवध,* लखनऊ : नवल किशोर संस्करण, पृष्ठ 2-3, बताता है कि उनकी संख्या 24 थी।
11. एफ़एसपी, 4 अगस्त-18 दिसम्बर 1797 2 अक्टूबर 1797, कंसल्टेशन संख्या 12, गवर्नर जनरल का मिनिट, एनएआई

12. एफ़एसपी, 6 जनवरी- 27 मार्च 1797, बोर्ड को सर जॉन शोर का पत्र, अंक 1, 25 जनवरी 1797, एनएआई। अफ़गान घटनाक्रम पर देखें, एचए क़ुरेशी, *ए कलाइडोस्कोपिक स्टडी,* लखनऊ : न्यू रॉयल बुक कम्पनी, पृष्ठ 38-71
13. एफ़एसपी, कोन्स अंक 2, जॉन शोर का लखनऊ रेज़ीडेंट लम्सडेन को पत्र, 30 सितम्बर, 27 अक्टूबर 1797, वज़ीर अली ख़ान से प्राप्त, 25 अक्टूबर
14. एफ़एसपी, कोन्स संख्या 2, जॉन शोर का लम्सडेन को पत्र
15. एफ़एसपी, 4 अगस्त-18 दिसम्बर 1797, 4 दिसम्बर 1797, कोन्स संख्या 4, लखनऊ रेज़ीडेंट का गवर्नर जनरल को पत्र, 29 अक्टूबर 1797; 11 दिसम्बर 1797, अंक 6, एनएआई।
16. क़ुरेशी, *ए कलाइडोस्कोपिक स्टडी,* पृष्ठ 177-244
17. एफ़एसपी, 4 अगस्त-18 दिसम्बर 1797, सआदत अली ख़ान का पत्र, 20 अक्टूबर 1797, कोन्स संख्या 4, एनएआई
18. एफ़एसपी, 4 अगस्त-18 दिसम्बर, गवर्नर जनरल का मिनट, 20 अक्टूबर 1797, कोन्स संख्या 6, एनएआई
19. एफ़एसपी, 11 दिसम्बर 1797, फ़ारसी अनुवादक को तफ़ज़्ज़ुल हुसैन, 27 नवम्बर, एनएआई। बहू बेगम का खेमा अपनी जागीर को वापस हासिल करना चाहता था जो 1781 में चुनार की सन्धि के बाद उनसे छीन ली गयी थी। उन्होंने पहले वज़ीर अली का समर्थन किया लेकिन जब उन्हें मालूम हुआ कि शोर सआदत अली ख़ान के पक्ष में है तो उन्होने मिर्ज़ा जंगली के अग्रजाधिकार का सवाल खड़ा किया ताकि उन्हें पदोन्नति मिले; शोर उनसे सहमत नहीं हुए और उन्हें शान्त हो जाना पड़ा। देखें, क़ुरेशी, *फिलिकर्स ऑफ़ एन इंडिपेंडेंट नवाबी,* खण्ड 1, पृष्ठ 126, 146-7
20. कमाल-उद्दीन हैदर, *सवानीहत-ए-सलातीन-ए-अवध,* लखनऊ : नवल किशोर संस्करण, पृष्ठ 150-1
21. एफ़एसपी, 4 अगस्त-18 दिसम्बर 1797, सआदत अली ख़ान का पत्र, 20 अक्टूबर 1797, कोन्स संख्या 5, एनएआई
22. एफ़एसपी, 4 अगस्त-18 दिसम्बर 1797, कमांडर-इन-चीफ का मिनिट, 9 अक्टूबर 1797, कोन्स संख्या 1, एनएआई
23. एफ़एसपी, 6 जनवरी-27 मार्च 1797, सर जॉन शोर को सिन्धिया दरबार के रेज़ीडेंट का पत्र, 14 जनवरी 1797, एनएआई
24. एफ़एसपी, 6 जनवरी-27 मार्च 1797, सर जॉन शोर को सिन्धिया दरबार के रेज़ीडेंट का पत्र, 25 जनवरी 1797, एनएआई
25. एचसी इरविन, *द गार्डेन ऑफ़ इंडिया ऑर चैप्टर्स ऑफ़ अवध हिस्ट्री एंड अफेयर्स,* लन्दन : डब्ल्यूएच ऐलेन एंड को., 1880, पृष्ठ 99-100

26. एफ़एसपी, 4 अगस्त-18 दिसम्बर 1797, 9 अक्टूबर 1797, कोन्स संख्या 1, कमांडर इन चीफ का मिनट, फ़ॉरेन डिपार्टमेंट, सीक्रेट कॉन्सल्टेशंस, 23 नवम्बर 1798, ओसी संख्या 26; कमांडर इन चीफ़ का पत्र, दिनांक 29 अक्टूबर 1798
27. एफ़एसपी, कोन्स संख्या 1, कमांडर इन चीफ का मिनट, कमांडर इन चीफ का पत्र दिनांक 29 अक्टूबर, 1798; जे डबल्यू केए, *ए हिस्ट्री ऑफ़ सेपोय वार इन इंडिया, 1857-58,* खण्ड 1, लन्दन : डब्ल्यूएच एलेन एंड को., 1878, 115-16
28. एफ़एसपी, 30 जनवरी 1798 : काउंसिल के उपाध्यक्ष, फोर्ट विलियम को सर जॉन शोर का पत्र, दिनांक 4 दिसम्बर, एनएआई।
29. एफ़एसपी, 11 दिसम्बर 1798, शोर का स्पेके को पत्र, 14 जनवरी, एनएआई।
30. 5 मार्च 1798 का गवर्नर जनरल का मिनिट, एशियाटिक एनुवल रजिस्टर, 1806, स्टेट पेपर्स; फ़ॉरेन मिसलेनियस, खण्ड IX, अंक 5
31. एफ़एसपी, 30 जनवरी 1798, स्पेक को शोर, 14 जनवरी; फ़ॉरेन आफ़ मिसलेनियस, खण्ड IX, अंक 5; पॉलिटिकल लेटर टू द कोर्ट डायरेक्टर्स फ्रॉम मॉर्निंगटन, 12 जनवरी 1799 (ब्रिटिश लाइब्रेरी) इस पत्र की तारीख़ पर दोबारा क़लम चलाकर इसे 13 बनाया गया है लेकिन स्पष्ट है कि यह 12 है। साथ ही देखें, क़ुरेशी, *फिलिकर्स ऑफ़ एन इंडिपेंडेंट नवाबी,* खण्ड 1, पृष्ठ 176-91
32. फ़ॉरेन सीक्रेट कॉन्सल्टेशन (यहाँ से एफ़एससी) 30 जनवरी 1798, चेरी को शोर, 9 जनवरी, शोर को चेरी, 10, 11 जनवरी, 13 जनवरी (गवर्नर जनरल एजेंट के काग़जात जो प्रयागराज आर्काइव्स में संरक्षित हैं और जीजीज़ के एजेंट नाम से उद्धृत होते हैं)। ऐचीसन, *कलक्शन ऑफ़ ट्रीटीज़, एंगेजमेंट्स एंड सनद्स,* खण्ड II, कलकत्ता: गवर्नमेंट ऑफ़ इंडिया, 1930, नवाब वज़ीर सआदत अली ख़ान बहादुर और कम्पनी के मध्य सन्धि, 21 फ़रवरी 1798, अंक LIII
33. शोर को चेरी का पत्र, दिनांक 10 फ़रवरी 1798, लेटर इश्यूड बाई द एजेंट टू द गवर्नर जनरल बनारस, जनवरी 1798 से फ़रवरी 1799, खण्ड 3, बक्सा संख्या 1, आरएपी
34. ऐचीसन, *कलक्शन ऑफ़ ट्रीटीज, एंगेजमेंट्स एंड सनद्स,* खण्ड II, नवाब वज़ीर सआदत अली ख़ान बहादुर और कम्पनी के मध्य सन्धि, 21 फ़रवरी 1798, अंक LIII
35. डेविस को चेरी, 18 सितम्बर 1798, (जीजीज़ एजेंट)। इसका मूल्य 2 करोड़ आँका गया (देखें एफ़एससी 27 फ़रवरी 1798; स्पेक को शोर, 14 फ़रवरी)
36. जीएच बार्लो को चेरी, 5 अप्रैल 1798 (जीजीज़ एजेंट)
37. इन सभी के जीवन परिचय के लिए देखें, क़ुरेशी, *फिलिकर्स ऑफ़ एन इंडिपेंडेंट नवाबी,* खण्ड 1, पृष्ठ 220-1, 225-6
38. क़ुरेशी, *कलाइडोस्कोपिक स्टडी,* पृष्ठ 31-2
39. ज रूटलेज को चेरी, कलेक्टर ऑफ़ बनारस, 22 मार्च 1798 (जीजीज़ एजेंट)
40. बार्लो को चेरी, 26 फ़रवरी, 2 जून, डेविस को, 23 जून 1798; जे नीव, बनारस में जीजीज़

एजेंट का बार्लो को पत्र 31 जनवरी 1799; दरबार अकाउंट 1 मार्च से 31 मई 1798 (जीजीज़ एजेंट)

41. बार्लो को चेरी, 26 फ़रवरी, 2 जून, डेविस को, 23 जून 1798; जे नीव, बनारस में जीजीज़ एजेंट का बार्लो को पत्र, 31 जनवरी 1799; दरबार अकाउंट 1 मार्च से 31 मई 1798 (जीजीज़ एजेंट)
42. रूटलेज को चेरी, 22 मार्च, एनसिग्न मैकगोवन को, 10 अप्रैल, बार्लो को, 17 अप्रैल (फ़ाइल के पृष्ठ संख्या 32 पर), बार्लो को 2 जून 1798। दरअसल वह बाग़ जिसमें वज़ीर अली को रखा गया था महादेवदास का बाग़ था और इसके अंग्रेज़ों के द्वारा 'मादेवदास' लिखने के कारण यह माधवदास बाग़ कहलाने लगा, क्योंकि समसामयिक स्त्रोतों में इसे माधवदास बाग़ ही लिखा जाता है। अत: इस पुस्तक में इसी को अपनाया गया है। [देखें : सी. कोलिन डेवीज़ (सम्पादक) : दी बिनारिस डायरी ऑफ़ वारेन हेस्टिंग्स, लन्दन, 1948, पृष्ठ 5 नोट 3]
43. पूर्वोक्त
44. क़ुरेशी, *फिलिकर्स ऑफ़ एन इंडिपेंडेंट नवाबी,* खण्ड 1, पृष्ठ 218
45. एचसी इरविन द *गार्डेन ऑफ़ इंडिया और चैप्टर्स ऑफ़ अवध हिस्ट्री एंड अफेयर्स,* लन्दन : डब्ल्यूएच एलन एंड को. 1880, पृष्ठ 99-100
46. एफ़एसपी, 30 जनवरी, 11 मई 1798, 27 फ़रवरी 1798, कोन्स संख्या 2, पीटर स्पेक को जॉन शोर का पत्र, वीपी कौंसिल, फोर्ट विलियम, 21 फ़रवरी 1798, एनएआई
47. गवर्नर जनरल को चेरी का पत्र, दिनांक 11 सितम्बर 1798, लेटर इश्यूड टू द गवर्नर जनरल बनारस, जनवरी 1798 से फ़रवरी 1799, खण्ड 3, बक्सा संख्या 1, आरएपी
48. एडमोंस्टन को चेरी, 27 मार्च 1798 (जीजीज़ एजेंट)
49. लेटर इश्यूड बाई द एजेंट टू द गवर्नर जनरल, बनारस, बस्ता संख्या 1, रजिस्टर संख्या 3 जनवरी 1798-फ़रवरी 1799, चेरी का बार्लो को पत्र, सेक्रेटरी गवर्नमेंट, फोर्ट विलियम, 27 मार्च 1798, आरएपी
50. लेटर इश्यूड बाई द एजेंट टू द गवर्नर जनरल, बनारस, बस्ता संख्या 1, रजिस्टर संख्या 3 जनवरी 1798- फ़रवरी 1799, लखनऊ रेज़ीडेंट लम्सडेन को चेरी का पत्र, 19 अप्रैल 1798, आरएपी।
51. सीक्रेट एंड सेपरेट कॉन्सल्टेशंस 22 फ़रवरी 1799, अंक 31, जेएच हरिंगटन को एस डेविस 12 फ़रवरी; एसएम हसन, *तारीख़-ए-बनारस,* खण्ड II, 249-51; विल्टन ओल्डहम, *हिस्टॉरिकल एंड स्टेटिस्टिकल मेमोयर ऑफ़ द ग़ाज़ीपुर डिस्ट्रिक्ट,* इलाहाबाद : एनडब्ल्यूपी गवर्नमेंट प्रेस, 1876, पृष्ठ 68
52. लेटर इश्यूड बाई द एजेंट टू द गवर्नर जनरल, बनारस, बस्ता संख्या 1, रजिस्टर संख्या 3, जनवरी 1798 फ़रवरी 1799, लम्सडेन को चेरी का पत्र, 19 अप्रैल 1798, आरएपी
53. डेविस को चेरी का पत्र, 8, 13 सितम्बर 1798; (जीजीज़ एजेंट); कोर्ट को मॉर्निंगटन, 12 फ़रवरी 1799, आर मोंटेगमरी मार्टिन, द डिसपैचेज मिनट्स एंड कॉरेस्पोंडेंस ऑफ़ द

मार्किवीज़ वेलेज़ली ड्यूरिंग हिज़ एडमिस्ट्रेशन इन इंडिया, खण्ड 1, न्यू दिल्ली : इंडिया पब्लिकेशंस, 1837, पृष्ठ 430

54. लेटर इश्यूड बाई द एजेंट टू द गवर्नर जनरल बनारस, डेविस को चेरी का पत्र, 8 सितम्बर 1798

55. सीपीसी, खण्ड IX, 352

56. जेएफ़ डेविस, *वज़ीर अली ख़ान और द मसेकर ऑफ़ बनारस : ए चैप्टर इन ब्रिटिश इंडियन हिस्ट्री,* लन्दन : स्पोटिसवूड एंड को., पृष्ठ 19-20

57. लेटर इश्यूड बाई द एजेंट टू द गवर्नर जनरल बनारस, बस्ता संख्या 1, रजिस्टर संख्या 3, जनवरी 1798 फ़रवरी 1799, डेविस को चेरी का पत्र, 18 सितम्बर, 1798, आरएपी

58. क़ुरेशी एचए, द *फिलिकर्स ऑफ़ एन इंडिपेंडेंट नवाबी,* खण्ड 1, लखनऊ : न्यू रॉयल बुक कम्पनी, 2003, पृष्ठ 240

59. सीक्रेट एंड सेपरेट कॉन्सल्टेशन, 1 मई 1799, अंक 1

60. डेविस को चेरी, 28 अगस्त और 31 अगस्त 1798 और अर्ल ऑफ़ मॉर्निंगटन को, 5 सितम्बर 1798, कॉरेस्पोंडेंस ऑफ़ द एजेंट टू द गवर्नर जनरल फॉर द इयर 1798 (स्टेट आर्काइव्स प्रयागराज में संरक्षित)

61. क़ुरेशी, *फिलिकर्स ऑफ़ एन इंडिपेंडेंट नवाबी,* खण्ड 1, पृष्ठ 244-50; इस मामले और विषय से जुड़े सभी सन्दर्भ, साक्ष्य, और उद्धरण, वज़ीर अली, चेरी, और डेविस के मध्य हुआ पत्राचार और अर्ल ऑफ़ मॉर्निंगटन (वेलेज़ली) को भेजे गये पत्र आदि सभी दस्तावेज़ को 1798 की एजेंट टू द गवर्नर जनरल के फ़ाइल में प्रयागराज में संरक्षित हैं। यद्यपि यह मुझे लखनऊ में भी उपलब्ध थी जबकि यह वहाँ एक प्रदर्शनी में प्रदर्शित किये गये थे। (क़ुरेशी)

6

बाबू जगत सिंह और उपनिवेश विरोधी प्रतिरोध : भूमिका, प्रतिक्रिया, दमन

1798 में एक असरदार घटना घटी जिसके परिणाम दूरगामी होने वाले थे। एक दिन बाबू जगत सिंह के पुत्र लक्ष्मी नारायण अपनी सवारी में निकले, दूसरी ओर से वज़ीर अली भी सैर-सपाटे पर चले आ रहे थे। दोनों की सवारी आमने-सामने पड़ी। वज़ीर अली पहली ही नज़र में उस युवक से इतने प्रभावित हुए कि उन्होंने उसके बारे में पूछताछ की। यह जानकर कि युवक बनारस के प्रतिष्ठित घराने का वारिस है, वज़ीर अली ने उसका उसी के अनुरूप सम्मान किया। वज़ीर अली ने लक्ष्मी नारायण को अपना कण्ठहार उतारकर पहनाया। लक्ष्मी नारायण प्रफुल्लित होकर घर वापस आये और उन्होंने यह घटना अपने पिता को प्रसन्नता से सुनायी। बाबू जगत सिंह जैसे सम्भ्रान्त और सज्जन पुरुष के मन में यह सुनकर वज़ीर अली के प्रति आभार प्रकट करने की इच्छा तो हुई ही, साथ ही साथ वह इसमें छुपा सन्देश भी समझ गये कि वज़ीर अली उनके साथ अच्छे सम्बन्ध बनाना चाहते हैं। बाबू जगत सिंह ने वज़ीर अली से मिलने का समय माँगा। दोनों मिले, मित्र बने और जल्दी ही यह मित्रता गाढ़ी और पक्की हो गयी। यह मित्रता बाबू जगत सिंह के जीवन में एक अहम मोड़ साबित होने वाली थी।[1]

वज़ीर अली ने ज़मान शाह दुर्रानी की मदद लेने के लिए एक दूत भेजा। दुर्रानी के आक्रमणों ने कई बार अंग्रेज़ों को अवध और बनारस और आसपास के क्षेत्रों से सेना का एक बड़ा हिस्सा हटाकर उन्हें अवध के उत्तर-पश्चिमी सीमान्त[2] पर रखने के लिए मजबूर किया था। वज़ीर अली की चाल थी कि वह ऐसे ही किसी मौक़े का फ़ायदा उठाकर सेना को इधर-उधर करने की गहमा-गहमी के बीच ज़मींदारों की मदद से बनारस के विशाल प्रान्त पर क़ब्ज़ा कर सकें।[3] उन्होंने ज़मीदारों से सम्पर्क करने के लिए कई व्यक्तियों को तैनात किया और यहाँ तक कि इसी उद्देश्य के लिए बहुतों को बिहार और बंगाल में भी प्रतिनियुक्त किया।[4] नवाब वज़ीर अली और बाबू जगत सिंह ने सिन्धिया की मदद लेने का भी प्रयास किया।[5] उन्होंने विकल्प सोच रखा था कि

अगर ज़मान शाह अपने अभियान में विफल होता है, या ऐसा करने से इनकार करता है या पंजाब से आगे बढ़ने में सक्षम ही नहीं हो पाता तब भी वज़ीर अली की योजना को धक्का न लगे और उनके हाथ में एक वैकल्पिक योजना उसी उद्देश्य के लिए रहे।

सुखराम दास एक वैष्णव ब्राह्मण थे और वज़ीर अली के साथ ही नियुक्त होकर बनारस आये थे।[6] वज़ीर अली दास पर भरोसा करते थे और उन्हें यह पता लगाने का काम सौंपा गया कि वज़ीर अली बाबू जगत सिंह पर कितना निर्भर कर सकते हैं। बाबू जगत सिंह स्वयं एक जाने माने भूमिहार ब्राह्मण थे और क्षेत्र के कई ज़मींदारों के साथ ही अलग-अलग वर्ग के लोगों के साथ उनके सम्बन्ध बहुत मधुर थे। जैसे ही बाबू जगत सिंह के 'कुशल प्रभाव' की थाह मिली, वज़ीर अली ने उन्हें अपनी योजनाओं का खुलासा करके उसमें सहभागी बनाने की बात सामने रख दी। आख़िरकार और ज़मींदारों को विरोध के लिए लामबन्द करने में बाबू जगत सिंह की मदद लेनी ही पड़ती। जब बाबू जगत सिंह की विश्वसनीयता सिद्ध हो गयी और आगे की योजना उनके सामने प्रकट की गयी, तो वह इतने उत्साह से भर गये कि उन्होंने सुखराम दास से कहा : 'मैं उनके प्रभुत्व का विस्तार कलकत्ता तक कर डालूँगा। मैं बस सैनिकों को इकट्ठा करने और इस काम के लिए साहूकारों से धन जुटाने के लिए समय चाहता हूँ। बाबू जगत सिंह की भावनाओं को और बढ़ाने के लिए वज़ीर अली ने उन्हें दुशाले की एक जोड़ी, एक तलवार और एक अँगूठी भेजी, साथ में अपने मक़सद की ख़ातिर ज़मींदारों की भर्ती का काम आगे बढ़ाने को कहा।[7]

जगतगंज राजपरिवार के पूर्वजों के परिधान

चित्र 6.1 : कश्मीरी पशमीना पुरुष दुशाला (सोने की कढ़ाई)

चित्र 6.2 : बनारसी अठरंगा अंगरखा बूटी / गंगा-जमुनी वाली बुनाई
(विशेषत : बनारस तथा जगतगंज राजघराने हेतु निर्मित)

चित्र 6.3 : अंगरखे के साथ पहना जाने वाला चूड़ीदार पैजामा बनारसी हस्तकला
(सोने चाँदी की बुनाई)

चित्र 6.4 : शमला (डिब्बे के साथ) बनारसी हस्तकला
(विशेषत: बनारस राजघराने में पहनने का प्रचलन)

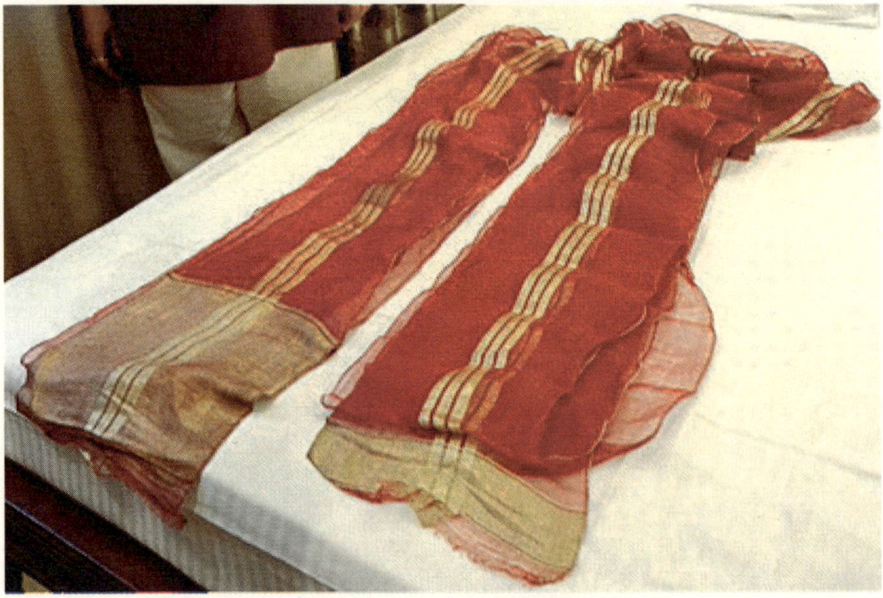

चित्र 6.5 : बनारस में निर्मित महीन मर्सलीन पर सोने की कलाकारी
(पुरुष के साफे का कपड़ा)

चित्र 6.6 : बालिका की कुर्ती बनारसी हस्तकला (सोने चाँदी की बुनाई)

चित्र 6.7 : बालिका का लहँगा बनारसी ताशा की हस्तकला (सोने-चाँदी की बुनाई)

चित्र 6.8 : बनारसी हस्तकला महिला की ओढ़नी (ऊपर की चादर) (सोने-चाँदी की बुनाई)

(उपरोक्त हस्त निर्मित वस्त्र लगभग 200 वर्षों से अधिक पुराने हैं)

बाबू जगत सिंह ने कथित तौर पर कहा : 'मैं सैनिकों को इकट्ठा करूँगा और ख़र्चे की भरपाई के लिए साहूकारों से धन जुटाऊँगा। अंग्रेज़ों का सफ़ाया करने के बाद, मैं सारे साहूकारों की ज़ब्ती करूंगा, उनसे पैसे निकालूँगा और पूरे प्रान्त को आपके अधीन कर दूँगा।'[8] सशस्त्र अभियानों के माध्यम से वज़ीर अली के शासन को 'कलकत्ता तक' बढ़ाने की बाबू जगत सिंह की इच्छा से पता चलता है कि उन्हें केवल हलचल या मामूली विद्रोह पैदा करने में कभी दिलचस्पी नहीं थी। ऐसे विद्रोह या तो जल्द ही समाप्त हो जाते हैं या उनका गला आसानी से घोंट दिया जाता है। यह उनके अन्दर अचानक उभरे क्रोध का नतीजा भी नहीं था, क्योंकि हम पाते हैं कि वह 1797 तक बातचीत और याचिकाओं के माध्यम से अपनी शिकायतों को शान्ति से हल करने के लिए प्रयासरत थे। हालाँकि, वर्षों से पारिवारिक मामलों में बढ़ते औपनिवेशिक हस्तक्षेपों, चली आ रही परम्पराओं और ज़मींदारी के

स्वाभाविक अधिकारों के उल्लंघन, आपसी समझौतों और सहमतियों पर न टिके रहने की अंग्रेज़ी नीतियों के विरुद्ध उनके मन में एक व्याकुलता थी ही। विरासत से वंचित करने के अंग्रेज़ों की कोशिश ने निश्चित रूप से उन्हें विदेशी शासकों से असन्तुष्ट और नाराज़ कर दिया था। उनकी दूरदृष्टि और बुद्धि-चातुर्य ने हमेशा उनके मन में बनारस से कलकत्ता तक हर जगह से अंग्रेज़ों को जड़ से उखाड़ फेंकने की भावना बनाये रखी थी। हालाँकि यह विचार और योजना उनके दिमाग़ की अचेतन परत में कहीं गहरे समाई थी, क्योंकि उन्होंने इसे इससे पूर्व कभी किसी के सामने प्रकट नहीं किया था। अचानक सुखराम दास के सामने आने और वज़ीर अली का साथ मिलने से उनमें वह जोश भर गया, जो कहीं न कहीं पिछले पाँच साल से भीतर-भीतर उबल रहा होगा। अगले चार महीनों में जो कुछ भी घटा, वह इसी जोश और होश की गवाही है।

जब सुखराम दास बाबू जगत सिंह से पुन: मिले, तब तक बाबू जगत सिंह इतने उत्साही और सफ़ल हो चुके थे कि वह अपने उन साठ ज़मींदार मित्रों की एक सूची तैयार करने में सक्षम हो गये जो उनकी योजना में शामिल होने और निष्ठा की शपथ लेने के इच्छुक थे। इसके लिए एक गुप्त बैठक का अनुरोध किया गया था। विधिवत बैठक हुई। इसके लिए बाबू जगत सिंह रात में एक गुप्त मार्ग से माधव दास बाग़ पहुँचे। बाबू जगत सिंह और वज़ीर अली के बीच एक समझौते पर हस्ताक्षर हुए। समझौता पत्र बाबू जगत सिंह ने ही तैयार करवाया था और वज़ीर अली ने इसे विधिवत हस्ताक्षरित करके उन्हें वापस कर दिया था। एक नियत दिन माधव दास बाग़ में एक और गुप्त बैठक के दौरान, बाबू जगत सिंह, लक्ष्मी नारायण, उनके दीवान बहादुर सिंह (अध्याय 2 में उल्लिखित), और बनारस के राजा के रिश्तेदार शिव परसन सिंह ने भाग लिया। बाबू जगत सिंह ने अपनी योजना की सफलता के लिए कई हज़ार सशस्त्र लोगों को लाने का वादा किया और उनके साथ आने वालों ने भी ऐसा ही किया।[9] अगले अध्याय में पता चलेगा कि लक्ष्मी नारायण ने माधव दास बाग़ के कई और दौरे किये ताकि उनके पिता और दीवान को ऐसी योजनाओं के अमल में और भी बैठकों की सुविधा मिल सके। यह पहले ही बताया जा चुका है कि ऐसी ही गुप्त बैठकों से असल काम आगे बढ़ रहा था।

इस प्रकार उपरोक्त वर्णित एक निश्चित तरीक़ा तय हुआ। सुखराम दास ने जगतगंज निवास में बाबू जगत सिंह के साथ सम्पर्क करना जारी रखा और बाबू जगत सिंह उसे आश्वस्त करते रहे कि वह काम में लगे हैं और वज़ीर अली के पक्ष में लोगों को लामबन्द कर रहे हैं। एक दिन सुखराम दास ने बाबू जगत सिंह को

अपने दीवान बहादुर सिंह, शिव परसन सिंह और गिनवर्च के ज़मींदार रतन सेन राव के साथ जगत सिंह तालाब के किनारे बैठे पाया। सुखराम दास ने हमेशा की तरह उन्हें इस कठिन कार्य में सकारात्मक कार्रवाई के लिए प्रोत्साहित किया। बाबू जगत सिंह ने साफ़ शब्दों में उन्हें बताया कि पिछले पाँच वर्षों से उनके दिमाग़ में ऐसी ही योजना थी। यह इस बात की पुष्टि है कि विप्लव के विचार वर्षों से उनके मन में डेरा डाले बैठे थे और उन्होंने यह फिर से दोहराया कि वह इस कार्य योजना को सही राह पर ले जाने के लिए संकल्पित हैं। उन्होंने वादा किया कि वह 30,000 बन्दूकधारियों को लामबन्द करेंगे। शिव परसन सिंह ने खुलासा किया कि वह 10,000 सैनिकों को जुटाएँगे। रतन सेन राव ने इसे एक अच्छी योजना नहीं माना, लेकिन जब बाबू जगत सिंह ने कहा कि वह हमेशा के लिए जीवित नहीं रह सकते हैं और अंग्रेज़ों के दबदबे को मिटाने में अपना जीवन भी बलिदान करने के लिए तैयार हैं, तो इस बात ने रतन सेन राव के दिल को छुआ। योजना के बारे में उनकी सभी ग़लतफ़हमियाँ दूर हो गयीं। साठ व्यक्तियों में से, जिनकी सूची बाबू जगत सिंह द्वारा तैयार की गयी थी, दो ने सुखराम दास की उपस्थिति में ही शपथ ली और बाबू जगत सिंह ने बक़ियों के लिए भी कहा कि उन्होंने ऐसा करने की हामी भरी है। सुखराम दास ने बाद में अपने बयान में यह भी उल्लेख किया कि ठाकुर बिशन सिंह और एक अन्य ठाकुर, जो क्रमशः 1 और 1½ कोस की दूरी पर चुनार के सामने रहते थे, इस उद्यम में शामिल होने के लिए सहमत हुए। एक अन्य बैठक में सुखराम दास ने बाबू जगत सिंह द्वारा 9वीं रेजिमेंट की दूसरी बटालियन के सूबेदार गजराज सिंह को अपने साथ शामिल होने के लिए फुसलाते हुए देखा। उन्होंने उस बटालियन के साथ ऐसा करने की शपथ ली। वह तब बाबू जगत सिंह के साथ कोरोना के रास्ते में थे। रतन सेन ने अपने दोस्त और आज़मगढ़ के आमिल ख़्वाजा शहामतुल्लाह की बाबू जगत सिंह के साथ मुलाक़ात करायी। इसके परिणामस्वरूप 4,000 पैदल सैनिक, 200 घोड़े और 2 अनुशासित बटालियन और बढ़ गयीं। बनारस बुलाये जाने पर बाबू जगत सिंह के भतीजे बोधराज साहू उर्फ रंगे साहू को अपनी योजना में शामिल होने के लिए प्रेरित किया गया। उन्होंने छपरा, फूलपुर और बड़ागाँव में 20,000 सैनिकों की भर्ती का वादा किया। उनकी प्रतिबद्धता के कारण वज़ीर अली द्वारा उन्हें एक दुशाला, एक तलवार और राजसी सम्मान का वस्त्र प्रदान किया गया। इसके बाद सारण में जगत सिंह के कुछ रिश्तेदारों ने भी इसका हिस्सा बनने का फ़ैसला किया।[10] यह ध्यान देने योग्य है कि सारण के लगभग हर गाँव में एक क़िला था और पूरे ज़िले में कोई

पुल नहीं था।[11] आज के बलिया ज़िले के परगना सिकन्दरपुर में मोगरा के ज़मींदार जगन्नाथ सिंह काफ़ी लम्बे समय से विद्रोह किये हुए थे। बाबू जगत सिंह ने केराकुट के एक अफ़ग़ान को भेजकर उनसे सम्पर्क साधा और सेना इकट्ठा करने को कहा। वह इस काम में आनेवाले ख़र्च दिये जाने की शर्त पर 10,000 सैनिकों को लामबन्द करने के लिए मान गये।[12]

शिव रतन सिंह, शिव परसन सिंह और शिव अम्बर सिंह तीन भाई थे। वे नारायणपुर के ज़मींदार अजायब सिंह के बेटे थे। राजा महीपनारायण सिंह की दादी अजायब सिंह के परिवार से ही थीं, जो उनके नायब भी थे। उनमें से शिव रतन सिंह पहले ही वज़ीर अली की सेवाओं में शामिल हो गये थे, जैसा कि अध्याय 5 में उल्लेख किया गया है। वह अक्टूबर 1798 से काफ़ी सक्रिय रहे और उनके लोगों को अक्सर गाँवों में डुगडुगी बजाकर प्यादों की भरती करते देखा जाता था। शिव परसन सिंह को इस कार्य के लिए बाबू जगत सिंह द्वारा हासिल किया गया था और शिव अम्बर सिंह का वारिस अली और इज़्ज़त अली के साथ लगातार सम्पर्क था। चेतगंज इलाक़े में उनका निवास था। एक बार वज़ीर अली ने भी उनके घर का दौरा किया था। जब उनके बीच समझौता हुआ तो उन्होंने वज़ीर अली को 10 रुपये नज़्र किये थे।[13]

बाबू जगत सिंह के इन सभी उपक्रमों ने दो तरह की सुविधाएं जुटा दीं और सूचियों का निर्माण किया गया। एक में 4,800 पैदल सैनिको और 55 घुड़सवार थे, जो तुरन्त उनके साथ शामिल होने के लिए मुस्तैद थे और दूसरी में ऐसे 81,000 सैनिकों का विवरण था जिन्हें उनकी पहली सफलता के पाँच से छह दिनों के भीतर उनके साथ शामिल होने की उम्मीद थी।[14]

जगत सिंह की पहली सूची

	पैदल	घोड़े
मेरे कारिन्दे	400	15
शिव परसन सिंह	1000	25
भवानी शंकर सिंह	700	5
ठाकुर शिव प्रसाद सिंह	2000	10
किस्वार के सरदार	500	
शिव नाथ सिंह	200	
कुल	4,800	55

जगत सिंह की दूसरी सूची

लोगों की संख्या	
किसवार के वाशिंदे, मेरी अपनी ज़मींदारी	20,000
बाबू शिव परसन सिंह की ज़मींदारी से	10,000
ज़ालिम सिंह, दुवारेख के राजकुमार	5,000
देउरा के गुरदत्त सिंह	1,000
पूरन सिंह	1,000
संग्रामपुर के चैन सिंह और रैन सिंह	2,000
ठाकुर शिव प्रसाद सिंह और शिव राज सिंह (कुरियल परगना में बुघा)	5,000
परगना भदोही के ज़ोरावर सिंह	10,000
गुहरावर के सरबजीत सिंह	5,000
सिकन्दरपुर परगना में मोगरा के जगन्नाथ सिंह	3,000
गिनवार्च के रतन सेन राव	2,000
सूरज ग़ुलाम सिंह और शिव परसाद सिंह के बेटे और बख़्त सिंह	1,000
कुद्दुन सिंह	500
ख़ानपुर परगना के लोग	800
चनदेवरि परगना के लोग	3,000
पिसवरान और सुनैनू परगना के लोग	500
सरकार सारण के बाबू लोग, मेरे कुटुम्बी	5,000
राजा फतेह सिंह	2,000
बिलकरपल्ली के ज़ब्बर सिंह	4,000
मुहम्मदाबाद के शीतल सिंह	200
कुल	**81,000**

तो इस तरह से कुल सैनिकों की संख्या 81,000 + 4,800 = 85,800 हो गयी। इसमें 55 घुड़सवार जुड़े और कुल संख्या 85,855 हो गयी।

इन सभी मामलों में बाबू जगत सिंह का जोश, उनकी कार्यकुशलता और बनारस से लेकर कलकत्ता तक अंग्रेज़ी ताक़त का नाम-ओ-निशान मिटा देने की उनकी ललक दिखाई देती है। इतनी बड़ी सेना बनाने के लिए लोगों को लामबन्द करना उनकी ही क़ुव्वत थी। वज़ीर अली और ज़मींदारों के बीच ईमानदारी बनाये रखने का बीड़ा भी उन्होंने ही उठा रखा था। अगर वज़ीर अली ने बाबू जगत सिंह से गठजोड़ नहीं किया होता तो ऐसी किसी परिस्थिति के बनने की कोई भी सम्भावना नहीं थी।

जब वे सब उपरोक्त मामले पर ज़ोर-आज़माइश में लगे थे, उसी बीच वज़ीर अली

के दूत मुल्ला मुहम्मद माज़ंदरान को बीकानेर के राजा के आदेश से उनके आदमियों द्वारा सितम्बर अक्टूबर 1798 में किसी समय मूल्यवान उपहारों के लिए मार दिया गया था। जयपुर में अंग्रेज़ी समाचार लेखक गोपीनाथ ने उनके मिशन और आपबीती का विवरण कलकत्ता पहुँचाया।[15] इस विवरण के बाद कुछ लोगों के इस दावे में कोई सच्चाई नहीं है कि वह अंग्रेज़ों के आदेश के अनुसार अटक के राजा द्वारा मारा गया था और यह गोपीनाथ था जिसने दूत के काग़ज़ात कलकत्ता भेजे थे। ढाका के नवाब शम्स-उद्दौला ने ज़मान शाह और उनकी सरकार के महत्त्वपूर्ण घटकों को मिर्ज़ा मुहम्मद तक़ी ख़ान के माध्यम से पत्र भेजे। इनका वज़ीर अली से कोई लेना-देना नहीं था। नवाब ने शाह को भारत में आक्रमण करने के लिए आमन्त्रित किया था लेकिन तक़ी अपने मिशन को अंजाम देने से पहले ही लखनऊ में चल बसा। उसने सन्देश अपने बेटे अबुल क़ासिम अंसारी के क़ब्ज़े में छोड़ दिया था, जिनसे अन्ततः वह पत्र ज़ब्त कर लिया गया। इससे कुछ हलक़ों में ग़लत धारणा पैदा हुई कि वह वज़ीर अली का दूत था और इस दूत के काग़ज़ात पुलिस द्वारा ज़ब्त कर लिए गये थे जिससे उसकी साज़िशों का खुलासा हुआ।[16]

जब गोपीनाथ की रिपोर्ट वज़ीर अली तक पहुँची और इस मामले में उनकी किसी भी संलग्नता पर चेरी ने कलकत्ता के निर्देशों का पालन करते हुए उनसे सफ़ाई माँगी तो बड़ी स्पष्टता से उन्होंने कहा :[17]

यदि आपको सन्देह है कि इसमें मेरे निमन्त्रण का कोई हाथ है, तो पिछले साल से पहले जब वे (दुर्रानी) लाहौर तक आये थे, तो उन्हें किसने आमन्त्रित किया था? आप पूरी तरह से आश्वस्त रहें कि मैं आपके कल्याण और लाभ की कल्पना करता हूँ और कम्पनी की सरकार के स्थायित्व की कामना को ही, अपना जीवन सुविधापूर्ण तरीक़े से व्यतीत करने का साधन मानता हूं। विधाता कम्पनी के दुश्मनों का मतिभ्रम बनाये रखे। ब्रिटिश महामहिम की सेनाओं को जीत का ताज पहनाये! उनके सिंहासन की शक्ति बनाये रखे और उसका वर्चस्व भी चिरकाल तक टिका रहे। यदि आप इस तरह के अस्पष्ट आक्षेपों को, जो मेरे दुश्मन मेरे ख़िलाफ़ इस्तेमाल करते हैं, स्वागत करते हैं तो हर तरह के झूठ से भरी कई और रिपोर्टें प्रतिदिन उनके पास लायी जाती रहेंगी। मित्रता के कारण ही आप मुझ पर विश्वास करें। एक सच्चा मित्र! जो हृदय से ब्रिटानिक महामहिम की शक्ति बढ़ने की कामना करता है और अपने मन से मेरे प्रति सभी तरह के सन्देहों को निकाल दें।

अंग्रेज़ इस जवाब से सन्तुष्ट हो गये और उन्होंने बनारस में वज़ीर अली को परेशान नहीं किया। इससे बाबू जगत सिंह को भी अपने ब्रिटिश विरोधी योजनाओं के लिए समर्थन जुटाने का और अवसर मिलता रहा। सिन्धिया को भी अपनी ओर मिलाने के प्रयास जारी थे। बाबू जगत सिंह भी अपनी योजनाओं को कारगर करने में लगातार लगे रहे।

वज़ीर अली कलकत्ता भेजे गये

यह दिसम्बर 1798 के मध्य की बात है, जबकि लम्सडेन को पता चल गया था कि चेरी के कुछ नौकरों के वज़ीर अली के साथ सम्बन्ध थे और वे सब किसी प्रकार की ब्रिटिश विरोधी गतिविधि में लगे थे। सआदत अली को पता चला कि चेरी के जमादार चैन सिंह को इस तरह की साज़िशों का आभास था, लेकिन उसने अपने मालिक को सूचित करने की ज़हमत नहीं उठाई। विभिन्न स्त्रोतों के माध्यम से इसे जानने की कोशिश की गयी, लेकिन कोई भी इस तरह की गतिविधियों की सटीक प्रकृति का खुलासा नहीं कर सका। हालाँकि वह उस अवधि के दौरान वज़ीर अली को वहाँ से हटाने का सुझाव देना नहीं भूले जब ज़मान शाह ने दोआब हड़प लेने की धमकी दी थी। डेविस इसके बारे में अधिक स्पष्ट था और उसने गवर्नर जनरल से उसे बनारस से हटाने का अनुरोध किया, क्योंकि वह उसके लिए परेशानी का एक सतत स्त्रोत था। जैसा कि पिछले अध्याय में उल्लेख किया गया है कि वह उसके अधिकार और वर्चस्व को कम करने और उसको क्षति पहुँचाने से कभी नहीं चूकता था। इसलिए भी वह उसे बनारस से हटाना चाहता था ताकि उसे हंगामे या उसके भागने की स्थिति से निपटने जैसे अन्य व्यक्तियों की वफ़ादारी के साथ छेड़छाड़ के अवसरों से वंचित रखा जा सके। यह सब उस पुस्तक में पढ़ने योग्य है जो सैमुएल डेविस के बेटे ने अपने पिता के बारे में लिखी थी।[18] लॉर्ड मॉर्निंगटन की भावनाओं को कोर्ट ऑफ़ डायरेक्टर्स को लिखे उनके राजनीतिक पत्र से बेहतर ढंग से समझा जा सकता है, जिसमें वे कहते हैं :[19]

> *अपनी कम अवधि की नवाबी के दौरान उन्होंने बिना किसी भय के असाधारण साहस और गतिविधियों के लक्षणों के साथ-साथ एक क्रूर, रक्तरंजित और विश्वासघाती लक्षणों के संकेत दिये। यहाँ तक कि लॉर्ड टीनमाउथ ने भी मौक़ा देखकर उसकी रिहाइश को उसके उत्थान और पतन के स्थान से अधिक दूरस्थ स्थिति में बदलने का अवसर लेना उचित समझा। उन्होंने स्वयं कलकत्ता के आसपास के क्षेत्र के कारण के निष्कासन को अवध प्रान्त की शान्ति के लिए अनिवार्य रूप से आवश्यक उपाय माना, वह जानता था कि उनके द्वारा तैनात किये गये एक परिचारक वर्ग को अपनी सेवा में रखने के कारण से अधिक बार बनारस की शान्ति को भंग कर दिया था। उस ज़िले में तैनात सामान्य सैन्य बल को बनारस के कुलीन वर्ग और सभी ख़तरों को रोकने के लिए पर्याप्त नहीं समझा जा सकता था। विभिन्न चैनलों के माध्यम से जानकारी पहुँची कि उन्होंने ज़मान शाह को उपहारों के साथ वकील भेजा। जो काफ़ी हद तक उसके स्वभाव का संकेत देता है कि वह कोई भी ऊधम मचा सकता है। जिसकी सफलता ज़मान शाह के इधर आने की ओर अग्रसर होने से उसे हो सकती थी। इसलिए मैंने फोर्ट विलियम से प्रस्थान करने से कुछ समय पहले चेरी को निर्देश दिया कि वह वज़ीर*

अली को कलकत्ता के आसपास के क्षेत्र में ही निवास करने को कहे और उन्हें भरोसा दिलाये कि उनके भत्ते या नियुक्ति में कोई कमी नहीं की जायेगी और न उन्हें किसी अतिरिक्त नियन्त्रण के अधीन किया जायेगा जो उसके विरुद्ध हो, जो वह बनारस में करते थे। जब मेरे आदेश वज़ीर अली को सूचित किये गये, तो उन्होंने पहले तो मेरी अपेक्षा के अनुसार अपनी वास्तविक स्थिति को छोड़ने के लिए अवांछनीय अनिच्छा व्यक्त की, लेकिन कुछ ही समय में वह अपने निवास के परिवर्तन के लिए पूरी तरह से सामंजस्य स्थापित करने और सन्तुष्ट होते दिखाई दिये और उन आश्वासनों से भी सन्तुष्ट दिखाई पड़े जो उन्हें माननीय कम्पनी के संरक्षण और सुविधाओं की निरन्तरता के बारे में प्राप्त हुए थे।

गवर्नर जनरल ने 24 दिसम्बर 1798 को चेरी को निर्देश दिया कि वह अपने पत्र में शामिल उपरोक्त शर्तों के साथ वज़ीर अली को कलकत्ता स्थानान्तरित करने की व्यवस्था करे। उसने ठीक उसी तरह से प्रतिक्रिया की जिस तरह से वह लिखता है, लेकिन यह मान लेना कि वज़ीर अली 'पूरी तरह से सन्तुष्ट' था एक भूल थी, जैसा कि हम आगे देखेंगे।[20]

85,855 सैनिकों के साथ अंग्रेज़ों पर ज़ोरदार और निर्णायक हमला करने के लिए सिन्धिया की मदद लेने के प्रयास सितम्बर से दिसम्बर 1798 के अन्त तक लगातार किये गये थे। लेकिन ये अनिर्णायक रहे और उत्तरी भारत में दौलत राव सिन्धिया के लेफ्टिनेंट अंबाजी इंगलिया और पेरोन से सम्पर्क करने तक ही सीमित रहे। वह तब तक सिन्धिया से भी सीधे नहीं मिल पाये थे। कहना चाहिए कि यह अभियान भी एक उपद्रव मात्र में सिमटकर समाप्त हुआ। इन सब घटनाओं के बीच वज़ीर अली और बाबू जगत सिंह के लिए अब स्वयं उद्यम करने के अलावा और कोई विकल्प नहीं बचा था, जबकि उनके समर्थन के लिए योद्धाओं की इतनी बड़ी प्रतिबद्धताएँ थीं। वज़ीर अली के लिए यह अच्छा रहा कि सौभाग्य से लगातार उन्हें अपने सभी उपक्रमों में बाबू जगत सिंह जैसे एक जोशीले, ज़ोरदार, सक्रिय और आवेगी व्यक्ति का समर्थन प्राप्त रहा, जो अपने व्यापक सम्पर्कों के कारण और बनारस और यहाँ तक कि उससे आगे के ज़मींदारों और निवासियों की लामबन्दी में सक्षम थे। उन्होंने अंग्रेज़ों को किसी ख़ास मौक़े पर ज़ोरदार झटका देने के लिए पिछले पाँच वर्षों से इन्तज़ार किया था। इसलिए ऐसी स्थिति में एकमात्र विकल्प बचा था कि जिन लोगों ने पहले ही साथ आने का वादा किया था, उनसे सम्पर्क किया जाये। तय किये गये दिन पर अंग्रेज़ों के ख़िलाफ़ मैदान में उतरने के लिए अब उन सबको आमन्त्रित किया जाना था। पहले की प्रक्रिया, जिसका वे तब तक पालन कर रहे थे, उसे नए सिरे से शुरू करना पड़ा।

लेकिन यह निश्चित है कि वे इसे पहले की तरह प्रभावी पहुँच की कगार तक नहीं ले जा सके। वज़ीर अली ने फिर दोहराया कि वह कलकत्ता जाने के लिए तैयार है। हालाँकि, वह तुरन्त इसके लिए तैयार नहीं थे और जब तक टालना सम्भव था वह उसे तब तक टालते रहे, ताकि वह अभियान की मुकम्मल तैयारी के लिए जितना सम्भव हो उतना समय जुटा सकें और अभियान को व्यवहार्य बनाया जा सके।[21] जब ऐसा करना सम्भव नहीं हुआ, तो उन्होंने कहा कि वह 15 या 16 जनवरी[22] को कलकत्ता जायेंगे। 14 जनवरी 1799 को सशस्त्र प्रतिरोध को शुरू करने की तारीख़ तय हुई। चूँकि बाबू जगत सिंह ही एक ऐसे व्यक्ति थे जो ज़मींदारों और उनके आदमियों पर पकड़ रखते थे, इसलिए यह स्पष्ट है कि इतने कम समय के भीतर सशस्त्र संघर्ष को संगठित करने और शुरू करने में उनकी मुख्य भूमिका थी। जब वज़ीर अली ने कलकत्ता जाने के लिए पैसे की माँग की, तो दिसम्बर और जनवरी की अग्रिम पेंशन के रूप में 13 जनवरी[23] को उन्हें 25,000 रुपये की राशि का भुगतान किया गया।

इस प्रकार, उन्हें सशस्त्र संघर्ष और इस कड़ी में बनारस से बाद में प्रस्थान में उपयोग करने के लिए आवश्यक धन मिल गया।

अब समय कम था और काम बहुत बाक़ी था। इसलिए 14 जनवरी 1799 के अभियान में सैनिकों को जुटाने और विभिन्न ज़मींदारों को शामिल होने के लिए दूतों को भेजने का कार्य तुरन्त शुरू हुआ। दूतों को विभिन्न ज़मींदारों के नाम पर पत्र दिये गये थे और वज़ीर अली की मुहर के साथ एक घोषणा भी दी गयी थी कि जितने लोग वे जुटाएँगे उन सब को इस अभियान में शामिल किया जायेगा।[24] दूतों में से एक था बनारस के काशीटोला का बीचक सिंह-I उर्फ़ बाबू हींचण राम। बालगोविन्द उनके चचेरे भाई और शिव अम्बर सिंह भतीजे थे। वे अभियान के अहम किरदार थे, आगे उनका उल्लेख किया जायेगा। सुमेद सिंह और रामदयाल सिंह अठगाँव के ज़मींदार थे जिन्होंने अपने वंशानुगत ज़मींदारी बनाये रखने की शर्त पर 5 घुड़सवार और 200 पैदल सैनिकों के साथ शामिल करने की सहमति दी थी, जिसे वज़ीर अली की मुहर के तहत स्वीकार किया गया था।[25] रोशन सिंह, जीतन सिंह, अवतार सिंह, नत्था सिंह, बाजी सिंह, लीला सिंह, और मातीम सिंह जो केराकट, कटेहर, जाल्हूपुर, बड़हड़ और हवेली शिवपुर के ज़मींदार थे, अपनी सेवा के लिए विरासत से चली आ रही नानकर नामक अपने सही हिस्से की राशि काटने के बाद सीधे केन्द्रीय दीवान को भुगतान करना चाहते थे और उन सबकी यह बात भी मान ली गयी।[26] शिव शरण सिंह, जिनकी ज़मींदारी जौनपुर और देवगाँव में थी, 500 या जितने सम्भव हो उतने लोगों को लामबन्द करने का भरोसा दिया था।[27] बनारस के पियरी इलाक़े के बिशन सिंह ने 500 बरक़ अन्दाज़ पैदल सैनिकों के साथ, राव शिवनाथ सिंह के अनुयायी ने 500 सैनिकों

के साथ, उर्दुन सिंह ने 25 घोड़ों, 100 बरक़अंदाज़ पैदल सैनिकों और 50 जज़ायर टुकड़ियों के साथ शामिल होने को तैयार हुए थे। सुमनी सिंह 500 बरक़अंदाज़ पैदल सैनिकों के साथ शामिल होने के लिए सहमत हुए, साथ ही और अधिक लोगों को जुटाने का आश्वासन भी दिया। चन्द्रसेन ने कोई आँकड़ा नहीं बताया लेकिन निश्चित रूप से जितने लोगों को भर्ती करने में वे सक्षम थे उतने लोगों के साथ शामिल होना सुनिश्चित किया।[28] बुहुक सिंह ज़मींदारों और उस क्षेत्र के अन्य निवासियों के साथ शामिल होने के लिए सहमत हो गये जहाँ वह कार्यरत थे।[29] आज़मगढ़ के उल्दामोर के बाबू बख्श सिंह, अवध के एक क्षेत्र मेहकेहवे से संग्राम सिंह और गुलाब सिंह, राम परगस सिंह, देह सिंह, बीचक सिंह-द्वितीय, गन्नू सिंह और देवगाँव के शोभन सिंह इस आकस्मिक अवसर के एक घटक बन गये। ज़मींदारों की सेवाओं को हासिल करने के चल रहे प्रयासों को मज़बूत करने के लिए मुद्रा की सख़्त ज़रूरत थी।[30] कल्ब अली बेग बिहार के गया ज़िले में वसूली करता था। उसे हाजी मुगुल या मुगुल बेग भी कहा जाता था और ग़बन करने के आरोप में उसे अपना इलाका छोड़ना पड़ा था। वह बनारस आया और वज़ीर अली की ख़िदमत में लग गया। वह बनारस के गोहट्टा इलाक़े में रहने लगा; उनके दीवान रंगलाल सक्रिय रूप से सैनिकों को एकत्र करने में लगे हुए थे।[31] देवी सिंह, बसन्त सिंह, मुन्नू सिंह और बहादुर आठ-आठ अनुयायियों के साथ और कर्ताराम, राम दास के साथ वारिस अली द्वारा भर्ती किये गये थे।[32]

14 जनवरी 1799 की योजना की सफ़लता के लिए बीताबुर की छावनी में तैनात ब्रिटिश सेना और मंडुवाडीह में घुड़सवार सेना को बाधित करने की योजना बनायी गयी। इस काम के लिए चितईपुर और पिंडरा के ज़मींदार भवानी शंकर और उनके बेटे शिव देव सिंह को चुना गया। उनका उत्साह बढ़ाने के लिए उन्हें सम्मान के वस्त्र, धन और घोड़े दिये गये। उन्होंने लोगों को इकट्ठा करना शुरू कर दिया और 13 जनवरी 1799 तक उन्होंने बन्दूकों, तलवारों और अन्य हथियारों से लैस 200-250 सैनिकों को इकट्ठा किया। इन सैनिकों को सम्हालने के लिए बारह नायक भी थे जिनमें प्रमुख सुमन सिंह, उदवंत सिंह, गज्जू सिंह, तुक्खर सिंह और हर देव सिंह थे। 13 जनवरी को वज़ीर अली छह लोगों के साथ उनसे मिलने गये और उन्होंने फिर से वज़ीर अली को काम पूरा करने का भरोसा दिलाया। वज़ीर अली ने उन्हें सुबह तक और अधिक सैनिक इकट्ठा करने के लिए पैसे दिये।[33]

चूँकि पैसे के बिना कुछ भी नहीं किया जा सकता था, वज़ीर अली ने सेना जुटाने में लगे व्यक्तियों को निम्नलिखित रकम दी :[34]

	रक़म (रुपयों में)
भवानी शंकर और शिव शरण सिंह	3,000
गणेश राय	1,000
भाऊनाथ राय	100
भाऊ राय	200
दासु राय	200
जुनारी	200
बिशन ब्रजबासी	50
सूमोद सिंह	100
शिवम्बर सिंह	100
शिवनाथ सिंह	100
शिव शंकर सिंह	125
कुल	**5,175**

13 जनवरी की शाम को वज़ीर अली ने बीच क सिंह-प्रथम और बालगोविन्द को अपने अस्तबल से एक-एक घोड़ा दिया और 100 रुपये की धनराशि भी दी। सैनिकों को बाँटने के लिए 21,000 रुपये, 100 सोने की मोहरें और 7 जोड़ी शॉल भी उन्हें दिये गये, और उन्होंने वैसा ही कि या।[35]

13 जनवरी की शाम तक जौनपुर, बनारस, अवध, ग़ाज़ीपुर, आज़मगढ़, चंदवक, कटेहर और काननतित के कई ज़मींदार और अन्य लड़ाके अगले दिन के अभियान को अंजाम देने के लिए बनारस और उसके आसपास एकत्र हुए। धन से भरा थैला विधिवत रूप से वितरण की देखरेख करने वाले व्यक्तियों को सौंप दिया गया था। उद्देश्य के प्रति दृढ़ और अडिग रहने के लिए सैनिकों के बीच इसे वितरित किया गया था।[36]

उपरोक्त सभी गतिविधियों ने वज़ीर अली और बाबू जगत सिंह को शहर के भीतर 42 घोड़े और 1,300 पैदल सैनिक और बनारस के बाहरी इलाक़े में 50 घोड़े और 9,900 पैदल सैनिक इकट्ठा करने में सक्षम बनाया। इसमें कुल मिलाकर 92 घोड़े और 11,200 पैदल सैनिक हो गये।

इसके अतिरिक्त घाटों और अन्य इलाक़ों पर तैनात 1,545 सैनिकों को मिलाकर कुल 12,837 सैनिक अभियान के लिए तैनात थे। अभियान की तैयारी के लिए मिलने वाले कम समय को ध्यान में रखते हुए इतने सारे लोगों का एकत्र कर लेना आश्चर्यजनक था। दीर्घकालिक योजना के पश्चात् इस तत्कालिक योजना की

उपलब्धि बाबू जगत सिंह की बदौलत थी। 13 जनवरी 1799 की शाम तक बनारस में जुटी सेना का विवरण इस प्रकार है :[37]

सवार	प्यादे	सैनिकों की संख्या
उर्दन सिंह हज़ारी	25	200
शिव नाथ सिंह		500
बाबू गोपाल सिंह	10	200
औदान सिंह	2	50
बिशन सिंह	-	200
शिव नारायण	-	50
बाहू वगैरह	-	50
बाल गोविन्द	5	50
कुल	**42**	**1300**

शहर के आसपास रिसालदार भी तैनात और तत्पर थे।[38]

	सवार	पैदल
भवानी शंकर और शिव देव सिंह	-	5,000
बाजा सिंह रघुवंशी और साथी	50	2,000
दा वेश (वैश्य) और साथी	-	1,000
लोहानाज़ (लोहानी)	-	250
सुमोद सिंह		250
सुमानी सिंह		500
सुमानी सिंह चौधरी		500
कलन्दर सिंह		200
बहोरे		200
कुल	**50**	**9,900**

इसके साथ ही घाटों और शहर के मुख्य इलाक़ों को भी नज़रअन्दाज़ नहीं किया गया था। वहाँ भी सैनिक तैनात थे जिनका ब्योरा निम्नलिखित है :

गंगा और वरुणा के घाटों पर :[39]

वरुणाघाट, गंगाघाट	100 सैनिक
राजघाट	50
गायघाट	25
जलसालु	50
दशाश्वमेध घाट	20
हनुमान घाट	40
अस्सी संगम	300
बंगालीघाट (बुगोही)	50
चौकाघाट	50
नंदेश्वर पुल	100
कुल	**785**
शहर के इलाक़ों में	
हनुमान गंज	100 सैनिक
क़िले के निकट	50
बाघेश्री	50
पिशाच मोचन	20
गोला के निकट	20
नौरंगाबाद के निकट	100
जगतगंज के निकट	100
पित्रकुण्ड के निकट	40
सलीम कटरा के निकट	50
लक्ष्मीकुण्ड के निकट	20
नवाबगंज के निकट	50
अलईपुर	25
जंगमबाड़ी	10
रेवड़ी तालाब	25
चौराही	50
कश्मीरीमल तालाब	50
कुल	**760**
कुल 785+760 = 1,545	**1,545**

जब यह सब कुछ चल रहा था तो इसकी भनक लखनऊ में सआदत अली ख़ान और लम्सडेन को लग गयी और उन्होंने चेरी को आगाह किया। हालाँकि वह 8 जनवरी को लम्सडेन को लिखते हैं : 'मुझे लगता है कि यह सम्भव है कि साज़िशें सच हों... मेरे गुप्तचर और नवाब (वज़ीर अली) के गुप्तचर मिले हैं... मैं तुरन्त वज़ीर अली को मानार्थ सुरक्षा गार्डों की सहायता से निकाल लाऊँगा ... यह सब गुप्त रूप से होगा उनके (सआदत अली के) समाचार लेखक पर कितना भरोसा किया जा सकता है। जब चेरी ने इस सम्बन्ध में वज़ीर अली से पूछा तो उसने सभी सन्देहों को शान्त करने के लिए विस्तृत और चापलूसीपूर्ण स्पष्टीकरण दिया। उलटे उसने लम्सडेन से कहा कि इस मामले में उनके साथ इतना अन्याय किया गया कि जब जनरल एर्स्किन ने सेक्रोल की सुरक्षा के लिए सिपाहियों की कुछ कम्पनियाँ भेजने का प्रस्ताव रखा, तो उन्होंने विनम्रता से इनकार कर दिया। फिर 13 जनवरी की शाम को मिर्ज़ा पंचू ने वज़ीर अली द्वारा नये सैनिकों को इकट्ठा करने की सूचना दी और डेविस ने तत्परता से चेरी को सारे मामले की सूचना दी और कोतवाल को सतर्क रहने के लिए भी कहा, लेकिन चेरी ने कोई ध्यान नहीं दिया।[40]

बेड़ियाँ टूटीं : विद्रोह हुआ

13 जनवरी 1799 को शाम के बाद चेरी का एक चपरासी, जो वज़ीर अली के यहाँ तैनात था, ने उसके जमादार चैन सिंह को बताया कि वज़ीर अली 14 जनवरी 1799 को नाश्ते के लिए आयेंगे जिसे उन्होंने विधिवत स्वीकार कर लिया था।[41] अगली सुबह 14 जनवरी 1799 को वज़ीर अली ने इसकी पुष्टि करने के लिए एक और दूत भेजा। दूत चेरी के ही एक गदाधारी सेवक के साथ लौटा जिसने बताया कि चेरी वज़ीर अली की प्रतीक्षा कर रहे हैं। इस बीच भवानी शंकर और शिव देव सिंह के पास एक दूत यह याद दिलाने के लिए भेजा गया कि तय योजना के मुताबिक़ उन्हें मुस्तैद रहना है। उन्होंने जवाब भेजा कि उनके पास जो लोग थे उनके अलावा उन्होंने सैनिकों को इकट्ठा करने के लिए एक और आदमी को नियुक्त किया था। वह उनके साथ शामिल होने के लिए 2,000 बन्दूकधारियों को लायेगा। वज़ीर अली रोज़ की तरह बीचक सिंह प्रथम, बाल गोविन्द, वारिस अली, इज़्ज़त अली, कल्ब अली बेग, बादल ख़ान, शेख़ अली, शेख़ क़ासिम, मीर अज़ीज़-उद्दीन (वज़ीर अली के ससुर), नूर मुहम्मद, इमाम अली, रहीम अली, मिर्ज़ा मुगुल और अन्य लोगों के साथ चले और चेरी के निवास पर पहुँचे। यह निवास सेकरोल में था, जहाँ अधिकांश अंग्रेज़ रहते थे और जो डेविस के घर से जिसे नन्देश्वर हाउस कहा जाता था, मुश्किल से 1/4 मील दूर था।[42] वज़ीर अली ने अपने अनुयायियों के साथ घर में प्रवेश किया जो तलवारों और पिस्तौलों से लैस थे। चेरी के निजी सचिव रिचर्ड इवांस भी उपस्थित थे। बैठक में शिष्टाचार और भेंटों के सामान्य आदान-प्रदान के बाद बातचीत का विषय वज़ीर अली के बनारस से

कलकत्ता होने वाले प्रस्थान की ओर बढ़ चला।[43] मामला उस समय गर्म हो चला जब वज़ीर अली ने अपनी पेंशन और उन्हें कलकत्ता भेजने के आदेश का मामला उठाया और इसके लिए बातचीत के विभिन्न चरणों में उनसे वादा की गयी विभिन्न पेंशन की राशियों को इंगित किया। इन विषयों पर अध्याय 5 में विस्तार से चर्चा हो चुकी है। वज़ीर अली ने फिर कहा :[44]

> *कलकत्ता के लिए प्रस्थान से पूर्व सर जॉन शोर ने मुझसे कहा था कि आप मेरे हितों का ध्यान रखेंगे, और मेरे अभ्यावेदनों को मान लेंगे; लेकिन ऐसा आपने कभी नहीं किया। इसके बावजूद अब आप सआदत अली ख़ान के सुझाव पर मुझे कलकत्ता भेजने की इच्छा रखते हैं; लेकिन लॉर्ड मॉर्निंगटन वहाँ है ही नहीं तो मैं वहाँ जाकर क्या करूँगा। सआदत अली ख़ान मेरी मृत्यु की कामना करते हैं, और अंग्रेज़ उनके साथ मिले हैं। वे उसकी ही बात सुनते हैं; लेकिन न तो आप और न ही कोई और मेरी बात पर ध्यान देता है। इसलिए मैं कलकत्ता नहीं जाऊँगा, जहाँ मेरा मन करेगा वहाँ जाऊँगा...*

इस घटना की विभिन्न चश्मदीद गवाहों ने पूरी तरह से पुष्टि की है।[45] जब यह सब चल ही रहा था, वारिस अली उठ खड़ा हुआ और ज़ोर से चिल्लाया, 'देख क्या रहे हैं? इसे पहले मार डालिए!' वज़ीर अली ने अपनी कुर्सी पर बैठे-बैठे ही चेरी को वेस्टकोट के कॉलर से पकड़ लिया। लेकिन अपनी कुर्सी से उठते समय उन्होंने अपनी पकड़ को ढीला कर दिया और कृपाण उसके सिर पर दे मारा, जिससे उसे मामूली चोट लगी। नूर मुहम्मद ने फिर उसे और घायल कर दिया। वह झपट कर बगीचे की तरफ़ भागा लेकिन वारिस अली, नूर मुहम्मद, इमाम अली, रहीम अली और मिर्ज़ा मुगुल ने उसे धर दबोचा। वारिस अली ने उस पर हमला किया और अपना ख़ंजर उसकी छाती में उतार दिया। अन्य जो पीछे थे उन्होंने चेरी को टुकड़ों में काट डाला।[46] रिचर्ड इवांस और इंग्लिश इन्फैंट्री के कैप्टन कॉनवे, मलिक बोहरा (एक सिहबन्दी सिपाही) और चेरी के दोनों चपरासी मुनीर मुहम्मद और शिव दयाल भी मारे गये। उस दिन मारे गये भारतीयों के परिवार के सदस्यों को 4 रुपये प्रति माह की पेंशन मिली,[47] फिर वज़ीर अली और उनके साथ के लोग सैमुअल डेविस के निवास की ओर बढ़े। रास्ते में एक पुल पर बातचीत करते समय उन्होंने अंग्रेज़ी अदालत में एक सहायक रॉबर्ट ग्राहम की भी हत्या कर दी। वज़ीर अली के अनुयायियों ने उनकी पालकी, जिसमें वह घूम रहे थे पर ही उनकी हत्या कर दी थी। सेकरोल में रहने वाले एक अंग्रेज़ व्यापारी हिल पर भी इतनी बेरहमी से हमला किया गया कि उसे बारह से सोलह ज़ख़्म आये थे, लेकिन वह बच गया।[48] विडम्बना यह है कि इनमें से किसी की भी हत्या स्वयं वज़ीर अली ने नहीं की थी, परन्तु मारे गये अंग्रेज़ों की याद में बनाये गये स्मारक पर

लगायी गयी पत्थर पट्टिका यह दर्शाती है कि उन सबकी हत्या स्वयं वज़ीर अली ने की थी, जबकि वास्तविकता यह है कि वज़ीर अली के सशस्त्र प्रतिरोध के दौरान वे सब उसके साथियों के द्वारा मारे गये थे। सच है, न्याय करने का प्रदर्शन करने वाले सदैव ही अन्यायी होते हैं!

जब वज़ीर अली सैमुअल डेविस के घर पहुँचे तो वह अपनी पत्नी, दो बच्चों और एक महिला परिचारिका के साथ छत पर भाग गया। उसे घर से कोई हथियार उठाने का भी मौका नहीं मिला। उसे छत पर एक भाला पड़ा मिला। छत पर जाने की एक संकीर्ण, सर्पिल और लम्बवत सीढ़ी थी, जिसे लगभग 4 फ़ीट के आधार पर पूरी तरह से लकड़ी से बनाया गया था। ऊपर जाने का एक दरवाज़ा था जिससे एक समय में केवल एक व्यक्ति ही छत तक जा सकता था। इसका सबसे अच्छा विवरण जॉर्ज विस्काउंट वैलेंशिया के यात्रा विवरण में पाया जाता है जिन्होंने इसे 1803 में देखा था।[49] छत में कम ऊँची पैरापेट दीवारें थीं और छत पर व्यक्तियों को केवल खड़े होने पर ही गोलीबारी का निशाना बनाया जा सकता था। वहाँ पहुँचकर वज़ीर अली और उसके साथियों ने उन पर फायरिंग कर दी। इसके बाद डेविस ने अपनी पत्नी को अपने बच्चों और परिचारिका को छत के बीचोबीच ले जाने के लिए कहा, जहाँ उन्हें बाहर से नहीं देखा जा सकता था। वह ख़ुद अपने घुटनों पर बैठ गया और जाल के दरवाज़े को खुला रखकर भाला अपने हाथों में ले लिया। अब वज़ीर अली और उनके साथियों को वहाँ कोई नहीं दिखाई दे रहा था।[50]

चेरी के घर में उनके अभियान में दो घण्टे बीत चुके थे और उस दिन अभी भी बहुत कुछ किया जाना बाक़ी था, इसलिए वज़ीर अली ने घोषणा की कि वह डेविस के सिर को लाने वाले किसी भी व्यक्ति को एक घोड़ा और 1,000 रुपये देंगे और वह ख़ुद माधव दास बाग़ की ओर चले गये। अभियान का प्रभार उनके भरोसेमन्द लेफ्टिनेंट वारिस अली के हाथों में चला गया।[51] उपरोक्त घुमावदार सीढ़ी के माध्यम से ऊपर पहुँचने के दो प्रयास किये गये थे। सबसे पहले एक अज्ञात व्यक्ति ने वहाँ पहुँचने की कोशिश की थी पर उसके बाँह में चोट लग गयी क्योंकि डेविस ने उसके सामने आते ही उस पर हमला किया और उसे मजबूरन नीचे उतरना पड़ा। इससे उसके पीछे आने वाले सभी लोगों को नीचे से आख़िरी सीढ़ी से उतरने के लिए मजबूर होना पड़ा। दूसरा प्रयास इज़्ज़त अली ने उसी तरह किया और उसके पीछे आदमियों की एक के बाद एक पंक्ति थी। वह भाग्य से बच गया क्योंकि वह सतर्क था। वह एक तरफ़ झुककर अपने को बचा ले गया और उसके पीछे के आदमी ने डेविस पर गोली भी चलाई लेकिन चूक गया। भाले की धार को पकड़ने के प्रयास के परिणामस्वरूप उसके हाथों में गम्भीर घाव लगे और ख़ून बहने लगा, जिसने उसे उसी तरह नीचे जाने के लिए मजबूर किया जैसे पहले आदमी ने किया था। फिर उन्होंने सीढ़ियों से आगे कोई प्रयास नहीं किया और वे सब घर और बगीचे में तोड़फोड़ करने, लूटपाट करने

और नष्ट करने और वहाँ मौजूद सिपाहियों और नौकरों को मारने में लगे रहे, फिर वहाँ से पीछे हट गये। वारिस अली ने अपने आदमियों को सेकरोल में फैलाया, लेकिन कोई अंग्रेज़ नहीं मिला, वे सब इस बीच वहाँ से भाग गये थे। उन्होंने लूटपाट की और उनके घरों को जला दिया था।[52]

डेविस के घर से लौटकर वज़ीर अली सुबह क़रीब 10 बजे माधव दास बाग़ पहुँचे और शिव अम्बर सिंह व अन्य लोगों के पास विद्रोह शुरू करने का सन्देश भेजा। जगत सिंह सुबह क़रीब 10.30 बजे उनसे मिलने गये। उन्होंने लगभग आधे घण्टे तक आगे की रणनीतियों पर चर्चा की। जगतगंज और अन्य स्थानों पर तैनात व्यक्तियों पर नज़र रखने व माधव दास बाग़ की ओर ब्रिटिश सेना के मार्च की स्थिति में कार्रवाई करने को कहा गया था। बैठक के बाद बाबू जगत सिंह सुबह 11 बजे माधव दास बाग़ से तय योजना के अनुसार कार्रवाई करने के लिए रवाना हुए।[53]

इसके बाद वज़ीर अली ने बनारस में अपना शासन स्थापित करने और अंग्रेज़ों और उनसे जुड़े लोगों के नरसंहार की घोषणा की। कोतवाली पर हमला करके उसे क़ब्ज़े में ले लिया गया और आग़ा हुसैन को नये कोतवाल के रूप में प्रत्यारोपित किया गया। वज़ीर अली अपने घोड़े पर सवार होकर जगत सिंह तालाब तक चले गये और रास्ते में अपने आदमियों को उकसाते रहे, जबकि बाबू जगत सिंह, जैसा कि हमने पहले देखा है, अन्य स्थानों पर तैनात व्यक्तियों को ऐसा करने के लिए दूत भेजकर कार्रवाई करने का आग्रह करने के लिए पहले ही लौट आये थे। उन्होंने ऐसा दूतों या विशेष कार्य के लिए बुलाने वालों की सेवाओं का उपयोग किया होगा जो तब सैन्य बलों के लिए ज़रूरी थीं, और जगतगंज के पास 100 लोगों को तैनात किया गया था जैसा कि पहले बताया गया।[54]

बनारस के कलेक्टर जे रूटलेज के साथ तैनात एक सिपाही धन्ना सिंह एक आधिकारिक काम से लौटते समय बेताबुर गये और मेजर मैकन को वज़ीर अली के चेरी के घर की ओर मार्च के बारे में बताया। फिर वह मंडुवाडीह गये और वहाँ तैनात अधिकारी से मिले जिसने उन्हें लौटकर नवीनतम जानकारी लाने के लिए कहा। वज़ीर अली तब शहर में घूम रहे थे ताकि बुलाये गये सैनिकों और बनारस के लोगों से अंग्रेज़ों के ख़िलाफ़ उठने का आग्रह किया जा सके। आगे बढ़ने पर धन्ना सिंह ने उन्हें पिशाचमोचन इलाक़े में 50 घोड़ों के साथ पाया। वहाँ उसे वज़ीर अली के लोगों ने पकड़ लिया और उसके घोड़े को छीनकर उसे वज़ीर अली के सामने ले जाया गया। अपनी जान बचाने के लिए, उसने नाटक किया कि वह राजा का आदमी था जिसे उसकी आगे की योजना जानने के लिए नियुक्त किया गया था। चूँकि वज़ीर अली बनारस के राजा के साथ अपनी बैठकों के दौरान और एक दूत के द्वारा उनका समर्थन जीतने में विफल रहे थे, जैसा कि इन पृष्ठों में पहले ही लिखा गया है, इस

स्थिति को ध्यान में रखकर उन्होंने उसका विश्वास कर लिया और उन्हें बनारस के राजा के लिए एक पत्र सौंपा :

> *ईश्वर की कृपा और उदारता से, व्यर्थहीन चेरी का जीवन, जिसने आपको, जो मेरे वंशानुगत नौकर हैं, परेशान और उत्पीड़ित किया, सेना के योद्धाओं द्वारा समाप्त कर दिया गया है। आप, मेरे वंशानुगत सेवक और एक प्राचीन शुभचिन्तक हैं। आपके पूर्वज मेरे परिवार की सेवा के लिए हमेशा दिल और आत्मा से तैयार रहते थे। इन सुखद समाचारों को आप हमारी समृद्धि का कारण समझें। अपने लोगों के साथ तैयार रहिए कि अंग्रेज़ या अन्य यूरोपीय देशों के किसी भी व्यक्ति को बनारस की सीमाओं को पार करने से रोका जा सके और इन सभी व्यक्तियों को, जिनके छिपने की जगह वे खोज सकते हैं, मौत के घाट उतार दें। ऐसे निर्देश भी दीजिए जिनसे कोई व्यक्ति मेरे आदेश के बिना नदी पार न कर सके। मैं आपको अपने पूर्वजों की तुलना में अधिक नज़दीक समझने और प्यार करने का इरादा रखता हूँ। मेरे दिल की एक ही इच्छा है कि मैं आपकी और आपकी प्रजा की रक्षा करूँ। अपना ख़याल रखें, और इतमिनान बरतें। आपका धन, सम्मान, भूमि और पद अधिक से अधिक बढ़ेगा।*

यह हमें उन पत्रों की याद दिलाता है जो 1857 के सशस्त्र संघर्षकर्ताओं द्वारा घोषित किये गये थे। धन्ना सिंह रूटलेज के शिविर में गया, 16 जनवरी को गुरबख़्श को यह पत्र दिया और बाद में इस प्रकरण से डेविस को भी अवगत कराया।[55] मिर्ज़ा जुम्मा की तरह, राजा उदितनारायण सिंह को भी 15 जनवरी को डेविस से मिलना पड़ा ताकि उन्हें आश्वस्त किया जा सके कि वज़ीर अली और बाबू जगत सिंह के विद्रोह की योजना से उनका कोई लेना-देना नहीं है। उन्होंने इन सभी को सान्त्वना दी और उनके द्वारा कहे गये शब्दों पर भरोसा जताया।[56]

इसके अलावा वज़ीर अली के विद्रोह के बीच ही कम्पनी के न्यायिक विभाग के पेलेग्रीन ट्रेव्स, एक घोड़े पर सेकरोल से भागे और बेताबुर पहुँचकर मेजर जनरल एर्स्किन को पूरी ख़बर दी। नीव जब सुबह की सवारी से लौटे तो कुछ गोलियों की आवाज़ सुनी और वज़ीर अली और उनके आदमियों को डेविस के घर के आसपास देखा। इसलिए वह सच जानने के लिए चेरी के निवास पर गये। वहाँ के ख़ून-ख़राबे को अपनी आँखों से देखा और उलटे पाँव मेजर मैकन से मिलने के लिए बेताबुर भाग निकले, जिसके बाद दोनों ने एर्स्किन से सम्पर्क किया। इसके बाद अंग्रेज़ी बलों की तैनाती का आदेश दिया गया।[57]

जैसा कि पहले उल्लेख किया गया है धन्ना सिंह, ट्रेव्स और नीव से चेरी के निवास पर वज़ीर अली की चढ़ाई की सूचना मिलने पर मेजर मैकन के आदेश से मेजर पिगोट और कैप्टन शुब्रिक के नेतृत्व में घुड़सवार सेना ने सेकरोल की ओर मार्च किया। उसके बाद मैकन भी बाक़ी पैदल सैनिकों के साथ जल्द ही उसी मार्ग पर जा निकले।

भवानी शंकर और शिवदेव सिंह ने इन सबको न तो रोका और न ही इन पर हमला किया, क्योंकि उनके पास योद्धाओं की संख्या कम थी। उन्होंने वादे के अनुसार अपनी संख्या नहीं बढ़ायी थी। वे ऐसा करने में विफल रहे, क्योंकि वे सैनिकों को औने-पौने दामों पर जुटाने की कोशिश कर रहे थे। हालाँकि लड़ाके 8 रुपये के लिए अपने जीवन का बलिदान करने को तैयार थे, लेकिन उन्होंने केवल 4 रुपये की पेशकश की थी। बिचक सिंह-III को एक दिन में 4 आना देने का वादा किया था लेकिन उन्होंने केवल 2 आना ही दिये और इसलिए उनके अनुसार सभी लड़ाके रात में चुपचाप घटनास्थल से ग़ायब हो गये थे। इस सब के कारण उनके पास 200-250 सैनिक भी नहीं बचे थे, जो पहले इकट्ठे हुए थे। उनमें एक के बाद एक तीन टुकड़ियों में बढ़ रहे अंग्रेज़ी सैनिकों पर हमला करने की हिम्मत नहीं थी। इसके बाद, शिवदेव सिंह 150 घोड़ों के साथ रामनगर की ओर भाग गये और भवानी शंकर ने पश्चिम की राह पकड़ ली।[58]

इस सबके बीच ही वज़ीर अली भी ठीक तभी सेकरोल पहुँचे जब अंग्रेज़ी सेना ने वहाँ प्रवेश किया था। वारिस अली से मिलकर, दोनों ने भवानी शंकर और शिवदेव सिंह के विश्वासघात से उत्पन्न स्थिति का जायज़ा लिया। वारिस अली को अंग्रेज़ी सेनाओं का सामना करने के लिए कहा गया और वह स्वयं माधव दास बाग़ में रुके रहे ताकि किसी भी आसन्न स्थिति से निपटने के लिए तत्पर रहा जा सके। पिगोट और शुब्रिक चेरी के निवास पर गये और फिर वहाँ पहुँचे, लेकिन वारिस अली की सेना पर सीधा हमला करने की हिम्मत नहीं की और मैकन के आने का इन्तज़ार किया। उनकी हिचकिचाहट को देखते हुए, वारिस अली ने अपने लिए उपलब्ध बल का एक हिस्सा लिया और नन्देश्वर हाउस के पास के जंगल पर क़ब्ज़ा कर लिया, और बाक़ी सेना उस निवास के सामने इकट्ठा होने लगी। जब मैकन, पिगोट और शूब्रिक की सेना से मिल गया, तो कुछ सैनिकों को वारिस अली के लड़कों पर हमला करने के लिए भेजा गया, जो उनकी ओर भी बढ़े। हलचल में, अंग्रेज़ों का एक सैनिक घोड़े से गिर गया और वारिस अली के लोगों द्वारा मारा गया। वारिस अली की सेना अपनी लम्बी बन्दूकों, जिन्हें मस्केट कहते थे, से हमला करते हुए अंग्रेज़ी सेना की ओर बढ़ी। वे इतने पास पहुँचे कि उनकी गोलियाँ सैमुएल डेविस के घर के बरामदे तक पहुँचने लगीं। उन्हें जंगल में वारिस अली के दूसरे लोगों का भी समर्थन मिला, जिन्होंने उस जगह से हमला जारी रखा। इसने अंग्रेज़ी सेनाओं को सँभलने का समय नहीं दिया और उन्हें भयभीत होने के स्तर तक धकेल दिया गया। लेकिन उसी समय बाहरी इलाक़ों से चली अंग्रेज़ी पैदल सेना आ गयी और वारिस अली ने बुद्धिमानी से इसका सामना करते हुए लगातार गोलीबारी करना और धीरे-धीरे होशियारी से पीछे हटना भी जारी रखा। इसके परिणामस्वरूप अंग्रेज़ों के पक्ष को कुछ नुक़सान भी हुआ।[59]

इस बीच वज़ीर अली ने अपनी गतिविधियों को क़ानूनी वैधता दिलाने के लिए इन गतिविधियों के दौरान एक मुग़ल शहज़ादे को शामिल करने का फ़ैसला किया।

उनके लोग शहज़ादे मिर्ज़ा मुजफ़्फ़र बख़्त बहादुर उर्फ़ मिर्ज़ा जुम्मा को बुला लाने में कामयाब रहे। वह दो अज्ञात बाबुओं के साथ हाथी पर सवार होकर आये। उन बाबुओं के साथ क्रमश: 100 और 200 लोग थे। वज़ीर अली मुग़ल शहज़ादे के साथ ही हाथी पर बैठकर शहर में चक्कर लगाने लगे। इस तरह से उन्होंने ख़ुद को शहंशाह का वज़ीर घोषित किया और फिर उन्हें अपने निवास पर लौटने की अनुमति दे दी। बाद में शहज़ादे को सफ़ाई देनी पड़ी कि वह वज़ीर अली और बाबू जगत सिंह की योजना में शामिल नहीं थे, जैसा कि पहले उल्लेख किया गया है। शहर में वज़ीर अली के साथ उनके जाने के कारण फ़ौरी तौर पर योजना के लिए कुछ सैनिकों का साथ मिला। माधव दास बाग़ में लौटने पर उपरोक्त बाबुओं को चौड़ी सड़क पर तैनात किया गया था जो माधव दास बाग़ के बाहर एक मैदान की तरह दिखता था और उस बगीचे की ओर अंग्रेज़ी सेना की प्रगति को बाधित करने के लिए रणनीति बनाकर उन स्थानों पर कुछ नौकरों और अनुयायियों को जोड़ा गया था।[60]

क़ुतलुग़ सुल्तान बेगम के पास तीन 6-पाउंडर्स, नौ 4-पाउंडर्स, तीन 9-पाउंडर्स, अज्ञात कैलिबर की 3 तोपें, 12 शुतुरनाल, 8 पेनेंस बन्दूक, 50 आतिशी, 400 तोप के गोले और बारूद के 20 मन थे। चूँकि वज़ीर अली के पास तोपखाने के गोले व हथियारों की कमी थी, इसलिए उन्होंने अपने संचालन के लिए इन सभी की माँग की। लेकिन बेगम के दीवान गिरधारी लाल शाम तक उन्हें यह सब सौंपने का वादा करके इस मामले में तुरन्त न पड़ने में कामयाब रहे। इससे बचने के लिए सभी तोपों को बाहर निकाला गया और वज़ीर अली के लोगों द्वारा हमले की स्थिति में उपयोग के लिए उपयुक्त स्थानों पर लगाया गया।[61]

चौड़ी सड़क के माध्यम से माधव दास बाग़ तक चढ़ाई करने की एर्स्किन की मूल योजना को लगातार जारी केन्द्रित और स्थिर गोलाबारी ने विफल कर दिया था। इससे सेना बल को नुक़सान हुआ और इसने उन्हें पंक्तिबद्ध होने का समय भी नहीं दिया। उन्हें दो अलग-अलग रास्तों के माध्यम से दो हिस्सों में जाना पड़ा जो माधव दास बाग़ में जाकर मिलती थीं। ये दोनों सड़कें सघन आबादी वाले इलाक़े से जाती थीं। किनारे के घरों से सम्भावित खतरों को भांपकर एर्स्किन चालाकी से गोली चलवाते हुए निकल रहा था। उन पर कई बार सैनिकों की बड़ी पलटनों द्वारा हमला किया गया और कई मौक़ों पर वह बाल-बाल भी बचे। एर्स्किन चार 6-पाउंडर्स और 4 टम्ब्रिल के धमाकों की आड़ में धीमे लेकिन स्थिर तरीक़े से बढ़ने के लिए मजबूर होना पड़ा। जब एर्स्किन माधव दास उद्यान के पास पहुँचा तो वज़ीर अली और वारिस अली उस बग़ीचे के बाहर एक बड़े बुर्ज में आ गये। एक बार फिर 'सभी दिशाओं से' गोलीबारी का भयंकर आदान-प्रदान किया गया। बुर्ज के एक हिस्से को गिरा दिया गया, और बगीचे की दीवार में इससे दरारें पड़ गयीं। बग़ीचे का दरवाज़ा भी उड़ा दिया गया।

वज़ीर अली और वारिस अली के लिए वहाँ रहना असम्भव हो गया और उन्होंने वह जगह छोड़ दी। पैदल सैनिक गोलाबारी की आड़ में उनके पीछे निकले। फिर उसी तरीक़े से बक़ियों ने भी जगह ख़ाली कर दी।[62]

उपरोक्त कार्रवाई में दो अर्दली को गोली मार दी गयी थी। दूसरी बटालियन, चौथी रेजिमेंट के लेफ्टिनेंट ब्राउन घायल हो गये थे। तीन तोपखाने के चालक घायल हो गये और एक सिपाही मारा गया। सत्रह-अठारह लोग घायल हो गये जिनमें से कुछ ने बाद में अपनी जान गँवा दी।[63]

इस तात्कालिक विद्रोह योजना में शामिल कई अन्य बाबुओं की भाँति बाबू जगत सिंह ने बनारस नहीं छोड़ा और अपने जगतगंज वाले घर में ही रहे।

इस प्रकार वज़ीर अली और बाबू जगत सिंह की तात्कालिक योजना एक 'सबसे असाधारण और अभूतपूर्व घटना' थी।[64] जैसा कि डॉ. क़ुरेशी ने वज़ीर अली पर अपनी पुस्तक में बताया है :

> *मुग़ल शहज़ादे को (विधिवत घोषित प्रमुख और सर्वोच्च शासक) के रूप में खड़ा करना, अंग्रेज़ों और उनके भारतीय सहयोगियों की हत्या, आगजनी और लूट : कुछ की वफादारी और दूसरों के विश्वासघात; अंग्रेज़ों के दिलों में आतंक पैदा कर रहा था। जो जहाँ भी थे, अपने स्वयं के जीवन से आशंकित हो गये थे; और अन्य हिस्सों में अंग्रेज़ी शासन के ख़िलाफ़ अपने क्रोध का उद्घोष करने के लिए दूसरी कई पीढ़ियों के लिए प्रेरणा बन गये, जिन्होंने 1857 के महान लोकप्रिय विद्रोह में अपने चरमोत्कर्ष को छुआ...*[65]

यह इसके महत्त्व और परिणामों का एक स्पष्ट प्रदर्शन है। इस दृष्टिकोण से यह 1857 की उस ऐतिहासिक घटना से बहुत पहले बनारस में सम्भव एक लघु-1857 प्रतीत होता है। बाबू जगत सिंह को हमेशा उनके सबसे सक्रिय, उत्साही और समर्पित भूमिका के लिए याद किया जायेगा। इस तथ्य से इनकार नहीं किया जा सकता है कि अगर बाबू जगत सिंह नहीं होते तो दीर्घकालिक और तात्कालिक योजनाओं को कभी भी उतना विस्तार, गहराई और अभिव्यक्ति नहीं मिलती। यह तथ्य हमेशा अंग्रेज़ों को चुभता रहा कि ऐसा आकस्मिक प्रतिरोध 'एक ख़तरनाक उदाहरण की तरह ब्रिटिश सरकार के अधिकार की अवमानना में और नागरिक और सैन्य शक्ति की खुली अवज्ञा के साहसपूर्वक प्रयास की तरह उभर आया था।'[66]

वज़ीर अली 21 जनवरी 1799 को भुटवल पहुँचे।[67] हमें भुटवल-गोरखपुर-बहराइच क्षेत्र में उनके सक्रिय सशस्त्र संघर्ष के जटिल विवरणों में प्रवेश करने की आवश्यकता नहीं है, क्योंकि इसका जगतगंज के राजपरिवार से कोई लेना-देना नहीं है। वज़ीर अली ने अन्ततः 11 अप्रैल 1799 को लड़ाई में अपनी हार के बाद संघर्ष का रास्ता छोड़ दिया था।[68] वह 23 जून 1799 की दोपहर में जयपुर पहुँचे।[69] कर्नल जे कोलिन्स 2

दिसम्बर की रात को 1 बजे राजा प्रताप सिंह से वज़ीर अली के कारावास को 'बिना ज़ंज़ीरों के' आजीवन कारावास में बदलने के लिए और 'उनकी जान बख़्शने' की सहमति पर आत्मसमर्पण करवाने में कामयाब रहे।[70] वह 23 दिसम्बर 1799 को फतेहगढ़ शिविर में पहुँचे।[71] वहाँ पहुँचकर कोलिन्स ने जलमार्ग से उसे कलकत्ता ले जाने के लिए कानपुर के मेजर विलियम लैली को प्रभार दिया लेकिन उन्होंने जानबूझकर योजना के अनुसार 1 जनवरी 1800 को निकलने में देरी की। ऐसा उन्होंने 5 तारीख़ को किया, ताकि 14 जनवरी को अपनी तात्कालिक योजना के कार्यान्वयन के दिन वे बनारस पहुँच सकें। वे 11 फ़रवरी को कलकत्ता पहुँचे और वज़ीर अली को फोर्ट विलियम में क़ैद कर दिया गया।[72] वज़ीर अली के बिगड़ते स्वास्थ्य ने ब्रिटिश अधिकारियों को उन्हें राहत देने के लिए वेल्लोर में स्थानान्तरित करने का निर्णय लेने के लिए मजबूर किया और 7 जून 1814 को उन्हें इस निर्णय से अवगत कराया। इसके लिए उन्होंने अपनी सहमति दी। हालाँकि, इससे पहले कि उन्हें वहाँ ले जाया जाता 15 मई 1817 को उनकी मृत्यु हो गयी और 17 साल 5 महीने और 14 दिनों की क़ैद के बाद उन्हें कलकत्ता में दफ़नाया गया।[73]

बाबू जगत सिंह और ज़मींदारों से साँठ-गाँठ

चेरी की हत्या के बाद नीव ने बनारस में गवर्नर जनरल के एजेंट के रूप में कार्यभार सँभाला। वह जानता था कि वज़ीर अली और बाबू जगत सिंह द्वारा तत्काल योजना के कार्यान्वयन ने जनता के मन में विद्रोह भाव भर दिया था। अंग्रेज़ी शासन के प्रति उनके विश्वास को बहाल करने के लिए कठोर उपाय किये जाने थे।[74] यह एक पूर्व नियोजित और सुव्यवस्थित प्रतिरोध था और बाबू जगत सिंह ने इसमें एक बहुत ही प्रमुख और विशिष्ट भूमिका निभाई। ज़मींदारों और सशस्त्र योद्धाओं के समर्थन से इसे इतने बड़े पैमाने पर सम्भव कर सकना उनका ही काम था। धन लेकर जान देने को तैयार करा लेने का भारी काम बाबू जगत सिंह के सिवा और कोई नहीं कर सकता था। अंग्रेज़ अधिकारी और सैनिक हर समय बहुत चिन्तित थे, क्योंकि वे अन्तिम क्षणों तक उनकी योजनाओं के बारे में पूरी तरह से अनभिज्ञ थे। यह भी कि वे तब तक 1781 में चेत सिंह के पिछले विद्रोह के कड़वे और घातक अनुभव को नहीं भूले थे, जब वारेन हेस्टिंग्स का जीवन स्वयं चार दिनों के लिए बड़े ख़तरे में था। वे उपरोक्त तत्काल विद्रोह की योजना के प्रभाव से इतने चिन्तित थे कि वे डेविस के निवास पर ही एकत्र थे, जहाँ 2,000 सैनिकों को बहुत क़रीब रखा गया था।[75]

माधव दास बाग़ पर धावा बोलते समय लेफ्टिनेंट पैटन को एक बैग मिला जिसमें वज़ीर अली के पत्र और काग़ज़ात थे। डेविस और अन्य अधिकारियों ने 14 से 21 जनवरी 1799 तक इन काग़ज़ातों की जाँच की। ये काग़ज़ात दीर्घकालिक और

तत्काल योजनाओं दोनों से जुड़े थे। इनमें से कुछ को दो किश्तों में डाक द्वारा भेजा गया था। बाक़ी दस्तावेज़ बहुत अधिक होने के कारण एडवर्ड स्ट्रैची के हाथों भेजा गया, जो बनारस आने के बाद कलकत्ता वापस जा रहे थे।[76] इन्हें 18 फ़रवरी को कलकत्ता में काउंसिल के सदस्यों के समक्ष रखा गया था।[77]

यह पता लगाने के लिए कि एक पखवाड़े से भी कम समय की तैयारी के बाद तत्काल सशस्त्र संघर्ष शुरू करने के लिए वज़ीर अली और बाबू जगत सिंह ने कैसी तैयारी की थी, नीव ने जाँच-पड़ताल शुरू किया। उसे पता चला कि कुछ बहुत महत्त्वपूर्ण काग़ज़ात मनोरथ नाम के एक व्यक्ति के क़ब्ज़े में थे। वह अपनी सुरक्षा की गारंटी पर 11 अर्ज़ियाँ उन्हें देने के लिए राज़ी हो गया। ये समस्त अर्ज़ियाँ बनारस ज़िले के ज़मींदारों ने वज़ीर अली को लिखी थीं और उन्होंने जो कुछ वादा किया था वो भी उसमें अंकित था। उन पर वज़ीर अली की मुहर और कुछ पर हस्ताक्षर और मुहर दोनों थे। अपने मामले को और मज़बूत करने के लिए, नीव ने मनोरथ का वह बयान भी भेजा, जिसे 13 फ़रवरी 1799 को उनके सामने दर्ज किया गया था। इसने साज़िश में लगे व्यक्तियों की पहचान और कार्यों के बारे में उसकी जानकारी बढ़ाई। इसके अलावा, वह नवाब सआदत अली ख़ान के अधिकार क्षेत्र में आने वाले अवध के निवासियों से तीन अर्ज़ियों को भी हासिल कर सका था, जिसे उन्होंने लखनऊ में रेज़ीडेंट को भेज दिया। इन तीनों अर्ज़ियों पर लगी मुहर भी वही थी जो वज़ीर अली ने राजा उदितनारायण सिंह को सम्बोधित पत्र पर चिपकाई थी, जिसका उल्लेख इस अध्याय में पहले ही किया जा चुका है। उन्होंने मौखिक रूप से पुष्टि की कि बाबू जगत सिंह, शिव प्रसाद सिंह और उनके भाइयों ने भी वज़ीर अली ख़ान को इसी तरह की अर्ज़ी दी थी। अर्ज़ी पर उनकी मुहर और हस्ताक्षर सुरक्षित करने के बाद, उन्होंने स्वाभाविक रूप से उन्हें अपने क़ब्ज़े में रखा। उन्होंने आगे चुटकी ली कि बाबू जगत सिंह ने अपने बेटे (लक्ष्मी नारायण) और एक विश्वासपात्र सेवक (ज़ाहिर है कि वह बहादुर सिंह है) को औपचारिक भेंट करने के लिए भेजने की युक्ति प्रयुक्त की थी, जिसके दौरान उसे उसके मालिक द्वारा उसके लिए किये गये प्रयासों के परिणाम को व्यक्त करने का अवसर मिल जाता था।[78] सरकार के सचिव बार्लो को अपनी रिपोर्ट में नीव ने उनके द्वारा अधिग्रहित सभी ग्यारह अर्ज़ी प्रस्तुत की। इसमें निम्नलिखित ज़मींदारों की अर्ज़ियाँ शामिल थीं :[79]

1. भवानी शंकर, चितईपुर के ज़मींदार
2. सुमेद सिंह और राम दयाल सिंह, अठगवाँ के ज़मींदार
3. बीचक सिंह-II
4. शिवशरण सिंह, देवगाँव परगना

5. गोपाल सिंह, कांतित के ज़मींदार

6. बिशन सिंह, बृजबासी, निवासी पियरी पल्ली, पैदल सिपाहियों का जमादार

7. शिवनाथ सिंह का चेला

8. चंदरसेन

9. सुमानी सिंह

10. रोशन सिंह, जीतन सिंह, अवतार सिंह, नुथर सिंह, बाजे सिंह, लीला सिंह, मातूर्ण सिंह और जगत सिंह-II, सभी रघुवंशी, केराकुट और कटेहर के निवासी

11. ओरदम सिंह

ठाकुर भवानी शंकर ने अपनी अर्ज़ी में वज़ीर अली के आदेशों के तहत आवश्यकता पड़ने पर अधिक-से-अधिक लोगों को इकट्ठा करना स्वीकार किया। ऐसा उसने चितईपुर, लोहता, तुंगरी और पिंडुरीर के अपने ताल्लुक़ा के वर्तमान देय राजस्व (जिसे मुक़र्ररीपट्टा कहा जाता है) की निरन्तरता और चौधरी का ओहदा दिये जाने के लिए किया। चौधरी के ओहदे का वंशानुगत अधिकार सुरक्षित कर वह अपना उत्तराधिकार भी अपने ही हाथों में रखना चाहते थे। उनकी अर्ज़ी पर लिखा था, 'यह किया जायेगा।'[80] अठगवाँ परगना के ज़मींदार सुमेद सिंह के सैनिकों और पैदल सेना की संख्या भेजने के वादे के बारे में पहले ही विस्तार से बताया जा चुका है।[81] बीचक सिंह द्वितीय, जो सरकारी कामकाज में सक्रिय रूप से शामिल थे, ने ज़मींदारों और ज़िले के अन्य निवासियों के साथ आवश्यकता के समय साथ देने का आश्वासन दिया।[82] शिवशरण सिंह ने परगना हवेली जौनपुर के क्षेत्रों का मुक़र्ररीपट्टा, जो उस समय शिवलाल दूबे के ज़िम्मे थे, देवगाँव के परगने में चौधरी के कार्यालय के अलावा 15,000 रुपये की ज़मींदारी और नानकार और चौधरी के कार्यालय को सौंपने की माँग की।[83] कांतित के ज़मींदार गोपाल सिंह सैनिकों की अपनी प्रतिबद्धता के लिए, माफ़ी सनद और जागीरों की निरन्तरता की इच्छा रखते थे। उन्हें वारिस अली द्वारा 25,000 रुपये की आपूर्ति करने पर सहमति व्यक्त की गयी थी।[84] पैदल सिपाहियों के जमादार बिशन सिंह की अर्ज़ी में उनके द्वारा दिये जाने वाले सिपाहियों की संख्या की मंजूरी थी।[85] शिवनाथ सिंह के चेले ने इसी तरह उल्लेख किया कि उन्हें एक सप्ताह के समय में कितने सैनिकों की भर्ती करनी थी।[86] सुमानी सिंह ने पहले बताये अनुसार ही सैनिकों को भेजने का वादा किया।[87] उर्दन सिंह के पास उस समय पच्चीस सवार, एक सौ बरकंदाज़ सिपाही और पचास सैनिक थे, जिन्हें जज़ायर कहा जाता था। इसके अलावा सात से आठ दिनों के भीतर जितने आदमी सम्भव थे उनको लाने का उसका वादा था। इसके बदले में, उन्होंने देय राजस्व के नियमित भुगतान और अपनी जागीर और राय की उपाधि का वादा था उतनी व्यवस्था कर लेने की बात की थी और समस्त आश्वासनों की निरन्तरता की माँग की थी।[88]

रोशन सिंह, जीतन सिंह, अवतार सिंह, नुथर सिंह, बाजे सिंह, लीला सिंह, मातूर्ण सिंह और जगत सिंह-द्वितीय की अर्ज़ियों को उनके नामों के साथ उल्लिखित ज़मींदारी की निरन्तरता के लिए सेवा करनी थी। वे केराकुट, कटेहर, जल्लूपुर, बरहर और हवेली शिवपुर के परगनों में अपनी ज़मींदारी जारी रखना चाहते थे। उन्हें दी गयी नानकार काटकर शेष राजस्व का भुगतान करना था। उनके भाई और लोग, जिन्हें सेवा करनी थी, स्वाभाविक रूप से पदोन्नति चाहते थे और इसलिए उपरोक्त वर्णित सभी लोगों की रखी गयी शर्तों पर सहमति व्यक्त की गयी। सितम्बर 1797 से उनके बीच असन्तोष बढ़ रहा था, जैसा कि बनारस में गवर्नर जनरल के एजेंट के पत्र द्वारा बताया गया था, जिसके कारण सेना को कम्पनी और अवध के ज़मींदारों के बीच की साँठगाँठ से सतर्क रहने की आवश्यकता दोहराई गयी थी। यद्यपि सेना की तैनाती और मज़बूत ख़ुफिया जानकारी के कारण, यह स्थिति कभी घटित नहीं हुई। निश्चित रूप से ये ज़मींदार भविष्य के अनुकूल अवसर की प्रतीक्षा कर रहे होंगे।[89]

पचास वर्ष के राजपूत बैस खंचन (कंचन) सिंह के पुत्र मनोरथ सिंह कटेहर परगना के चाँदपुर गाँव के निवासी थे। 18 फ़रवरी 1799 को उन्होंने चौदह अर्जियाँ सौंपीं और बीचक सिंह प्रथम और बाल गोविन्द की गतिविधियों का उल्लेख किया, जिनका पहले ही वर्णन किया गया है। उन्होंने बीचक सिंह प्रथम के घर उसके गुमाशते रचन के माध्यम से सभी 14 अर्ज़ियाँ प्राप्त कीं। बीचक सिंह-प्रथम बनारस शहर के काशीटोला में रहने वाले एक राजपूत थे और अपने चचेरे भाई बाल गोविन्द और भतीजे शिवम्बर नवाब वज़ीर अली और बाबू जगत सिंह के साथ शामिल थे। वज़ीर अली ने बीचक सिंह प्रथम और बाल गोविन्द को एक घोड़ा दिया और सैनिकों में बाँटने के लिए 20,000 रुपये, एक सौ सोने के मोहर और सात जोड़ी शॉल के साथ एक घोड़ा भी दिया। हालाँकि मनोरथ को सन्देह था कि कितने वितरित किये गये, क्योंकि अगले ही दिन प्रतिरोध शुरू हो गया था। मनोरथ ने अपने कथन में कांतित के गोपाल सिंह और एक-दो गाँव के ज़मींदार, गुलाब सिंह, राम परगस सिंह, गुन्नू सिंह, सुबुन सिंह, देपा सिंह, संग्राम सिंह आदि का भी उल्लेख किया है, जो अवध के निवासी थे। उनके द्वारा अपने बयान में एक महत्त्वपूर्ण बात का उल्लेख किया गया था कि 14 जनवरी 1799 की लड़ाई के दिन, शिव शरण सिंह माधव दास बाग़ से लगभग 2 मील दूर शंकुधारा में अपने आदमियों के साथ तैनात थे। ये सभी व्यक्ति जिनके नाम जाँच के दौरान सामने आये थे उनके बारे में पूछताछ करने के लिए एक आदेश जारी किया गया था।[90]

सशस्त्र संघर्ष के दौरान बाबू जगत सिंह की विशिष्ट भूमिका थी। इस बात को समझने के लिए डेविस के जनरल एर्स्किन को लिखे पत्रों में से एक ज़रूर देखा जाना

चाहिए। इससे उनकी भागीदारी की तीव्रता की कल्पना की जा सकती है। डेविस लिखते हैं :[91]

> *मेरे सामने पेश किये गये सबूतों से इस बात का सन्देह होता है कि बनारस के राजा के कुछ दूर के सम्बन्धी वज़ीर अली की योजनाओं से सहमत हो गये थे। पास के ही एक ज़मींदार ने वास्तव में उसकी मदद करने के लिए सशस्त्र लोगों को इकट्ठा किया था। यह सर्वविदित है और सरकार को बताया गया है कि शहर सशस्त्र साहसी लोगों से भरा हुआ है, जो एक पल की सूचना पर किसी भी सेवा के लिए तैयार हैं। ज़िले में ऐसे भी पदवीधारी व्यक्ति हैं जो सरकार के नियन्त्रण और किसी भी सीमा के बिना अपने स्वयं के गार्ड रखते हैं। ये लोग अन्य निवासियों की तरह क़ानून के अधीन नहीं हैं; और यद्यपि यहाँ रहने वाले व्यक्तियों की इन सुविधाओं से उत्पन्न ख़तरा वज़ीर अली द्वारा किये गये उनके उपयोग से स्पष्ट है, फिर भी वही प्रणाली तब तक लागू रहनी चाहिए जब तक कि सर्वोच्च सरकार इसे उलटने या सही करने के लिए उचित नहीं समझती। इन परिस्थितियों में, और हो चुके विद्रोह के तुरन्त बाद, बनारस शहर को एक सम्मानजनक सैन्य बल से वंचित छोड़ना विवेकहीन राय होगी; और दो तोपों से युक्त छह पूर्ण कम्पनियाँ, मेरी राय में, कम-से-कम इसकी सुरक्षा के लिए आवंटित की जानी चाहिए।*

ग़ाज़ीपुर ज़िले के उद्दण्ड ज़मींदार देवकी नन्दन और जगन्नाथ सिंह ने लोगों को इकट्ठा करना और अपने क़िलों की मरम्मत करना शुरू कर दिया। उस समय, लेफ्टिनेंट कार्टियर परगना सिकन्दरपुर के मठिया में तैनात थे और उन्होंने उस जगह के तहसीलदार से अपने आदमियों के साथ उनकी मदद करने के लिए कहा। बिहार शाहाबाद ज़िले के बड़ागाँव में एक हंगामे के बारे में सुनकर, उन्हें लेफ्टिनेंट पोनी की राहत के लिए एक सूबेदार, दो ग़ैर-कमीशन अधिकारी और बीस सिपाहियों को भेजना पड़ा और बनारस में एर्स्किन को बहादुरगढ़ में एक कम्पनी और मठिया में दो अन्य लोगों की मदद के लिए अतिरिक्त सैनिकों को भेजने के लिए कहा। लेकिन एर्स्किन केवल दो कंपनियों को भेज सकता था। चूँकि उनका सामना सैनिकों के एक बड़े समूह से हुआ था इसलिए उन्हें ज़रूरत पड़ने पर आसपास के किसी भी क़िले में प्रवेश करने की सलाह दी गयी थी।

प्रतिरोध की तीव्रता और महत्त्व

14 जनवरी 1799 की विद्रोही गतिविधियों के बारे में आम जन में व्याप्त भावनाओं और उनकी प्रतिक्रिया के साथ-साथ विद्रोह से जुड़ी आशा और उसके व्यापक प्रभाव का अन्दाज़ा एलन मैकलीन और सारनाथ में नील की खेती करने वाले और उनके

सेवक डेविड डिकोस्टा जैसे यूरोपीय लोगों तथा बनारस के कुछ मूल निवासियों और ज़मींदारों के बीच हुई बातचीत से लगाया जा सकता है। इसे बाद में एलन मैकलीन ने एक बयान के रूप में दर्ज भी किया था। वह कहता है कि विद्रोह के बारे में सुनने के बाद, उस दिन, वह अपने दो दोस्तों के साथ अपने घर के पास घूम रहा था। उसके बाद कुछ ज़मींदार उसके पीछे आये जो उससे परिचित नहीं थे। सुबह हुई घटना के बारे में बात करते हुए, अंग्रेज़ों ने कम्पनी के शासन के तहत निवासियों को प्रदान की गयी शान्ति और सुरक्षा के बारे में दावा किया। अचानक, तलवारों और ढालों के साथ दो मूल निवासी बातचीत में शामिल हो गये और कहा कि विद्रोह में शामिल होने के लिए और भी हैसियत वाले कई व्यक्तियों को पत्र भेजे गये थे जो समर्थन करने के लिए मज़बूत बलों के साथ शामिल हो सकते हैं। हम जानते हैं कि यह सब झूठ था। हालाँकि, उन्होंने सभी तबक़ों के लोगों के बीच अंग्रेज़ी शासन के ख़िलाफ़ असन्तोष के बारे में बात की और सरकार व विशेष रूप से न्याय की अदालत को दोषी ठहराया। यूरोपीय लोग इस यथार्थवादी प्रतिक्रिया से चिन्तित हो गये और उन्होंने तुरन्त वह जगह छोड़ दी।[92]

बनारस में और उसके आसपास के लोगों को व्याकुलता की स्थिति में पाकर, एर्स्किन अपनी सेना को शहर के और क़रीब ले आये ताकि सैनिक सभी प्रकार की गड़बड़ी को दबाने के लिए उपलब्ध हो सकें और उन लोगों के दिलों में भय पैदा कर सकें, जो इस तरह के विचारों को बढ़ावा दे रहे हों। वास्तव में 18 जनवरी के अन्त तक उन ज़िलों के ज़मींदारों की युद्ध जैसी तैयारियों के बारे में चिन्ताजनक ख़बरें मिलती रहीं, जो आज़मगढ़ की ओर थे, और उन पाँच दिनों के दौरान, शहर और बनारस ज़िले के विभिन्न हिस्सों में रहने वाले अंग्रेज़ भी किसी बड़े ख़तरे की आशंका के कारण बहुत अधिक सावधान और सचेत थे।[93] यह दावा कि वज़ीर अली के भागने के बाद बनारस शहर और देहात में पूर्ण शान्ति थी और जैसा कि डेविस ने उद्धृत पत्र में दावा किया है, पाँच दिनों के भीतर ही सब कुछ संभाल लिया गया था, ग़लत है। यह ज्ञात है कि बनारस के लोगों की मनोदशा 4 फ़रवरी 1799 तक विद्रोह की स्थिति में बनी रही।[94] उसके बाद भी क्योंकि दस्तावेज़ों से यह सिद्ध हो चुका था कि प्रभावशाली लोगों ने इस सशस्त्र प्रतिरोध में हिस्सा लिया था, उन्हें हिरासत में लेने के लिए कार्रवाई मार्च 1799 के मध्य तक भी अच्छी तरह से शुरू नहीं की जा सकी, जैसा कि अगले अध्याय में देखा जायेगा। इस मामले में तुरन्त प्रतिक्रिया करने में अंग्रेज़ों की हिचकिचाहट असल में लोगों में निरन्तर उबाल का ठोस प्रमाण है, जिसकी वजह से इस मामले में भारतीयों के मन में व्याप्त आक्रोश के थमने तक आगे कार्रवाई करने की प्रतीक्षा करनी पड़ी।

माधव दास बाग़ से मिले एक दस्तावेज़ में लिखा है :

मैं आपकी जानकारी के लिए उन लोगों की सूची प्रस्तुत करता हूँ जिन्हें मैंने आपसे जोड़ा है, और आपके आज्ञा पालन के लिए शपथ से बाध्य किया है। इनमें दो प्रकार के लोग हैं; एक में ऐसे लोग शामिल हैं जो आपकी सेवा में अपना जीवन देने के लिए आवश्यकता के समय तैयार हैं; दूसरा उन व्यक्तियों से बना है जो आपकी पहली सफलता के बाद पाँच या छह दिनों के भीतर आपकी सेना में शामिल हो जायेंगे।[95]

यह प्रतिरोध के परिमाण और तीव्रता का एक संकेत देता है कि किस हद तक इसे नियोजित तरीके से अंजाम दिया गया था। यह पहले ही दिखाया जा चुका है कि अकेले बाबू जगत सिंह ने 85,855 ऐसे लोगों को इकट्ठा करने में सफ़लता प्राप्त की थी, जिन्होंने इसे पूरा करने का संकल्प लिया था और ख़ुद को प्रतिबद्ध किया था। हालाँकि इस दस्तावेज़ का लेखक गुमनाम हैं, लेकिन जिस तरह से वह बलों के संयोजन में अपना विश्वास दिखाते हैं, वे निश्चित रूप से बाबू जगत सिंह की ओर इशारा करता है, क्योंकि वहीं इस तरह के क़द और प्रभाव के एकमात्र व्यक्ति थे जो ऐसा कर सकते थे। यह इस तथ्य से भी प्रमाणित होता है कि यह वही व्यक्ति था, जिसने एक ही उद्देश्य के लिए 60 व्यक्तियों की सूची दी थी। दीर्घकालिक योजना के लिए इस स्तर और हद तक तैयारी थी कि जब थोड़े समय के भीतर ही कार्य करने का समय आया, तो वज़ीर अली को 14 जनवरी 1799 को अपनी योजना के अमल पर भरोसा था क्योंकि उन्हें यक़ीन था कि बाबू जगत सिंह के उपक्रमों के निश्चित रूप से अच्छे परिणाम होंगे। अब हम निश्चित तौर पर यह कह सकते हैं कि वह उस निर्णायक दिन के लिए कुल 12,837 पुरुषों को इकट्ठा करने में सक्षम थे।

प्रतिरोध की भयावहता का अन्दाज़ा नवाब सआदत अली ख़ान की प्रतिक्रिया से भी लगाया जा सकता है जब उन्होंने 14 जनवरी 1799 को बनारस में वज़ीर अली के प्रतिरोध के बारे में सुना।[96] यह ख़बर 16 जनवरी को बनारस के डाक-मुंशी (डाक लिपिक) की ओर से लखनऊ में रेज़ीडेंसी के मुंशी को लिखे पत्र के रूप में लखनऊ पहुँची।[97] विलियम टेनेंट, जो इसके बारे में सुनकर लखनऊ पहुँचे, सआदत अली की प्रतिक्रिया का आँखों देखा हाल बताते हैं :

सआदत अली अपने प्रतिद्वन्द्वी की साज़िशों से डर गया है; वह सोचता है कि जिन तरीक़ों का इस्तेमाल उसने अपने दुश्मनों पर किया है अब वे भी मौक़ा पाकर उसे इन्हीं तरीक़ों से घेरेंगे। इसलिए, पिस्तौल, ख़ंजर और ज़हर वाला कप लगातार उसके दिमाग़ को परेशान करता है। अपने ही क़िले के भीतर वह अब असुरक्षित अनुभव करता है। उसे यह लगता है कि कभी भी यह अभेद्य क़िला, जिसे होरेस पीतल की दीवार कहता है, भेदा जा सकता है।[98]

सआदत अली वज़ीर अली के बढ़ते प्रभाव और आकांक्षाओं को अपनी हुकूमत के लिए ख़तरा समझता था।[99] इसके परिणामस्वरूप कानपुर में ब्रिटिश सेना की कमान सँभालने वाले कर्नल रसेल को अपनी कमान के सभी बलों के साथ लखनऊ पहुँचने के लिए कहा गया। यहाँ तक कि जेम्स क्रेग, जिन्होंने अवध में ब्रिटिश सेना की कमान सँभाली थी, ज़मान शाह के आक्रमण को रोकने के लिए अनूपशहर में डेरा डाले हुए थे। यह सारी तैयारी ज़रुरत के समय तुरन्त उपलब्ध हो सकने वाले बल को लखनऊ के निकट रखने की थी।[100] वज़ीर अली को अपने सभी मुफ़स्सिल अधिकारियों को गिरफ़्तार करने के आदेश जारी करने के अलावा उसने इसी उद्देश्य के लिए 50,000 रुपये का इनाम और जागीर आदि जैसे अन्य एहसान की भी घोषणा की। वज़ीर अली के मुख्य लेफ्टिनेंट वारिस अली और इज़्ज़त अली को पकड़ने के लिए 10-10 हज़ार रुपये का इनाम घोषित किया गया था। यहाँ तक कि कलकत्ता सरकार ने पहले वज़ीर अली की गिरफ़्तारी के लिए 20,000 रुपये का इनाम घोषित किया, और बाद में, उन्होंने इस राशि को बढ़ाकर 50,000 रुपये कर दिया।[101] इसके मद्देनज़र, लम्सडेन को उन सभी फ्रांसीसी मूल निवासियों और अन्य यूरोपीय देशों के नागरिकों के बारे में एक पूरी रिपोर्ट भेजने के लिए कहा गया था जो अवध के क्षेत्र में मौजूद थे। यह ब्यौरा उनके पते, चरित्र और सम्बन्धों जैसे विशिष्ट विवरणों के साथ भेजा जाना था।[102]

चेरी का मक़बरा बनारस में बनाया गया था। 1888 तक, सरकार पेंटिंग, मरम्मत, खरपतवार हटाने आदि के लिए इसके रखरखाव पर 14 रुपये की राशि ख़र्च करने का बोझ उठा रही थी।[103] दीर्घकालिक, वैकल्पिक और तात्कालिक योजनाओं को बड़ी ही गोपनीयता के साथ अंजाम दिया गया था। हालाँकि अंग्रेज़ों को लगातार यह सन्देह था कि कुछ पक रहा था, पर उन्हें इसकी सटीक प्रकृति के बारे में पता नहीं था। प्रतिरोध में बाबू जगत सिंह की भूमिका का उल्लेख करते हुए डेविस ने अपने कथन में लिखा, 'इस व्यक्ति (बाबू जगत सिंह) के असन्तुष्ट और बेचैन स्वभाव पर लम्बे समय से सार्वजनिक अधिकारियों द्वारा टिप्पणी की गयी थी, और यह ऐसा पहला आपराधिक मामला नहीं था जिसमें उसे दोषी समझा गया था।[104] यद्यपि यह बात ज़ाहिर हो चुकी है कि फोर्ट विलियम में सर जॉन शोर और उनके अधीनस्थों द्वारा बाबू जगत सिंह पर लगाये गये आरोपों की जाँच-पड़ताल के बाद उन्हें निराधार समझा गया था और अध्याय दो में इसकी चर्चा हो चुकी है। इसलिए डेविस का यह कहना तथ्यपरक नहीं है। यह सही है कि बाबू जगत सिंह अंग्रेज़ी व्यवस्था से असन्तुष्ट चल रहे थे और लगातार अपनी भेजी याचिकाओं और माँगपत्रों के अनसुने किये जाने से नाराज़ और बेचैन भी थे, जिसका विस्तृत विवरण भी उसी अध्याय में किया जा चुका है।

टिप्पणियाँ

1. जगत सिंह राजपरिवार का ज्ञापन, पृष्ठ 10
2. जब ज़मान शाह ने 1798 के अन्त में आक्रमण किया, तो अंग्रेज़ों ने उसका सामना करने के लिए अनूपशहर में अपनी सारी सेना इकट्ठी की फ़ॉरेन एंड सेपरेट कॉन्सल्टेशंस 25 मार्च 1799 : डब्ल्यू स्कॉट से बार्लो को, 19 मार्च) (यहाँ से एफएसएससी)
3. एफएसएससी, 22 फ़रवरी 1799, संख्या 3 बी, डेविस से हैरिंगटन को, 12 फ़रवरी, 15 अप्रैल 1799, अंक 8
4. आईओआर/एफ/4/72/1590 फ़रवरी 1799, फ़रवरी 1800, बंगाल पॉलिटिकल, अंक 2, मॉर्निंगटन गवर्नर जनरल से कोर्ट ऑफ़ डायरेक्टर्स को पत्र, 13 फ़रवरी 1799, ब्रिटिश लाइब्रेरी, लन्दन
5. एफएसएससी, 8 अप्रैल 1799, अंक 7, 8ए, 8डी, 9; फौरेन मिसलेनियस, खण्ड VIII, अंक 20, 29-34
6. एफएसएससी, 22 फ़रवरी 1799, अंक 3बी
7. एफएसएससी, 8 अप्रैल 1799, अंक 7, 8ए, 8डी, 9; फौरेन मिसलेनियस, खण्ड VIII, अंक 20, 29-34
8. एफएसएससी, 22 फ़रवरी 1799 अंक 3बी। जॉन फ्रांसिस डेविस, *वज़ीर अली खान ऑर द मैसेकर ऑफ़ बनारस : ए चैप्टर इन ब्रिटिश इंडिया, बनारस* : मेडिकल हॉल प्रेस, 1881, पृष्ठ 47
9. एफएसएससी, 22 फ़रवरी 1799, डेविस से हैरिंगटन को, 12 फ़रवरी और अंक 3
10. एफएसएससी, 22 फ़रवरी 1799 : डेविस से हैरिंगटन को, 12 फ़रवरी और अंक 3 (सुखराम दास का बयान)
11. वाल्टर हैमिल्टन, ए ज्योग्राफिकल स्टेटिस्टिकल एंड हिस्टॉरिकल डेसक्रिप्शन ऑफ़ हिन्दुस्तान एंड द एडजेसेंट कंट्रीज़, लन्दन : जॉन मरे, 1820, पृष्ठ 275
12. एफएसएससी, 15 अप्रैल 1799, अंक 8; 13 मई 1799, स्टुअर्ट से लम्सडेन को, 18 अप्रैल
13. एफएसएससी, डेविस से हैरिंगटन को, 12 फ़रवरी और नम्बर 3-11
14. एफएसएससी, 22 फ़रवरी 1799, 14 जनवरी 1799 को माधोदास बाग़ में पाये गये एक दस्तावेज़ का अनुवाद। डेविस, वज़ीर अली खान, पृष्ठ 59 में 4,800 पैदल सैनिक और 100 घोड़े और 80,000 लोगों का ग़लत विवरण है, जिसका क़ुरेशी ने *फिलिकर्स ऑफ़ एन इंडिपेंडेंट नवाबी, खण्ड II*, पृष्ठ 554 पर सुधार किया है
15. *मिरअत-उल-अहवाल-ए-जहान नुमा,* रज़ा लाइब्रेरी, रामपुर एमएस, 120बी, फोरेन मिसलेनियस, खण्ड VIII, अंक 20; एफएसएससी, 12 सितम्बर 1799, अंक 9-11
16. *मिरअत-उल-अहवाल-ए-जहान नुमा,* 121ए; एफएसएससी, 29 अप्रैल 1799, लखनऊ रेजीडेंट को बार्लो, 25 अप्रैल : होम मिसलेनियस, खण्ड 584, पृष्ठ 230; केके दत्ता, एंटी-

ब्रिटिश प्लोट्स एंड मूवमेंट्स बिफोर 1857, मेरठ : मीनाक्षी प्रकाशन, 1970, पृष्ठ 16; आरसी मजूमदार, हिस्ट्री ऑफ़ द फ्रीडम मूवमेंट इन इंडिया, कलकत्ता, 1971, 1, पृष्ठ 85

17. प्राप्त फ़ारसी पत्रों का अनुवाद, 1798, अंक 495, एनएआई
18. लम्सडेन से एडमोंसटन को, 14 अप्रैल 1799, जर्नल ऑफ़ यूपी हिस्टोरिकल सोसाइटी खण्ड IX, 62-3; कोर्ट को राजनीतिक पत्र, 12 सितम्बर 1799, पैरा 34; डेविस, वज़ीर अली खान, पृष्ठ 23-6. यह पुस्तक केवल एक माध्यमिक स्रोत है हालाँकि यह अभी भी उन दिनों की घटनाओं का तत्काल ब्योरा देने के उद्देश्य को पूरा करती है। अब घटना पर प्राथमिक स्रोत उपलब्ध हैं जो इस पुस्तक का आधार हैं।
19. कोर्ट को राजनीतिक पत्र, 12 जनवरी 1799 (ब्रिटिश लाइब्रेरी लन्दन)। इसकी तारीख़ 13 करने के लिए इसमें अधिलेखन है लेकिन इस पत्र की शुरुआत में 12 तारीख़ स्पष्ट रूप से दी गयी है। आईओआर/एफ/4/72/1590 फ़रवरी 1799-फ़रवरी 1800, बंगाल पॉलिटिकल, अंक 2, ब्रिटिश लाइब्रेरी, लन्दन।
20. मॉर्निंगटन से चेरी को 24 दिसम्बर 1798 का पत्र, लेटर रिसीव्ड बाई एजेंट टू गवर्नर जनरल बनारस, बस्ता संख्या 10, बॉक्स संख्या 43, 1798-1800, आरएपी
21. चेरी से मॉर्निंगटन को 1 जनवरी 1799 का पत्र, लेटर इशुड बाई द एजेंट टू द गवर्नर जनरल बनारस, जनवरी 1798 से फ़रवरी 1799, खण्ड 3, बॉक्स संख्या 1, आरएपी । अंबाजी व पेरोन हिन्दुस्तान (उत्तरी भारत) में सिन्धिया के प्रधान सेनापति थे।
22. आईओआर/एफ/4/72/1590 फ़रवरी 1799 फ़रवरी 1800, बंगाल पॉलिटिकल, अंक 2, मॉर्निंगटन गवर्नर जनरल से कोर्ट ऑफ़ डायरेक्टर्स को पत्र, 12 फ़रवरी 1799; फ़ारसी पत्रों का अनुवाद 1799, संख्या 30 जारी किया गया।
23. बार्लो से चेरी को पत्र दिनांक 14 जनवरी 1799, लेटर रिसीव्ड बाई एजेंट टू गवर्नर जनरल बनारस, खण्ड 43, बॉक्स नम्बर 10, 1798 से 1800, आरएपी
24. एफएसएससी, 1 अप्रैल 1799, अंक 24 (3), एनएआई
25. पूर्वोक्त, संख्या 24 (2), एनएआई
26. पूर्वोक्त
27. एफएसएससी, 1 अप्रैल 1799, अंक 29 (4), एनएआई
28. पूर्वोक्त, संख्या 23, 24 (6-9, 11), एनएआई
29. बुहुक सिंह का अर्ज़ी, अंक 3, एजेंट द्वारा गवर्नर जनरल को जारी पत्र, 1799-1801, वॉल्यूम 4, बॉक्स नम्बर 1, आरएपी
30. एफ़एसएससी, 1 अप्रैल 1799, अंक 23, एनएआई
31. एफएसएससी 22 फ़रवरी 1799, अंक 23 : डेविस टू हैरिंगटन, 12 फ़रवरी, अंक 3जे-एल. एनएआई
32. एफएसएससी 22 फ़रवरी 1799, अंक 3 (I), एनएआई
33. पूर्वोक्त, संख्या 3एम, 3एन, 3ओ, 3पी, 23 (1) ; डेविस से हैरिंगटन, 12 फ़रवरी; एफपीएस 25 जनवरी 1799, धन्ना सिंह से पूछताछ, एनएआई
34. पूर्वोक्त, 1 अप्रैल, 1799, संख्या 34 (1-14, 16, 17) एनएआई
35. पूर्वोक्त, संख्या 23, एनएआई; नीव से बार्लो को पत्र दिनांक 28 फ़रवरी 1799, पेपर संख्या

13, प्राप्तियों की सूची, लेटर इश्यूड बाइ एजेंट टू गवर्नर जनरल बनारस, 1799 से 1801, खण्ड 4, बॉक्स संख्या 1, आरएपी

36. एफएसएससी, 22 फ़रवरी 1799, संख्या 3-I, 3ज़ेड, 3बीबी; एफएसएससी, 1 अप्रैल 1799, अंक 23, एनएआई
37. एफएसएससी, 1 अप्रैल 1799, अंक 34 (6, 7), एनएआई
38. नीव से बार्लो को पत्र दिनांक 28 फ़रवरी 1799, पेपर संख्या 7, शहर के परिवेश में रसलदारों की सूची, लेटर इश्यूड बाइ एजेंट टू गवर्नर जनरल बनारस, 1799 से 1801, खण्ड IV, बॉक्स संख्या 1, आरएपी
39. नीव से बार्लो को पत्र दिनांक 28 फ़रवरी 1799, पेपर संख्या नम्बर 8, शहर के घाटों और परिवेश की सूची, लेटर इश्यूड बाइ एजेंट टू गवर्नर जनरल बनारस, 1799 से 1801, खण्ड 4, बॉक्स नम्बर 1, आरएपी
40. द *ऑक्सफोर्डशायर वीकली न्यूज़,* 11 फ़रवरी 1880, पृष्ठ 8; नौसेना और सैन्य राजपत्र पृष्ठ 66, बीएनए, लन्दन : ब्रिटिश लाइब्रेरी
41. नीव से बार्लो को पत्र, सरकार के सचिव, फोर्ट विलियम दिनांक 15 जनवरी, 1799, लेटर इश्यूड बाइ एजेंट टू गवर्नर जनरल बनारस, जनवरी 1798 से फ़रवरी 1799, खण्ड 3, बॉक्स संख्या 1, आरएपी, एफएसएससी, 22 फ़रवरी 1799, अंक 3 डब्ल्यू
42. एफएसएससी, 22 फ़रवरी 1799, अंक 3एन, 3वी, 3 डब्ल्यू, उज़ेड, डेविस से हैरिंगटन को, 12 फ़रवरी, एनएआई। प्रकरण से सम्बन्धित सभी घटनाओं के सूक्ष्मतम विवरण में रुचि रखने वालों को एचए क़ुरैशी, दी फ़िलिकर्स ऑफ़ एन इंडिपेंडेंट नवाबी, खण्ड II, पृष्ठ 292-338 देखना चाहिए।
43. नीव से बार्लो को पत्र, सरकार के सचिव, फोर्ट विलियम दिनांक 15 जनवरी, 1799, लेटर इश्यूड बाइ एजेंट टू गवर्नर जनरल बनारस, जनवरी 1798 से फ़रवरी 1799, खण्ड 3, बॉक्स संख्या 1, आरएपी
44. डेविस, *वज़ीर अली खान,* पृष्ठ 29
45. एफएसएससी, 22 फ़रवरी 1799, संख्या 3वी, 3 डब्ल्यू, 3एक्स और वाई।
46. नीव सरकार के सचिव, से बार्लो को पत्र, फोर्ट विलियम दिनांक 15 जनवरी 1799, लेटर इश्यूड बाइ एजेंट टू गवर्नर जनरल बनारस, जनवरी 1798 से फ़रवरी 1799, खण्ड 3, बॉक्स संख्या 1, आरएपी। साथ ही देखें, आईओआर/एफ/4/72/1590 फ़रवरी 1799-फ़रवरी 1800, पॉलिटिकल लेटर फ्रॉम बंगाल काउंसिल टू कोर्ट ऑफ़ डायरेक्टर्स, 12 सितम्बर 1799, लन्दन : ब्रिटिश लाइब्रेरी।
47. एफएसएससी, 22 फ़रवरी 1799, अंक 3 डब्ल्यू; नीव सरकार के सचिव, से बार्लो को पत्र, फोर्ट विलियम दिनांक 15 जनवरी 1799, लेटर इश्यूड बाइ एजेंट टू गवर्नर जनरल बनारस, जनवरी 1798 से फ़रवरी 1799, खण्ड 3, बॉक्स संख्या 1, आरएपी (ऐसे पत्र एफपीसी में भी दर्ज पाये जाते हैं); यह भी देखें, आईओआर/एफ/4/72/1590 फ़रवरी 1799-फ़रवरी 1800, पॉलिटिकल लेटर फ्रॉम बंगाल काउंसिल टू कोर्ट ऑफ़ डायरेक्टर्स, 12 सितम्बर 1799, पैरा 38, लन्दन : ब्रिटिश लाइब्रेरी।
48. एफएसएससी, 22 फ़रवरी 1799, अंक 3बीबी, एनएआई
49. एफएसएससी, 22 फ़रवरी 1799, अंक 3बीबी

50. पूर्वोक्त, अंक 3बीबी; एफपीसी, 21 जनवरी 1799 : डेविस से ए क्लार्क को पत्र, 15 जनवरी, जॉर्ज विस्काउंट वैलेंशिया, वोयेजेज़ एंड ट्रैवल्स इन इंडिया, सीलोन, द रेड सी, एबीसीनिया एंड इजिप्ट इन द इयर्स 1802,1803,1804,1805 & 1806, I, लन्दन, 1809, पृष्ठ 108; डेविस, वज़ीर अली खान, पृष्ठ 33
51. एफएसएससी, 22 फ़रवरी 1799, अंक 3बीबी; एफपीसी, 21 जनवरी 1799, डेविस से ए क्लार्क को पत्र, 15 जनवरी
52. एफपीसी, 21 जनवरी 1799 : डेविस से ए क्लार्क को पत्र, 15 जनवरी, *चेस्टर क्रॉनिकल,* 12 जुलाई, 1799, बीएनए, लन्दन : बीएल. यह ख़बर 'मैसेकर इन बनारस' शीर्षक से प्रकाशित हुई थी।
53. एफएसएससी, 22 फ़रवरी 1799, संख्या 3एफ, 3जी, 3बीबी; एफपीसी, 25 जनवरी 1799, जे राइडर से बार्लो को पत्र, 15 जनवरी
54. पूर्वोक्त, संख्या 3एफ, 3जी; डेविस, वज़ीर अली खान, पृष्ठ 46
55. एफपीसी, 25 जनवरी 1799, धन्ना सिंह की जिरह, वज़ीर अली खान से राजा ऊदित नारायण
56. एफपीसी, 25 जनवरी 1799, एस डेविस से अल्यूरेड क्लार्क को पत्र, 15 जनवरी, NAII
57. सीपीसी, XI, अंक 181; एफपीसी, 25 जनवरी 1799, एर्स्किन से ए क्लार्क को पत्र, 15 जनवरी, एनएआई
58. एफएससी, 22 फ़रवरी 1799, अंक 3एन, 3पी, एनएआई
59. एफएससी, संख्या 3ज़ेड; 20 मई, 1799, अंक 50, एनएआई
60. पूर्वोक्त, डेविस को मुज़फ़्फ़र बख़्त, 15 जनवरी प्राप्त हुआ (उसी तिथि के एफ़एसएससी के तहत भी इसे दर्ज किया गया है, संख्या 3ज़ेड, 3 डीडी, एफपीसी, 25 जनवरी 1799, एर्स्किन से ए क्लार्क और राइडर से बार्लो को, 15 जनवरी
61. नीव से बार्लो सरकार के सचिव को पत्र, फोर्ट विलियम दिनांक 15 जनवरी 1799, लेटर इश्यूड बाइ एजेंट टू गवर्नर जनरल बनारस, जनवरी 1798 से फ़रवरी 1799, खण्ड 3, बॉक्स संख्या 1, आरएपी; एफएससी, 22 अप्रैल 1799, संख्या 20-31; 1 अप्रैल 1799, नीव टू बार्लो, 21 मार्च
62. नीव से बार्लो सरकार के सचिव को पत्र, फोर्ट विलियम दिनांक 15 जनवरी 1799, लेटर इश्यूड बाइ एजेंट टू गवर्नर जनरल बनारस, जनवरी 1798 से फ़रवरी 1799, खण्ड 3, बॉक्स संख्या 1, आरएपी
63. *चेस्टर क्रॉनिकल,* 12 जुलाई 1799, बीएनए, लन्दन : बीएल।
64. मॉर्निंगटन टू किर्कपैट्रिक, 3 मार्च 1799, आर मोंटगोमरी मार्टिन, *द डिसपैचेज, मिनट्स, एंड कॉरेस्पोंडेंस ऑफ़ द मारकुवीज़ वेलेज़ली ड्यूरिंग हीज़ एडमिनिस्ट्रेशन इन इंडिया,* 5 खण्ड, नयी दिल्ली : इंडिया पब्लिकेशन, 1837 से उद्धृत (I, 491)
65. क़ुरेशी, *फिलिकर्स ऑफ़ एन इंडिपेंडेंट नवाबी,* खण्ड II, पृष्ठ 337-8
66. एफएसएससी, 25 फ़रवरी 1799, मॉर्निंगटन आदि से एल्यूरेर्ड क्लार्क को, 10 फ़रवरी 1799, एनएआई

67. एफपीसी, 4 फ़रवरी 1799, जे लम्सडेन से जीएच बार्लो को, 11 फ़रवरी, एनएआई
68. क़ुरेशी, *फिलिकर्स ऑफ़ एन इंडिपेंडेंट नवाबी,* खण्ड। पृष्ठ 402-3
69. एफपीसी, 16 जुलाई 1799, जे कोलिन्स से मॉर्निंगटन को, 28 जून, एनएआई
70. एफएससी, 24 अप्रैल 1800, वज़ीर अली का जयपुर के राजा द्वारा समर्पण और अंक 53
71. कोर्ट को राजनीतिक पत्र, 1789-1803, 27 दिसम्बर 1799, पैरा 9, एनएआई
72. जेएच क्रेग से स्कॉट को, 5 जनवरी 1800 (एशियन एनुवल रजिस्टर 1806, स्टेट पेपर्स, 360); कोर्ट को राजनीतिक पत्र, 1789-1803, 28 फ़रवरी 1800, पैरा 48, एनएआई
73. फौरेन मिसलेनियस, XI, संख्या 14, 36; सेलेक्शन्स फ्रोम कलकत्ता ग़ज़ट (1784-1823), खण्ड V, पृष्ठ 194
74. नीव से बार्लो सरकार के सचिव को पत्र, फोर्ट विलियम दिनांक 15 जनवरी 1799, लेटर इश्यूड बाइ एजेंट टू गवर्नर जनरल बनारस, जनवरी 1798 से फ़रवरी 1799, खण्ड 3, बॉक्स संख्या 1, आरएपी
75. *चेस्टर क्रॉनिकल,* 12 जुलाई 1799, बीएनए, लन्दन : बीएल।
76. एफएसएससी, 18 फ़रवरी 1799, डेविस से सी रसेल, फ़ारसी अनुवादक, 10 फ़रवरी, डेविस से एडमनस्टोन, फ़ारसी अनुवादक, 21 जनवरी, 21 फ़रवरी, एनएआई
77. एफएसएससी, 18 फ़रवरी 1799, परिषद की अधिसूचना, डेविस से सी रसेल, 10 फ़रवरी और उसके संलग्नक। हालाँकि अन्त में दस्तावेज़ों की संख्या 61 दी गयी है, 46ए और 47बी के दो और दस्तावेजों को भी इनमें जोड़कर 63 अंकित किया गया, एनएआई
78. नीव से बार्लो को पत्र दिनांक 20 फ़रवरी, 1799, लेटर इश्यूड बाइ एजेंट टू गवर्नर जनरल बनारस, 1799 से 1801, खण्ड 4, बॉक्स संख्या 1, आरएपी; इसके अलावा एफ़एसएससी, 1 अप्रैल 1799 को नम्बर 22, एनएआई
79. पूर्वोक्त
80. भवानी शंकर की अर्ज़ी संख्या 1, लेटर इश्यूड बाइ एजेंट टू गवर्नर जनरल बनारस, 1799 से 1801, खण्ड 4, बॉक्स नम्बर 1, आरएपी
81. सुमेदे सिंह और राम दयाल सिंह की अर्ज़ी, अंक 2, लेटर इश्यूड बाइ एजेंट टू गवर्नर जनरल बनारस, 1799 से 1801, खण्ड 4, बॉक्स संख्या 1, आरएपी
82. बुहुक सिंह का अर्ज़ी, नम्बर 3, एजेंट द्वारा गवर्नर जनरल, बनारस को जारी पत्र, 1799 से 1801, खण्ड 4, बॉक्स संख्या 1, आरएपी
83. शिवशरण सिंह की अर्ज़ी, अंक 4, लेटर इश्यूड बाइ एजेंट टू गवर्नर जनरल बनारस, 1799 से 1801, खण्ड 4, बॉक्स संख्या 1, आरएपी
84. गोपाल सिंह की अर्ज़ी, अंक 5, लेटर इश्यूड बाइ एजेंट टू गवर्नर जनरल बनारस, 1799 से 1801, खण्ड 4, बॉक्स संख्या 1, आरएपी
85. बिशन सिंह की अर्ज़ी, अंक 6, लेटर इश्यूड बाइ एजेंट टू गवर्नर जनरल बनारस, 1799 से 1801, खण्ड 4, बॉक्स संख्या 1, आरएपी

86. शिवनाथ सिंह के चेला की अर्ज़ी, अंक 7, लेटर इश्यूड बाइ एजेंट टू गवर्नर जनरल बनारस, 1799 से 1801, खण्ड 4, बॉक्स संख्या 1, आरएपी
87. सुमानी सिंह की अर्ज़ी, अंक 9, लेटर इश्यूड बाइ एजेंट टू गवर्नर जनरल बनारस, 1799 से 1801, खण्ड 4, बॉक्स संख्या 1, आरएपी
88. उर्दन सिंह की अर्ज़ी, संख्या 11, लेटर इश्यूड बाइ एजेंट टू गवर्नर जनरल बनारस, 1799 से 1801, खण्ड 4, बॉक्स संख्या 1, आरएपी
89. जैकब राइडर (ग़ाज़ीपुर में सेना अधिकारी) का पत्र कैप्टन मार्क व्हाइट को दिनांक 27 सितम्बर 1797, लेटर इश्यूड बाइ एजेंट टू गवर्नर जनरल बनारस, खण्ड 42, बॉक्स अंक 10, 1797-8, आरएपी
90. 18 फ़रवरी 1799 को मनोरथ सिंह का बयान और जिरह, लेटर इश्यूड बाइ एजेंट टू गवर्नर जनरल बनारस, 1799 से 1801, खण्ड 4, बॉक्स संख्या 1, आरए, एफएसएससी के तहत भी, 1 अप्रैल, 1799 (संलग्नक संख्या 23)
91. डेविस, *वज़ीर अली खान,* पृष्ठ 63-6
92. पूर्वोक्त, पृष्ठ 58
93. एफपीसी, 25 जनवरी 1799, डेविस से ए क्लार्क, 18 जनवरी; एफएसएससी, 22 फ़रवरी 1799, डेविस से हैरिंगटन, 12 फ़रवरी, एनएआई
94. कोर्ट को राजनीतिक पत्र 12 सितम्बर 1799, पैरा 58; एफपीसी, 4 फ़रवरी 1799, अंक 38, एनएआई; नीव टू मेजर जनरल एर्स्किन दिनांक 4 फ़रवरी 1799, लेटर इश्यूड बाइ एजेंट टू गवर्नर जनरल बनारस, जनवरी 1798 से फ़रवरी 1799, खण्ड 3, बॉक्स संख्या 1, आरएपी
95. एफएसएससी, 22 फ़रवरी 1799, 14 जनवरी 1799 को माधो दास बाग़ में पाए गये एक दस्तावेज़ का अनुवाद
96. *चेस्टर क्रॉनिकल,* 12 जुलाई 1799, बीएनए, लन्दन : बीएल
97. एफपीसी, 25 जनवरी 1799, जे लम्सडेन से मॉर्निंगटन को, 17 जनवरी, एनएआई
98. विलियम टेनेंट, *इंडियन रेक्रिएशन्स,* खण्ड I, लन्दन, 1804; एडिनबरा : सी स्टीवर्ट, 1803, पृष्ठ 398 पुन:प्रकाशित
99. एशियाटिक एनुअल रजिस्टर 1799 (क्रॉनिकल), पृष्ठ 91
100. एफपीसी, 25 जनवरी 1799, जे. लम्सडेन से कर्नल रसेल, 16 जनवरी, क्रेग को, 17 जनवरी, एनएआई
101. एफएससी, 22 फ़रवरी 1799, लम्सडेन से बार्लो को पत्र, सरकार के सचिव, फोर्ट विलियम, ओसी 18, 14 फ़रवरी 1799
102. एफएससी, 13 मई, 1799, ओसी संख्या 3, लम्सडेन को पत्र, निवासी लखनऊ, 13 मई 1799
103. द *होमवर्ड मेल,* 6 फ़रवरी 1888, ब्रिटिश न्यूज़पेपर आर्काइव्स, लन्दन: ब्रिटिश लाइब्रेरी
104. डेविस, *वज़ीर अली खान,* पृष्ठ 64

प्लेट 6.1 : बनारस में डेविस की रिहाइशगाह पर हमले की तस्वीर
स्रोत : डेविस, वज़ीर अली ख़ान, प्रारम्भ का पृष्ठ

प्लेट 6.2 : 14 जनवरी 1799 को मारे गये चैरी और अन्य अंग्रेज़ों की याद में बनाया गया स्मारक और उस पर अंकित शिलालेख

7

अवनति की ओर : दमन, आशंका और मुक़दमा

पिछले अध्याय में उल्लेख किया गया है कि वज़ीर अली और उनके साथी माधव दास बाग़ से दिन छुपने की ओर अग्रसर शाम को निकल भागे थे। दूसरे दिन यानी 15 जनवरी 1799 को वह सब चीज़ें जो वे अपने साथ नहीं ले जा सके, उन्हें अंग्रेज़ों ने ज़ब्त कर लिया था। इसमें बीस हाथी, घोड़े और चाँदी के हौदे शामिल थे। हाथियों को शिविर में भेजा गया। वज़ीर अली के हरम में लगभग सौ की संख्या में औरतें थीं जिनमें वज़ीर अली की बेगमों के साथ, परिचारिकाएँ और अन्य महिलाएँ शामिल थीं। इन सभी को माधव दास बाग़ में ही अंग्रेज़ों के संरक्षण में छोड़ दिया गया था।[1] वज़ीर अली की गिरफ़्तारी के लिए आदेश जारी किये गये। सआदत अली और अंग्रेज़ों द्वारा उसे पकड़ने में मदद करने के बदले 50,000 रुपये का इनाम देने का लुभावना वादा किया गया। उनके दो प्रमुख लेफ्टिनेंट वारिस अली और इज़्ज़त अली की गिरफ़्तारी के लिए भी 10,000 रुपये का अतिरिक्त इनाम देने की घोषणा हुई थी। यह उल्लेख पिछले अध्याय में किया जा चुका है। चूँकि यह अनिश्चित था कि बनारस छोड़ने के बाद वे और उनके साथी किस दिशा में और किस स्थान पर चले गये थे, इस तरह के इनामों को न केवल अवध में बल्कि बनारस, सारण, तिरहुत, मिर्ज़ापुर, ग़ाज़ीपुर, जौनपुर, पटना और शाहाबाद ज़िलों में भी बड़े पैमाने पर प्रचारित किया गया था।[2] इससे यह स्पष्ट है कि विद्रोह के व्यापक रूप से फैलने की आशंका के कारण अंग्रेज़ इस प्रतिरोध को दबाने के लिए उतावले थे। वे जल्द से जल्द समूचे प्रभावित इलाक़े पर नियन्त्रण करना चाहते थे।

सआदत अली और अंग्रेज़ दोनों जल्द से जल्द वज़ीर अली को पकड़ने के लिए प्रयासरत थे, क्योंकि उन्हें उम्मीद थी कि वह ज़मान शाह के पास भाग सकते थे। ज़मान शाह लाहौर तक बढ़ आये थे पर 4 जनवरी 1799 को अपने देश में सर

पर आ चुकी परेशानियों के कारण लौट गये थे। संयोग से यह भारत पर ज़मान शाह का अन्तिम आक्रमण साबित हुआ। वह फिर कभी ऐसा नहीं कर सके, क्योंकि वह जल्द ही अपने विद्रोही भाई महमूद द्वारा गद्‌दी से उतार दिये गये थे। इस विषय में इससे अधिक बताने की यहाँ आवश्यकता नहीं है। वज़ीर अली के दुश्मन उनके ठौर ठिकाने की तलाश करते हुए अँधेरे में तीर चला रहे थे और इधर-उधर हाथ-पैर मार रहे थे। सबकी नज़रों से बचकर वज़ीर अली 21 जनवरी 1799 को भुटवल पहुँचे और वहाँ फिर से उन्होंने सेना को इकट्‌ठा करना शुरू कर दिया। उन्होंने भुटवल के राजा के भाई की मदद और सहयोग से ज़मींदारों और अन्य निवासियों का समर्थन माँगा। आख़िरकार संघर्ष शुरू करने ही तो वज़ीर अली बनारस से भाग निकले थे। वह जानते थे अब उनकी तरफ़ से किसी भी सशस्त्र विद्रोह को अंग्रेज़ी ताक़त शुरू में ही कुचलना चाहेगी और हुआ भी यही। अंग्रेज़ों की ओर से सशस्त्र संघर्ष की दोबारा शुरुआत की सम्भावना का गला घोंटने के लिए एक बड़ी सेना भेजने की स्थिति पैदा हुई। कर्नल जी रसेल जो उस समय अंग्रेज़ी तोपखाने की कम्पनी-नेटिव इन्फैंट्री की 8वीं रेजिमेंट और 9वीं रेजिमेंट की एक बटालियन की कमान सँभाल रहे थे, 17 जनवरी को कानपुर से रवाना हुए और 22 जनवरी को लखनऊ पहुँचे।[3] फ़रवरी को उन्हें इन्फैंट्री रेजिमेंट के साथ मार्च करने का निर्देश दिया गया था और 4 फ़रवरी 1799 तक उन्हें गोरखपुर के लिए जितना ज़रूरी हो उतने तोपखाने का बन्दोबस्त कर लेना था।[4] वज़ीर अली और उनके साथियों की गतिविधियाँ ग्रन्थ सूची में सूचीबद्ध ए रे और एच ए क़ुरेशी की किताबों में छपे विवरणों के कारण बहुत अच्छी तरह से मालूम हैं। इसलिए यहाँ यह उल्लेख करना पर्याप्त होगा कि वज़ीर अली और उनके साथियों ने गोरखपुर-बहराइच क्षेत्र के लिए भुटवल छोड़ दिया और अन्ततः उन्हें अवध की सेनाओं के साथ अन्तिम लड़ाई के बाद उस स्थान से भी हटना पड़ा। वे 23 जून 1799 को जयपुर पहुँचने में कामयाब रहे, जैसा कि पिछले अध्याय में बताया गया है। अंग्रेज़ों ने जयनगर के राजा से उन्हें और उनके साथियों को अंग्रेज़ों को सौंपने के लिए कहा।[5]

चप्पा-चप्पा छाना गया

15 जनवरी को गवर्नर जनरल के कार्यवाहक एजेंट जे नीव को ख़ुफ़िया जानकारी से पता चला कि वज़ीर अली और उनके साथी आज़मगढ़ की ओर निकले हैं। इसलिए उन्होंने अनुमान लगाया कि वह ग़ाज़ीपुर के विद्रोही ज़मींदार जगन्नाथ सिंह के साथ मिल जाने के लिए उस ओर गये है। उन्हें यह भी मालूम हुआ कि वज़ीर अली के कुछ साथी जौनपुर ज़िले के बदलापुर गये हैं और वे उस क्षेत्र में परेशानी पैदा कर सकते हैं। इस कारण उन्होंने ग़ाज़ीपुर और जौनपुर में विद्रोह की भी आशंका जताई और उन

स्थानों के मजिस्ट्रेटों को इसे रोकने के लिए सम्भव उपाय करने को लिखा। मिर्ज़ापुर के मजिस्ट्रेट को भी यह जानकारी उन्हें तत्काल चिन्ता से राहत देने के लिए दी गयी थी, क्योंकि भागने वाले सशस्त्र संघर्षकर्ता उस समय उनके क्षेत्र में धमकने वाले नहीं थे और वह आराम से आवश्यक उपचारात्मक उपाय कर सकते थे।[6] जब ग़ाज़ीपुर के मजिस्ट्रेट जैकब राइडर को उपरोक्त ख़ुफ़िया जानकारी मिली तो उन्हें थोड़ी राहत महसूस हुई। हालाँकि उन्हें अभी भी डर था कि वज़ीर अली के आज़मगढ़ पहुँचने पर उनके साथ शामिल होने के लिए और लोग मिल सकते हैं। उन्होंने अनुमान लगाया कि वज़ीर अली वहाँ रहने का अब और जोखिम नहीं उठा सकते हैं और कुछ कर पाने के लिए एक अधिक सुरक्षित जगह की खोज में पश्चिम की ओर आगे बढ़ेंगे। अपनी योजनाओं को पूरा करने के लिए उन्हें अधिक सुरक्षित ठिकाने की ज़रूरत होगी। इसने उनकी चिन्ताओं को कम किया था, लेकिन एहतियात के लिए उन्होंने ग़ाज़ीपुर ज़िले के सभी तहसीलदारों को अपनी सेना इकट्ठा करने के लिए कहा। उन्होंने लेफ्टिनेंट कार्टर को भी सतर्क किया जो एक छोटे से ब्रिटिश बल के साथ मठिया में थे, जैसा कि पिछले अध्याय में उल्लेख किया गया है। जौनपुर के मजिस्ट्रेट वेलैंड ने किसी भी परेशानी से निपटने को एहतियाती क़दम उठाये और अपने आधिकारिक निवास की सुरक्षा के लिए 300 नियमित सिपाहियों को रखा। वज़ीर अली के विद्रोही तेवर से वे इतने आशंकित थे कि उन्होंने सशस्त्र संघर्षकर्ताओं द्वारा किसी अन्य ख़ेमे पर धावा बोलने की स्थिति में मदद देने में असमर्थता व्यक्त की।[7] यहाँ तक कि अवध के सआदत अली ख़ान भी पीछे नहीं रहे और अपने सभी अधिकारियों, अमीरों, ज़मींदारों, सवारों, प्यादों, और अवध के हर नुक्कड़ और कोने में बटालियनों को वज़ीर अली को खोजने-पकड़ने के आदेश जारी किये।[8] दौलत राव सिन्धिया के साथ रेज़ीडेंट रहे जॉन कॉलिन्स को मराठा क्षेत्रों में प्रवेश करने का प्रयास करने पर वज़ीर अली के आत्मसमर्पण की माँग करने के लिए अधिकृत किया गया था।[9]

15 सितम्बर 1799 को फोर्ट सेंट जॉर्ज से वापस आने के बाद वेलेज़ली को भी गम्भीरतापूर्वक 14 जनवरी 1799 को बनारस की विद्रोहपूर्ण घटनाओं से उत्पन्न स्थिति की ओर ध्यान देना पड़ा। 16 सितम्बर को कर्नल कॉलिन्स को वज़ीर अली को गिरफ़्त में लेने के सरकारी निर्देश जारी किये गये। राजा प्रताप सिंह इस शर्त पर वज़ीर अली को अंग्रेज़ों के हवाले करने को सहमत हुए कि उन्हें फाँसी नहीं दी जायेगी और उनकी सज़ा को बिना ज़ंजीरों वाले आजीवन कारावास में बदल दिया जायेगा। अंग्रेज़ों के पास इन शर्तों को स्वीकार करने के अलावा कोई व्यवहारिक विकल्प नहीं था, 'क्योंकि ऐसा प्रतीत होता था कि राजा को बड़ी से बड़ी राशि देकर भी बिना किसी शर्त के वज़ीर अली का आत्मसमर्पण करवाना सम्भव न था।[10] 20 नवम्बर को कर्नल कॉलिन्स ने

शर्तों को स्वीकार कर लिया[11] और 2 दिसम्बर 1799 को रात 1 बजे वज़ीर अली की गिरफ़्तारी के बाद वे जयपुर से निकले और वहाँ से 9 मील दूर कुछ ही घण्टों में कानोटा पहुँच गये।[12] पहले सिन्धिया के दरबार में मौजूद रेज़ीडेंट को फोर्ट विलियम से हिदायत थी कि वज़ीर अली को नदी के रास्ते चुनारगढ़ भेजा जाये। लेकिन बाद में गवर्नर जनरल-इन-काउंसिल ने इस निर्णय को रद्द कर दिया और उन्हें चुनार के बजाय सीधे कलकत्ता भेजने का निर्देश दिया।[13] कलकत्ता ले जाकर वज़ीर अली को फोर्ट विलियम में क़ैद कर दिया गया।[14]

डेविस का यह दावा कि विद्रोह के ठीक एक साल बीतने पर उसी दिन वज़ीर अली को बनारस के रास्ते फोर्ट विलियम भेजा गया था सही है, लेकिन यह ग़लत है कि उसे तीन हिस्सों में बँटे एक लोहे के पिंजरे में बन्द रखा गया था, जिसमें उसके बीच के हिस्से के दोनों ओर अंग्रेज़ों और भारतीय सैनिकों की पहरेदारी थी। वह बीच में थे और अन्य दो तरफ़ के हिस्सों में गार्ड थे। हालाँकि इस मुद्दे पर आधिकारिक पत्राचार में नावों के एक बड़े बेड़े का उल्लेख है और इतना ही पता लगता है कि इस बेड़े में से एक नाव पर हथियारबन्द सैनिकों की तैनाती थी। डेविस के दावों के विपरीत वज़ीर अली को भी ऐसी ही एक नाव में बनारस पार कराया गया था।[15]

14 जनवरी 1799 को बनारस में हुए संघर्ष में शामिल व्यक्तियों को पकड़ने और क्षेत्र में शान्ति बहाल करने के अभियान के दौरान बहुत से स्थानों पर क़ब्ज़ा करते हुए अंग्रेज़ों ने कई महत्त्वपूर्ण दस्तावेज़ हासिल किये जो जगन्नाथ सिंह और ज्योतिषी सहित कई महत्त्वपूर्ण व्यक्तियों द्वारा दिये गये साक्ष्यों के अलावा जाँच करने के मज़बूत आधार बन गये। इनकी गवाही बाबू जगत सिंह के ख़िलाफ़ चले मुक़दमे में सबसे महत्त्वपूर्ण थी। सिकन्दरपुर के ज़मींदार जगन्नाथ सिंह कई वर्षों से कम्पनी की नज़रों में न्याय की रक्षा से वंचित व्यक्ति थे। लखनऊ के रेज़ीडेंट लम्सडेन कम्पनी के विरुद्ध लड़ने वालों, विशेष रूप से बाबू जगत सिंह के ख़िलाफ़, उसकी गवाही का उपयोग करने की योजना बना रहे थे। इसके लिए लम्सडेन मुख्य रूप से मेजर जनरल स्टुअर्ट के आश्वासन और राय पर निर्भर थे। जगन्नाथ सिंह ने कलकत्ता में सरकार को एक याचिका भेजी थी जिसमें कहा गया था कि उनके पास निर्वाह के साधन नहीं हैं। इसने रेज़ीडेंट को यह मौक़ा दिया कि इसके बदले जगन्नाथ सिंह को कम्पनी के प्रभाव में लाने और बाबू जगत सिंह के ख़िलाफ़ गवाही के लिए उसका इस्तेमाल करने के लिए मजबूर किया जा सकता है। बाबू जगत सिंह पर अभी बनारस की विशेष अदालत में मुक़दमा चल ही रहा था।[16]

यह निश्चित है कि आरम्भ में सुखराम दास और बाद में वज़ीर अली के ख़ान-ए-सामान कल्ब अली ख़ान[17] ही ऐसे प्रमुख लोग थे जो जगत सिंह और वज़ीर अली

के बीच दूत के रूप में कार्यरत थे और दोनों की साँठ-गाँठ को जानते थे। निज़ामत अदालत, कलकत्ता के दस्तावेज़ों से उपलब्ध डेविस के जे एच. हैरिंगटन को लिखे पत्र से यह स्पष्ट होता है कि :

बनारस के राजा के रिश्तेदारों जगत सिंह, शिव परसन सिंह, शिव रतन सिंह और शिव अम्बर सिंह को दोषी ठहराने के लिए 22 जनवरी 1799 के अपने पहले के पत्र में उनके द्वारा उल्लिखित साक्ष्यों, का आधार सुखराम दास, भगवन्त दास, चैन सिंह, गुनगुन दुबे, धौकल सिंह, बदलू सिंह, हिम्मत अली, अहमद अली बेग, शिव रतन, उन्नानु सिंह, गुरु पाण्डे, हरदयाल पाण्डे और बीचक सिंह-I[18] के बयान हैं और माधव दास बाग़ से हासिल किये गये कई फ़ारसी काग़ज़ात, उपर्युक्त साक्ष्य से अधिक विश्वसनीय हैं...

इस प्रकार मौखिक ही नहीं बल्कि दस्तावेज़ी साक्ष्य भी सामने थे और इसका उपयोग यह पता लगाने के लिए किया जा सकता था कि मौखिक साक्ष्य किसी दस्तावेज़ी साक्ष्य द्वारा संपुष्ट किये गये थे या नहीं। डेविस इसके बारे में काफ़ी स्पष्ट थे और 12 फ़रवरी 1799 को हैरिंगटन को लिखे पत्र के पैरा 9 में उनका तर्क है :

सुखराम दास के साक्ष्य की पुष्टि उस काग़ज़ के आधार पर हो जाती है जिसमें लेखक को छोड़कर ऊपर वर्णित बाबुओं के नामों का और कई ऐसे ज़मींदारों के नामों का उल्लेख है, जिनके बारे में लेखक ने सोचा था कि वे उस पर यह जानने के लिए कि वे लोग कौन थे जिन्होंने पहले से ही किसी भी समय तैयार रहने की शपथ ली थी, निर्भर कर सकते हैं क्योंकि अलग से कुछ ऐसे नाम भी थे जिनके विद्रोह शुरू होने के कुछ समय बाद ही आने की उम्मीद थी।

पैरा 10 : सम्भव है यह ख़ुद जगत सिंह ने लिखा होगा और इसी कारण से इसमें उनका अपना नाम नहीं लिखा है। यह ज्ञात है कि उन्होंने लम्बे समय से 'परगना किस्वर' पर अपना दावा जताया है, जिसे इस पेपर में 'मेरी अपनी ज़मींदारी' कहा गया है और यह उनके और गोपनीय व्यक्ति के साक्ष्य में भी शामिल है जिसे वज़ीर अली की ओर से उनके साथ बातचीत करने के लिए भेजा गया था...[19]

यह दावा किया जाता है कि बाबू जगत सिंह ने वज़ीर अली से ख़िलअत प्राप्त करने पर कहा :

मैं नामों की एक सूची तैयार कर रहा हूँ और अपने दोस्तों को बुला रहा हूँ, मैंने अपने दोस्तों की सूची में साठ नाम लिखे हैं। वे सब शामिल होंगे और हमारे प्रयोजन में साथ देने की शपथ लेंगे। उसी साक्ष्य में यह कहा गया है कि जगत सिंह का भतीजा बोध राज साहू अपने चाचा के अनुरोध पर सरकार सारण से बनारस आया और उसके साथ योजना में शामिल होने और छपरा, फूलपुर और बड़ागाँव

में 20,000 लड़ाकों को खड़ा करने के लिए सहमत हुआ। उसी दस्तावेज़ में, 'सरकार सारण के बाबुओं का सहयोग', जिसे लेखक 'अपने सम्बन्धी' कहता है, की भी चर्चा मिलती है। इस व्यक्ति की असन्तुष्ट और बेचैन हताशा पर लम्बे समय से कलेक्टर और अन्य सार्वजनिक अधिकारियों द्वारा टिप्पणी की जाती रही है, और यह उस पर आपराधिक प्रकृति का पहला आरोप नहीं है जो उस पर लगाया गया है। निज़ामत अदालत को गवर्नर जनरल के एजेंट के माध्यम से सरकार का वह सन्दर्भ मिलेगा, जो लगभग तीन साल पहले गार्ड को आश्चर्यचकित करने और सार्वजनिक ख़ज़ाने को लूटने के लिए एक सुनियोजित साज़िश की जानकारी का था, जिसमें उनका नाम आता है...

आश्चर्यजनक रूप से मजिस्ट्रेट के क़द का यह व्यक्ति उसे फँसाने के लिए एक फ़र्ज़ी और मनगढ़न्त सबूत का ज़िक्र कर रहा है जिसे और कोई नहीं बल्कि उसके वरिष्ठों, गवर्नर जनरल और उसके सचिव द्वारा ही ठुकरा दिया गया था, जिससे पता चलता है कि वह उनके प्रति पूर्वाग्रह से ग्रसित था।

यहाँ यह स्पष्ट किया जा सकता है कि सुखराम दास का उपयोग विद्रोह की दीर्घकालिक योजना के लिए किया गया और कल्ब अली बेग का उपयोग आपातकालीन स्थिति में बनायी गयी तत्काल योजना के लिए बाबू जगत सिंह से सम्पर्क बनाने के लिए किया गया था। क्रोध में आकर उसने वज़ीर अली से धोखा ही नहीं किया बल्कि योजना की सभी बारीकियों और बाबू जगत सिंह से हुई साँठ गाँठ का सारा विवरण भी उगल देने को तत्पर हो गया। उस दौर के लोग आमतौर पर वफ़ादार होते थे लेकिन इस मामले में ऐसा कुछ नहीं हुआ। अपने बयान में उसने ख़ुद स्वीकारा : 'जगत सिंह के साथ साँठ-गाँठ मेरे माध्यम से किया गया था। कल्ब अली ख़ान, जिनकी हमेशा वज़ीर अली तक सीधी पहुँच थी, ने वारिस अली ख़ान से बात की और बाबू जगत सिंह के साथ मेरे उस सम्पर्क को रोक दिया जो इससे पूर्व मेरे माध्यम से होते थे। इस प्रकार यह वज़ीर अली के रईसों और दरबारियों के आपसी झगड़े का मामला भी था। सुखराम दास अनपढ़ थे इसलिए उन्होंने भगवन्त दास, जो कि चेरी के ज़मादार चैन सिंह का भाई था, मुंशी द्वारा लिखी गयी याचिकाओं को 4 और 5 जनवरी को गुनगुन दूबे के माध्यम से चेरी के पास भेज दिया; इससे पता चलता है कि वह बाबू जगत सिंह से सम्बन्धित मामलों में गवाह क्यों थे। 4 जनवरी 1799 के अपने पहले पत्र में उन्होंने लिखा कि वह व्यक्तिगत रूप से मिलकर बहुत महत्त्व के मामलों को प्रकट करना चाहते थे, लेकिन चेरी ने उन्हें जवाब दिया कि उन्हें स्पष्ट शब्दों में सब कुछ लिखना चाहिए। इसलिए उन्होंने 5 तारीख़ को एक और याचिका भेजी जिसमें खुलासा किया गया कि बनारस के ताक़तवर लोग वज़ीर अली के साथ मिलकर हंगामा मचाना चाह रहे थे और वह उनसे मिलने पर विवरण का खुलासा करेंगे। उन्होंने इसे फिर से

यह दूसरा पत्र चेरी को देने के लिए गुनगुन दूबे को सौंप दिया। हालाँकि दूबे ने इस बार ऐसा नहीं किया और बताया कि चेरी ने उससे मिलने से इनकार कर दिया था। गुनगुन दूबे ने इस पत्र को चेरी को न देकर वज़ीर अली के नौकर तोंदमल या तोरल मल को सौंप दिया था। इसने स्वाभाविक रूप से वज़ीर अली को नाराज़ कर दिया, क्योंकि वह गुप्त सूचनाएँ ज़ाहिर करने की कोशिश कर रहा था। वज़ीर अली ने मिलते ही, उसे मौत के घाट उतारने का दृढ़ संकल्प किया। हालाँकि, वज़ीर अली के ही एक नौकर : कुर्बान अली सैयद ने 6 तारीख़ को सुखराम दास को यह सब बता दिया और उसने कबीर चौरा इलाक़े के भिखारी हरि दास के घर में ख़ुद को छिपा लिया। तत्काल प्रतिरोध की विफलता तक वह उसी इलाक़े में जान बचाने के लिए अपने छिपने के स्थानों को बदलता रहा। विद्रोह के कुछ समय बाद वह अपने छिपने की जगह से बाहर आया और फिर उसका बयान दर्ज किया किया गया। सबूतों को त्रुटिरहित बनाने के लिए इसे उन व्यक्तियों के माध्यम से और विस्तृत और पुष्ट किया जाना चाहिए था जिनका उल्लेख सुखराम ने किया था और सूची में जिनके नाम थे, लेकिन ऐसे लोगों के नाम इस मामले के गवाहों की सूची में नहीं थे।[20]

सुखराम दास ने 17 जनवरी 1799 (14 जनवरी की घटना के तीन दिन बाद) को एक मूत्र सम्बन्धी शिकायत के निबटारे के लिए शिवपुर के तहसीलदार सैयद अकबर अली ख़ान से सम्पर्क किया और यह बताया कि वह पहले वज़ीर अली की सेवा में थे, लेकिन कुछ समय पहले उन्हें छोड़ दिया था। नीव से परामर्श करने पर उन्हें कोतवाल के माध्यम से डेविस के पास भेजा गया। सुखराम दास का बयान 17 जनवरी 1799 को कोर्निश द्वारा दर्ज किया गया था, जो वास्तव में एक जिरह के रूप में है। इसके बाद उनसे पूछे गये सवालों के उनके जवाब दर्ज किये गये हैं जिसमें वह सब कुछ है जो वज़ीर अली की दीर्घकालिक योजनाओं के सम्बन्ध में अध्याय 6 में लिखा गया है। इस बयान की रिकॉर्डिंग के बाद सुखराम दास से डेविस द्वारा और जिरह की गयी जिसके दौरान उन्होंने खुलासा किया :

> *रामलीला के त्योहार से पहले कचहरी में मेरी और जगत सिंह के बीच पहली मुलाक़ात हुई थी। उन्होंने कहा, 'तुम वज़ीर अली के सेवक हो। जाओ और उनसे कहो कि यदि वह चाहे तो मैं उनकी सेवा करने के लिए तैयार हूँ और यहाँ से कलकत्ता तक सेना इकट्ठा कर सकता हूँ। उन्होंने आगे कहा कि बनारस में चार ज़िले थे और वह वज़ीर अली को चारों पर क़ब्ज़ा दे देंगे और उनके शासन की घोषणा करेंगे। इस बैठक में जगत सिंह ने एक अलग मकान में बैठकर मुझसे बातचीत की। भगवन्त दास कायस्थ थे और नवापुर इलाक़े में रहते थे।*[21]

बलवा के ज़मींदार संथू सिंह के पुत्र धौकल सिंह 65 वर्षीय राजपूत थे और उन्होंने

18 जनवरी 1799 को एलफिंस्टन के सामने दिये गये एक बयान में बताया कि जब वह माधव दास बाग़ के द्वार पर खड़े थे :

मैंने देखा वज़ीर अली पश्चिम दिशा से तेज़ी से घोड़ा दौड़ाते आये और बाग़ में दाख़िल हो गये, जिसके बाद जगत सिंह 10 सैनिकों के साथ बाग़ में गये और आधे घण्टे तक वहीं रहे और फिर बाहर आकर घर की ओर चले गये। मैं उनसे 20 या 32 हाथ की दूरी पर था

लेकिन मैंने उन्हें स्पष्ट रूप से देखा और उन्हें अच्छी तरह से जानता था। जगत सिंह के दामाद के भाई शिव रतन सिंह वज़ीर अली की सेवा में 3 रुपये प्रतिदिन मानदेय पर थे और उनके लिए एक घोड़ा आवंटित किया गया था। उसे सैनिकों को बढ़ाने और उनके लिए लड़ने को नियोजित किया गया था।

डेविस ने उससे आगे जिरह की और उसने पुष्टि की कि उसने बाबू जगत सिंह को माधव दास बाग़ में आते-जाते देखा था।[22] जब अदालत के सामने सबूत रखे गये तो यहाँ तक कि वज़ीर अली के साथ उनके सम्बन्ध के संकेत वाले दस्तावेज़ भी पेश किये गये। जब वज़ीर अली अपने जीवन का निर्णायक युद्ध लड़ रहे थे तब 11 अप्रैल 1799 को बहराइच छोड़ने से पहले उनके पेन स्टैंड पर क़ब्ज़ा कर लिया गया जिसमें उमराव गिर गोसाईं को सम्बोधित कुछ पत्र थे, जिस पर टिप्पणी करते हुए कहा गया : 'जगत सिंह के मुक़दमे में प्रदर्शित साक्ष्य में, वज़ीर अली और राजा उमराव गिर के बीच हुए एक पत्राचार को उन पर लगाये गये आरोपों को सिद्ध करने के लिए इस्तेमाल किया गया है, और जो इसकी प्रामाणिकता स्थापित करते हैं।'[23]

डेविस के पत्र से माधव दास बाग़ में मिले बयानों और अन्य काग़ज़ात प्राप्त होने पर निज़ामत अदालत ने उन्हें उप-परिषद के समक्ष रखा जिन्होंने निम्नलिखित व्यक्तियों को क़ैद में रखने का निर्देश दिया :

1. बाबू जगत सिंह
2. बाबू शिवपरसन सिंह
3. बाबू शिव रतन सिंह
4. बाबू शिव अम्बर सिंह
5. भवानी शंकर
6. शिव देव सिंह, भवानी शंकर के पुत्र
7. ठाकुर भवानी सिंह
8. शिव नाथ सिंह
9. गजराज सिंह, सेनापति

यह स्पष्ट किया गया कि बाबू जगत सिंह की गिरफ़्तारी का ठोस महत्त्व था। डेविस को हिरासत में आने वाले सभी या किसी भी व्यक्ति को गिरफ़्तार कर चुनार के क़िले में रखने के लिए अधिकृत किया गया था। 17 से 20 मार्च के मध्य इनकी गिरफ़्तारी निश्चित हुई थी।[24] सरकार सारण के मजिस्ट्रेट चार्ल्स बोडम को उन्हीं तारीख़ों के दौरान बाबू जगत सिंह के भतीजे बोध राज साहू को पकड़ने के लिए कहा गया था और उन पर बनारस में मुक़दमा चलाया जाना था।[25]

प्रतिरोध में शामिल व्यक्तियों को गिरफ़्तार करने के लिए फौरी कार्रवाई के कलकत्ता से निर्देश प्राप्त करने के बाद डेविस ने यह समझा कि अब दूसरे बाबू-ज़मींदार भी विरोध में उठ खड़े होंगे। इन बाबुओं को हिरासत में रखना ज़रूरी था। इस कार्यवाही को लागू करने के दो तरीक़ों पर विचार किया गया। पहला तरीक़ा था कि एक या दो हरकारे भेजकर सामान्य तरीक़े से जायदाद को ज़ब्त करना। दूसरा तरीक़ा उन्हें इतनी बड़ी सेना से आतंकित करना था कि वे प्रतिरोध के लिए पेशक़दमी करने के बारे में सोच भी नहीं सकें। उन्होंने नागरिक विधि से पग उठाने की तरकीब को छोड़ दिया, क्योंकि इस तरह के उपक्रमों में सफलता के परिणामस्वरूप चीज़ें अधिक विवादित हो जाया करती थीं। इस प्रक्रिया से बाबुओं को यह पता भी चल सकता था कि वे सन्दिग्ध व्यक्ति थे और अनुमान लगा सकते थे कि उनके ख़िलाफ़ किस तरह की कार्रवाई की जा सकती है। अभियान के इस तरीक़े में एक सम्भावना थी कि वे अपवंचन या प्रतिरोध का सहारा ले सकते थे। ऐसी स्थिति में वे अपने साथियों की सहायता से आसानी से हरकारों से बच सकते थे। इस तरह से कारवाई के लिए काग़ज़ात हासिल करना असम्भव होता। बाबू जगत सिंह शहर के बाहरी इलाक़े जगतगंज में अपनी स्वयं की हवेली में रहते थे और यह स्थान रक्षात्मक प्रतिरोध करने के लिए उपयुक्त था। तीन अन्य यानि शिव परसन सिंह, शिव रतन सिंह और शिवम्बर सिंह आमतौर पर पिंडरा के क़िले में रहते थे, जो जौनपुर रोड पर लगभग 14 मील दूर स्थित था। भवानी शंकर और शिवदेव सिंह चितईपुर में रहते थे, जो चुनार की तरफ़ एक छोटा क़िला था। भवानी शंकर या तो अवध के भुटवल-गोरखपुर-बहराइच क्षेत्र में वज़ीर अली के साथ उनके निरन्तर सशस्त्र संघर्ष में शामिल होने के इरादे से ग़ायब हो गये थे या तब तक ख़ुद को छिपाने के इरादे से ग़ायब हो गये, जब तक कि उनका अपराध भुला नहीं दिया जाता। शिवनाथ सिंह ने बनारस शहर में एक छोटे से घर पर क़ब्ज़ा कर लिया, जिसमें कुछ साथी दत्तक सम्बन्धियों के रूप में थे, जिन्हें बाँका के रूप में जाना जाता था यह सब अपनी तलवारों की नक़्क़ाशीदार या सर्पिल गति के कारण जाने जाते थे जिसके अभ्यास में वे सभी कुशल थे।[26]

चूँकि एक के ख़िलाफ़ कार्यवाही बाक़ी लोगों के लिए ख़तरे की घण्टी हो सकती थी और दूसरे को भाग निकलने का मौक़ा दे सकती थी इसलिए इसे रोकने के लिए

उन्हें उनके क़िलों से एक ही समय पर पकड़ने का निर्णय लिया गया। पिंडरा और चितईपुर जैसे बाहरी इलाक़ों पर भी घेरा डालने की आवश्यकता थी, क्योंकि ये विशेष रूप से पुश्तैनी भूमि मालिकों के पुराने अनुचरों से घिरे हुए थे और सरकार के आदेशों के निष्पादन से उत्पन्न विद्रोह के मामले में, ये स्थान सम्भवत: उनके साथियों के इकट्ठा होने के स्थान हो सकते थे।[27]

अंग्रेज़ प्रतिरोध के पूर्ण दमन में रुचि रखते थे। इसलिए भविष्य में किसी भी ब्रिटिश विरोधी गतिविधियों की किसी भी सम्भावना को सिरे से ख़ारिज करने के लिए बाबू जगत सिंह की गिरफ़्तारी आवश्यक थी। डेविस ने 18 मार्च 1799 की सुबह उनकी गिरफ़्तारी को गुप्त रूप से निष्पादित करने का फ़ैसला किया, जब पिंडेरा या पिंड्रेहा (जैसा कि ब्रिटिश रिकॉर्ड में है) या पिंडरा क़िले पर हमला किया गया था। जगतगंज इलाक़े में उनके द्वारा स्थापित किया गया निवास स्थान तब शहर के बाहरी इलाक़े में था और रक्षात्मक संरचना के रूप में उपयोग में लाये जाने के लिए काफ़ी उपयुक्त था। सैमुअल डेविस के दूसरे सहायक एचसी सीली नेटिव इन्फैंट्री, भारतीय मूल के निवासियों की तरबियत पायी पैदल फ़ौज़, की 13वीं रेजिमेंट की दो कम्पनियों के साथ वहाँ पहुँचें। वे शान्ति से आत्मसमर्पण करने के लिए एक फ़ारसी आदेश से लैस थे और बाबू जगत सिंह को भागने से रोकने के लिए घुड़सवारों का एक समूह सहायता प्रदान कर रहा था। आश्चर्य का एक तत्त्व, विरोध की तैयारी का कोई भी मौक़ा नहीं देने के उद्देश्य से वे इस काम को करने के लिए तड़के सुबह पहुँच गये। बाबू जगत सिंह ने आदेश को अनसुना कर दिया। सीली ने उनके निवास को इस तरह से घेर लिया कि कोई भी इससे बच नहीं सके। बाबू जगत सिंह को फिर से आत्मसमर्पण की पेशकश की गयी और यह कहा गया कि न कोई हिंसा की जायेगी और न ही उनका अपमान, लेकिन इस पर भी उनकी ओर से कोई प्रतिक्रिया नहीं आयी। कप्तान मॉरिसन ने उन्हें भागने से रोकने के लिए उनके छिपने की जगह को घेर लिया था। सीली ने उनकी सारी सम्पत्ति ज़ब्त कर ली और सभी कमरों के दरवाज़े सील कर डाले। बाबू जगत सिंह और उनके दीवान बहादुर सिंह के सभी काग़ज़ात भी ज़ब्त कर लिए गये।[28] बाबू जगत सिंह, बहादुर सिंह और शिव देव सिंह को गिरफ़्तार कर उन्हें एर्स्किन के शिविर में ले जाया गया और तीन अलग-अलग तम्बुओं में रखा गया। उनमें से तीसरा स्पष्ट रूप से शिव देव सिंह के लिए था। एर्स्किन द्वारा सख़्त आदेश दिये गये थे कि उन्हें एक-दूसरे के साथ कोई बातचीत नहीं करने देना। जब वे तम्बू में थे तब वहाँ स्थित अधिकारी ने उनके नौकरों के साथ भी उनकी बातचीत पर प्रतिबन्ध लगा दिया था और फुसफुसाहट की भी अनुमति नहीं थी। जब भी नौकरों को उनकी देखभाल के लिए उपस्थित होने की आवश्यकता होती थी, तो सन्तरियों को यह देखने के लिए वहाँ रहने का आदेश दिया जाता था कि उनकी आपस में बातचीत न हो सके। यदि

कुछ भी असाधारण घटित होता तो उन्हें तुरन्त गार्ड के अधिकारी को रिपोर्ट करना था। अधिकारी, सन्तरियों और कभी-कभार नौकरों को छोड़कर कोई और उनके साथ कोई सम्वाद नहीं कर सकता था। जब उन्हें चुनार स्थानान्तरित किया गया तो यही प्रतिबन्ध बनाए रखे गये।[29] बाबू जगत सिंह, बहादुर सिंह और शिव देव सिंह को 21 मार्च 1799 को रात 8 बजे चुनार क़िले की चौकी में सुरक्षित रूप से रखा गया था। इसी तारीख़ को सैमुअल डेविस के विवेक के अनुसार बाबू जगत सिंह को 2 रुपये प्रति दिन और बहादुर सिंह और शिवदेव सिंह को 8 आना उनके निर्वाह के लिए दिया गया।[30] 29 मार्च 1799 को परिषद के संकल्प के अनुसार निर्वाह के भुगतान की दर को मंजूरी दी गयी थी और एर्स्किन बाबू जगत सिंह, बहादुर सिंह और शिव देव सिंह को क़रीबी हिरासत में रखने का निर्देश दिया गया था। उन्हें एक-दूसरे या किसी अन्य व्यक्ति के साथ किसी भी प्रकार के मेलजोल से रोका जाना था। केवल चाकरों को उपस्थित रहने की अनुमति दी गयी थी। ऐसे चाकरों की संख्या भी यथासम्भव कम होनी थी और यह सुनिश्चित किया जाना था कि जहाँ तक व्यावहारिक हो सके उनके और क़िले से बाहर के लोगों के बीच किसी भी रूप में संवाद प्रतिबन्धित रहे।[31] बाबू जगत सिंह की ब्रिटिश-विरोधी गतिविधियों का एक शक्तिशाली जाल बुनने की क्षमता का भय तब भी अंग्रेज़ों को सता रहा था, जब वह उनके हाथों में एक असहाय क़ैदी थे और जैसा कि हम आगे देखेंगे इसी डर के कारण बाबू जगत सिंह को अन्ततः निर्वासित करने का फ़ैसला करना पड़ा। जैसा कि डेविस बतलाते हैं कि बहादुर सिंह का नाम पहले तो गिरफ़्तार किये जाने वाले व्यक्तियों की सूची में नहीं था, लेकिन जैसा कि सुखराम दास ने अपने बयान में उल्लेख किया और बाबू जगत सिंह के साथ एक विश्वासी पद पर लम्बे समय तक बने रहने के कारण उन्हें भी पकड़ कर क़ैद कर लिया गया।[32] बाबू जगत सिंह की भूमि और पेंशन का विवरण इस मामले में आगे की कार्रवाई के लिए कलेक्टर को प्रस्तुत किया गया था, लेकिन जगतगंज में उनके घर, जहाँ से उन्हें हिरासत में लिया गया था, को उनके दो नौकरों को सौंप दिया गया था, जिन्हें उन्होंने अपने परिवार के प्रभार के लिए चुना था।[33] उनकी जागीर भूमि में इस्तिमरारी पट्‌टे पर कोंडोटा, ऊँचागाँव और जगतगंज और चौका ग़ौसाबाद का एक किराया-मुक्त गाँव शामिल था।[34]

शिवनाथ सिंह ने ख़ुद को पाँच बाँका साथियों सहित आग्नेयास्त्रों और अन्य हथियारों के साथ एक घर में बन्द कर लिया। जब एक बाँका मारा गया और दूसरा खिड़कियों और अन्य छिद्रों से आग्नेयास्त्रों द्वारा घायल हो गया, तो सिपाहियों की एक पार्टी तैनात की गयी। उनके भोजन और पानी की आपूर्ति को भी रोक दिया गया। एक पूरा दिन और रात बीता, जिसके दौरान उन्हें आत्मसमर्पण करने को राज़ी करने के लिए हर चाल का इस्तेमाल किया गया। उन्हें मौखिक और लिखित रूप में आश्वासन

दिया गया था कि उन्हें अपमानित नहीं किया जायेगा। वे बाहर निकले और हमलावरों ने उन पर हमला किया। शिवनाथ और उनके एक साथी मारे गये और अंग्रेज़ों की तरफ़ से एक चपरासी मारा गया और दो अन्य घायल हो गये जिनमें से एक की हालत गम्भीर थी। इस अभियान में भाग लेने वाले अक्सर सिपाही इसी प्रकार घायल हुए थे।[35]

कर्नल रेने के तहत नेटिव इन्फैंट्री की पहली रेजिमेंट द्वारा पिंडरा को अपनी गिरफ़्त में लेने के लिए बनारस से प्रतिनियुक्त एल्फिंस्टन द्वारा सहायता प्रदान की गयी थी। यह संयोग ही था कि क़िले में उस समय तीनों बाबू भी थे। चितईपुर को भी उसी समय और उसी तारीख़ को 18 मार्च 1799 को योजना के अनुसार क़ब्ज़े में लिया जाना था। हालाँकि बाबुओं को पिंडरा क़िले में नहीं पाया गया था; उन्होंने इसे 16 तारीख़ की शाम को ही शिकार के बहाने छोड़ दिया था और पचास तोड़ेदार बन्दूक़, चालीस तलवारें, और वहाँ पाये गये गोला-बारूद को ज़ब्त कर लिया गया था।[36]

चूँकि उपरोक्त क़िलों को तब जनरल एर्स्किन के कमान वाली सैन्य टुकड़ी के पास रखा गया था, डेविस ने इन क़िलों को ध्वस्त करने का यह सही समय माना और परिषद को इसकी सिफ़ारिश की।[37] बंगाल परिषद ने इसे मंजूरी दे दी और सिटी मजिस्ट्रेट को इस तरह के विध्वंस के लिए जितने की आवश्यकता हो उतने मज़दूरों को नियुक्त करने के लिए अधिकृत किया गया। ग़ाज़ीपुर और जौनपुर के मजिस्ट्रेटों को भी इसके निष्पादन में सहायता करने का निर्देश दिया गया था और जनरल एर्स्किन को इस दिशा में आवश्यक क़दम उठाने को कहा गया था। इसके अलावा मिर्ज़ापुर के कार्यवाहक मजिस्ट्रेट ने नदी के उत्तरी किनारे पर गंगा घाटों और चौकियों पर ऐसे लोगों को तैनात करने का प्रस्ताव दिया जो स्थानीय लोगों से परिचित थे। उन्हें सभी यात्रियों पर नज़र रखने और हर सन्दिग्ध व्यक्ति को पकड़ने के लिए एक विशेष प्रभार दिया गया। उन्होंने प्रति माह 153 रुपये के अतिरिक्त ख़र्च का प्रस्ताव रखा जिसमें एक जमादार तथा तीन अन्य व्यक्ति सम्मिलित थे और प्रत्येक तेरह चौकियों की देखरेख के लिए तीन व्यक्तियों को रखा जाना था।

एक जमादार देखभाल करने के लिए	रु. 10
प्रत्येक चौकी में दो व्यक्ति 4 रुपये प्रति माह के साथ	रु. 104
प्रत्येक चौकी में एक व्यक्ति 3 रुपये प्रति माह के साथ	रु. 39
कुल रु.	**153**

अतिरिक्त ख़र्च करने के इस प्रस्ताव को परिषद द्वारा अनुमोदित किया गया था, जिसके बाद प्रतिरोध में शामिल यात्रियों की पहचान करने और पकड़ने के लिए व्यक्तियों को तैनात किया गया था।[38]

बाबू जगत सिंह के परिवार को पेंशन का मामला राजस्व बोर्ड द्वारा अर्ल ऑफ़

मॉर्निंगटन के साथ 30 अप्रैल, 1 जुलाई और 12 जुलाई 1799 के अपने पत्रों में उठाया गया था।[39] यहाँ तक कि बाबू जगत सिंह के पुत्र राम नारायण ने 24 जून को परिवार और घर के ख़र्च के लिए भत्ते प्रदान करने के लिए एक अर्ज़ी भेजी, जो पिछले साढ़े तीन महीने से बैंकरों से कर्ज़ लेकर गुज़ारा कर रहे थे, इस उम्मीद में कि उन्हें कर्ज़ मिल जायेगा। मिर्ज़ा मुखव (?), अमीन ने इसके लिए एक आकलन भी दिया था पर कलेक्टर जे रूटलेज को तब तक इस सम्बन्ध में कोई प्राधिकरण नहीं मिला था।[40] राजस्व बोर्ड के थॉमस ग्राहम ने 10 दिसम्बर 1799 को फिर से इसके लिए याद दिलाया, क्योंकि उक्त कलेक्टर ने 2 दिसम्बर को उन्हें 100 रुपये प्रति माह के भत्ते की सिफ़ारिश की थी।[41] उन्हें 10 दिसम्बर 1799 को इसका भुगतान करने के लिए अधिकृत किया गया था और जगतगंज से जुड़ी गंज (बाज़ार) की आय का आकलन करने के बाद इसे बढ़ाने पर सहमति हुई थी।[42] इसे 25 मार्च 1800 को बढ़ाकर 140 रुपये प्रति माह कर दिया गया।[43]

गिरफ़्तारी के समय बाबू जगत सिंह की ज़मीनों की कुल आय (जमा) 2151-0-0 रुपये थी। रिहायशी घर के अलावा उनके पास एक गंज भी था, जिस पर घर बने थे। 1 नवम्बर 1799 को राजस्व बोर्ड के थॉमस ग्राहम द्वारा यह सुझाव दिया गया था कि जिस घर में उनकी पत्नी और पाँच बच्चे रहते थे, वह बाबू जगत सिंह के परिवार के क़ब्ज़े में रहना चाहिए, लेकिन गंज की ज़मीन पर स्थित घरों की ज़मीन का किराया सरकारी राजस्व के रूप में लिया जा सकता था।[44] बाद में इसे कुर्क कर लिया गया लेकिन निवास परिवार के क़ब्ज़े में ही रहा।[45]

बनारस विशेष अदालत में मुक़दमा

12 फ़रवरी 1799 की शुरुआत में सैमुअल डेविस ने कलकत्ता में निज़ामत अदालत के रजिस्टर को लिखा :

> *मेरी अभी भी एक राय है कि एक विशेष आयोग संलग्न आरोपियों (ब्रिटिश सरकार के विरुद्ध साज़िशों में शामिल लोगों के ख़िलाफ़) पर मुक़दमा चलाने के लिए सबसे अधिक सक्षम होगा और यह अधिक निष्पक्षता प्रदर्शित कर सकेगा। यह आमतौर पर अधिक सन्तोषजनक होगा, सत्यता के लिए प्रतिबद्ध, और इस ज़िले के रेज़ीडेंट से कहीं अधिक सच के लिए प्रतिबद्ध होगा यदि इसके सदस्य इस ज़िले के निवासी न हों।*

इस आयोग को कुछ अधिकार मिले थे, जिसके आधार पर विद्रोह में शामिल रहे और पकड़े गये लोगों के भाग्य का निर्णय किया जाना था। उन सभी लोगों के बयान दर्ज किये गये थे।[46] कलकत्ता से यह सब कर सकना सम्भव नहीं था। इसलिए काउंसिल उपाध्यक्ष ने 'बनारस अस्थायी न्यायालय' के गठन का संकल्प लिया। डेविड वेंडरहेडन, जॉन नीव और पी. ट्रेवेस को विनियमन IV 1799 के तहत नियुक्त

किया गया। इन्हें 20 मई 1799 को बनारस और अन्य जगहों पर विद्रोह के दौरान वज़ीर अली के साथी होने के आरोप में सभी व्यक्तियों पर उनकी साज़िश या किसी भी आपराधिक कृत्य के लिए मुक़दमा चलाना था। अदालत को विद्रोह, राजद्रोह, डकैती, हत्या या अन्य सम्बन्धित अपराध के किसी भी कार्य के लिए सभी दोषियों के मुक़दमे का एक साथ संचालन करना आवश्यक था। चुनार के कमांडिंग ऑफ़िसर तथा अन्य सार्वजनिक अधिकारियों को निर्देश दिया गया था कि वे अदालत और बनारस के मजिस्ट्रेट को मुक़दमे के त्वरित संचालन के लिए आवश्यक सहायता प्रदान करें। उन्हें ज़रूरी होने पर कभी-कभी बनारस, चुनार या किसी अन्य स्थान पर भी अदालत लगाने की स्वतन्त्रता दी गयी थी। बनारस डिवीज़न के लिए सरकारी अभियोग न्यायालय से जुड़े सरकारी वकील या उसके द्वारा नामित किसी अन्य मूल निवासी द्वारा बनारस के मजिस्ट्रेट के निर्देश के तहत मुक़दमा चलाया जाना था। मुक़दमा उन सभी व्यक्तियों के ख़िलाफ़ आयोजित किया जाना था, जो बनारस के मजिस्ट्रेट या कमांडिंग ऑफ़िसर या किसी भी सार्वजनिक अधिकारी की हिरासत में थे। उपरोक्त ट्रायल जजों द्वारा मजिस्ट्रेट के समक्ष पेश किये गये सबूतों के आधार पर होना था या उन सबूतों के आधार पर जो वह परीक्षण के दौरान प्राप्त कर सकते थे। बनारस डिवीज़न के लिए अपील के प्रान्तीय न्यायालय के रजिस्टर और मूल क़ानून अधिकारियों को धारा विनियमन IV 1799 के तहत गठित न्यायालय के रजिस्टर और क़ानून अधिकारियों के रूप में कार्य करने के लिए नियुक्त किया गया था।[47]

कमांडिंग ऑफ़िसर जनरल एर्स्किन को निर्देश दिया गया था कि वे बनारस शहर के मजिस्ट्रेट की अदालत को जो भी सहायता की आवश्यकता हो सकती है, उसे प्रस्तुत करें और आमतौर पर उन सभी आवेदनों का पालन करें जो वे उन्हें कर सकते हैं ताकि वे मुक़दमे को शीघ्रता से फ़ैसले की स्थिति में ला सकें।[48] मुक़दमे की सुनवाई 17 जून 1799 (सोमवार) से शुरू होना तय हुआ था। इस तारीख़ तक सुनवाई को टालने का कारण बताते हुए जज ने कहा कि अगले महीने की 15 तारीख़ को शनिवार के दिन मुहर्रम का मातम मनाया जायेगा और इस दिन सुनवाई शुरू किये जाने पर असुविधा उत्पन्न हो सकती थी।[49] मुक़दमा शुरू हुआ तो अदालत को इन अभिलेखों में 'बनारस की विशेष अदालत' के रूप में सन्दर्भित किया गया है।[50]

अन्तिम दिन : एक अधूरी यात्रा

बाबू जगत सिंह के मुक़दमे की सुनवाई बनारस विशेष अदालत में शुरू हुई। उन पर 'सरकार के ख़िलाफ़ साज़िश में वज़ीर अली से सम्बन्धित होने का आरोप लगाया गया था और (बहादुर) सिंह पर बाबू जगत सिंह के साथ सरकार के ख़िलाफ़ साज़िश

में भागीदार होने का आरोप लगाया गया था।' साथ ही गजराज सिंह के सम्बन्ध में भी मुक़दमे की कार्यवाही हुई जिस पर सरकार के ख़िलाफ़ साज़िश में वज़ीर अली की सहायता करने के लिए 'जगत सिंह के साथ मिल जाने' का आरोप लगाया गया था। निज़ामत अदालत ने 22 जुलाई 1799 को बनारस में विशेष अदालत द्वारा की गयी इन सभी कार्यवाहियों पर विधिवत विचार किया और उनके सामने मुक़दमे पर अपने क़ानून अधिकारियों के फ़तवे (धार्मिक आदेशों) को पारित किया, और निम्नलिखित फ़ैसला सुनाया :

बाबू जगत सिंह को सरकार के ख़िलाफ़ साज़िश का दोषी ठहराये जाने के साथ ही, सैनिकों को इकट्ठा करने के उद्देश्य से जगन्नाथ सिंह को पत्र लिखने और सन्देश भेजने के लिए भी दोषी माना गया। क़ानून अधिकारियों के फ़तवों द्वारा देश के शासक के विवेक पर उन्हें गम्भीर सज़ा के लिए उत्तरदायी घोषित किया गया। फ़ैसला हुआ कि 'अदालत उक्त क़ैदी को मौत के लायक़ मानती है'।[51] तय यह हुआ कि उन्हें (मुस्लिम) क़ानून द्वारा दिये गये विवेक के तहत (जो तब अंग्रेज़ों द्वारा लागू संशोधनों के साथ उस समय की आपराधिक अदालतों में लागू किया गया था) मौत की सज़ा देगी। हालाँकि उन्हें बनारस डिवीजन के लिए विनियमन XVI, 1795 की धारा 23 द्वारा मृत्युदण्ड से छूट दी जा सकती थी। यह प्रावधान अधिनियमित करता है : 'किसी ब्राह्मण को मौत की सज़ा नहीं दी जायेगी। अगर क़ानून द्वारा ब्राह्मण को मौत की सज़ा भुगतने के लिए उत्तरदायी घोषित किया जायेगा; तब वह इस तरह की सज़ा के बदले निज़ामत अदालत द्वारा आजीवन क़ैद में रखा जायेगा।'[52]

चूँकि बाबू जगत सिंह एक (भूमिहार) ब्राह्मण थे, इसलिए अदालत ने जारी प्रावधानों के अनुपालन में उन्हें आजीवन कारावास की सज़ा सुनाई। लेकिन विनियमन 4, 1799 की धारा 5 के अनुरूप, अदालत द्वारा यह आदेश और दिया गया था कि इस सज़ा पर अमल करने से पहले, मामले की पूरी कार्यवाही काउंसिल उपाध्यक्ष को उनके अन्तिम आदेशों के लिए प्रेषित की जाये।[53] बाबू जगत सिंह के इस मामले की ही तरह निज़ामत अदालत में बहादुर सिंह और गजराज सिंह के ख़िलाफ़ की गयी कार्यवाही के बाद कलकत्ता परिषद द्वारा इस पर विचार किया गया था, जैसा कि बाबू जगत सिंह के मामले के ब्यौरे के बाद लिखा गया है।

इस निर्णय के तहत, बनारस में विशेष अदालत की कार्यवाही, जिसकी रिकॉर्डिंग फ़ारसी में थी, इन तीनों मुक़दमों के दस्तावेज़ी साक्ष्य के सभी मूल काग़ज़ात के साथ निज़ामत अदालत के कार्यवाहक रजिस्टर द्वारा सरकार के सचिव जीएच बार्लो को

निर्णय के दिन ही (22 जुलाई 1799) को सौंपा गया जिसे उप-काउंसिल अध्यक्ष के समक्ष रखा जाना था।

अगले दिन, यानी 23 जुलाई 1799 को, काउंसिल उपाध्यक्ष ने बनारस में विशेष न्यायालय और निज़ामत अदालत की कार्यवाही पर विचार किया और बाबू जगत सिंह के लिए समंदर पार आजीवन क़ैद की सज़ा की पुष्टि करते हुए एक प्रस्ताव पारित किया। इसने निज़ामत अदालत को निर्देश दिया कि बाबू जगत सिंह को उचित सुरक्षा के तहत कलकत्ता ले आया जाये।[54] तदनुसार, उन्हें 10 अगस्त 1799 को एक यूरोपीय अधिकारी, 1 सुबाल्टर्न, 1 जमादार, 3 हवलदार, 3 नाइक, 1 दफ़ादार, 1 सैनिक और 60 सिपाहियों के अनुरक्षण दल के तहत चुनार से भेजा गया था।

चित्र 7.1 : चुनार का क़िला जहाँ बाबू जगत सिंह को 21.03.1799 से 10.08.1799 तक बनारस की विशेष अदालत में उन पर मुक़दमा चलाने के दौरान हिरासत में रखा गया था।

दीनापुर में उक्त दल को मुक्त किया जाना था, जिसके लिए निर्देश लेफ्टिनेंट कर्नल नोक को भेजे गये थे, जो वहाँ कमांडिंग आफ़िसर थे। अन्तत: उन्हें 24 परगना के मजिस्ट्रेट को सौंप दिया जाना था।[55] 31 अगस्त को टाउन मेजर कलकत्ता को अगले आदेश तक बाबू जगत सिंह की हिरासत के लिए फोर्ट विलियम में एक जगह तैयार करने का निर्देश दिया गया था। उन्हें आगे यह समझाया गया था कि वह 27 को बरहामपुर में थे और उनके कलकत्ता में कुछ ही घण्टे में होने की उम्मीद थी। जैसा कि अपेक्षित था वह वहाँ पहुँच गये और 31 अगस्त 1799 को टाउन मेजर द्वारा फोर्ट विलियम में उन्हें क़ैद कर दिया गया।[56]

ओस्टरली जहाज़ का अधूरा सफ़र

18 अक्टूबर 1799 को न्यायिक विभाग में गवर्नर जनरल-इन-काउंसिल ने एक बैठक बुलाई और 23 जुलाई को पारित फ़ैसले को फिर से पढ़ा ताकि यह व्यवस्था सुनिश्चित की जा सके कि 'जगत सिंह जो अब परिवहन की सज़ा के तहत टाउन मेजर की हिरासत में है, को सेंट हेलेना द्वीप पर पहुँचाने के उद्‌देश्य से कम्पनी सरकार के अतिरिक्त जहाज़ ओस्टरली पर सवार किया जाये।'[57] यह आदेश दिया गया कि टाउन मेजर को यह निर्देश दिया जाये कि वह बाबू जगत सिंह को उनकी इस यात्रा के बारे में बताकर उनके द्वारा माँगी गयी चीज़ों की व्यवस्था करे।

यह संकल्प लिया गया था कि बाबू जगत सिंह को दो नौकरों को अपने साथ ले जाने की अनुमति दी जाये, यदि वह ऐसा चाहते हैं। टाउन मेजर को सूचित किया गया कि उसे वह सब कुछ प्रदान किया जाना है जो यात्रा के लिए आवश्यक हो सकता है।

सरकार का यह इरादा था कि उन्हें हर ऐसी सुविधा प्रदान की जाये जो उनकी स्थिति में एक व्यक्ति यथोचित रूप से उम्मीद कर सकता है :

> *आदेश है कि टाउन मेजर को निर्देश दिया जाये कि वह उसकी ज़रूरत के सामानों और पानी का भण्डार साथ ले जाने की अनुमति दे। उसके लिए एक ब्राह्मण को भी नियुक्त करे।*
>
> *आदेश है कि जगत सिंह और उनके सेवकों के स्वागत और सुविधाजनक सफ़र के लिए ओस्टरली के कमांडर को आवश्यक निर्देश जारी किये जायें।*
>
> *आदेश है कि उसे सूचित किया जाये कि उसे नज़रबन्द हिरासत में रखा जाना है, लेकिन वह उन्हें माँगी गयी हर ज़रूरी सुविधा की अनुमति नहीं देंगे परन्तु उनके साथ हर परिस्थिति के अनुसार शिष्ट व्यवहार रखा जायेगा*[58]

बाबू जगत सिंह की सज़ा और आजीवन क़ैद के परिषद के संकल्प के सम्बन्ध में एक पत्र सेंट हेलेना की सरकार को भेजा गया था, जिसके गवर्नर और परिषद रॉबर्ट ब्रुक थे। यह बनारस से 10,500 किमी, 7,164 नॉटिकल मील से अधिक की दूरी पर दक्षिण अटलांटिक महासागर में स्थित एक छोटा सा द्वीप है। यह दुनिया के सबसे दूरस्थ द्वीपों में से एक है जिसे 1502 में पुर्तगालियों द्वारा खोजा गया था। स्वेज नहर के खुलने तक यूरोप से एशिया और इसके विपरीत व्यापार करने वाले जहाज़ों के लिए एक ठहराव के रूप में इसका इस्तेमाल किया जाता था। यह द्वीप इतिहास में नेपोलियन की क़ैद के लिए भी मुख्यत: जाना जाता है, जिसे 1815 में हार के बाद सेंट हेलेना भेजा गया था। लेकिन बहुत कम लोग इस तथ्य को जानते हैं कि इस सुदूर द्वीप पर भेजे जाने की सज़ा पाने वाले पहले भारतीय बाबू जगत सिंह थे। इस निर्णय के पीछे के कारणों पर विचार करना यहाँ उचित है। कहीं-न-कहीं अंग्रेज़ों में असुरक्षा की

भावना और आगे के किसी भी प्रतिरोध की सम्भावना से उनके ग्रसित होने को प्रकट करता है। उन्हें बाबू जगत सिंह से इतना ख़तरा अनुभव हुआ कि उन्हें भारत के किसी भी हिस्से में क़ैद रखने का विचार उनके लिए निरापद नहीं था। वे प्रतिरोध के आगे के प्रयासों की प्रत्येक सम्भावना को भी रोकना चाहते थे। इससे साबित होता है कि बाबू जगत सिंह ने अपने लोगों के साथ किस गम्भीरता से विद्रोह किया। यही कारण है कि अंग्रेज़ों ने उन्हें नेपोलियन की ही तरह ख़तरनाक माना, जिसने कभी पूरे यूरोप को हिला दिया था। इतिहास में रुचि रखने वाले पाठकों के लिए, जो यह निर्णय लेते समय अंग्रेज़ी उच्च अधिकारियों की वास्तविक मनोवैज्ञानिक स्थिति को जानने में रुचि रखते हैं, बंगाल परिषद द्वारा सेंट हेलेना सरकार को भेजे गये पत्र की कुछ पंक्तियों को यहाँ उद्धृत करना उपयुक्त होगा :

> *...हमारे मस्तिष्क में यह आया कि सेंट हेलेना किसी भी अन्य स्थिति की तुलना में अधिक सुरक्षा की सम्भावना दर्शाता है, जिसमें क़ैदी को भेजा जा सकता था। अपराध की भयावहता और क़ैदी के समाज में उच्चतम प्रकार का स्थान रखने, दोनों के कारण यह बहुत वांछनीय था कि उन्हें बहुत दूर हटा दिया जाना चाहिए ताकि उनके लौटने की कोई सम्भावना न बचे। हमें सेंट हेलेना को उनकी क़ैद के स्थान के रूप में ठीक करने का आदेश दिया गया है और यह हमारा अनुरोध है कि आप तदनुसार द्वीप पर जेल में जगत सिंग को हिरासत में लेकर सज़ा को प्रभावी करेंगे।*

उन्हें और उनके सेवकों को सार्वजनिक ख़र्च पर बनाये रखा जाना था और उन्हें द्वीप पर सभी ऐसी सुविधाएँ दी जानी थीं जो उसकी स्थिति का एक व्यक्ति यथोचित रूप से उम्मीद कर सकता था और जिसे व्यक्ति की सुरक्षा के दृष्टिगत लगातार दिया जा सकता था।[59]

मानव जीवन के सबसे महत्त्वपूर्ण तत्त्वों में से एक उसकी गरिमा है। बाबू जगत सिंह के मामले में अंग्रेज़ी नियन्त्रण में इस मानवीय गरिमा के ज़ंजीरों के नीचे पूरी तरह से खो जाने की आशंका थी। बाबू जगत सिंह उच्च प्रतिभा और गरिमा के व्यक्ति थे। वे दुनिया से विदा हो सकते थे लेकिन अपनी ज़मीन से नहीं। सेंट हेलेना में हिरासत में जीवन की अपनी यात्रा के लिए *ओस्टरली* पर सवार होने के लिए हुगली नदी से जाते समय, जैसा कि डेविस का दावा है कि उन्होंने ज़हर खा लिया और चल बसे।[60] यह दावा सच नहीं लगता क्योंकि एक कड़ी और चौकस गिरफ़्त में एक क़ैदी अचानक ऐसा कैसे कर सकता है और उन्हें ज़हर कहाँ से मिला? इसे लेकर केए भी निश्चित नहीं है और लिखते हैं कुछ विवरण के अनुसार वह जेल में मर गये; अन्य दावों में यह बताया गया है कि उन्होंने आत्महत्या कर ली।[61] वास्तव में सेंट हेलेना से गवर्नर जनरल-इन-काउंसिल को प्राप्त 11 फ़रवरी 1800 का पत्र केवल यह कहता है कि

‘वह आदमी (हुगली) नदी में (मुहाने की ओर नाव से ले जाते समय) मरा।’[62] यह सम्भावना है कि ख़ुद को अपनी मातृभूमि से अलग होने के कगार पर पाकर उन्होंने गंगा मैया की शाश्वत गोद में रहने के लिए जलसमाधि लेना पसन्द किया। बनारस में ब्राह्मणों को मृत्युदण्ड की अनुमति नहीं देने वाले नियमन के बहाने मृत्युदण्ड को आजीवन कारावास में बदल दिया गया। यदि ऐसा ही था, तो उसी प्रावधान को अन्य ज़मींदारों के मामले में लागू क्यों नहीं किया गया, जो प्रतिरोध में शामिल थे और हिरासत में लिए गये थे? प्रतिरोध में शामिल कई ज़मींदार भूमिहार ब्राह्मण थे, लेकिन किसी को भी उसी धारा के तहत मृत्युदण्ड से मुक्त नहीं किया गया था। बाबू जगत सिंह को सेंट हेलेना में भेज दिया गया, जो दुनिया के सबसे दूरस्थ स्थानों में से एक है। यह एक द्वीप है जो इतिहास में 1815 के बाद नेपोलियन के निर्वासन के लिए जाना जाता है। बाबू जगत सिंह वहाँ हिरासत में भेजे जाने वाले पहले लोगों में से एक थे, लेकिन उनकी अचानक मौत के कारण यह कभी भी अमल में नहीं आया। इससे पता चलता है कि अंग्रेज़ों को उनकी उपस्थिति से किस स्तर तक ख़तरा महसूस हुआ कि उन्होंने उन्हें बनारस से 10-11,000 किमी, 6,147 नॉटिकल मील दूर एक स्थान पर निर्वासित करने का फ़ैसला किया।

वास्तव में, ब्रिटिश कूटनीतिक चालाकियों को इस सम्बन्ध में बहुत अच्छी तरह से समझा जा सकता है। 1796 के मामले में ट्रायल मुक़दमों की कार्यवाही करने वाला जज और एक पूर्व रेज़ीडेंट डंकन द्वारा भी आधिकारिक हलक़ों में तीखी बहस की जा रही थी। ट्रायल जज ने मुक़दमे को बहुत हल्के ढंग से लिया था और लोगों के मनगढ़न्त सबूतों को भी उनके द्वारा बहुत ही लापरवाही और अनमनेपन से लिया गया। यह मनुष्य की सामान्य समझदारी और नैसर्गिक विवेक क्षमता के दायरे से भी परे है। तत्काल प्रतिरोध से सम्बन्धित व्यक्तियों के परीक्षणों में बहुत महत्त्वपूर्ण भूमिका निभाने वाले डेविस ने अपने पूर्वाग्रहों के चलते सोची-समझी योजना और मनगढ़न्त निर्णयों पर पहुँचना शुरू कर दिया था। इस मामले में उनकी भूमिका ख़तरनाक और दोषपूर्ण थी। हालाँकि ट्रायल जज की राय के अनुसार, यह केवल लूट की योजना थी और अधिक-से-अधिक एक छोटा विद्रोह था। परन्तु डेविस ने कहा कि अगर सरकार बाबू जगत सिंह को पकड़ने का संकल्प लेती है, तो चुनार क़िला उनके कारावास के लिए सबसे अच्छी जगह होगी। इस प्रकार बनारस डिवीज़न के भीतर किसी भी जगह बाबू जगत सिंह की मौजूदगी से वह बचना चाहता था, क्योंकि इस इलाक़े में उनका बहुत अधिक दबदबा था, जैसा कि अध्याय 2 में बताया गया है। उस मामले के सम्बन्ध में यहाँ यह भी जोड़ा जा सकता है कि साज़िश करने वालों के घोड़ों और हाथियों की माँग इस मामले में भोले-भाले निर्दोष बाबू जगत सिंह को शामिल करने के लिए एक और

जाल था क्योंकि हम जानते हैं कि उन दिनों के अभिजात वर्ग हमेशा बहुत सी चीज़ें रखते थे जो न केवल अपने व्यक्तिगत उपयोग के लिए होती थीं बल्कि बड़े पैमाने पर अन्य लोगों को उनके लाभों का हिस्सा बनने की अनुमति देने के लिए भी; यह हमेशा एक पूर्वगामी अनुदान था यदि व्यक्ति किसी भी तरह से उनसे सम्बन्धित था। ट्रायल जज ने तो यहाँ तक लिखा है कि यह भी सम्भव है कि बाबू जगत सिंह से घोड़ों और हाथियों की माँग केवल किसी समारोह या शादी के लिए की हो और असन्दिग्ध बाबू जगत सिंह की सहमति को बाद में लूट या विद्रोह के लिए घोड़ों और हाथियों के प्रदान करने को उनके इरादे के रूप में पेश किया गया हो। विद्रोह की दीर्घकालिक योजनाओं की उनकी नेतृत्व क्षमता और अवध से लेकर बंगाल तक 85,855 सैनिकों का विशाल नेटवर्क बना सकने वाले बाबू जगत सिंह को भारत में कहीं भी क़ैद कर रखना अंग्रेज़ी सरकार को निरापद प्रतीत नहीं होता था, इसलिए उन्हें अपनी प्रिय मातृभूमि के तट से निर्वासित किया गया। सभी तैयारियाँ हो चुकी थीं और जहाज़ ओस्टरली अधीरता से समुद्र की बढ़ती लहरों पर उत्तेजित तरीक़े से झूल रहा था, ताकि निर्वासन के लिए उन्हें प्राप्त कर सके। बाक़ी इतिहास है जिसे हम जानते हैं। मौत की सज़ा पाने वाले बाबू जगत सिंह के जीवन को फाँसी पर लटकने के कुछ दर्दनाक लम्हों तक सीमित कर देना अंग्रेज़ी सरकार के हिसाब से कम था। वे उन्हें जीवन भर के लिए पीड़ा देना और परेशान करना चाहते थे, इसलिए एक ब्राह्मण को मौत की सज़ा नहीं देने का प्रावधान, जो 1799 के मामलों में एक या दो नहीं बल्कि काफ़ी संख्या में ब्राह्मणों को दिया गया था और इस प्रावधान का लाभ उनमें से किसी को भी नहीं दिया गया था, लेकिन विशेष रूप से इसका बहुत ही भयावह डिज़ाइन के साथ बाबू जगत सिंह के मामले में सहारा लिया गया था। चेत सिंह काल के उपरान्त (1781 के बाद) बनारस की गद्दी पर बैठे व्यक्तियों पर अपनी पकड़ स्थापित करने के बाद से ही अंग्रेज़ बाबू जगत सिंह से नाराज़ थे और अंग्रेज़ों का उनसे व्यवहार शत्रुतापूर्ण था, क्योंकि बाबू जगत सिंह हमेशा अपने विशाल और व्यापक परिवार की वंशावली के पारम्परिक अधिकारों की बहाली के लिए अपनी माँग के साथ अंग्रेज़ों को हथौड़ा मार रहे थे और 1797 तक इसके लिए सभी शान्तिपूर्ण साधनों का सहारा ले रहे थे, लेकिन जैसा कि हम जानते हैं, बंगाल, बिहार और उड़ीसा से लेकर बनारस, अवध, रामपुर और फर्रुख़ाबाद और यहाँ तक कि दिल्ली तक के अंग्रेज़ों ने कभी भी अपने रास्ते में किसी भी बाधा को बर्दाश्त नहीं किया और उन्हें एक-एक करके दूर कर दिया। इसलिए पहले बताये गये कारणों के लिए निर्वासन की सज़ा दी गयी, लेकिन वह उनसे ज़्यादा चालाक साबित हुए और उस दूर के द्वीप की तुलना में पवित्र गंगा नदी की गोद का एकान्त पसन्द किया। वह निश्चित रूप से महान थे और हमेशा महान रहेंगे और अपने महान सिद्धान्तों और रुख़ के लिए अपने जीवन के बलिदान के लिए याद किये जायेंगे।

एचटी कैलक्राफ्ट, टाउन मेजर, ने उल्लेख किया है कि बाबू जगत सिंह उनचास दिनों तक फोर्ट विलियम में 'मेन गार्ड' (मुख्य रक्षकों) के अधीन रहे और उप सचिव टकर ने उन्हें, आवश्यक चीज़ें और कपड़े मुहैया कराये जैसा कि गवर्नर जनरल-इन-काउंसिल द्वारा आदेश दिया गया था। उसने यह भी बताया है कि 19 अक्टूबर 1799 को, इस हिरासत की अवधि समाप्त हो जाती है। यह इंगित करता है कि उन्हें 20 अक्टूबर 1799 को जहाज़ पर सवार होने के लिए भेजा गया था और उन्होंने जलसमाधि ले ली थी।[63]

चित्र 7.2 : फोर्ट विलियम जहाँ बाबू जगत सिंह को 31.08.1799 से 19.10.1799 तक क़ैद में रखा गया था।

बहादुर सिंह

उनके मुक़दमे की कार्यवाही भी पुष्टि के लिए परिषद को भेज दी गयी थी। उन्हें सरकार के ख़िलाफ़ साज़िश में एक पक्ष होने और बाबू जगत सिंह के साथ सैनिकों को बढ़ाने के लिए जगन्नाथ सिंह से आपराधिक साँठ-गाँठ के लिए दोषी ठहराया गया था। विचाराधीन मुक़दमे के विधि अधिकारियों के फ़तवे को देखते हुए, अदालत ने इसे 'न्याय के प्रति लोक आस्था बहाल रखने के उद्देश्य से मौत की सज़ा तक बढ़ा दिया।[64] अदालत ने उन्हें मौत की सज़ा सुनाई, क्योंकि कोई भी परिस्थिति उनके पक्ष में नहीं थी। अदालत ने उन्हें तब तक गर्दन से लटकाये रखने की सज़ा सुनाई जब तक कि वह मर नहीं जाते, जिसके बाद उनके शरीर को शहर के भीतर या उसके पास किसी सार्वजनिक स्थान पर फाँसी की टिकठी पर लटका दिया जाना था। निर्णय में आगे कहा गया था कि निष्पादन में ले जाने से पहले, 1799 के विनियमन 4 की धारा

5 के अनुरूप, पूरी कार्रवाही अन्तिम आदेशों के लिए उपाध्यक्ष-इन-काउंसिल को भेजी जाये।[65] इस कार्रवाई को भी बाबू जगत सिंह की कार्रवाई के साथ आगे बढ़ाया गया। 23 जुलाई 1799 को बोर्ड ने बहादुर सिंह के लिए सज़ा-ए-मौत की सिफ़ारिश को बरकरार रखा और निज़ामत अदालत को तुरन्त कार्रवाई करने का निर्देश दिया।[66]

गजराज सिंह

वह 9वीं नेटिव रेजिमेंट की दूसरी बटालियन के सूबेदार थे जिस पर सरकार के ख़िलाफ़ साज़िश में जगत सिंह का साथी होने का आरोप लगाया गया था और उसे वज़ीर अली की सहायता के लिए बाबू जगत सिंह के साथ मेलजोल में लगा हुआ पाया गया था। अदालती मुक़दमे के दौरान यह आरोप स्थापित नहीं हो पाया था। अदालत ने यह पता लगाने के लिए हर सम्भव साधन अपनाने का फ़ैसला किया कि क्या वह अपने ख़िलाफ़ लगाये गये आपराधिक आचरण का दोषी है। इसने सिफ़ारिश की कि परिषद कमांडर-इन-चीफ से अनुरोध करे कि वह उस बटालियन के सिपाहियों से पूछताछ करे, जिससे गजराज सिंह अक्टूबर और नवम्बर 1798 के दौरान जुड़े हुए थे, और क्या उन्होंने ब्रिटिश सरकार के ख़िलाफ़ बाबू जगत सिंह की सहायता करने में शामिल होने के लिए उन्हें प्रेरित करने का प्रयास किया। इसने परिषद से किसी भी व्यक्ति की उपस्थिति के लिए आवश्यक उपाय करने का अनुरोध किया जो बनारस में अदालत के समक्ष इन बिन्दुओं पर साक्ष्य देने में सक्षम हो सकता है। बनारस के मजिस्ट्रेट के सामने परीक्षा के दौरान गजराज सिंह ने स्वीकार किया कि जब उनकी बटालियन बनारस आयी थी तो उन्होंने बाबू जगत सिंह से भेंट की थी। उन्होंने यह भी स्वीकार किया कि वह बाबू जगत सिंह के साथ उनके घर गये और बड़े फ़ाटक के भीतर बाड़े में उनके साथ बातचीत की थी, जो उनके साथ आये सिपाहियों की संख्या के बारे में थी।[67]

इस मुक़दमे की कार्यवाही भी उपाध्यक्ष-इन काउंसिल के समक्ष रखी गयी, जिन्होंने कमांडर-इन-चीफ़ को अदालत द्वारा वांछित कार्रवाई करने और सभी व्यावहारिक अभियान के साथ उक्त अदालत को निष्कर्ष भेजने का निर्देश दिया।[68]

बीचक सिंह प्रथम

उन पर बनारस में सरकार के ख़िलाफ़ साज़िश रचने का आरोप लगाया गया था, क्योंकि उन्हें धन वितरित करने और प्रतिरोध में सहायता करने के लिए समर्थक जुटाने में वज़ीर अली के गोपनीय एजेंट के रूप में नियुक्त किया गया था। वह भुटवल में भी वज़ीर अली के साथ शामिल हो गये और अदालत ने अपने क़ानून अधिकारियों की आधिकारिक राय भी प्राप्त की थी। बनारस विशेष अदालत के समक्ष सुनवाई हुई।[69]

उन पर सैनिकों को इकट्ठा करने और भुटवल में वज़ीर अली के साथ शामिल होने का आरोप साबित हो गया था। अदालत ने उन्हें मौत की कड़ी सज़ा के लिए उत्तरदायी घोषित किया। चूँकि कोई परिस्थिति उनके पक्ष में दया दिखाने के लिए प्रकट नहीं हुई, इसलिए अदालत ने उन्हें बनारस शहर में निष्पादन के किसी स्थान पर मृत होने तक गर्दन से लटका देने की सज़ा सुनाई। उनके शरीर को उस शहर के भीतर या उसके पास किसी सार्वजनिक स्थान पर फाँसी की टिकठी पर लटकाया जाना था। यह भी पारित किया गया था कि निर्णय के निष्पादन से पहले, मुक़दमे की कार्यवाही को विनियमन 4 1799 की धारा 5 के अनुरूप आदेशों के लिए परिषद के समक्ष रखा जाना चाहिए।[70] परिषद का प्रस्ताव 1 अगस्त 1799 को पारित किया गया था जिसके द्वारा बीचक सिंह प्रथम की मौत की सज़ा की पुष्टि की गयी थी।[71]

रामदयाल सिंह

उन पर एक लिखित समझौता साज़िश में प्रवेश करने और वज़ीर अली के प्रतिरोध उद्यम में शामिल होने के लिए सशस्त्र लोगों को इकट्ठा करने का आरोप लगाया गया था। आधार के रूप में उनके सामने क़ानून अधिकारियों का फ़तवा था। उनके ख़िलाफ़ आरोप सिद्ध नहीं हो सके और अदालत ने उन्हें बरी कर दिया था। इस मामले को भी विनियमन 4 1799 की धारा 5 के अनुरूप आदेशों के लिए परिषद को भेजा गया था। अदालत ने आगे अपनी राय व्यक्त की कि गवाह बीजू ने जानबूझकर झूठे सबूत दिये थे और यह पता लगाने को कहा कि उसने गवाही क्यों दी थी कि उसने रामदयाल को देखा और बनारस में उनके साथ बातचीत की थी जबकि उसी समय रामदयाल को बनारस से 8 कोस दूर चंदवक में देखा गया था।[72] 1 अगस्त 1799 को परिषद ने रामदयाल सिंह के बरी होने और निर्वहन की पुष्टि करते हुए एक प्रस्ताव पारित किया। इसने गवाह बीजू के बारे में अदालत के निर्देश को भी मंजूरी दे दी।[73]

शिवशरण सिंह

उन पर हथियारबन्द लोगों को जमा करने के लिए लिखित समझौता करने और सरकार के ख़िलाफ़ साज़िश में शामिल होने का आरोप लगाया गया था। हालाँकि उन्हें दोषी नहीं ठहराया गया और उन्हें भी छुट्टी दे दी गयी। लेकिन अदालत ने बीचक सिंह प्रथम के घर से लिए गये मूल काग़ज़ात और वज़ीर अली से अनुरोध के काग़ज़ात दिखाये जाने की इच्छा जतायी। अदालत ने आदेश दिया कि यदि इन काग़ज़ों पर शिवशरण सिंह ने हस्ताक्षर किये हैं या उनकी लिखावट में लिखा गया है, तो उनके द्वारा लिखित या हस्ताक्षरित अन्य काग़ज़ात या किसी ऐसे व्यक्ति को पेश करके साबित किया जाना चाहिए जो उनकी लिखावट या हस्ताक्षर से अच्छी तरह परिचित हो।[74]

लाल सिंह

उन पर चेरी और डेविस के घर पर हथियारबन्द लोगों में शामिल होने, नरसंहार, लूट में शामिल होने और अंग्रेज़ों के ख़िलाफ़ भुटवल में सेना में शामिल होने का आरोप लगाया गया था।[75] सिटी मजिस्ट्रेट के समक्ष परीक्षा के दौरान उन्होंने क़बूल किया कि वह तेलियाबाग़ में प्रतिरोध में शामिल हो गये, जबकि विशेष अदालत के सामने, उन्होंने कहा कि जब वे दूसरी बार निकले, उनके पास कोई बन्दूक नहीं थी और इसलिए वह सावरी के पीछे रहा। परस्पर विरोधी बयानों के कारण, विशेष अदालत ने 19 अगस्त 1799 को सिटी मजिस्ट्रेट के सामने बताए गये विवरणों के निर्देश पर उनके मामले की फिर से जाँच करने का फ़ैसला किया, और अगर उन्होंने अपराध से इन्कार किया, तो मजिस्ट्रेट के सामने उनके बयान को उनके ख़िलाफ़ सबूत के रूप में लेने का निर्णय लिया गया।[76] 10 सितम्बर को लाल सिंह को उनके ख़िलाफ़ सभी आरोपों के लिए दोषी ठहराया गया था। इसमें तेलियाबाग़ में कम्पनी के सैनिकों का विरोध करने में उनकी भागीदारी भी शामिल थी। अदालत ने उनके अपराध को मौत के योग्य माना। चूँकि उनके बयान के अलावा उनके ख़िलाफ़ कोई सबूत नहीं मिला। इसलिए परिषद ने मौत की सज़ा को कारावास और आजीवन निर्वासन में बदलने की सिफ़ारिश की।[77]

शिवदेव सिंह

वह जुलाई में अदालत के समक्ष प्रतिरोध में अपने पिता भवानी शंकर का सहयोगी होने, सशस्त्र लोगों को इकट्ठा करने और हमला करने के लिए अंग्रेज़ी सैनिकों की ओर बढ़ने के आरोपों के लिए एक मुक़दमे से गुज़रे थे।[78] अदालत की राय थी कि दोनों पक्षों के गवाहों, अभियोजन पक्ष और प्रतिवादी की अपर्याप्त जाँच की गयी थी। अभियोजन पक्ष के गवाह अपने बयान में स्पष्ट नहीं थे कि उन्होंने ख़ुद क्या देखा था और उन्होंने दूसरों से क्या सुना था। अभियोजन पक्ष के चार गवाहों ने शिवदेव सिंह को खण्डवा में देखा था, जबकि दूसरे पक्ष ने उसी समय चित्तूपुर में शिवदेव सिंह की उपस्थिति देखी। अदालत ने कहा कि गवाहों से यह पता लगाने के लिए ठीक से पूछताछ नहीं की गयी थी कि क्या वे अभियोजन पक्ष के गवाहों के ख़िलाफ़ दिये गये बयान की सत्यता स्थापित करने के लिए और शिवदेव सिंह द्वारा स्थापित बहानों को साबित करने के लिए झूठे बयान दे रहे थे। अदालत ने चार गवाहों, गौरव पाण्डे, हरदयाल, अंगनू पाण्डे और रामप्रसाद से फिर से पूछताछ करने का निर्देश दिया ताकि यह पता लगाया जा सके कि क्या उन्होंने शिवदेव सिंह को उसके पिता भवानी शंकर के साथ खण्डवा में विद्रोह से एक दिन पहले रात में ठीक किस समय देखा था। यह जाँच एक प्रतिवादी के गवाहों द्वारा दिये गये बयान की विश्वसनीयता का पता लगाने

के लिए की जानी थी कि शिवदेव सिंह चित्तूपुर में थे। इन गवाहों में देवशंकर, बीचक पाण्डेय, तुसुन सिंह और सुमील शामिल हैं। आगे जाँच के माध्यम से यह निर्धारित करने का निर्देश दिया गया था कि क्या शिवदेव सिंह विद्रोह से पहले रात को खण्डवा में अपने पिता और हथियारबन्द लोगों के साथ तैयारी करने के लिए गये थे या क्या वह अपने पिता के बिना कई निहत्थे नौकरों के साथ चित्तूपुर में थे या क्या वह एक ही रात को अलग-अलग समय पर दोनों स्थानों पर थे।[79]

इस मुक़दमे की कार्यवाही निश्चित रूप से किसी भी उत्साही पाठक और विद्वान के लिए बहुत दिलचस्प होगी कि क्या हुआ और मुक़दमा कैसे समाप्त हुआ। जिस तरह से अदालत ने जाँच की थी और अनुत्तरित प्रश्नों को उठाया था, उससे यह स्पष्ट होता है कि यह मुक़दमा सबसे कठिन और लम्बे परीक्षणों में से एक होता। इस मुक़दमे में पहली अदालत की सज़ा 23 जुलाई 1799 को दी गयी थी, और अन्तिम निर्णय 10 सितम्बर 1799 को दिया गया था। गवाहों द्वारा दिये गये विरोधाभासी बयानों की सत्यता का पता लगाने के लिए सिटी मजिस्ट्रेट को जाँच करने में एक महीने से अधिक का समय लगा। वे यह भी पता नहीं लगा सके कि सम्बन्धित पक्षों का कोई गवाह ग़लत बयान दे रहा था या दोनों पक्षों के गवाह अपने बयान में सच्चे थे, और यह शिवदेव सिंह ही थे जो दोनों स्थानों पर अपनी उपस्थिति दिखाने में कामयाब रहे। यह सब गवाह के समय पर निर्भर करता है। किसी भी तरह, शिवदेव सिंह की भागीदारी को साबित करने के लिए अंग्रेज़ी अधिकारियों के प्रयास विफल हो गये, जिसके कारण उन्हें आरोपों का दोषी नहीं ठहराया गया और उन्हें बरी कर दिया गया।[80]

मिर्ज़ा अली

उन पर चेरी और अन्य के विरुद्ध साज़िश और हत्या और हिंसा के कृत्यों में वज़ीर अली का साथी होने का आरोप लगाया गया था।[81] उन्हें वज़ीर अली के साथ चेरी के निवास पर हथियार ले जाने और वहाँ किये गये नरसंहार में एक पक्ष होने का दोषी ठहराया गया था। उन्हें गम्भीर सज़ा के लिए उत्तरदायी घोषित किया गया था और मौत की सज़ा सुनाई गयी थी, जहाँ अदालत ने बनारस में निष्पादन के सामान्य स्थान पर उनकी मृत्यु तक गर्दन से लटका देने का आदेश दिया था और शरीर को बाद में उस स्थान के पास फाँसी की टिकठी पर टाँगने को कहा था जहाँ चेरी की हत्या की गयी थी। इस वाक्य को पुष्टि के लिए बोर्ड को भेजा गया था।[82]

इमाम अली

उन पर सरकार के ख़िलाफ़ साज़िश में वज़ीर अली के साथ शामिल होने का आरोप लगाया गया था। वह चेरी और अन्य की हत्या में उनके साथ था और अदालत के

सामने क़ानून अधिकारियों का फ़तवा था। अदालत ने उसे नरसंहार के दिन वज़ीर अली के साथ चेरी के घर जाने के लिए दोषी ठहराया। इसने उसे मौत की सज़ा की कड़ी सज़ा के लिए उत्तरदायी पाया। बनारस शहर में फाँसी की सामान्य जगह पर उनकी मृत्यु तक उन्हें गर्दन से लटकाया जाना था और शरीर को उस स्थान पर फाँसी की टिकठी पर लटका दिया जाना था जहाँ चेरी की हत्या की गयी थी।[83]

मिर्ज़ा बेग

उन्हें नरसंहार के दिन चेरी के निवास पर वज़ीर अली के साथ जाने के लिए दोषी ठहराया गया था। अदालत ने उन्हें कड़ी सज़ा के लिए उत्तरदायी पाया और मौत की सज़ा सुनायी, जिसके लिए उन्हें बनारस शहर में मृत्यु तक फाँसी दी जानी थी और उनके शरीर को चेरी के निवास के पास लटकाया जाना था। इसे आगे अनुरूपता के लिए परिषद को पारित किया गया था।

मिर्ज़ा अली, इमाम अली और मिर्ज़ा बेग की मौत की सज़ा की पुष्टि 6 अगस्त 1799 को पारित परिषद के प्रस्ताव द्वारा निष्पादन के लिए की गयी थी।[84]

हफ़ीजुल्लाह

उन पर चेरी और अन्य लोगों की हत्या और हिंसा के कृत्यों का आरोप लगाया गया था।[85] उन पर कोई आरोप सिद्ध नहीं हुआ। उन्हें अदालत ने बरी कर दिया।[86]

ख़ैर-उद्दीन बेग

उन पर चेरी और अन्य की हत्या में शामिल होने का आरोप लगाया गया था।[87] मुक़दमे के बाद ख़ैर-उद्दीन बेग को उसके ख़िलाफ़ आरोप का दोषी नहीं ठहराया गया था। उन्हें बरी कर दिया गया और उन्हें छुट्टी दे दी गयी।[88] 15 अगस्त 1799 को परिषद ने हफ़ीजुल्लाह और ख़ैर-उद्दीन बेग को बरी करने की पुष्टि करते हुए एक प्रस्ताव पारित किया।[89]

मुराद

उन पर चेरी की हत्या में शामिल होने और डेविस के हाथी को ले जाने का आरोप लगाया गया था।[90] प्रमुख आरोप स्थापित नहीं किये गये थे, हालाँकि साज़िश और हिंसा के लेकिन उन्हें हाथी लेने का दोषी पाया गया था। उस समय की परिस्थितियों और उसकी युवावस्था को देखते हुए, अदालत ने उसे बरी कर दिया।[91] 15 अगस्त 1799 को परिषद ने उसकी सज़ा की छूट के लिए अदालत की सिफ़ारिश को स्वीकार कर लिया।[92]

उन पर चेरी की हत्या, लूट और भुटवल में वज़ीर अली के साथ शामिल होने का आरोप लगाया गया था। उन्हें हत्या तथा लूट के आरोप से बरी कर दिया गया था, लेकिन वज़ीर अली के साथ भुटवल में शामिल होने के लिए उन्हें दोषी ठहराया गया था। चूँकि यह क्षेत्र अवध के नवाब के अधिकार क्षेत्र में आता है इसलिए कोई सज़ा नहीं दी गयी। इस मामले को उक्त नवाब को एक नया मुक़दमा खोलने के लिए पारित किया गया जैसा कि वह उचित समझे।[93]

कई लोगों को गिरफ़्तार किया गया और इस विशेष अदालत में मुक़दमे की कार्यवाही से गुज़रना पड़ा। आरोपों और सज़ा के साथ ऐसे व्यक्तियों की एक सूची परिशिष्ट में दी गयी है। सरकार की मुख्य चिन्ता और सभी व्यावहारिक औचित्य के साथ मामलों को समाप्त करने की उसकी प्रवृत्ति इस तथ्य से स्पष्ट है कि अंग्रेज़ी शासन के ख़िलाफ़ सभी सशस्त्र प्रतिभागियों की सुनवाई 17 जून को बनारस विशेष अदालत में शुरू हुई, और इसने उनचास मामलों में 31 जुलाई 1799 तक यानी पैंतालीस दिनों के भीतर अपना मुक़दमा समाप्त कर दिया।[94] जिससे पता चलता है कि यह आयोजित नहीं किया गया था, लेकिन जितनी जल्दी हो सके इससे छुटकारा पाने के लिए जल्दबाज़ी की गयी।

इस उपनिवेश-विरोधी प्रतिरोध का त्वरित दमन इसलिए सम्भव हो सका था क्योंकि ज़मान शाह के आसन्न आक्रमण के डर से बनारस शहर के आसपास के क्षेत्र में विशाल सेना तैनात थी। यह आक्रमण कभी नहीं हुआ, और यहाँ तक कि वज़ीर अली और बाबू जगत सिंह ने भी 14 जनवरी को उनसे या सिन्धिया से किसी उम्मीद पर हथियार नहीं उठाये। इन दोनों से मिली निराशा और वज़ीर अली को कलकत्ता स्थानान्तरित करने के अंग्रेज़ों के निर्णय के कारण उनके लिए एकमात्र तार्किक विकल्प बचा था कि अब वह जो कुछ भी कर सकते थे उसे कर दिखाये। अंग्रेज़ी सेना की उपस्थिति के अलावा, वज़ीर अली और बाबू जगत सिंह के साथ तोपखाने की टुकड़ी की कमी भी थी जिसने उन्हें कमज़ोर किया, और उनका सशस्त्र संघर्ष दिन बीतते-बीतते समाप्त हो गया। एसबी चौधरी नागरिक अशान्ति पर अपनी प्रसिद्ध कृति में विचार करते हैं कि इस प्रतिरोध में 'चेत सिंह के विद्रोह की तरह एक राष्ट्रीय विद्रोह के सभी तत्त्व थे, जो हिन्दुओं और मुसलमानों दोनों के बड़े निकायों द्वारा समर्थित थे। यह ऐसे समय में हो रहा था जब मैसूर के ख़िलाफ़ युद्ध निकट था। इसके राजनीतिक निहितार्थ बहुत गम्भीर दिखाई दिये।'[95] उनके पूरे बयान से सहमत होना मुश्किल है लेकिन इसने निश्चित रूप से बनारस और आस-पास के क्षेत्रों को काफ़ी समय तक उबाल में रखा, जैसा कि पिछले पृष्ठों में उल्लेख किया गया है। इसकी विफलता के

बावजूद, निश्चित रूप से, इसमें कुछ ऐसे तत्त्व थे जो हमें बनारस में एक स्थानीय लघु-1857 की झलक देते हैं।

टिप्पणियाँ

1. एफएसएससी, 22 फ़रवरी 1799, नम्बर 3बीबी
2. ऐसे सभी पत्र राजनीतिक परामर्श 21, 25 जनवरी, 4 फ़रवरी, गुप्त परामर्श, गुप्त और अलग परामर्श, 25 फ़रवरी, 1 अप्रैल, 8 अप्रैल 1799, एनएआई, और गवर्नर जनरल के एजेंट से पत्र, 20, 25 जनवरी 1799, आरएपी के माध्यम से दर्ज किये गये हैं। (इसका एक संयुक्त संकलन और उनका ब्यौरा क़ुरेशी, *फिलिकर्स ऑफ़ एन इंडिपेंडेंट नवाबी,* खण्ड 2, पृ. 348-86 में देखा जा सकता है)
3. मॉर्निंगटन का पत्र डंकन को, 5, 13 फ़रवरी, पारमर को, 3 मार्च 1799, आर. मोंटगोमरी मार्टिन, *द डिस्पैचेस, मिनिट्स एंड कॉरेस्पोंडेंस ऑफ़ द मारकुवीज़ वेलेज़ली ड्यूरिंग हिज़ एडमिनिस्ट्रेशन इन इंडिया, 5 खण्ड, नयी दिल्ली: इंडिया पब्लिकेशंस,* 1837, पृष्ठ 433, 476
4. एफएससी, 22 फ़रवरी 1799, लम्सडेन से बार्लो, सरकार के सचिव को पत्र, फोर्ट विलियम, ओसी 18, 14 फ़रवरी 1799
5. आईओआर/एफ/4/72/1590 फ़रवरी 1799-फ़रवरी 1800, बंगाल काउंसिल से कोर्ट ऑफ़ डायरेक्टर्स को राजनीतिक पत्र, 12 सितम्बर 1799, एएएस, लन्दन : ब्रिटिश लाइब्रेरी
6. एफपीसी, 28 जनवरी 1799, जे लम्सडेन से मॉर्निंगटन और चार्ल्स बोडम, सारण के मजिस्ट्रेट, 21 जनवरी, 25 जनवरी 1799, जे. नीव से जैकब राइडर, ग़ाज़ीपुर के मजिस्ट्रेट को, 15 जनवरी, एनएआई; जौनपुर के मजिस्ट्रेट को नीव, 15 जनवरी, आरएपी
7. वेलैंड, मजिस्ट्रेट जौनपुर से जे. नीव, बनारस में गवर्नर जनरल के कार्यवाहक एजेंट को पत्र दिनांक 17 जनवरी 1799, एजेंट द्वारा गवर्नर जनरल बनारस को प्राप्त पत्र, खण्ड 43, बॉक्स। नम्बर 10, 1798-1800, आरएपी
8. एफएससी, 3 मई 1799, संख्या 6 और 9; एफपीसी, 25 जनवरी 1799, जॉन लम्सडेन से मॉर्निंगटन को, 17 जनवरी
9. एफपीसी, 21 जनवरी 1799, परिषद के आदेश, एनएआई
10. आईओआर/एफ/4/72/1590 फ़रवरी 1799-फ़रवरी 1800, गवर्नर जनरल-इन-काउंसिल से कोर्ट ऑफ़ डायरेक्टर्स को राजनीतिक पत्र, 27 दिसम्बर 1799, लन्दन : ब्रिटिश लाइब्रेरी
11. एफएससी, 17 दिसम्बर 1799, कोलिन्स टू मॉर्निंगटन, 2 दिसम्बर, एनएआई
12. एफएससी, 17 दिसम्बर 1799, कोलिन्स टू मॉर्निंगटन, 5 दिसम्बर, एनएआई, आईओआर/एफ/4/72/1590 फ़रवरी 1799-फ़रवरी 1800, गवर्नर जनरल - इन काउंसिल से कोर्ट ऑफ़ डायरेक्टर्स को राजनीतिक पत्र, 27 दिसम्बर 1799, लन्दन : ब्रिटिश लाइब्रेरी में संरक्षित इस पत्र में ग़लत तरीक़े से 4 दिसम्बर अंकित है, इसलिए इस तिथि के साथ इसका उपयोग करने से बचना चाहिए।

13. फ़ौरेन, सीक्रेट प्रोसिडिंग्स, 17-31 दिसम्बर 1799, परामर्श नम्बर 1, बार्लो से रेजिडेंट विद सिन्धिया को पत्र, 20 दिसम्बर 1799
14. आईओआर/एफ/4/72/1590 फ़रवरी 1799 फ़रवरी 1800, गवर्नर जनरल-इन-काउंसिल से कोर्ट ऑफ़ डायरेक्टर्स को राजनीतिक पत्र, 28 फ़रवरी 1800, लन्दन: ब्रिटिश लाइब्रेरी
15. डेविस, *वज़ीर अली ख़ान, पृष्ठ 68-70*
16. लम्सडेन, रेज़ीडेंट लखनऊ से गवर्नर जनरल बनारस के एजेंट को पत्र दिनांक 23 मई 1799, गवर्नर जनरल के बनारस में एजेंट को प्राप्त पत्र, खण्ड 43, बॉक्स नम्बर 10, 1798-1800, आरएपी
17. जिन परिस्थितियों में उन्होंने ऐसा किया, वे सभी उपलब्ध विवरणों के साथ क़ुरेशी, *फिलिकर्स ऑफ़ एन इंडिपेंडेंट नवाबी,* खण्ड I, 288-9 में दिये गये हैं
18. एफएसएससी, 22 फ़रवरी 1799, डेविस से हैरिंगटन को, 12 फ़रवरी, नम्बर 2, एनएआई
19. एफएसएससी, 22 फ़रवरी 1799, डेविस से हैरिंगटन को, 12 फ़रवरी, नम्बर 2, एनएआई
20. एफएसएससी, 22 फ़रवरी 1799, संख्या 3 ए-3 सी, 3 ई, 3 एच, 3 एल। इस नम्बर पर पहला बयान सुखराम दास का है।
21. पूर्वोक्त
22. एफएसएससी, 22 फ़रवरी 1799, नम्बर 3 (धौकल सिंह का बयान), एनएआई
23. एफएसएससी, 20 अगस्त 1799, डेविस से जीएच बार्लो को, 6 अगस्त 1799, एनएआई
24. एफएसएससी, 22 फ़रवरी 1799, जीएच बार्लो टू डेविस, 22 फ़रवरी, नम्बर 7, एनएआई
25. एफएसएससी, 22 फ़रवरी 1799, जीएच बार्लो से चार्ल्स बोडम, 22 फ़रवरी, नम्बर 10, एनएआई
26. एफएसएससी, 1 अप्रैल 1799 : डेविस से जीएच बार्लो, 22 मार्च 1799, नम्बर 18, एनएआई
27. पूर्वोक्त
28. एफएसएससी, 1 अप्रैल 1799, डेविस से एचसी सीली को, 17 मार्च, सीली से डेविस को 18 मार्च, डेविस से बार्लो को, 22 मार्च, परिषद के संकल्प, बार्लो से मेजर जनरल एर्स्किन, 29 मार्च, एनएआई
29. एफएसएससी, 15 अप्रैल 1799, जे. एर्स्किन का पत्र, 5 अप्रैल 1779, नम्बर 19, एनएआई अवनति की ओर : दमन, आशंका और मुक़दमा
30. एफएसएससी, 1 अप्रैल 1799, विलियम स्कॉट, एडजुटेंट जनरल से जीएच बार्लो को, 22 मार्च, नम्बर 8, एनएआई
31. एफएसएससी, 1 अप्रैल 1799, परिषद के संकल्प 29 मार्च 1799, जीएच बार्लो से एर्स्किन को, 29 मार्च 1799, एनएआई
32. एफएसएससी, 1 अप्रैल 1799, डेविस से जीएच बार्लो को, 22 मार्च 1799, नम्बर 18, एनएआई
33. पूर्वोक्त
34. फारसी पत्राचार खण्ड 1, 1801, पत्र संख्या 552, 23 नवम्बर 1801 को प्राप्त हुआ एनएआई

35. एफएसएससी, 1 अप्रैल 1799, डेविस से जीएच बार्लो को, 22 मार्च 1799, नम्बर 18, एनएआई
36. एफएसएससी, 1 अप्रैल 1799, डेविस से ए. वेलैंड, जौनपुर के मजिस्ट्रेट को 15 मार्च 1799, नम्बर 18, डेविस से एर्स्किन को, 17 मार्च 1799 (उसी तारीख़ के 2 पत्र), डेविस से एल्फिंस्टन को, 17 मार्च, एल्फिंस्टन से डेविस को, 20 मार्च 1799, एनएआई
37. आईओआर/पी/128/41, बंगाल पीआर, 5 अप्रैल 1799-28 जून 1799, डेविस का पत्र, बनारस मजिस्ट्रेट, फोर्ट विलियम को, 30 मार्च 1799, 19 अप्रैल 1799, आपराधिक, नम्बर 15, एएएस, लन्दन : ब्रिटिश लाइब्रेरी
38. आईओआर/पी/128/41, बंगाल पीआर., 5 अप्रैल 1799-28 जून 1799, मिर्ज़ापुर के कार्यवाहक मजिस्ट्रेट का फोर्ट विलियम को पत्र, 4 अप्रैल 1799, 19 अप्रैल 1799, गुप्त विभाग, नम्बर 16, एएएस, लन्दन : ब्रिटिश लाइब्रेरी
39. राजस्व विभाग, गवर्नर जनरल-इन-काउंसिल प्रोसीडिंग्स, 25 जुलाई-22 अगस्त 1799, वॉल्यूम 335, जे रूटलेज कलेक्टर का पत्र, 1 जुलाई 1799; बुलर, जीएच बार्लो के उप सचिव, 12 जुलाई 1799; 7-28 नवम्बर 1799, वॉल्यूम 359 : थॉमस ग्राहम, सदस्य का पत्र, मॉर्निंगटन के अर्ल के लिए, 1 नवम्बर 1799, डब्ल्यूबीए
40. राजस्व विभाग, गवर्नर जनरल-इन-काउंसिल प्रोसीडिंग्स, 25 जुलाई-22 अगस्त 1799, वॉल्यूम 335, जे रूटलेज कलेक्टर का पत्र, 24 जून 1799; 12-30 जनवरी 1800 : अमीन की विस्तृत रिपोर्ट इसके तहत मौजूद है और थॉमस ग्राहम द्वारा भेजी गयी, 3 मई 1799, संख्या 1 और 21 इसे डेविस द्वारा बनारस से 12 अप्रैल 1799 को भेजा गया था।
41. राजस्व विभाग, गवर्नर जनरल-इन काउंसिल प्रोसीडिंग्स, 5-19 दिसम्बर 1799, वॉल्यूम 360: थॉमस ग्राहम से मॉर्निंगटन को, 10 दिसम्बर 1799; जे. रूटलेज, कलेक्टर, जॉर्ज डाउडेसवेल, राजस्व बोर्ड, के सचिव डब्ल्यूबीए को
42. राजस्व विभाग, गवर्नर जनरल-इन-काउंसिल प्रोडीडिंग्स, 5-19 दिसम्बर 1799, वॉल्यूम 360 : थॉमस ग्राहम, द अर्ल ऑफ़ मॉर्निंगटन को, 10 दिसम्बर 1799, डब्ल्यूबीए
43. राजस्व विभाग, गवर्नर जनरल-इन-काउंसिल कार्यवाही, 5-19 दिसम्बर 1799, वॉल्यूम 360 : थॉमस ग्राहम, द अर्ल ऑफ़ मॉर्निंगटन को, 10 दिसम्बर 1799, डब्ल्यूबीए
44. राजस्व विभाग, गवर्नर जनरल-इन-काउंसिल प्रोडीडिंग्स, 25 जुलाई-22 अगस्त 1799, वॉल्यूम 335, पृष्ठ 219: राम नारायण की अर्ज़ी, डब्ल्यूबीए
45. राजस्व विभाग, गवर्नर जनरल-इन-काउंसिल प्रोसीडिंग्स, 14 मार्च-24 अप्रैल 1800, वॉल्यूम 366, एर्ल ऑफ़ मोरनिंगटन को थॉमस ग्राहम का पत्र, 25 मार्च 1800, डब्ल्यूबीए
46. एफएसएससी, 22 फ़रवरी, डेविस टू द रजिस्टर निज़ामत अदालत कलकत्ता, 12 फ़रवरी, एनएआई
47. आईओआर/पी/128/41, बंगाल प्रोसीडिंग्स, 5 अप्रैल 1799-28 जून 1799, अध्यक्ष- इन काउंसिल द्वारा पारित संकल्प, 20 मई 1799, आपराधिक, नम्बर 29, एएएस, लन्दन : ब्रिटिश लाइब्रेरी

48. आईओआर/पी /128/41, बंगाल प्रोसीडिंग्स, 5 अप्रैल 1799-28 जून 1799, मेजर जनरल एर्स्किन से काउंसिल को पत्र, 25 मई 1799, आपराधिक, नम्बर 14, एएएस, लन्दन : ब्रिटिश लाइब्रेरी
49. आईओआर/पी/128/41, बंगाल प्रोसीडिंग्स, 5 अप्रैल 1799-28 जून 1799, बनारस में विशेष न्यायालय से बार्लो को पत्र, सरकार के सचिव, 17 मई 1799, बनारस विशेष न्यायालय, नम्बर 28, एएएस, लन्दन : ब्रिटिश लाइब्रेरी
50. आईओआर/पी/128/41, बंगाल प्रोसीडिंग्स, 5 अप्रैल 1799-28 जून 1799, मेजर जनरल एर्स्किन से काउंसिल को पत्र, 21 जून 1799, आपराधिक, नम्बर 28 और 3स से आगे, एएएस, लन्दन : ब्रिटिश लाइब्रेरी
51. आईओआर/पी/128/41, बंगाल प्रोसीडिंग्स, 5 अप्रैल 1799-28 जून 1799, मेजर जनरल एर्स्किन से काउंसिल को पत्र, 21 जून 1799, आपराधिक, नम्बर 28 और 3स से आगे, एएएस, लन्दन : ब्रिटिश लाइब्रेरी
52. पूर्वोक्त
53. आईओआर/पी/128/43 : बीसीजेसी, 5 सितम्बर 1799-10 अक्टूबर 1799, एक्टिंग रजिस्टर से पत्र, निज़ामत अदालत से बार्लो, सरकार के सचिव को, 22 जुलाई 1799, आपराधिक विचार-विमर्श, 5 सितम्बर 1799, संख्या 1-4 ब्रिटिश लाइब्रेरी, लन्दन
54. आईओआर/पी/128/43 : बीसीजेसी, 5 सितम्बर 1799-10 अक्टूबर 1799, परिषद संकल्प, 23 जुलाई 1799, आपराधिक, नम्बर 2, 5 सितम्बर 1799, लन्दन : ब्रिटिश लाइब्रेरी
55. एफएसएससी, 20 अगस्त 1799 : एर्स्किन से कैप्टन सैंडीस, कार्यवाहक एडजुटेंट जनरल को, 10 अगस्त
56. एफएसएससी, एर्स्किन से कैप्टन सैंडिस को; 3 सितम्बर 1799 : परिषद द्वारा संकल्प और तथ्यों का बयान
57. एफएसएससी, एर्स्किन से कैप्टन सैंडिस, 3 सितम्बर 1799; परिषद द्वारा संकल्प और आदेश
58. एचपीसी, 22 अक्टूबर 1799, गवर्नर जनरल-इन-काउंसिल संकल्प, न्यायिक विभाग, 18 अक्टूबर 1799 ओसी नम्बर 35, एनएआई
59. एचपीसी, 22 अक्टूबर 1799, गवर्नर जनरल-इन-काउंसिल संकल्प, न्यायिक विभाग, 18 अक्टूबर 1799 ओसी नम्बर 35, एनएआई
60. डेविस, वज़ीर अली, पृष्ठ 74
61. केए, हिस्ट्री ऑफ़ द सेपोय वार 1857-58, डब्ल्यूएच एलन एंड कम्पनी, 1870, खण्ड द्वितीय, पृष्ठ 683-4
62. एचपीसी, 5 जून 1800, सेंट हेलेना से गवर्नर इन-काउंसिल से पत्र, अर्ल ऑफ़ मॉर्निंगटन को, ओसी नंबर 23, एनएआई
63. सैन्य विभाग की कार्यवाही, 22 नवंबर 1799, एचटी कैलक्राफ्ट से जीएच बार्लो, मुख्य सचिव को, 19 नवंबर 1799, नम्बर 29, एनएआई
64. आईओआर/पी/128/43 : बीसीजेसी, 5 सितम्बर 1799-10 अक्टूबर 1799, एक्टिंग रजिस्टर,

निज़ामत अदालत से बार्लो, सरकार के सचिव को पत्र, 22 जुलाई 1799, आपराधिक, मन्त्रणा नंबर 1, 5 सितम्बर 1799, लन्दन : ब्रिटिश लाइब्रेरी

65. आईओआर/पी/128/43 : बीसीजेसी, 5 सितम्बर 1799-10 अक्टूबर 1799, एक्टिंग रजिस्टर, निज़ामत अदालत से पत्र बार्लो को, 24 जुलाई 1799, निज़ामत अदालत की कार्यवाही का उद्धरण, आपराधिक, संख्या 4, 22 जुलाई 1799, 5 सितम्बर 1799, लन्दन : ब्रिटिश लाइब्रेरी
66. आईओआर/पी/128/43 : बीसीजेसी, 5 सितम्बर 1799-10 अक्टूबर 1799, परिषद संकल्प, 23 जुलाई 1799, आपराधिक, संख्या 2, 5 सितम्बर 1799, लन्दन : ब्रिटिश लाइब्रेरी
67. आईओआर/पी/128/43 : बीसीजेसी, 5 सितम्बर 1799-10 अक्टूबर 1799, एक्टिंग रजिस्टर, निज़ामत अदालत से पत्र बार्लो को, 24 जुलाई 1799, निज़ामत अदालत की कार्यवाही का उद्धरण, आपराधिक, संख्या 4, 22 जुलाई 1799, 5 सितम्बर 1799, लन्दन : ब्रिटिश लाइब्रेरी
68. आईओआर/पी/128/43 : बीसीजेसी, 5 सितम्बर 1799-10 अक्टूबर 1799, परिषद संकल्प, 23 जुलाई 1799, आपराधिक, नंबर 2, 5 सितम्बर 1799, लन्दन : ब्रिटिश लाइब्रेरी
69. आईओआर/पी/128/43 : बीसीजेसी, 5 सितम्बर 1799-10 अक्टूबर 1799, निज़ामत अदालत के एक्टिंग रजिस्टर से बार्लो को पत्र, 29 जुलाई 1799, नम्बर 5, 5 सितम्बर 1799, लन्दन : ब्रिटिश लाइब्रेरी
70. आईओआर/पी/128/43 : बीसीजेसी, 5 सितम्बर 1799-10 अक्टूबर 1799, निज़ामत अदालत के एक्टिंग रजिस्टर से बार्लो को पत्र, 29 जुलाई 1799, आपराधिक संख्या 6, ऐन्कलोज़र नम्बर 3, निज़ामत अदालत की कार्यवाही से उद्धरण 29 जुलाई 1799, 5 सितम्बर 1799, लन्दन : ब्रिटिश लाइब्रेरी
71. आईओआर/पी/128/43 : बीसीजेसी, 5 सितम्बर 1799-10 अक्टूबर 1799, निज़ामत अदालत के एक्टिंग रजिस्टर से बार्लो को पत्र, 29 जुलाई 1799, आपराधिक संख्या 7, बोर्ड संकल्प 1 अगस्त 1799, 5 सितम्बर 1799, लन्दन : ब्रिटिश लाइब्रेरी
72. आईओआर/पी/128/43 : बीसीजेसी, 5 सितम्बर 1799-10 अक्टूबर 1799। निज़ामत अदालत के एक्टिंग रजिस्टर से बार्लो को पत्र, 29 जुलाई 1799, आपराधिक संख्या 6, संलग्न संख्या 6, निज़ामत अदालत की कार्यवाही से उद्धरण 29 जुलाई 1799, 5 सितम्बर 1799, लन्दन : ब्रिटिश लाइब्रेरी
73. आईओआर/पी/128/43 : बीसीजेसी, 5 सितम्बर 1799-10 अक्टूबर 1799, निज़ामत अदालत के एक्टिंग रजिस्टर से बार्लो को पत्र, 29 जुलाई 1799, आपराधिक संख्या 7, बोर्ड संकल्प 1 अगस्त 1799, 5 सितम्बर 1799, लन्दन : ब्रिटिश लाइब्रेरी
74. आईओआर/पी/128/43 : बीसीजेसी, 5 सितम्बर 1799-10 अक्टूबर 1799। निज़ामत अदालत के एक्टिंग रजिस्टर से बार्लो को पत्र, 26 अगस्त 1799, नम्बर 65, एनसीएल। निज़ामत अदालत की कार्यवाही से उद्धरण 29 जुलाई 1799, 5 सितम्बर 1799, लन्दन : ब्रिटिश लाइब्रेरी
75. आईओआर/पी/128/43 : बीसीजेसी, 5 सितम्बर 1799-10 अक्टूबर 1799, हैरिंगटन का पत्र, निज़ामत अदालत का कार्यवाहक रजिस्टर बार्लो को, 10 सितम्बर 1799, संख्या 25,

19 सितम्बर 1799, लन्दन: ब्रिटिश लाइब्रेरी

76. आईओआर/पी/128/43 : बीसीजेसी, 5 सितम्बर 1799-10 अक्टूबर 1799, हैरिंगटन का पत्र, निज़ामत अदालत के कार्यवाहक रजिस्टर बार्लो को, 10 सितम्बर 1799, एन.एल.सी. निज़ामत अदालत की कार्यवाही से उद्धरण 19 अगस्त 1799, संख्या 26, 19 सितम्बर 1799, लन्दन : ब्रिटिश लाइब्रेरी
77. आईओआर/पी/128/43 : बीसीजेसी, 5 सितम्बर 1799-10 अक्टूबर 1799, हैरिंगटन का पत्र, निज़ामत अदालत के कार्यवाहक रजिस्टर बार्लो को, 10 सितम्बर 1799, एनसीएल। निज़ामत अदालत की कार्यवाही से उद्धरण 10 सितम्बर 1799, संख्या 26, 19 सितम्बर 1799, लन्दन : ब्रिटिश लाइब्रेरी
78. आईओआर/पी/128/43 : बीसीजेसी, 5 सितम्बर 1799-10 अक्टूबर 1799, हैरिंगटन का पत्र, निज़ामत अदालत के कार्यवाहक रजिस्टर बार्लो को, 10 सितम्बर 1799, नम्बर 9, 3 अक्टूबर 1799, लन्दन : ब्रिटिश लाइब्रेरी
79. आईओआर/पी/128/43 : बीसीजेसी, 5 सितम्बर 1799-10 अक्टूबर 1799, हैरिंगटन का पत्र, निज़ामत अदालत के कार्यवाहक रजिस्टर बार्लो को, 10 सितम्बर 1799, संलग्न। निज़ामत अदालत की कार्यवाही से उद्धरण 29 जुलाई 1799, संख्या 10, 3 अक्टूबर 1799, लन्दन : ब्रिटिश लाइब्रेरी
80. आईओआर/पी/128/43 : बीसीजेसी, 5 सितम्बर 1799-10 अक्टूबर 1799, हैरिंगटन का पत्र, निज़ामत अदालत का कार्यवाहक रजिस्टर बार्लो को, 10 सितम्बर 1799, एन.एल.सी. निज़ामत अदालत की कार्यवाही से उद्धरण 10 सितम्बर 1799, संख्या 10, 3 अक्टूबर 1799, लन्दन : ब्रिटिश लाइब्रेरी
81. आईओआर/पी/128/43 : बीसीजेसी, 5 सितम्बर 1799-10 अक्टूबर 1799, निज़ामत अदालत के एक्टिंग रजिस्टर से बार्लो को पत्र, 5 अगस्त 1799, नम्बर 8, 5 सितम्बर 1799, लन्दन : ब्रिटिश लाइब्रेरी
82. आईओआर/पी/128/43: बीसीजेसी, 5 सितम्बर 1799-10 अक्टूबर 1799, निज़ामत अदालत के एक्टिंग रजिस्टर से बार्लो को पत्र, 5 अगस्त, 1799, नम्बर 9, निज़ामत अदालत की कार्यवाही का उद्धरण 5 अगस्त 1799, 5 सितम्बर 1799, लन्दन: ब्रिटिश लाइब्रेरी
83. आईओआर/पी/128/43 : बीसीजेसी, 5 सितम्बर 1799-10 अक्टूबर 1799, निज़ामत अदालत के एक्टिंग रजिस्टर से बार्लो को पत्र, 5 अगस्त, 1799, नम्बर 9, निज़ामत अदालत की कार्यवाही का उद्धरण 5 अगस्त 1799, 5 सितम्बर 1799, लन्दन : ब्रिटिश लाइब्रेरी
84. आईओआर/पी/128/43 : बीसीजेसी, 5 सितम्बर 1799-10 अक्टूबर 1799, बोर्ड संकल्प, 6 अगस्त 1799, संख्या 10, निज़ामत अदालत की कार्यवाही का उद्धरण 5 अगस्त 1799, 5 सितम्बर 1799, लन्दन : ब्रिटिश लाइब्रेरी
85. आईओआर/पी/128/43 : बीसीजेसी, 5 सितम्बर 1799-10 अक्टूबर 1799, निज़ामत अदालत के एक्टिंग रजिस्टर से बार्लो को पत्र, 12 अगस्त 1799, नम्बर 11, 5 सितम्बर 1799, लन्दन : ब्रिटिश लाइब्रेरी

86. आईओआर/पी/128/43 : बीसीजेसी, 5 सितम्बर 1799-10 अक्टूबर 1799, निज़ामत अदालत के एक्टिंग रजिस्टर से बार्लो को पत्र, 12 अगस्त 1799, नम्बर 12, निज़ामत अदालत की कार्यवाही का उद्धरण, 12 अगस्त 1799, 5 सितम्बर 1799, लन्दन: ब्रिटिश लाइब्रेरी
87. आईओआर/पी/128/43 : बीसीजेसी, 5 सितम्बर 1799-10 अक्टूबर 1799, निज़ामत अदालत के एक्टिंग रजिस्टर से बार्लो को पत्र, 12 अगस्त 1799, नम्बर 13, 5 सितम्बर 1799, लन्दन: ब्रिटिश लाइब्रेरी
88. आईओआर/पी/128/43 : बीसीजेसी, 5 सितम्बर 1799-10 अक्टूबर 1799, निज़ामत अदालत के एक्टिंग रजिस्टर से बार्लो को पत्र, 12 अगस्त 1799, नम्बर 14, निज़ामत अदालत की कार्यवाही का उद्धरण, 12 अगस्त 1799, 5 सितम्बर 1799, लन्दन: ब्रिटिश लाइब्रेरी
89. आईओआर/पी/128/43 : बीसीजेसी, 5 सितम्बर 1799-10 अक्टूबर 1799, बोर्ड संकल्प, 15 अगस्त 1799, संख्या 15, 5 सितम्बर 1799, लन्दन : ब्रिटिश लाइब्रेरी
90. आईओआर/पी/128/43 : बीसीजेसी, 5 सितम्बर 1799-10 अक्टूबर 1799, निज़ामत अदालत के एक्टिंग रजिस्टर से बार्लो को पत्र, 12 अगस्त 1799 नम्बर 16, 5 सितम्बर 1799, लन्दन: ब्रिटिश लाइब्रेरी
91. आईओआर/पी/128/43 : बीसीजेसी, 5 सितम्बर 1799-10 अक्टूबर 1799, निज़ामत अदालत के एक्टिंग रजिस्टर से बार्लो को पत्र, 12 अगस्त 1799 नम्बर 17, निज़ामत अदालत की कार्यवाही का उद्धरण, 12 अगस्त 1799, 5 सितम्बर 1799, लन्दन : ब्रिटिश लाइब्रेरी
92. आईओआर/पी/128/43 : बीसीजेसी, 5 सितम्बर 1799-10 अक्टूबर 1799, बोर्ड संकल्प, 15 अगस्त 1799, संख्या 18, 5 सितम्बर 1799, लन्दन: ब्रिटिश लाइब्रेरी
93. आईओआर/पी/128/43 : बीसीजेसी, 5 सितम्बर 1799-10 अक्टूबर 1799, निज़ामत अदालत के एक्टिंग रजिस्टर से बार्लो को पत्र, 19 अगस्त 1799, नम्बर 20 निज़ामत अदालत की कार्यवाही का उद्धरण, 19 अगस्त 1799, 5 सितम्बर 1799, लन्दन : ब्रिटिश लाइब्रेरी
94. आईओआर/पी/128/43 : बीसीजेसी, 5 सितम्बर 1799-10 अक्टूबर 1799, हैरिंगटन से पत्र, निज़ामत अदालत का एक्टिंग रजिस्टर बार्लो को, 31 जुलाई 1799, आपराधिक, संख्या 68, 5 सितम्बर 1799, लन्दन : ब्रिटिश लाइब्रेरी
95. एसबी चौधरी, *सिविल डिस्टर्बेंस ड्यूरिंग द ब्रिटिश रूल इन इंडिया (1765-1857)*, कलकत्ता : द वर्ल्ड प्रेस लिमिटेड, 1955, पृष्ठ 56

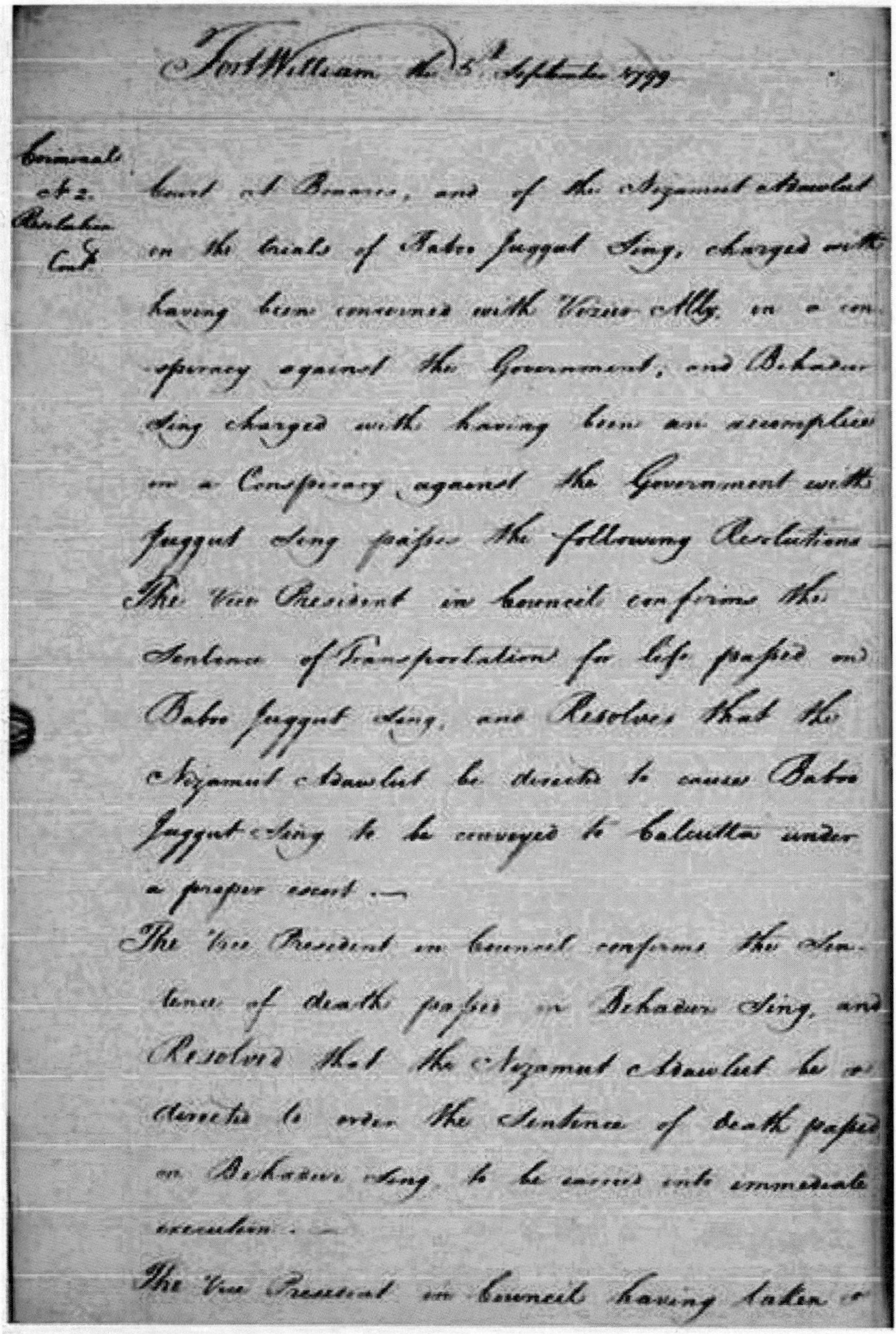

Fort William the 5th September 1799

Criminal No. 2. Resolution Contd.

Court at Benares, and of the Nizamut Adawlut on the trials of Baboo Juggut Sing, charged with having been concerned with Vizier Ally in a conspiracy against the Government, and Behadur Sing charged with having been an accomplice in a Conspiracy against the Government with Juggut Sing passes the following Resolutions —

The Vice President in Council confirms the Sentence of Transportation for life passed on Baboo Juggut Sing, and Resolves that the Nizamut Adawlut be directed to cause Baboo Juggut Sing to be conveyed to Calcutta under a proper escort. —

The Vice President in Council confirms the Sentence of death passed on Behadur Sing, and Resolved that the Nizamut Adawlut be directed to order the Sentence of death passed on Behadur Sing, to be carried into immediate execution. —

The Vice President in Council having taken

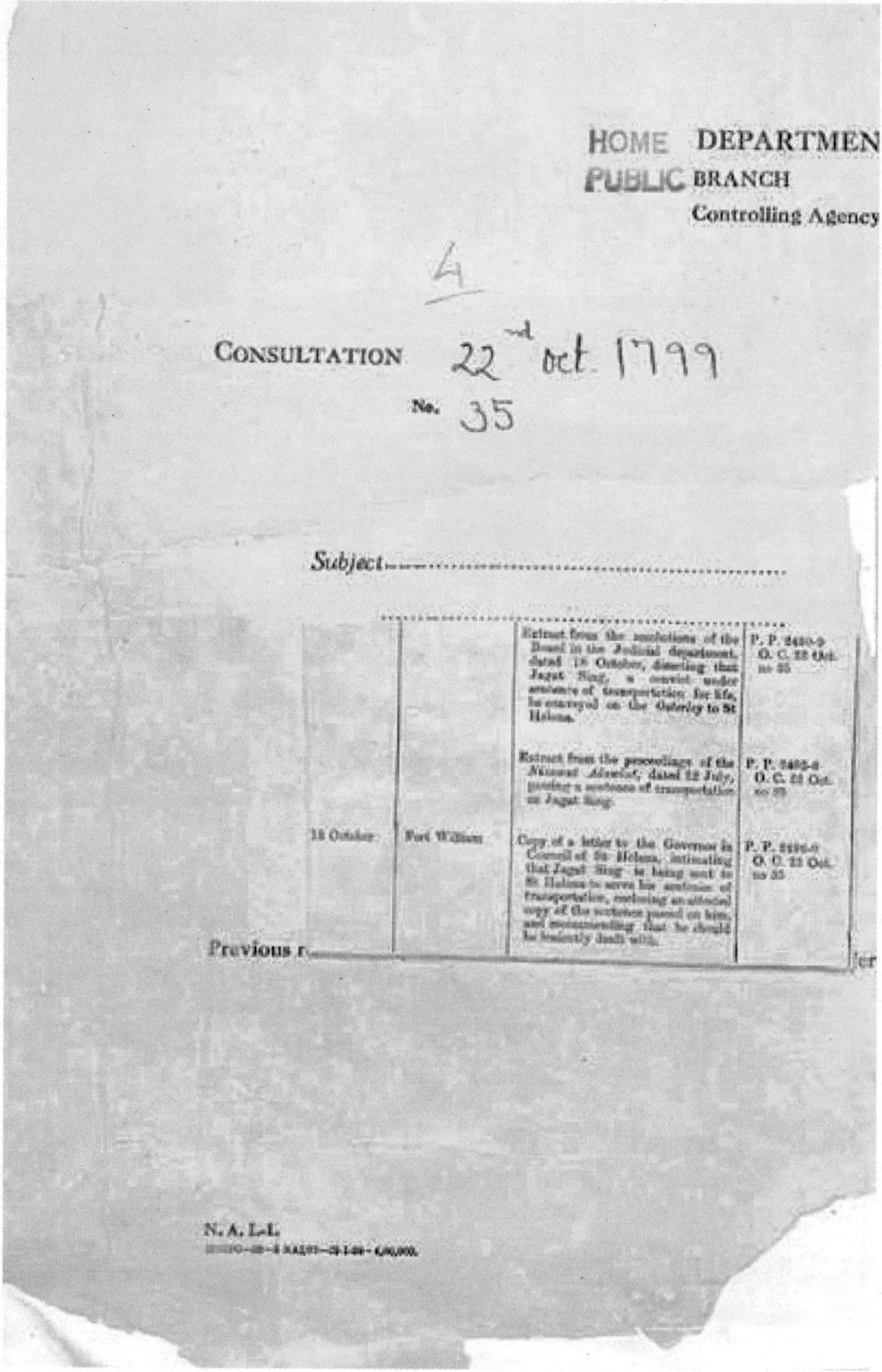

HOME DEPARTMEN
PUBLIC BRANCH
Controlling Agency

4

CONSULTATION 22nd oct. 1799
No. 35

Subject

		Extract from the resolutions of the Board in the Judicial department, dated 18 October, directing that Jagat Sing, a convict under sentence of transportation for life, be conveyed on the *Osterley* to St Helena.	P. P. 2480-9 O. C. 22 Oct. no 35
		Extract from the proceedings of the *Nizamut Adawlut*, dated 12 July, passing a sentence of transportation on Jagat Sing.	P. P. 2482-4 O. C. 22 Oct. no 35
18 October	Fort William	Copy of a letter to the Governor in Council of St Helena, intimating that Jagat Sing is being sent to St Helena to serve his sentence of transportation, enclosing an attested copy of the sentence passed on him, and recommending that he should be leniently dealt with.	P. P. 2486-9 O. C. 22 Oct. no 35

Previous r … er

N. A. I.

1

Extract from the Resolutions of the Right Honble the Governor General in Council in the Judicial Department under date the 18th October 1799 –

Read again the Resolution of the 23rd July last on the trial of Baboo Juggut Sing –

The Governor General in Council resolves that Juggut Sing who is now in the Custody of the Town Major under Sentence of Transportation be embarked on Board the Honble Company's extra Ship Osterley for the purpose of being conveyed to the Island of St. Helena.

Ordered that the Town Major be directed to acquaint the Prisoner accordingly, and to take the necessary measures for his immediate Embarkation –

Resolved that Juggut Sing be allowed to carry two Servants with him to attend him should he wish it, and that the Town Major be informed he is to be provided with every thing that may be necessary for the Voyage –

Ordered that the Town Major be accordingly directed to ascertain from the Prisoner what will be required for himself and his Servants apprizing him of the probable Length of the Voyage, and having received the necessary Information he be further directed to provide a sufficient supply of Provisions, Water and Cloathing, for his use, it being the Intention of Government to grant him every

273

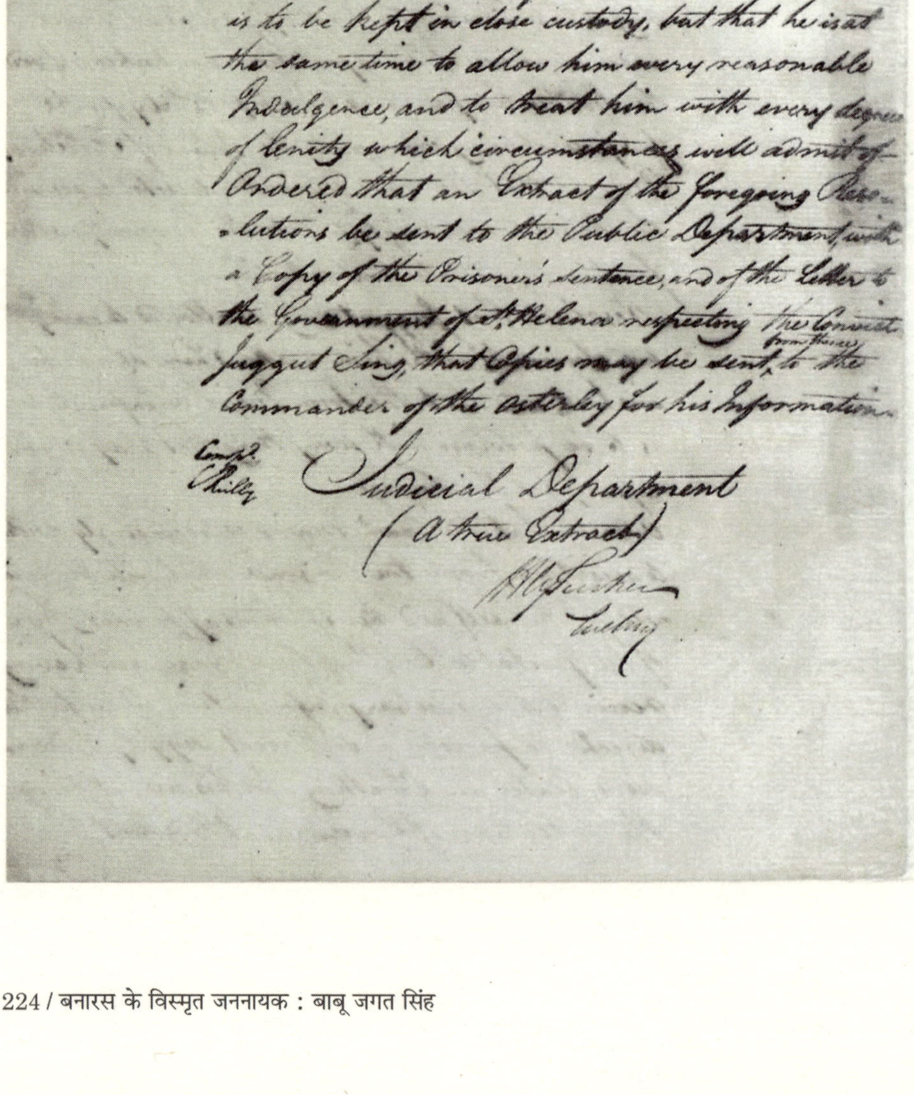

every indulgence which a person in his situation could reasonably expect.

Ordered that the Town Major be directed to allow the Prisoner to provide his own Provisions and Water should he wish it, or to employ a Brahmin for the purpose.

Ordered that the necessary Instructions be issued to the Commander of the Osterley to provide for the reception and accommodation of Juggut Sing and his Servants.

Ordered that he be informed that the Prisoner is to be kept in close custody, but that he is at the same time to allow him every reasonable Indulgence, and to treat him with every degree of lenity which circumstances will admit of.

Ordered that an Extract of the foregoing Resolutions be sent to the Public Department, with a Copy of the Prisoner's Sentence, and of the Letter to the Government of St. Helena respecting the Convict Juggut Sing, that Copies may be sent from thence to the Commander of the Osterley for his Information.

Compd. [illegible]

Judicial Department

(A true Extract)

[illegible]
Secy.

3

Extract from the Proceedings of the Nizamut Adaw-lut under date the 22d July 1799

The Court having duly considered the whole of the Proceedings held before the Benares Special Court, on the trial of Baboo Juggut Sing, charged with having been concerned with Vizier Ally in a conspiracy against the Government, and having before them the Futwa of their Law officers on the trial in question, pass the following sentence.

The Prisoner Juggut Sing being convicted of having been concerned in a conspiracy against the Government, and of writing Letters and sending messages to Jagernaut Sing for the purpose of assembling Troops, and being declared by the Futwa of the Law Officers liable to severe punishment at the discretion of the Ruler of the Country, the Court consider the said Prisoner deserving of death and would accordingly sentence him, under the discretion given

273

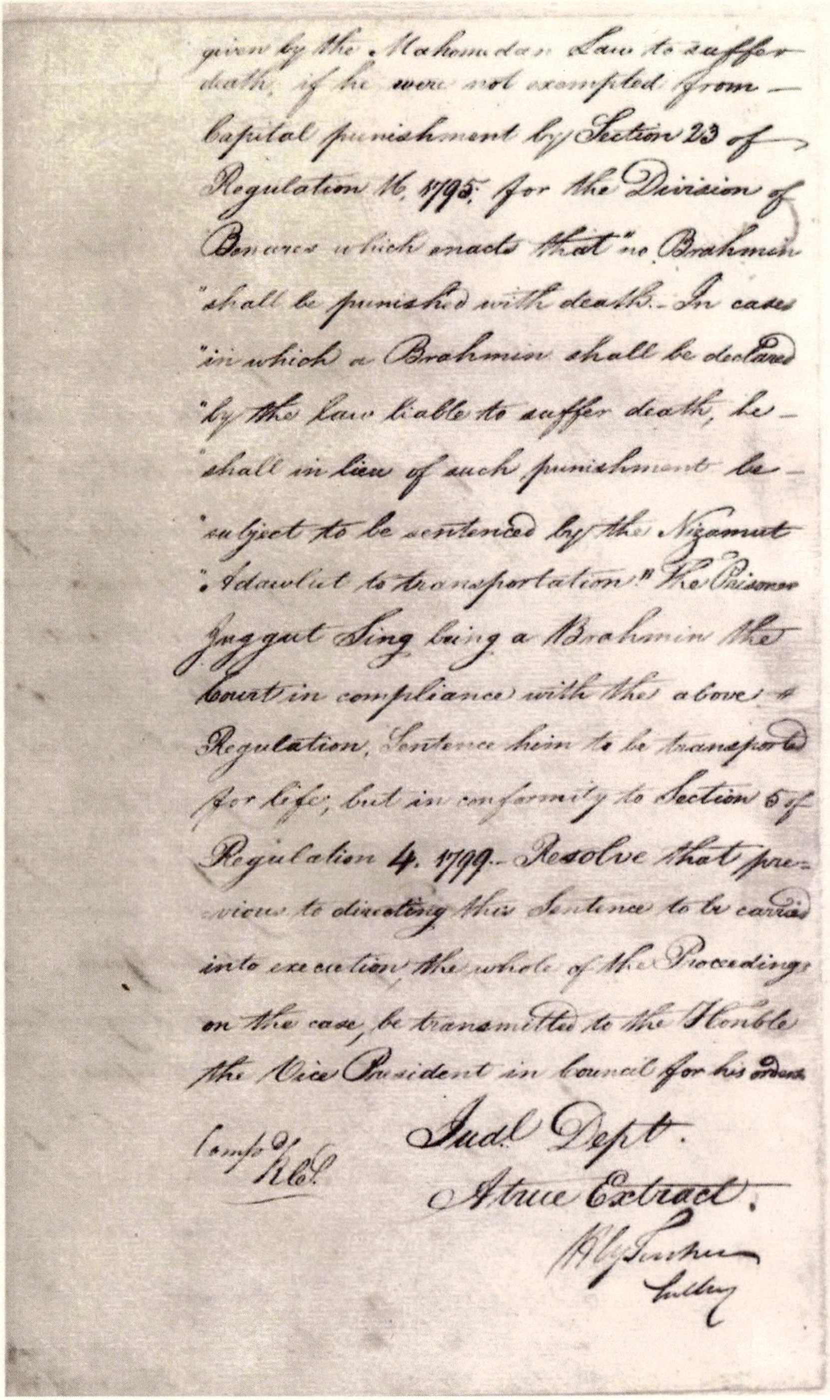
given by the Mahomedan Law to suffer
death, if he were not exempted from
Capital punishment by Section 23 of
Regulation 16, 1795 for the Division of
Benares which enacts that "no Brahmen
"shall be punished with death. In cases
"in which a Brahmin shall be declared
"by the law liable to suffer death, he
"shall in lieu of such punishment be
"subject to be sentenced by the Nizamut
"Adawlut to transportation." The Prisoner
Juggut Sing being a Brahmin the
Court in compliance with the above
Regulation, Sentence him to be transported
for life; but in conformity to Section 5 of
Regulation 4. 1799 Resolve that pre-
vious to directing this Sentence to be carried
into execution the whole of the Proceedings
on the case, be transmitted to the Honble
the Vice President in Council for his orders

Compd / RC

Judl Dept.

A true Extract.

[illegible]

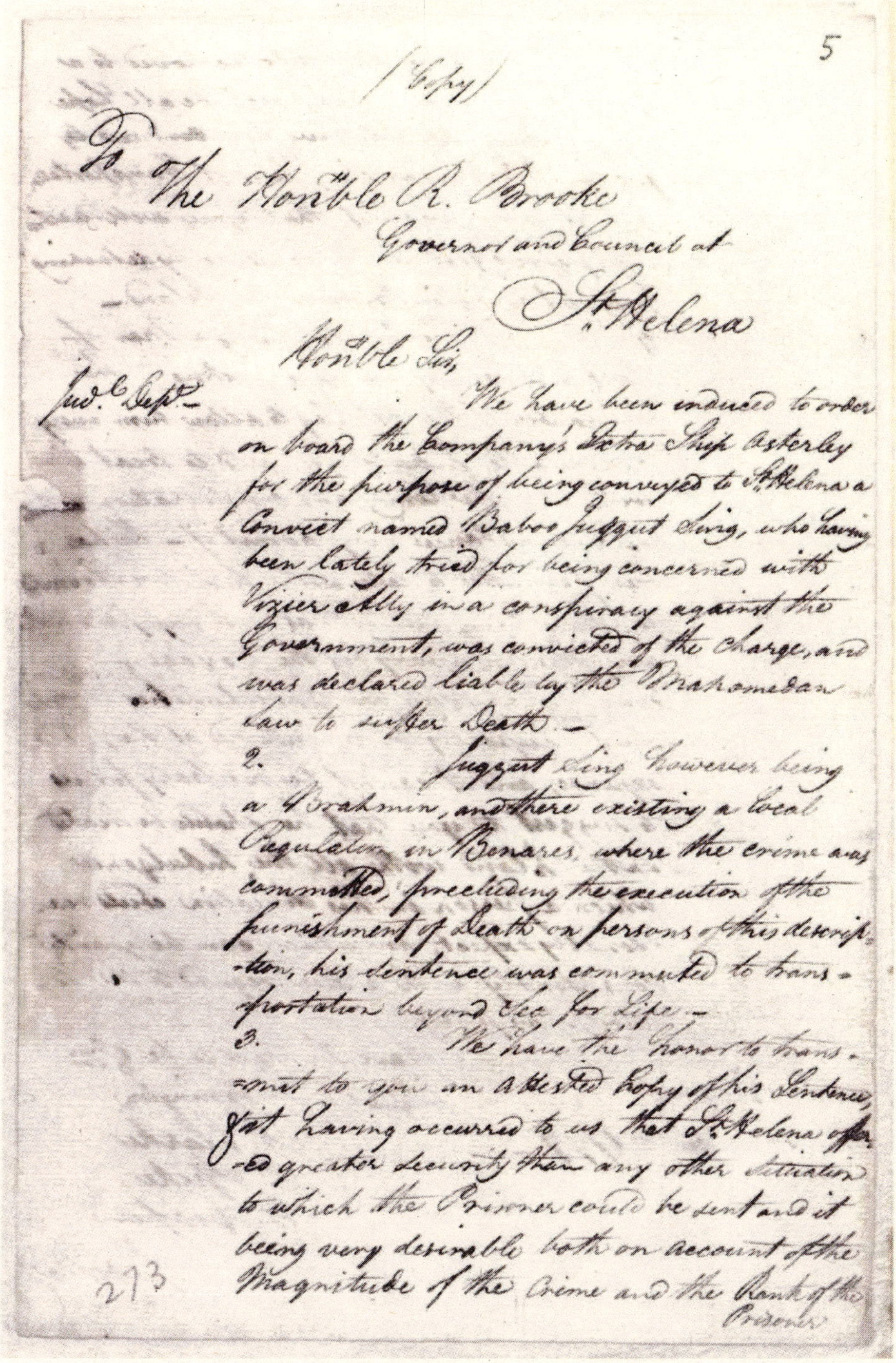

5

(Copy)

To The Hon'ble R. Brooke
Governor and Council at
St. Helena

Hon'ble Sir,

Jud.l Dept.—

We have been induced to order on board the Company's Extra Ship Asterley for the purpose of being conveyed to St. Helena a Convict named Baboo Juggut Sing, who having been lately tried for being concerned with Vizier Ally in a conspiracy against the Government, was convicted of the Charge, and was declared liable by the Mahomedan Law to suffer Death.—

2. Juggut Sing however being a Brahmin, and there existing a local Regulation in Benares, where the crime was committed, precluding the execution of the punishment of Death on persons of this descrip-tion, his sentence was commuted to trans-portation beyond Sea for Life.—

3. We have the honor to trans-mit to you an Attested Copy of his Sentence, & it having occurred to us that St. Helena offer-ed greater security than any other situation to which the Prisoner could be sent and it being very desirable both on account of the Magnitude of the Crime and the Rank of the Prisoner

273

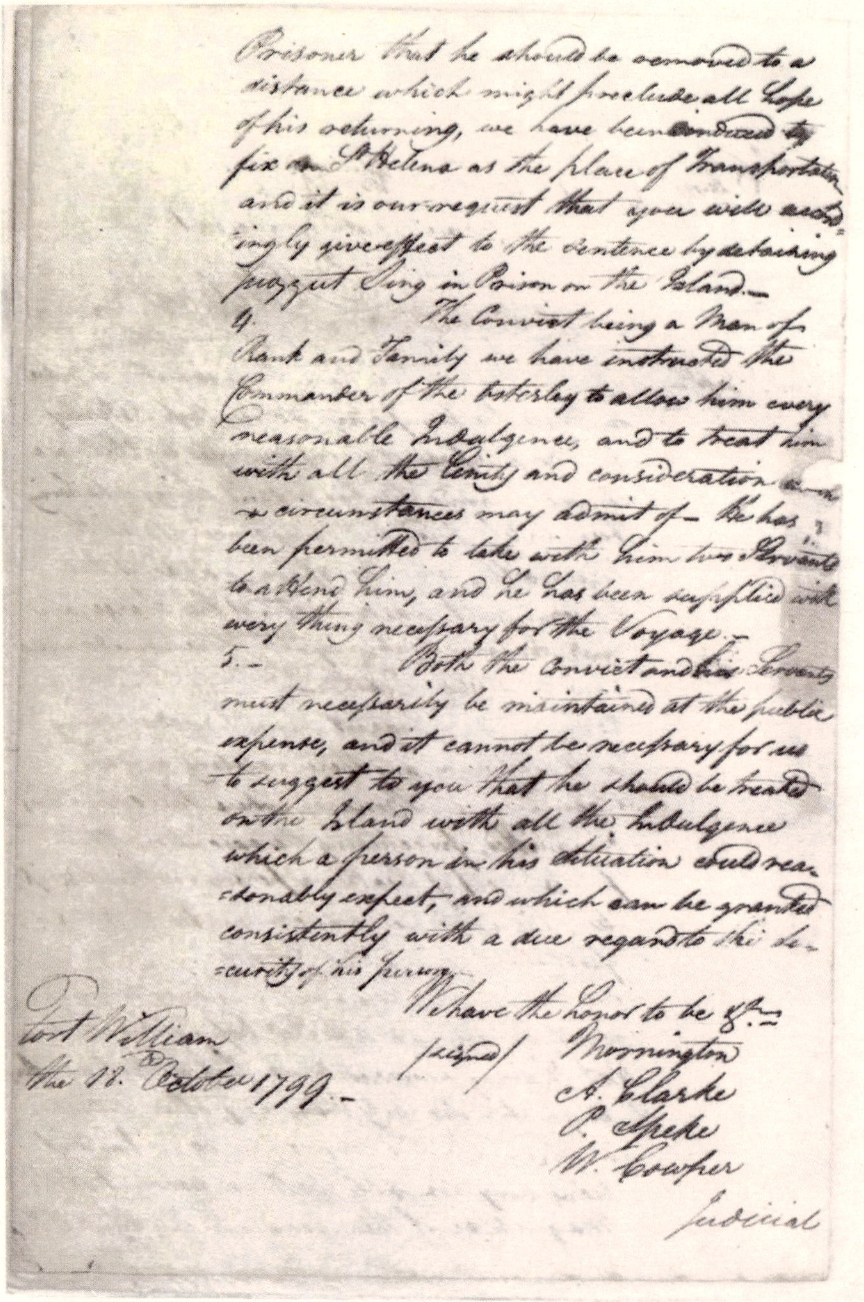

Prisoner that he should be removed to a distance which might preclude all hope of his returning, we have been induced to fix on St Helena as the place of Transportation and it is our request that you will accordingly give effect to the sentence by detaining Juggut Sing in Prison on the Island.—

4. The Convict being a Man of Rank and Family we have instructed the Commander of the Waterloo to allow him every reasonable Indulgence, and to treat him with all the Lenity and consideration which circumstances may admit of— he has been permitted to take with him two Servants to attend him, and he has been supplied with every thing necessary for the Voyage.—

5.— Both the Convict and his Servants must necessarily be maintained at the public expense, and it cannot be necessary for us to suggest to you that he should be treated on the Island with all the Indulgence which a person in his situation could reasonably expect, and which can be granted consistently with a due regard to the security of his person.

We have the honor to be &c.—

Fort William
the 18. October 1799.—

(signed) Mornington
A. Clarke
P. Speke
W. Cowper

Judicial

उपसंहार

अवध के नवाबों और बनारस राज के संस्थापक मंसाराम को नवाब मुर्तुज़ा ख़ान और उनके नायब मीर रुस्तम अली से निबटना पड़ा था। वे इलाक़े के जागीरदार नहीं थे बल्कि बनारस, ग़ाज़ीपुर, जौनपुर और चुनार की चार सरकारों में क्रमशः फ़ौजदार और डिप्टी फ़ौजदार थे। मंसाराम और दयाराम मीर रुस्तम अली के साथ ही कार्यरत थे। आपसी मतभेद के चलते बाद में अवध के नवाब ने मंसाराम को बनारस, जौनपुर और चुनार की तीनों सरकारों का ठेका 13 लाख रुपये में दे दिया गया और मीर रुस्तम अली को पद से हटा दिया। मंसाराम ने यह ठेका अपने पुत्र बलवन्त सिंह के नाम पर हासिल किया था। इस इलाक़े पर बलवन्त सिंह का प्रभुत्व 23 अगस्त 1770 को उनकी मृत्यु तक बना रहा और उन्होंने अठारह परगने की मिली ज़मींदारी को छियानबे परगने तक बढ़ाकर अपना दबदबा बनाये रखा। इसके बाद चेत सिंह (1770-81), महीपनारायण सिंह (अक्टूबर 1781-सितम्बर 1795), और उदितनारायण सिंह (1795-अप्रैल 1835) ने बनारस की राजगद्दी सुशोभित की।[1] 1775 तक अवध के नवाबों द्वारा इस राज पर सम्प्रभुता का प्रयोग किया गया था, लेकिन उसी वर्ष, अंग्रेज़ों ने नवाब आसफ़-उद्दौला को इसे उन्हें सौंपने के लिए मजबूर किया। अंग्रेज़ों ने चेत सिंह के साथ उनके द्वारा हस्ताक्षरित सन्धि का उल्लंघन किया जिसके कारण उनके ख़िलाफ़ विद्रोह हुआ और राजा ग्वालियर भाग गये।

मंसाराम और दयाराम के पिता मनोरंजन सिंह एक त्रिकर्मा ब्राह्मण या गौतम भूमिहार थे। वे ग्राम दतरया (स्रोतों में ओतातारिया के रूप में भी लिखा गया है) या गंगापुर के ज़मींदार थे। उन्होंने अपने भाइयों की इच्छा के विपरीत जीवनयापन के लिए कृषिकर्म अपनाया। गाँव का लगभग आधा हिस्सा उनकी ज़मींदारी थी। यही क्षेत्र बाद में बनारस ज़मींदारी का मूल बन गया। मनोरंजन सिंह की 1721 में मृत्यु हो गयी और उनके चार बेटे मंसाराम, मायाराम, दसाराम और दयाराम थे।

बनारस के जगतगंज राजपरिवार के संस्थापक दसाराम को मंसाराम द्वारा शिवपुर और कटेहर का प्रशासक नियुक्त किया गया था। जब बलवन्त सिंह 1740 में राजा बने तो दसाराम उनके विश्वासी बने रहे और परिवार और प्रशासनिक मामलों में उनका

भी एक प्रमुख स्थान बना रहा। उन्होंने इसमें इतनी विश्वसनीयता और तल्लीनता से भाग लिया कि वे कई बार ख़ुद को राजा बलवन्त सिंह के फ़ैसलों की निन्दा करने से भी नहीं रोक सके। वे अपनी स्पष्टवादिता के लिए जाने जाते थे, चाहे वह प्रशंसा हो या आलोचना। बाद में, राजा बलवन्त सिंह को इन पर सन्देह हो गया और उन्हें क़ैद कर लिया गया, लेकिन अप्रैल 1747 में मराठों के हस्तक्षेप के कारण वह अपनी रिहाई पाने में कामयाब रहे और अपना खोया हुआ स्थान वापस पा लिया। बाद में पुन: सन्देह होने पर, बलवन्त सिंह ने उन्हें गिरफ़्तार करना चाहा, लेकिन वह अपने परिवार के साथ निकल गये और केरा मगरूर, जिसकी सालाना आमदनी 80,000 रुपये थी, में दायम ख़ान के पास जाकर शरण ली, इस पर क़ब्ज़े की इच्छा से बलवन्त सिंह ने मजबूरन अपने चाचा के साथ समझौता किया और उनकी मदद से इलाक़े पर उनका दख़ल क़ायम हुआ। बदले में दसाराम को फिर से अपनी पुरानी सम्पत्ति मिल गयी, लेकिन चंद्रावती के पास रघुवंशी ज़मींदारों द्वारा उन्हें मार दिया गया। उनके पाँच बेटे थे–शिवलाल सिंह, जयजीत सिंह, रणजीत सिंह, शिव ग़ुलाम सिंह और शिव जालिम सिंह। शिवलाल सिंह के भी पाँच पुत्र थे, जिनके नाम बसन्त सिंह, पृथ्वी पाल सिंह, दुर्गा नारायण सिंह, बाबू जगत सिंह और नन्दन सिंह थे।

उन दिनों के अभिजात वर्ग की जारी परम्पराओं के अनुसार, ऐसा प्रतीत होता है कि उन्हें पारम्परिक शिक्षा दी गयी थी। हालाँकि उन्होंने अपने समय की ज़रूरत को ध्यान में रखकर और क्षेत्रों का ज्ञान भी हासिल किया। इसने उन्हें फ़ारसी का एक महान प्रेमी बना दिया और उन्होंने फ़ारसी साहित्य का एक समृद्ध पुस्तकालय स्थापित किया। वह इस कोटि के एक निपुण फ़ारसी कवि थे कि अवध के नवाबों में से एक ने उन्हें 'भारत कोकिल' कहा। उन दिनों के अभिजात वर्ग के बीच यह भी एक परम्परा थी कि वे अपने परिवार के सदस्यों में से एक को शुरू से ही राजस्व मामलों के विशेषज्ञ के रूप में प्रशिक्षित करते थे ताकि वह उनकी ज़मींदारी की देखभाल कर सके। यही बात बाबू जगत सिंह के बारे में भी सच है, जिन्हें शिवपुर और कटेहर और कुछ अन्य क्षेत्रों की अपनी पैतृक ज़मींदारी के एक अमीर के रूप में भी जाना जाता है, जिन्हें 2,12,654-14-0 रुपये का वार्षिक राजस्व प्राप्त होता था। उनके दख़ल का क्षेत्र अत्यधिक समृद्ध था जिसका जमा बक़ाया नहीं था। उन्होंने अपने दिनों के बनारस के सीमान्त पर एक स्वतन्त्र आवासीय घर के साथ एक छोटे से शहर और बाज़ार की स्थापना की, और इसे उनके नाम पर जगतगंज के नाम से जाना जाने लगा। इसी नाम से पारिवारिक नाम राजपरिवार जगतगंज भी लिया गया था। उन्होंने सभी धर्मों का सम्मान किया और एक मस्जिद का निर्माण किया, एक गुरुद्वारे के लिए भूमि प्रदान की, और अपने समय में ही जगतगंज में एक मन्दिर का भी निर्माण किया, जैसा कि

दूसरे और तीसरे अध्याय में उल्लेख किया गया है। 1791 में बनी यह मस्जिद, अभी भी जगतगंज क्षेत्र में मौजूद है, जिसमें फ़ारसी भाषा में एक शिलापट्ट है, जिसमें बाबू जगत सिंह का उल्लेख समाज के सभी तरह के लोगों द्वारा सम्मानित व्यक्ति के रूप में किया गया है। यहाँ तक कि केए *ने हिस्ट्री ऑफ़ सेपोय वार इन इंडिया* नामक अपनी लोकप्रिय पुस्तक में स्वीकार किया है कि राजा महीपनारायण भी बाबू जगत सिंह की बढ़ती लोकप्रियता से ईर्ष्या करते थे।

1770 में राजा बलवन्त सिंह के निधन के बाद, वह उत्तराधिकार के लिए एक योग्य और उपयुक्त उम्मीदवार थे, लेकिन औसान सिंह की चतुराई और अंग्रेज़ी नीतियों के कारण फ़ैसला उनके पक्ष में नहीं हुआ। 1781 के विद्रोह और चेत सिंह के भाग निकलने के बाद, बाबू जगत सिंह ने गद्दी पर अपना दावा किया, लेकिन यह व्यर्थ साबित हुआ। राजा बलवन्त सिंह की पुरुष सन्तान की अनुपस्थिति में, उत्तराधिकार दसाराम की अगली पुरुष पीढ़ी को दिया जाना था। बाबू जगत सिंह शासक परिवार में सबसे बड़े सदस्य और अगले दावेदार थे। वह मौजूदा क़ानूनों और परम्पराओं के अनुसार अगले क़ानूनी उत्तराधिकारी थे, लेकिन अंग्रेज़ों ने राजा बलवन्त सिंह की बेटी के बेटे महीपनारायण को बनारस ज़मींदारी के शासक के रूप में रखकर विरासत को महिला वंश की ओर मोड़ दिया। इससे शासक परिवार में स्वाभाविक विरासत का विचलन हुआ। चेत सिंह के ग्वालियर प्रस्थान के बाद, उत्तराधिकार की डोर बलवन्त सिंह की बेटी के बेटे के पास चली गयी। वारेन हेस्टिंग्स ने महीपनारायण को नये राजा के रूप में स्वीकार किया, इस तथ्य के बावजूद कि उनके दावे को पहले 1770 में राजा बलवन्त सिंह के निधन के बाद इस आधार पर ख़ारिज कर दिया गया था कि विरासत का अधिकार पुरुष पीढ़ी के मुद्दे से सम्बन्धित था और महिला पक्ष के दावे को किसी भी सूरत में नहीं माना जा सकता है।[2] एक बार जबकि उसी दावेदार के उत्तराधिकार के अधिकार को उसी कारण से ख़ारिज कर दिया गया था जो अभी भी मौजूद था, फिर, ग्यारह वर्षों के बाद, इसे उसी आधार पर अनुमति नहीं दी जा सकती थी जबकि पुरुष वंश के अन्य क़ानूनी उत्तराधिकारी पहले से ही वहाँ मौजूद थे। मंसाराम के बाद सबसे बड़े भाई दसाराम के प्रत्यक्ष उत्तराधिकारी होने के नाते, गद्दी पर बाबू जगत सिंह का दावा उत्तराधिकार के प्रचलित क़ानून के अनुसार राजा महीपनारायण की तुलना में बहुत मज़बूत था। स्वाभाविक उत्तराधिकारी के रहते हुए भी महिला वंश के दावेदारों का पक्ष लेना भूमि के उत्तराधिकार के क़ानून और 1775 के समझौते का भी सरासर उल्लंघन था।

बाबू जगत सिंह द्वारा निर्मित आवास और जगतगंज क्षेत्र अब बनारस शहर के केन्द्र में है और वहाँ वर्तमान पीढ़ी के उनके वंशज रहते हैं। जगतगंज के निवास और

बाज़ार के निर्माण के लिए निर्माण सामग्री सारनाथ क्षेत्र के उस अज्ञात स्थल से उस समय तक लाया गया था जब तक कि वहाँ से प्राचीन अवशेष मिलने पर उसके पुरातात्विक महत्त्व का पता नहीं चला था। 1787 में, बाबू जगत सिंह ने अपने लोगों को वहाँ से सामग्री लेने के लिए भेजा। यह कार्य अनजाने में और बिना किसी ज्ञान के किया गया था कि यह पुरातात्विक महत्त्व का एक पवित्र बौद्ध स्थल था। धर्मराजिका स्तूप के विनाश के लिए इतिहास में उनकी आलोचना की जाती है, जिसे बहुत लम्बे समय तक आम लोग 'जगत सिंह स्तूप' कहते थे। यहाँ तक कि भारतीय पुरातत्त्व सर्वेक्षण की आरम्भिक रिपोर्टों में भी इस नाम से ही स्तूप का उल्लेख किया गया है।

स्तूप खोदते समय, बाबू जगत सिंह के मज़दूर को एक गोल बलुआ पत्थर के बक्से के अन्दर एक हरे संगमरमर की मंजूषा मिली थी। डंकन के अनुसार, दोनों पेटिकाओं को एशियाटिक सोसाइटी ऑफ़ बंगाल को सौंप दिया गया था। हालाँकि 1835 में प्रकाशित कनिंघम की खोदाई रिपोर्ट के साथ डंकन के लेख का तुलनात्मक विश्लेषण पूरी तरह से अलग तस्वीर देता है। कनिंघम के अनुसार, चुनार बलुआ पत्थर का बक्सा 1835 में स्तूप के अन्दर पाया गया था। उन्होंने 1787 में स्तूप खोदने वाली टीम के मज़दूरों में से एक, पास के एक गाँव के व्यक्ति द्वारा प्रदान की गयी जानकारी के आधार पर इसका पता लगाया। उन्होंने कहा कि बलुआ पत्थर के बक्से को बाबू जगत सिंह ने अपनी मूल स्थिति में बिना छेड़े छोड़ दिया था। मंजूषा के अन्दर मिली अस्थियों को गंगा नदी में प्रवाहित किया गया था और समुद्र में नहीं फेंका गया था जैसा कि इतिहास में बताया जाता रहा है। मृत्यु के बाद अस्थि-विसर्जन हिन्दू परम्पराओं में दाह-संस्कार के बाद का अनिवार्य संस्कार है। कनिंघम के अनुसार, उन्होंने एक मोटी गोलाकार दीवार को अछूता पाया। पाया गया अवशेष एक ईंट के गोलार्ध स्तूप के अन्दर रखा गया था, जिसका व्यास 49 फ़ीट था, जो एक आवरण दीवार से ढका हुआ था। बाबू जगत सिंह के मज़दूरों ने केवल आंशिक रूप से इस संरचना को लगभग आधे हिस्से तक ही खोदा, पत्थर के बक्से से लगभग 6 फ़ीट की ऊँचाई तक, जिसे अछूता छोड़ दिया गया था। इस स्तूप की पूरी खोदाई मेजर किट्टो ने अठारह साल बाद की थी।

इस प्रकार सारनाथ में स्तूप की खोदाई के बारे में कुछ बातें स्पष्ट हैं : *पहला,* यह अनजाने में हुआ था, और कोई नहीं जानता था कि यह स्थान पुरातात्विक महत्त्व का एक प्राचीन बौद्ध स्थल था। जैसे ही बाबू जगत सिंह को इसके महत्त्व के बारे में पता चला, उन्होंने बिना और नुक़सान पहुँचाये जगह छोड़ दी; *दूसरा,* बाबू जगत सिंह के मज़दूर को खोदाई के दौरान जो दो बक्से मिले, उनमें से एक को एशियाटिक सोसाइटी ऑफ़ बंगाल को सौंप दिया गया, जहाँ से वह ग़ायब हो गया। बलुआ पत्थर के बक्से

को उसके मूल स्थान पर स्तूप के अन्दर ही छोड़ दिया गया था और अन्त में कनिंघम द्वारा बाहर निकाला गया था : *तीसरा,* बाबू जगत सिंह ने कभी भी स्तूप को पूरी तरह से नष्ट नहीं किया। मोटे आवरण की दीवार के अन्दर मूल स्तूप का एक बड़ा हिस्सा उसी तरह छोड़ दिया गया था। आवरण की दीवार के अन्दर मूल स्तूप की खोदाई कनिंघम और बाद में अन्य ब्रिटिश पुरातत्त्वविदों द्वारा की गयी थी। अनजाने में ही सही पर वास्तव में बाबू जगत सिंह को ही इस धार्मिक और पुरातात्विक महत्त्व के प्राचीन पवित्र बौद्ध स्थल की खोज का श्रेय दिया जाना चाहिए। आज सारनाथ संग्रहालय में प्रदर्शित अधिकांश मूर्तियाँ कनिंघम की खोदाई के दौरान मिलीं और उनकी पहचान बाबू जगत सिंह के मज़दूर, उसी गाँव के व्यक्ति द्वारा प्रदान की गयी जानकारी के आधार पर की गयी। अगर बाबू जगत सिंह का मज़दूर 1787 में जगह खोदने नहीं गया होता, तो इस पुरातात्विक स्थल को इतनी जल्दी कभी नहीं खोजा जा सकता था। इतिहास के पन्नों में अंग्रेज़ों ने इस स्थल की खोज का अनुचित श्रेय लेने का प्रयास किया और बाबू जगत सिंह को जानबूझकर पूरे ढाँचे को नष्ट करने के लिए प्रचारित किया गया। संरचनाओं के पूर्ण ध्वंस के लिए अंग्रेज़ अधिकारी ज़िम्मेदार थे। इस प्रकार, बाबू जगत सिंह इसके संरक्षक थे और अंग्रेज़ इसके विध्वंसक, जैसा कि अध्याय 3 में दिया गया है।

बाबू जगत सिंह ने लॉर्ड कार्नवालिस से मिलने के लिए कलकत्ता का दौरा किया और बनारस की गद्दी पर अपने दावे के बारे में अपना दृष्टिकोण रखकर उन्हें जोनाथन डंकन से अपने मामले की जाँच का आदेश देने के लिए मनाने में सफल रहे। आदेश के बावजूद अंग्रेज़ रेज़ीडेंट ने चालाकी से बार-बार इस मसले को टालना जारी रखा और अन्ततः बाबू जगत सिंह को ही यह साबित करने और बताने के लिए भी कहा कि क्या वह मुस्लिम क़ानून या धर्म शास्त्रों के अनुसार दावेदारी रखते हैं। बाबू जगत सिंह ने यह तो बताया ही साथ ही अतिरिक्त चार कारणों से भी अपना पक्ष उसके सामने रखा। उन्होंने याचिकाओं के माध्यम से अपने दावे और अन्य शिकायतों को दूर करने का प्रयास जारी रखा जैसा कि अध्याय 2 में बहुत विस्तार से उल्लेख किया गया है। हालाँकि इस सम्बन्ध में उनके प्रयास सफल नहीं हुए, लेकिन अन्ततः उन्हें मुलकी कोषागार से प्रति माह 1,000 रुपये पेंशन दी गयी। इस प्रकार, 1795 तक, बाबू जगत सिंह के लिए यह काफ़ी स्पष्ट था कि अंग्रेज़ शासक परिवार के 'स्वाभाविक उत्तराधिकारियों' को कभी भी अपना दावा फिर से स्थापित नहीं करने देंगे। पारिवारिक मामलों में इन औपनिवेशिक हस्तक्षेपों, अधिकारों के उल्लंघन और प्राकृतिक उत्तराधिकारियों की उपेक्षा ने उन्हें विदेशी शासकों के ख़िलाफ़ असन्तुष्ट बना दिया। यह असन्तोष तब और गहरा हो गया जब 1797 में शोर द्वारा मिलने के लिए उनके बार-बार अनुरोधों को भी ठुकरा दिया गया।

जहाँ तक उनके ब्रिटिश विरोधी षड्यन्त्रों का सम्बन्ध है, डंकन का दावा उसकी व्यक्तिगत राय ही मानी जा सकती है। इसकी सच्चाई का पता नहीं लगाया जा सकता है, क्योंकि इससे सम्बन्धित कोई भी दस्तावेज़ हमारे पास नहीं है। 1796 का क़ानूनी मामला केवल मनगढ़न्त है और स्पष्ट रूप से उनके दुश्मनों की करतूत है। बाबू जगत सिंह ऐसे व्यक्ति नहीं थे जो केवल जल्दी समाप्त हो जाने वाली लहर पैदा करना पसन्द करते। छोटी अवधि और स्थानीय महत्त्व के छोटे-मोटे विद्रोह को उजागर करना भी उनका स्वभाव नहीं था, क्योंकि उनका उद्देश्य हमेशा कुछ बड़ा करने का था और विद्रोह नहीं बल्कि एक तूफ़ान खड़ा करना था।

अंग्रेज़ों के लिए हमेशा ही बनारस प्रमुख क्षेत्र रहा है। 1764 में बक्सर की लड़ाई, 1775 में अधिग्रहण और फिर 1782 में पूर्ण अधिकार तथा नये राजा की नियुक्ति तक बनारस राजनीतिक केन्द्र बना रहा। हेस्टिंग्स के समय से ही अपने कार्यकाल के दौरान बनारस में प्रत्येक गवर्नर जनरल और वायसराय की आधिकारिक यात्रा की परम्परा थी। लॉर्ड मिंटो 1781 के बाद परम्परा की इस लम्बी शृंखला को तोड़ने वाले पहले वायसराय थे और उन्होंने 10 नवम्बर 1910 को एक नये मूल राज्य के निर्माण की आधिकारिक घोषणा करते हुए इस पर निराशा व्यक्त की।[3] इस जगह से हमेशा अंग्रेज़ों को ख़तरा महसूस होता रहा था। उस समय के समाचार-पत्रों में से एक में छपी यह टिप्पणी बहुत दिलचस्प है जो खुले तौर पर कहती है[4] कि 'सड़कों की भीड़ किसी भी साहसिक राजनीतिक साज़िशकर्ता के लिए बहुत ही उपयोगी सहायक थी और पवित्र शहर में इस तरह के शरणार्थियों की कोई कमी नहीं थी।'

अंग्रेज़ों ने वज़ीर अली को यह समझकर प्रश्रय दिया था कि नवाब आसफ़-उद्दौला के शासनकाल में अवध पर अपने रेज़ीडेंट और नवाब के एक कठपुतली नायब के माध्यम से नियन्त्रण रखा जा सके। लेकिन जब उन्होंने इच्छा की कि उन्हें आन्तरिक स्वायत्तता दी जानी चाहिए, तो उन्हें पदच्युत कर दिया गया। सआदत अली ख़ान, 18 साल की छोटी उम्र से हर तरह से सत्ता पाने पर तुले हुए थे, जिसका विवरण अध्याय 5 में देखा जा सकता है। इसलिए यह कोई आश्चर्य की बात नहीं है कि उन्होंने आधा अवध देने और कम्पनी के हितों के अनुरूप कार्य करने की सहमति दे दी। यह तत्परता 'मृतक नवाब (शुजा-उद्दौला) या स्वर्गीय नवाब आसफ़-उद्दौला की तुलना में कहीं अधिक थी।'[5] उन्हें 21 जनवरी 1798 को अवध के मसनद पर बिठाया गया। अध्याय 5 में विस्तृत जानकारी दी गयी है कि कैसे बाद में वज़ीर अली को बनारस में रखा गया था और तब उनके पास यही एकमात्र विकल्प बचा था। वे 20 फ़रवरी 1798 को बनारस पहुँचे। एक असन्तुष्ट और अपदस्थ नवाब के साथ निकटता ने बाबू जगत सिंह को औपनिवेशिक तन्त्र के ख़िलाफ़ अपनी लम्बे समय से दबी हुई

भावनाओं पर अमल करने के लिए एक आधार प्रदान किया। ज़मींदारों के सभी लोग वज़ीर अली के पक्ष में थे। उन्होंने कम्पनी के शासन के ख़िलाफ़ अपने असन्तोष को प्रकट करने के लिए अपने सभी संसाधनों के साथ सहयोग करने का वादा किया था। अधिकांश ज़मींदारों के बीच असन्तोष अचानक की बात नहीं थी, बल्कि ये लम्बे समय से चले आ रहे थे और गहरे समाए हुये थे। यह तथ्य एक साल पहले सितम्बर 1797 में स्पष्ट हुआ जब ज़मींदारों द्वारा विद्रोह के ख़तरे की ही चर्चा थी। यह स्पष्ट रूप से बनारस में गवर्नर जनरल को एजेंट द्वारा लिखे गये एक पत्र में कहा गया था, जिन्होंने सेना को इस क्षेत्र में किसी भी सम्भावित गड़बड़ी के लिए अवध के ज़मींदारों के साथ कम्पनी की साँठ-गाँठ के प्रति विशेष रूप से सतर्क रहने का निर्देश दिया गया था। हालाँकि, एक विशाल सेना और मज़बूत ख़ुफ़िया जमावड़े के कारण, विद्रोह कभी भी अमल में नहीं आया, पर निश्चित रूप से इनमें से कुछ ज़मींदार एक उपयुक्त अवसर की प्रतीक्षा कर रहे थे।[6] यह बाबू जगत सिंह ही थे जिन्होंने कम्पनी के शासन के ख़िलाफ़ खड़े होने के लिए सभी ज़मींदारों का संयुक्त मोर्चा बनाया। वह कम्पनी जो स्थानीय लोगों के अधिकारों का उल्लंघन कर रही थी, उनकी परम्परागत शासन पद्धति में हस्तक्षेप कर रही थी और राष्ट्र के संसाधनों का अमानवीय और अन्धाधुन्ध शोषण कर रही थी। बाबू जगत सिंह ने जिस तत्परता से वज़ीर अली के दूत ज्योतिषी को जवाब दिया, उससे यह स्पष्ट हो जाता है कि उन्हें ज़मींदारों पर अपने प्रभाव का पूरा भरोसा था, जो एक ही आवाज़ पर उनके साथ शामिल होंगे।

यहाँ ज़ोर देने वाली एक और महत्त्वपूर्ण बात यह है कि वज़ीर अली ने प्रतिरोध के फैलने से ठीक चार महीने पहले बाबू जगत सिंह को अंग्रेज़-विरोधी इरादों के साथ अपना पहला सन्देश भेजा था। बाबू जगत सिंह ने बड़ी तत्परता के साथ इसका सकारात्मक जवाब दिया, क्योंकि उन्हें ज़मींदारों, भूमिहारों, बाँकों और जनजीवन के सभी तबक़ों के लोगों का विश्वास हासिल था। बाबू जगत सिंह के प्रयास इतने व्यापक और प्रभावी थे कि उन्होंने दो प्रकार की सूचियाँ बनायी थीं। एक में 4,800 पैदल और 55 घुड़सवार सैनिकों की संख्या थी, जो एक बार में उनके साथ शामिल होने वाले थे। दूसरे में 81,000 सैनिकों का विवरण था, जिन्हें उनकी पहली सफलता के पाँच से छह दिनों के भीतर शामिल होने की उम्मीद थी। जिससे कुल 85,855 सैनिकों की संख्या बन गयी, जिसमें उपरोक्त वर्णित 55 घुड़सवार शामिल थे। यदि इस संख्या में अन्य दूतों द्वारा सूचीबद्ध कुछ और हज़ार सैनिकों की संख्या जोड़ी जाये, तो यह आँकड़ा आसानी से एक लाख से अधिक हो जाता है। इतनी बड़ी संख्या की प्रतिबद्धता सभी के बीच पनप चुके गहरे असन्तोष के तथ्य को स्थापित करती है। बाबू जगत सिंह के मज़बूत नेतृत्व और प्रभाव और सभी ज़मींदारों की लड़ने के लिए गहरे विश्वास के साथ तत्परता भी इस असन्तोष का संकेत है।

हालाँकि, जब उपरोक्त गतिविधियाँ पूरे ज़ोरों पर थीं और जिस तरीक़े से इन्हें इकट्ठा किया जाना और कार्रवाई में लगाया जाना था, वह सम्भव नहीं हो सका। भेजे गये दूत को बीकानेर के रेतीले मैदानों में लालची राजपूत राजा के लोगों द्वारा टुकड़ों में काट दिया गया था। वे तब तक सिन्धिया के साथ भी कोई प्रत्यक्ष या अप्रत्यक्ष सम्पर्क नहीं कर पाये थे। इस तरह यह मिशन भी एक उपद्रव में सिमटकर समाप्त हुआ। ऐसी स्थिति में भी बाबू जगत सिंह के समर्थन के लिए योद्धाओं की भारी प्रतिबद्धताएँ थीं, तो स्वयं विद्रोह की ओर बढ़ने को छोड़कर बाबू जगत सिंह के पास कोई दूसरा विकल्प नहीं था। वज़ीर अली को भी अपने उपरोक्त सभी उपक्रमों में बाबू जगत सिंह जैसे एक बेचैन, ज़ोरदार और आवेगी व्यक्ति का सहयोग मिला। बाबू जगत सिंह द्वारा ज़मींदारों और बनारस के साधारण निवासियों और दूरदराज़ के नेटवर्क से भी आगे बढ़ने में मदद की जा रही थी। वह अंग्रेज़ों को झटका देने के अवसर के लिए पिछले पाँच वर्षों से इन्तज़ार कर रहे थे। इसलिए, ऐसी स्थिति में एकमात्र विकल्प बचा था कि जिन लोगों ने पहले ख़ुद को प्रतिबद्ध किया था उनसे सम्पर्क किया जाना था और उनके द्वारा तय किये गये दिन पर अंग्रेज़ों के ख़िलाफ़ मैदान में उतरने के लिए आमन्त्रित किया जाना था। पहले की प्रक्रिया का वे तब तक पालन कर रहे थे, लेकिन अब उसे नये सिरे से शुरू करना पड़ा। वज़ीर अली ने पहले कहा कि वह कलकत्ता जाने के लिए आगे बढ़ेंगे, लेकिन उन्होंने जितना सम्भव हो उतना समय पाने के लिए सभी व्यावहारिक बहानों से इसे स्थगित कराने की कोशिश की।[7] जब ऐसा करना सम्भव नहीं था, तो उन्होंने कहा कि वह 15 या 16 जनवरी[8] को कलकत्ता जायेंगे और 14 जनवरी 1799 को सशस्त्र प्रतिरोध की तारीख़ के रूप में चुना। चूँकि बाबू जगत सिंह एक ऐसे व्यक्ति थे जो ज़मींदारों और उनके आदमियों पर हावी थे, इसलिए यह स्पष्ट है कि वह एक पखवाड़े से भी कम समय के भीतर इच्छित सशस्त्र संघर्ष को संगठित करने और शुरू करने के पीछे मुख्य गतिशील भावना बने रहे।

उपरोक्त गतिविधियों के कारण अगले दिन सशस्त्र संघर्ष को अंजाम देने के लिए 13 जनवरी 1799 की शाम तक 12,837 सैनिकों की भीड़ जुटाई गयी। ऐसा करने के लिए उपलब्ध समय की कमी को ध्यान में रखते हुए, उस दिन इतने सारे व्यक्तियों का जमा हो जाना सराहनीय था। एक पखवाड़े से भी कम समय की तैयारी के आधार पर बनारस शहर और घाटों के लगभग सभी हिस्सों में ज़मींदारों और उनके लोगों ने इस प्रतिरोध में जिस उत्साह से भागीदारी की थी वह प्रशंसा का विषय है और हर तरह से कुछ करने के दृढ़ संकल्प को दर्शाता है। इस प्रकार प्रतिरोध का यह चरण अच्छी तरह से योजनाबद्ध और संगठित था। इस तथ्य के बावजूद कि अंग्रेज़ों की सभी गतिविधियों

पर सन्दिग्ध निगाहें थीं। अंग्रेज़ पहले से ही ज़मान शाह के आसन्न आक्रमण के कारण अपनी सभी सैन्य तैयारियों के साथ सतर्क थे। फिर भी उन्हें वास्तव में विद्रोह की रूपरेखा के बारे में कोई जानकारी नहीं थी। यह स्थापित करता है कि कैसे गुप्त रूप से सुनियोजित और संगठित चीज़ें उन सभी लोगों द्वारा की जा रही थीं जो इसका हिस्सा थे। यहाँ तक कि वेलेज़ली ने कोर्ट ऑफ़ डायरेक्टर्स को लिखे पत्र में कहा था कि वज़ीर अली को कलकत्ता ले जाने के लिए चेरी को निर्देश देने के बाद, उन्होंने 'बिना किसी आशंका या भयानक घटनाओं की सम्भावना के बंगाल छोड़ दिया।'[9]

एर्स्किन के लिए माधव दास गार्डन पर हमला करना आसान नहीं था, जो अन्ततः पूरे ऑपरेशन में 'सुनियोजित गोलीबारी' का सामना करके एक लम्बी और निरन्तर लड़ाई के बाद ही प्राप्त किया जा सकता था। बार-बार, उसे सैनिकों के संगठित दलों के हमलों से निपटना पड़ा। कई मौक़ों पर वे बहुत क़रीब से भी टकराये जिससे उसे चार 6-पाउंडर्स और 4 टम्ब्रिल की आग की आड़ में धीमे परन्तु स्थिर तरीक़े से बढ़ना और काफ़ी राउंड चलाने और गोले फेंकने के लिए मजबूर होना पड़ा। यह सब उन लोगों की बहादुरी और साहस को दर्शाता है जो अपनी जान की परवाह किये बिना वहाँ लड़ रहे थे। गोला-बारूद और तोपख़ाने के कारण अंग्रेज़ भाग्यशाली रहे और बाबू जगत सिंह और वज़ीर अली के सैनिकों की ओर से तोपख़ाने की अनुपस्थिति उनकी हार का कारण बनी।

प्रतिरोध की विफलता का एक अन्य महत्त्वपूर्ण कारण इसका त्वरित दमन था जो बनारस के आसपास के क्षेत्र में तैनात तोपख़ाने और भारी गोला-बारूद से लैस एक बड़ी सेना की उपस्थिति के कारण सम्भव था। विद्रोहियों की ओर से भी उनकी प्रगति में बाधा डालने का ध्यान रखा गया था, लेकिन इस काम के लिए नियुक्त किये गये लोग मौक़े पर अनुपस्थित रहे। उन्होंने अपना काम नहीं किया और अंग्रेज़ी फ़ौज को कहीं भी आसानी से जाने की सुविधा मिल सकी। विशेष रूप से माधव दास बाग़ के रास्ते में, और इसके ठीक सामने, उन्हें गोलीबारी की ताक़त और विरोधियों की दृढ़ता का स्वाद चखना पड़ा। अगर यह सेना वहाँ तैनात नहीं होती, तो इस बात की पूरी सम्भावना थी कि अंग्रेज़ों के लिए प्रतिरोध के प्रसार को और अधिक ख़तरनाक स्तर तक रोकना बहुत मुश्किल हो जाता।

यह दावा किया जा सकता है कि 14 जनवरी 1799 को बनारस में जो हुआ वह उस दिन अतिनियमित एक लघु-1857 जान पड़ता है। इसमें लगभग वे सभी तत्त्व शामिल हैं जो केवल 1857 के ऐतिहासिक विवरण में पढ़े जाते हैं जैसा कि अध्याय 6 में बताया गया है।

जगतगंज राजपरिवार के वंशज

बाबू जगत सिंह के परिवार में उनकी पत्नी और तीन पुत्र रह गये। उनके दो बड़े बेटों की निःसन्तान मृत्यु हो गयी, जबकि तीसरे लक्ष्मी नारायण ने वंश को जारी रखा और साथ ही परिवार को अंग्रेज़ी क्रोध से बचाने के लिए गुमनामी में जीवन व्यतीत किया। 1852 में बाबू जगत सिंह के उत्तराधिकारियों को 360 रुपये प्रति वर्ष की पेंशन दी गयी थी। मुख्य रूप से लक्ष्मी नारायण, जिनका जालन्धर और होशियारपुर ज़िले के कुछ गाँवों में 807 रुपये का हिस्सा जुलाई 1849 में उनकी मृत्यु के बाद समाप्त हो गया था।[10] लक्ष्मी नारायण सिंह की इकलौती सन्तान फतेह नारायण सिंह का जन्म 18 मार्च 1818 को हुआ था। अपने दादा की तरह वह अरबी और फ़ारसी के विद्वान थे और हर व्यक्ति उनका सम्मान करता था। उन्होंने शिक्षा के क्षेत्र में बहुत योगदान दिया। जब ब्रिटिश सरकार ने बनारस में संस्कृत कॉलेज की स्थापना की योजना शुरू की, तो उन्होंने इसके निर्माण के लिए भूमि दान की। क्वीन्स कॉलेज जीवित स्मारक है, जो उनके परोपकारी उत्साह और शिक्षा के लिए उनके प्यार के बारे में मुखर प्रमाण है। उन्हें बनारस संस्थान के उपाध्यक्ष के रूप में चुना गया था जिसे उनके जीवनकाल के दौरान स्थापित किया गया था। लोगों के लिए उनके प्रभाव और प्यार की कल्पना इस तथ्य से की जा सकती है कि 1852 में जब एक भीड़ इकट्ठा हुई और शहर के कोतवाल पर हमला किया तब अंग्रेज़ों ने फतेह नारायण से मदद माँगी। उन्होंने कोतवाल को अपनी गाड़ी में खींचकर भीड़ के ग़ुस्से से बचाने में महत्त्वपूर्ण भूमिका निभाई। बाद में, उन्हें आयुक्त से धन्यवाद और प्रशंसा का एक पत्र भी मिला। 1857 के विद्रोह के दौरान फतेह नारायण ने अवध में छिपे लेफ्टिनेंट टकर और अन्य अंग्रेज़ी सज्जनों को बचाने में मदद करने के लिए अपनी सेवाएँ प्रदान कीं। पाँच हाथियों और चार घुड़सवारों को भेजकर फतेह नारायण ने उन्हें बनारस पहुँचाया और उनकी जान बचायी। इस रेस्क्यू ऑपरेशन के दौरान उन्होंने अपना एक हाथी खो दिया। बाद में, उत्तर पश्चिम प्रान्तों के सरकार के सचिव कूपर ने इस तथ्य को स्वीकार किया कि धन्यवाद और प्रशंसा का पत्र भेज देना सरकार के लिए उनकी सेवाओं की एक अपर्याप्त मान्यता थी। 12 अप्रैल 1860 को, उन्होंने बनारस डिवीज़न के आयुक्त को बनारस डिवीज़न में ज़ब्त की गयी सम्पदा से सालाना 1,000 रुपये का उत्पादन करने वाली भूमि का अनुदान देने का निर्देश दिया।[11] 10 मार्च 1862 को सदर बोर्ड ऑफ़ रेवेन्यू, उत्तर-पश्चिमी प्रान्त द्वारा बाबू फतेह नारायण सिंह के नाम पर एक सनद जारी की गयी। इससे उन्हें राजस्व के भुगतान पर भूमि का मालिकाना अधिकार मिला। यह ज़मीन आज़मगढ़ ज़िले के नाथूपुर परगना में थी। फतेह नारायण को विद्रोह के दौरान सरकार को हाथियों को उधार देने के लिए सम्मान में तलवार भी मिली।[12] जब प्रिंस

ऑफ़ वेल्स ने जनवरी 1876 में बनारस का दौरा किया तो उन्हें नागरिक-सम्बोधन के लिए आमन्त्रित किया गया। इस दौरान उनकी तबीयत बिगड़ गयी। बाद में, उन्हें आगरा में दरबार में भाग लेने के लिए भी आमन्त्रित किया गया था। ख़राब स्वास्थ्य और बुढ़ापे के कारण, वह उसके बाद लम्बे समय तक जीवित नहीं रहे और 10 अगस्त 1876 को उनकी मृत्यु हो गयी।[13]

बाबू फतेह नारायण के तीन बेटे थे–ऐश्वर्य नारायण सिंह (1838-77), ईश नारायण सिंह (1858-77), और इन्द्र नारायण सिंह (1867-1909)। ऐश्वर्य नारायण ने अंग्रेज़ी शिक्षा प्राप्त की और चम्पारण ज़िले में बेतिया के महाराजा की बेटी से शादी की। उन्होंने अपने पिता के जीवनकाल में सार्वजनिक जीवन में प्रवेश किया। वह बनारस संस्थान के सचिव और एक मानद मजिस्ट्रेट और स्थानीय नगरपालिका के प्रशासन के प्रभारी थे। सरकार ने 1 जनवरी 1877 को रानी विक्टोरिया के नाम पर एक प्रमाणपत्र देकर उनकी योग्यता और योगदान को मान्यता दी। दूसरे बेटे ईश नारायण का जीवनकाल बहुत कम था और 19 वर्ष की आयु में उनकी मृत्यु हो गयी, जबकि वह अभी भी एक छात्र थे।

तीसरे पुत्र इन्द्र नारायण का जन्म 1867 में हुआ था। वह केवल 10 वर्ष के थे जब उनके पिता और बड़े भाइयों ने संसार छोड़ दिया। उन्हें 1898 में क्वीन्स कॉलेज, बनारस से अंग्रेज़ी और संस्कृत में मास्टर डिग्री से सम्मानित किया गया था।[14] शुरू से ही भाषाओं में उनकी रुचि के परिणामस्वरूप 16 जुलाई 1893 को काशी नागरी प्रचारिणी सभा की स्थापना में उनकी प्रमुख भूमिका रही। यह एक ऐसी संस्था थी जिसने ऐसे समय में हिन्दी की उन्नति के लिए समर्पित रूप से काम किया, जब फ़ारसी, अरबी और अंग्रेज़ी भाषाओं का अधिक प्रभुत्व था और हिन्दी को अपने ही घर में सभी भाषाओं में हीन माना जाता था। वह एक प्रतिष्ठित व्यक्ति थे और सेंट्रल हिन्दू कॉलेज, बनारस के संस्थापकों में से एक थे, जिसे 1898 में आयरिश महिला और थियोसोफिस्ट एनी बेसेंट द्वारा स्थापित किया गया था। यह स्कूल बाद में 1916 में बनारस हिन्दू विश्वविद्यालय के केन्द्र के रूप में विकसित हुआ। इन्द्र नारायण ने स्कूल में मानद प्रोफ़ेसर के रूप में भी कार्य किया। वह पाठ्यपुस्तक समिति के सदस्य के रूप में इलाहाबाद विश्वविद्यालय से भी जुड़े थे। उन्हें प्रशासन के क्षेत्र में अच्छा अनुभव था और 1908 में विकेन्द्रीकरण पर रॉयल कमीशन द्वारा भी उन्हें आमन्त्रित किया गया था। उनकी प्रमुखता और योगदान की परिकल्पना इस तथ्य से की जा सकती है कि सरकार ने उन्हें महाराजा आदित्य नारायण सिंह के संरक्षक के रूप में प्रस्तावित किया। 1902-03 में, संयुक्त प्रान्त के तत्कालीन लेफ्टिनेंट गवर्नर सर जेम्स लाटूच के हस्तक्षेप के माध्यम से उन्हें महाराजा के संरक्षक का मानद कार्यालय दिया

गया था, जिन्हें इलाहाबाद में इन्द्र नारायण की देखरेख में भेजा गया था। यह सरकार और रामनगर घराने के विश्वास को स्थापित करता है जो इन्द्र नारायण ने अपने जीवनकाल में अर्जित किया था। 16 जुलाई 1909 को 41 वर्ष की अल्पायु में तीन पुत्र कवीन्द्र नारायण, रवीन्द्र नारायण और पवीन्द्र नारायण को पीछे छोड़ते हुए उनका निधन हो गया।

छोटे भाइयों की शिक्षा और सम्पत्ति के प्रबन्धन की ज़िम्मेदारी अचानक कवीन्द्र नारायण के कन्धों पर आ गयी, जो उस समय केवल 22 वर्ष के थे। एक प्रमुख वंश के सबसे बड़े पुत्र होने के नाते, वह न केवल अपने परिवार के लिए ज़िम्मेदार थे बल्कि उस प्रतिष्ठा को बनाये रखने के लिए भी ज़िम्मेदार थे जो उनके पूर्वजों ने सदियों से अर्जित की थी और समाज में योगदान दिया था। उन्होंने ज़िम्मेदारी के कई सार्वजनिक पदों को धारण करके विभिन्न क्षेत्रों में बहुत योगदान दिया और अपना जीवन सार्वजनिक सेवा में समर्पित कर दिया। वह श्री भारत धर्म महामण्डल के महासचिव बने; सनातन धर्म हाई स्कूल, बनारस के सचिव; सरकारी केन्द्रीय बुनाई संस्थान की सलाहकार समिति के अध्यक्ष; सरकारी कृषि फार्म के सदस्य; कारमाइकेल लाइब्रेरी के अध्यक्ष; और, काशी तीर्थ सुधार ट्रस्ट और सेवा समिति के उपाध्यक्ष भी रहे। वह 1927 से 1930 तक चार वर्षों के लिए विधान परिषद के सदस्य भी रहे। उन्होंने द्वितीय विश्व युद्ध के दौरान भारतीय सेना को अपनी सेवाएँ प्रदान कीं। उनके सामाजिक योगदान और सरकार के लिए सेवाएँ प्रदान करने के कारण कवीन्द्र नारायण को राय बहादुर की उपाधि से सम्मानित किया गया और 3 जून 1930 को वायसराय द्वारा एक सनद जारी किया गया। 19 जनवरी 1958 को 71 वर्ष की आयु में उनका निधन हो गया। उनके निधन पर यूपी के पूर्व मुख्यमन्त्री डॉ. सम्पूर्णानन्द ने एक पुराने दोस्त और सहपाठी की अपूरणीय क्षति पर दु:ख व्यक्त करते हुए शोक पत्र भेजा। उनके तीन बेटे, शशि नारायण, सूर्य नारायण और सिद्ध नारायण थे।[15] इन्द्र नारायण के दूसरे पुत्र रवीन्द्र नारायण की 36 वर्ष की अल्पायु में मृत्यु हो गयी। शशि नारायण के बेटे विनोद नारायण सिंह बनारस हिन्दू विश्वविद्यालय में लेक्चरर बने। लोगों में जय बाबू के नाम से लोकप्रिय रवीन्द्र नारायण सिंह के बेटे जय नारायण सिंह 1967 में जनसंघ के सभासद चुने गये और आपातकाल के दौरान राजनीतिक और सामाजिक रूप से काफ़ी सक्रिय थे। श्री प्रदीप नारायण सिंह (जन्म 20 फ़रवरी 1962) राजपरिवार जगतगंज के वर्तमान प्रतिनिधि, इस परिवार की बारहवीं पीढ़ी के हैं। वे अपने पूर्वज श्रीकृष्ण मिश्र (गौतम गोत्रीय/भूमिहार ब्राह्मण) से दसाराम और बाबू जगत सिंह के सीधे वंशज हैं।

बाबू जगत सिंह को उनकी भूमिका और योगदान के अनुरूप इतिहास में कभी भी उनका वास्तविक स्थान नहीं दिया गया। जहाँ एक ओर उन्हें न तो सारनाथ के

पुरातात्विक स्थल की खोज के लिए कभी श्रेय दिया गया था, वहीं दूसरी ओर, इतिहास में उनका उल्लेख विद्रोह के शुरुआती सेनानियों में से एक के रूप में भी कभी नहीं किया गया था। उन्होंने अंग्रेज़ी शासन के ख़िलाफ़ एक ठोस तरीक़े से सिर उठाने की हिम्मत की थी। वह भारत के शुरुआती उपनिवेश-विरोधी प्रतिरोधों में से एक के प्रमुख रणनीतिकार के साथ ही महान क़द के नेता थे। बनारस न केवल अपने आध्यात्मिक और पवित्र क्षितिज के लिए बल्कि अपनी मिट्टी में गहराई से समाई स्वतन्त्रता की भावना के लिए भी एक अनूठा स्थान रहा है। यह एकमात्र स्थान है जो 1781 और 1799 में अठारहवीं शताब्दी में अंग्रेज़ी शासन के ख़िलाफ़ दो ठोस प्रतिरोधों को दर्ज करने का दावा करता है। राष्ट्रीय स्तर पर प्रतिरोध का पहला ऐसा ठोस प्रयास सत्तावन साल बाद 1857 में हुआ। इस उपनिवेशवाद-विरोधी प्रतिरोध में शामिल लोग हमारे देश के सन्घर्ष के लम्बे इतिहास के गुमनाम नायक हैं और लोगों के दिलों में हमेशा याद किये जायेंगे। बाबू जगत सिंह, जिनके पूर्वज और उत्तराधिकारी युगों से भारतीय संस्कृति के सच्चे और जीवित प्रतिनिधि थे, इतिहास में हमेशा गुमनामी में रह गये। अंग्रेज़ों के ख़िलाफ़ एक सेनानी के रूप में उनके योगदान को दर्ज करने का प्रयास पवित्र बौद्ध स्थल की खोज करने वाले हेस्टिंग्स, शोर, डंकन और कई अन्य लोगों के प्रेतों को परेशान करेंगे, जिन्होंने जानबूझकर कालीन के नीचे सब कुछ छिपाया। 'जगतगंज परिवार' के ऐतिहासिक रेखाचित्र में, यह ठीक ही टिप्पणी की गयी है :[16]

> *बनारस रियासत के वास्तविक संस्थापक के सभी पुत्र... अब भी बड़े गर्व के साथ इस निर्विवाद और असन्दिग्ध तथ्य पर सन्तोष करते हैं कि उनके पूर्वजों ने भी बनारस राज्य के ऐतिहासिक विकास को आकार दिया, जो राज्य के धारक को काशी नरेश का लोकप्रिय पदनाम देता है और वे उचित रूप से महसूस करते हैं कि बनारस के किसी भी शासक प्रमुख के दिल में वही उत्साह और भावना नहीं चमक सकती, जो मनोरंजन सिंह के वंशज नहीं हैं।*

टिप्पणियाँ

1. श्रेया पाठक, द *रूलिंग डाइनेस्टी ऑफ़ बनारस स्टेट, राइज़ एंड डेवलपमेंट,* नयी दिल्ली : अनामिका पब्लिशर्स एंड डिस्ट्रीब्यूटर्स (पी) लिमिटेड, 2014, पृष्ठ 220
2. पब्लिक डिपार्टमेंट, प्रवर समिति से न्यायालय को पत्र, 31 अक्टूबर 1770
3. द *इंग्लिशमैन,* 17 नवम्बर 1910, पृष्ठ 3, बीएनए, लन्दन : ब्रिटिश लाइब्रेरी
4. द *ऑक्सफोर्डशायर वीकली न्यूज़,* 11 फ़रवरी 1880, पृष्ठ 8, बीएनए, लन्दन : ब्रिटिश लाइब्रेरी

5. एफएसपी, 4 अगस्त-18 दिसम्बर 1797, सआदत अली ख़ान का पत्र, 20 अक्टूबर 1797, कंसल्टेशन संख्या 5, एनएआई
6. जैकब राइडर (ग़ाज़ीपुर में सेना अधिकारी) का कैप मार्क व्हाइट को 27 सितम्बर 1797 का पत्र, एजेंट द्वारा गवर्नर जनरल बनारस को प्राप्त पत्र, वॉल्यूम 42, बैक्स नम्बर 10, 1797-8, आरएपी
7. चेरी से मॉर्निंगटन को 1 जनवरी 1799 का पत्र, एजेंट द्वारा गवर्नर जनरल बनारस को जनवरी 1798 से फ़रवरी 1799 तक जारी पत्र, खण्ड 3, बॉक्स नम्बर 1, आरएपी अंबाजी हिन्दुस्तान (उत्तरी भारत) में सिन्धिया के प्रधान कमांडर थे।
8. आईओआर/एफ/4/72/1590 फ़रवरी 1799-फ़रवरी 1800, बंगाल पॉलिटिकल, नम्बर 2, मॉर्निंगटन गवर्नर जनरल से कोर्ट ऑफ़ डायरेक्टर्स को पत्र, 12 फ़रवरी 1799; फ़ारसी पत्रों का अनुवाद 1799, संख्या 30 जारी किया गया।
9. आईओआर/एफ/4/72/1590 फ़रवरी 1799 फ़रवरी 1800, बंगाल पॉलिटिकल, नम्बर 2, मॉर्निंगटन गवर्नर जनरल से कोर्ट ऑफ़ डायरेक्टर्स को पत्र, 13 फ़रवरी 1799, लन्दन : ब्रिटिश लाइब्रेरी।
10. आईओआर/ई/4/815, इंडियन पॉलिटिकल, 2 जून 1852, नम्बर 18, लन्दन : ब्रिटिश लाइब्रेरी
11. होम पॉलिटिकल, III-N 268 ए, 1860, जी कूपर, सेक्रेटरी टू द गवर्नमेंट, एनडब्ल्यूपी से कमिश्नर बनारस डिवीज़न, 12 अप्रैल 1860, घटित उपद्रव के दौरान सरकार को बहुमूल्य सेवा प्रदान करने वाले मूल निवासियों की सूची से उद्धरण, जगतगंज राजपरिवार द्वारा प्रस्तुत ज्ञापन, पृष्ठ 11-12
12. सदर बोर्ड ऑफ़ रेवेन्यू, एनडब्ल्यूपी, इलाहाबाद द्वारा जारी सनद, 10 मार्च 1862
13. जगतगंज राजपरिवार द्वारा सौंपा गया ज्ञापन, पृष्ठ 12
14. उनकी शिक्षा के लिए देखें, डिपार्टमेंट, XXVIII 28 (एसपी) बाबू जगत सिंह का परिवार (बॉक्स नम्बर 67), आयुक्त कार्यालय, डंकन रिकॉर्ड्स, सूची संख्या 8, आरएपी
15. आज, 16 फ़रवरी 1958; राजपरिवार जगतगंज और राम नगर राजपरिवार के बीच गोद लेने के ख़िलाफ़ ज्ञापन, पृष्ठ 12-3 भी देखें।
16. राजपरिवार जगतगंज और राम नगर राजपरिवार के बीच गोद लेने के ख़िलाफ़ ज्ञापन, पृष्ठ 15

प्लेट 8.1 : बनारस के रईसों की तस्वीर जिसमें राय बहादुर, कवीन्द्र नारायण सिंह बैठे हुए लोगों में बायीं ओर से दूसरे व्यक्ति हैं।

स्रोत : राय बहादुर कवीन्द्र नारायण सिंह के वंशजों के पास मूल फोटोग्राफ़ सुरक्षित है।

परिशिष्ट-I

उन व्यक्तियों की सूची जिनके ऊपर बनारस विशेष अदालत में मुक़दमा चला था

नाम	जुर्म	सज़ा
चैन सिंह	चेरी की हत्या और लूटपाट	बरी
जोधन सिंह	चेरी की हत्या और लूटपाट	बरी
हरनारायण सिंह	चेरी की हत्या और लूटपाट	बरी
दूनन	हत्या का इल्ज़ाम	बरी
बलराज	हत्या और लूटपाट	बरी
रामदयाल सिंह	हत्या और लूटपाट	बरी
रमज़ानी	हत्या और चेरी के आवास से चाँदी के चम्मच की लूट	बरी
बिस्मिल्लाह	हत्या और चेरी के आवास से चाँदी के चम्मच की लूट	बरी
मुराद	हत्या और चेरी के आवास से चाँदी के चम्मच की लूट	बरी
ख़ैराती	हत्या और लूटपाट	बरी
हाजी	चेरी की हत्या का षड्यन्त्र	बरी
रामसेवक	सुखराम दास के साथ विद्रोह और सेना एकत्र करने की मिलीभगत	बरी

शिवदयाल	सुखराम दास के साथ विद्रोह और सेना एकत्र करने की मिलीभगत	बरी
मोहम्मद बख़्श	षड्यन्त्र, चेरी की हत्या और चेरी के आवास से चाँदी के चम्मच की चोरी; चाँदी के चम्मच की चोरी के अलावा सभी अपराध माफ़; सत्तरह कोड़ों की सज़ा और 1 महीने का कारावास	बरी
अमान अली	हत्या, लूटपाट, और कम्पनी की सेना का सज़ा नहीं विरोध	सज़ा नहीं हुई; बरी
बहादुर सिंह	हत्या, लूटपाट, और कम्पनी की सेना का सज़ा नहीं विरोध	सज़ा नहीं हुई; बरी
अमदू	हत्या, लूटपाट, और कम्पनी की सेना का विरोध	सज़ा नहीं हुई; बरी
पीर मोहम्मद	हत्या, लूटपाट, और कम्पनी की सेना का विरोध	सज़ा नहीं हुई; बरी
गजराज सिंह	सरकार के ख़िलाफ़ षड्यन्त्र	सज़ा नहीं हुई; बरी
अमानुल्लाह	हत्या, लूटपाट, और कम्पनी की सेना का विरोध	सज़ा नहीं हुई; बरी
दलजीत सिंह	भवानी शंकर के साथ सेना को एकत्र करने में संलग्न	सज़ा नहीं हुई; बरी
शुकरुल्लाह	हथियारबन्द लोगों को बनारस कस्टम हाउस में लूटपाट के लिए एकत्र करना	सज़ा नहीं हुई; बरी
सफ़दर अली	तेलिया बाग़ में हथियारबन्द लोगों के साथ कम्पनी की सेना का विरोध करने में संलग्न	सज़ा नहीं हुई; बरी
करिमुल्लाह	हथियारबन्द लोगों को बनारस कस्टम हाउस में लूटपाट के लिए एकत्र करना	सज़ा नहीं हुई; बरी

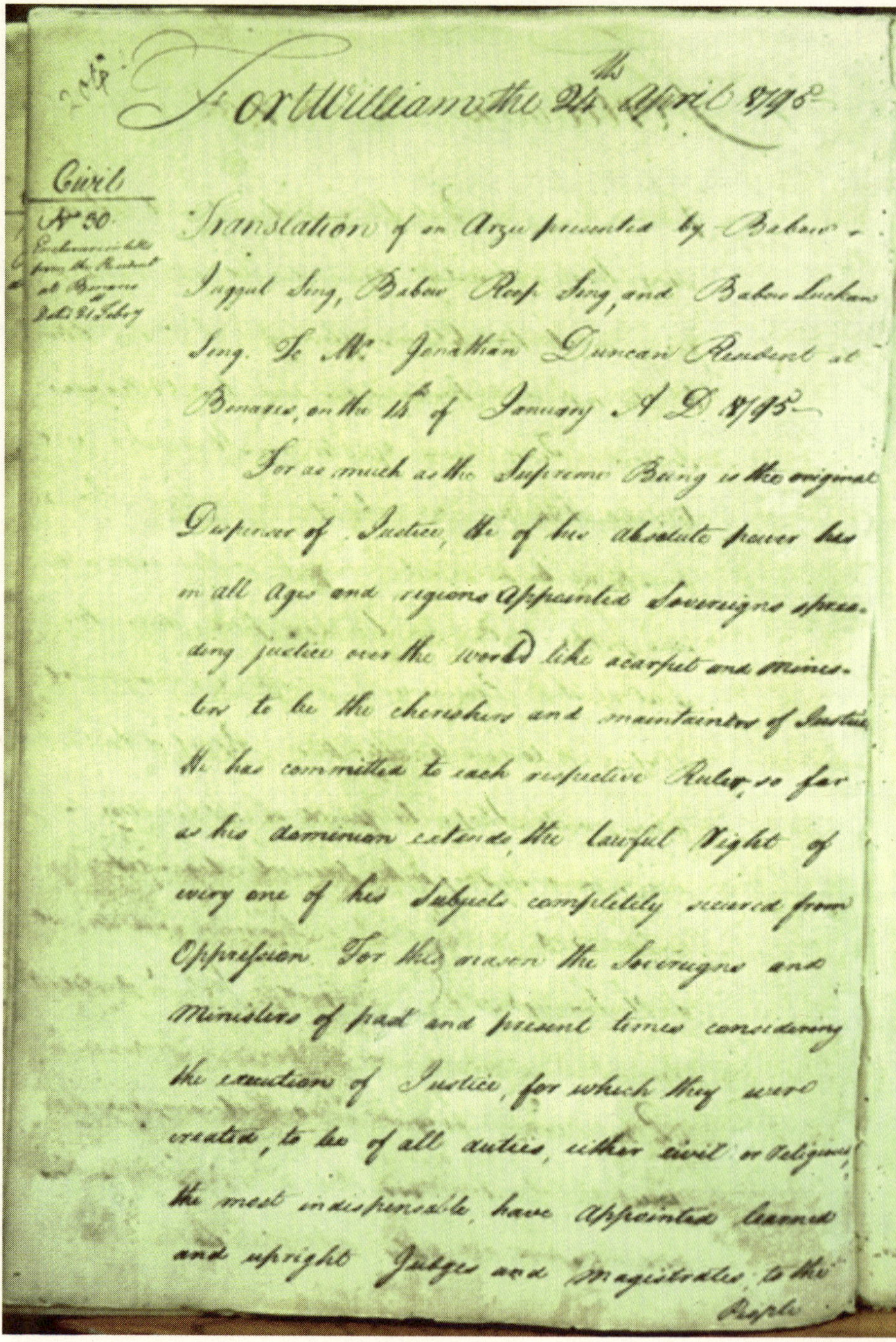

Fort William the 24th April 1795

Civil
No 30
Enclosure in a letter from the Resident at Benares dated 21 Febry

Translation of an Arzee presented by Babow Juggut Sing, Babow Roop Sing, and Babow Luchun Sing. To Mr Jonathan Duncan Resident at Benares, on the 1st of January A D 1795

For as much as the Supreme Being is the original Dispenser of Justice, He of his absolute power has in all Ages and regions appointed Sovereigns spreading justice over the world like a carpet and Ministers to be the cherishers and maintainers of Justice. He has committed to each respective Ruler, so far as his dominion extends, the lawful Right of every one of his Subjects completely secured from Oppression. For this reason the Sovereigns and Ministers of past and present times considering the execution of Justice, for which they were created, to be of all duties, either civil or religious, the most indispensable, have appointed learned and upright Judges and Magistrates, to the People

205

Fort William the 24th April 1795

People to inflict punishment on violent Oppres-
-sors, and to engage the attachment of the honest
by maintaining their rights and administering
Justice. Accordingly, from the time that the territories
of Hindostan came into the hand and disposal of
these illustrious Sovereigns the English (may their
prosperity be perpetual) and have been under the
care of the Hon'ble English Company (may it ever
flourish) the shade of the beneficence of their Lords
has covered the heads of all the People of this land
from injury and injustice like the propitious Huma
the phoenix of the East. The administration of
justice is of all Objects held the most important,
and every legal Right is maintained and protected
against the encroachment of power and violence,
But especially from the time that you have filled
the Seat of Justice, in this Province, the rich
and the poor are upon a perfect level in your
eye

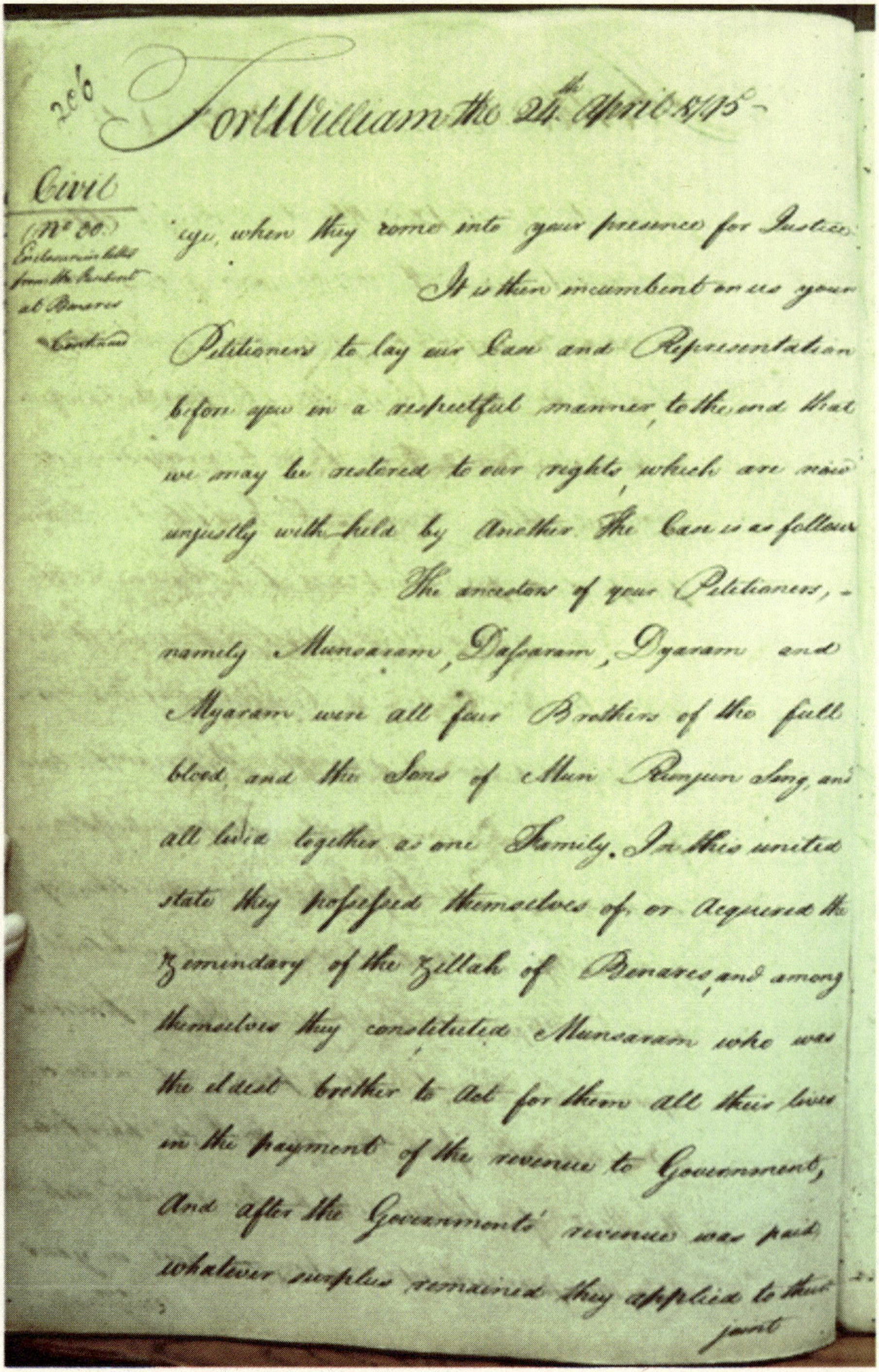

206

Civil

No. 30. Enclosure in letter from the Resident at Benares (Continued)

Fort William the 24th April 1795

ye, when they come into your presence for Justice.

It is then incumbent on us your Petitioners to lay our Case and Representation before you in a respectful manner, to the end that we may be restored to our rights, which are now unjustly with held by Another. The Case is as follows.

The ancestors of your Petitioners, namely Munsaram, Dassaram, Dyaram and Myaram were all four Brothers of the full blood and the Sons of Mun Ranjun Sing, and all lived together as one Family. In this united state they possessed themselves of, or Acquired the Zemindary of the Zillah of Benares, and among themselves they constituted Munsaram who was the eldest brother to Act for them all their lives in the payment of the revenue to Government, And after the Government's revenue was paid whatever surplus remained they applied to their joint

207

Fort William the 24th April 1795.

joint and common use. After the death of all the four brothers abovementioned their sons also on the former plan constituted and employed Bulwand Sing the son and Cheyt Sing the grand-son of Munsaram to pay the revenue to Government, and whatever surplus remained, they applied to their joint and common Expences Bulwand Sing and Cheyt Sing also imitated their forefathers in their treatment of us your Petitioners and our predecessors, and in this united state we lived—

At this day, after the expulsion of Cheyt Sing your Petitioners possess the right to the Zemindary and other property Acquired by the four brothers; and Mohipnarain has no kind of right to succeed to the property left by Bulwand Sing nor to the property left by the other brothers at their death; It is only by the height of injustice that he possessed them—

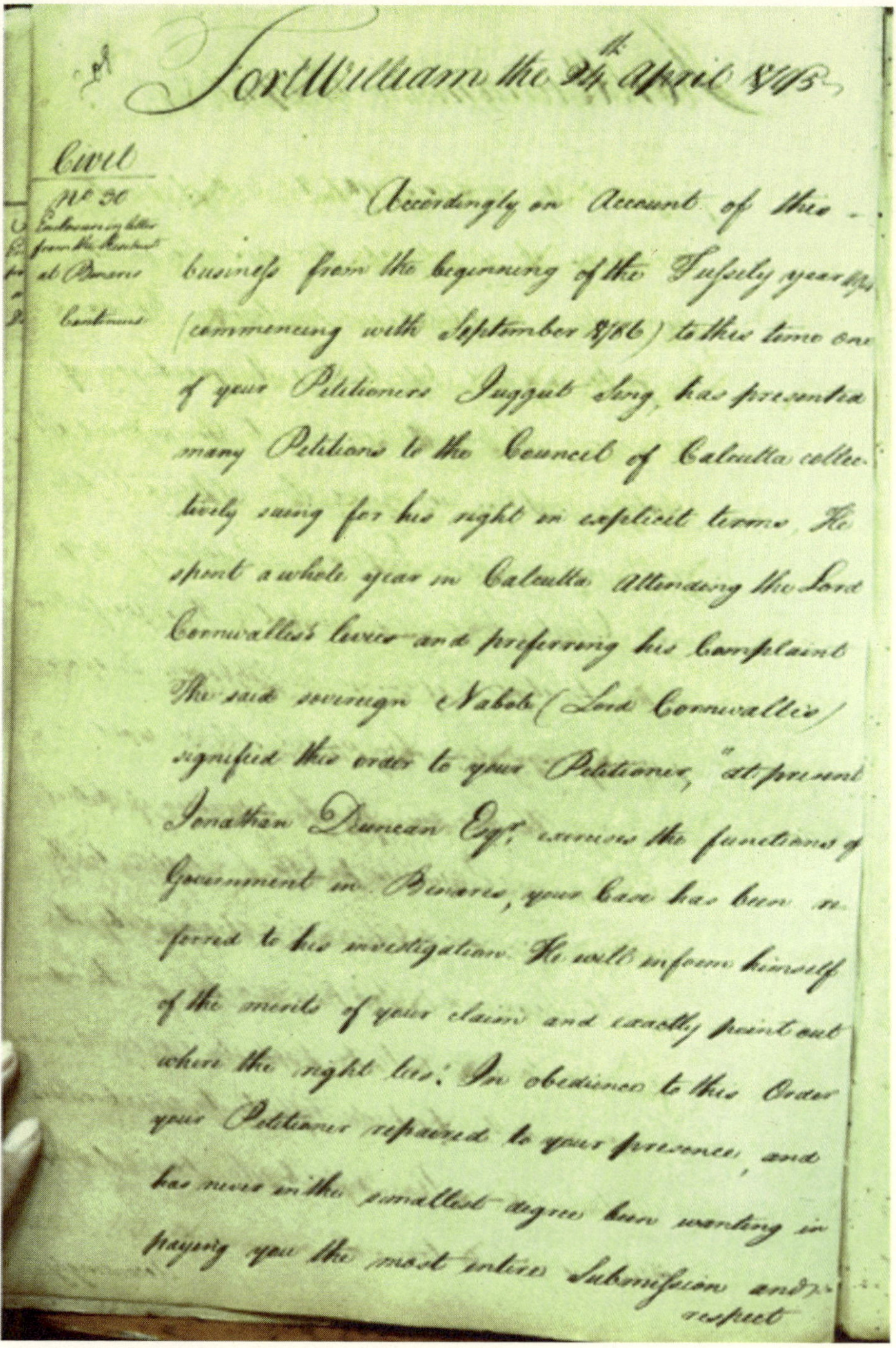

Fort William the 24th April 1795

Civil
No. 30
Enclosure in letter from the Resident at Benares
Continued

Accordingly on Account of this business from the beginning of the Fusly year 1194 (commencing with September 1786) to this time one of your Petitioners Juggut Sing, has presented many Petitions to the Council of Calcutta collectively suing for his right in explicit terms. He spent a whole year in Calcutta attending the Lord Cornwallis's levee and preferring his Complaint. The said sovereign Nabob (Lord Cornwallis) signified this order to your Petitioner, "at present Jonathan Duncan Esqr. exercises the functions of Government in Benares, your Case has been referred to his investigation. He will inform himself of the merits of your claim and exactly point out where the right lies." In obedience to this Order your Petitioner repaired to your presence, and has never in the smallest degree been wanting in paying you the most entire Submission and respect

209

Fort William the 24th April 1795

respect From that time he has repeatedly taken
the liberty of putting you in mind of his earnest
desire, you have continually given him this Answer,
that at a proper Time you would investigate
the matter and determine where the right lay:
at present your Petitioner is informed that
you are promoted to the Government of Bombay.
Alarmed at this news He has presented his
Petition three times successively to you, demand-
ing his Right in explicit terms you have asked,
"Can you prove your Right According to the Ma-
hamedan laws or Shareeat or According to the
Hindoo laws, or Dheram Shaster? O Supporter
of the Weak, by God's blessing and the felicity derived
from our Master, we can prove our right by a
multiplicity of evidence- First, According to the
Shareeat, the right of your petitioner is thus
proved, We are Subjects governed by the Mahom-
-dan

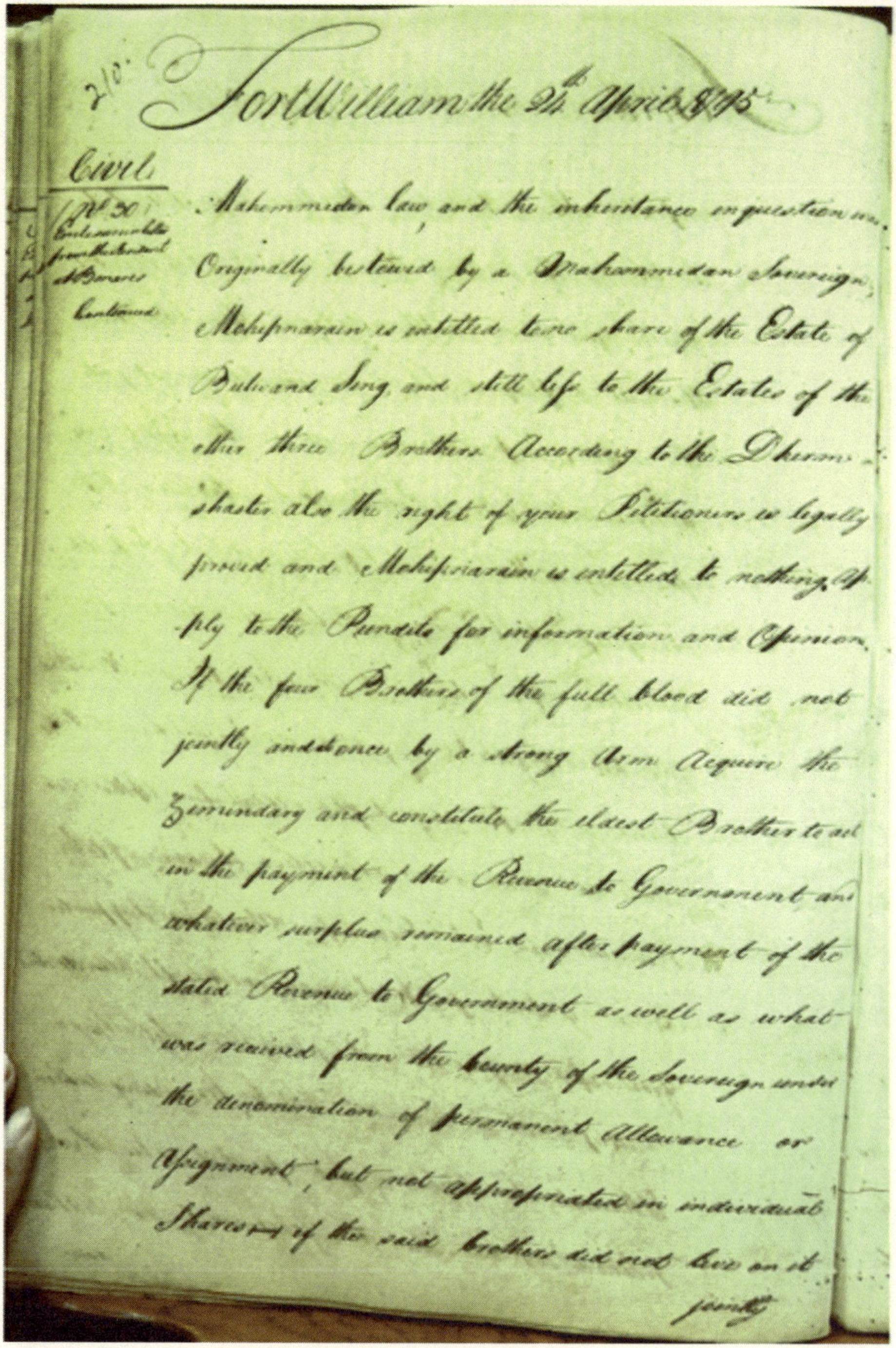
210.

Fort William the 24th April 1805

Civil

No. 30 [illegible] from the [illegible] of Benares Continued

Mahommedan law, and the inheritance in question was Originally bestowed by a Mahommedan Sovereign; Mohipnarain is entitled to no share of the Estate of Bulwand Sing and still less to the Estates of the other three Brothers According to the Dhermshaster also the right of your Petitioners is legally proved and Mohipnarain is entitled to nothing. Apply to the Pundits for information and Opinion. If the four Brothers of the full blood did not jointly and at once by a strong Arm Acquire the Zemindary and constitute the eldest Brother to act in the payment of the Revenue to Government and whatever surplus remained after payment of the stated Revenue to Government as well as what was received from the bounty of the Sovereign under the denomination of permanent Allowance or Assignment, but not appropriated in individual Shares of the said brothers did not live on it jointly

Fort William the 24th April 1795 211

jointly all their days and If for two succeeding generations the sons of the younger brother and the son of the eldest brother did not live together in this united state all their days?

At this period, when none of the issue males of the eldest brother is in being, has the son of the daughter of that eldest brother right to become sole proprietor of the effects and lands and royal grants or not? Secondly, We the representatives of the other three brothers when no partition of the shares of our predecessors has ever taken place, shall we receive our respective shares of the known real Estate now Exposed and undivided According to the proportion in which it belonged to our predecessors or not? And does the share of the eldest brother now that he has no son belong to us who are the sons of his uncles or to the son of his daughter? Should Mohipnarain conceive

that

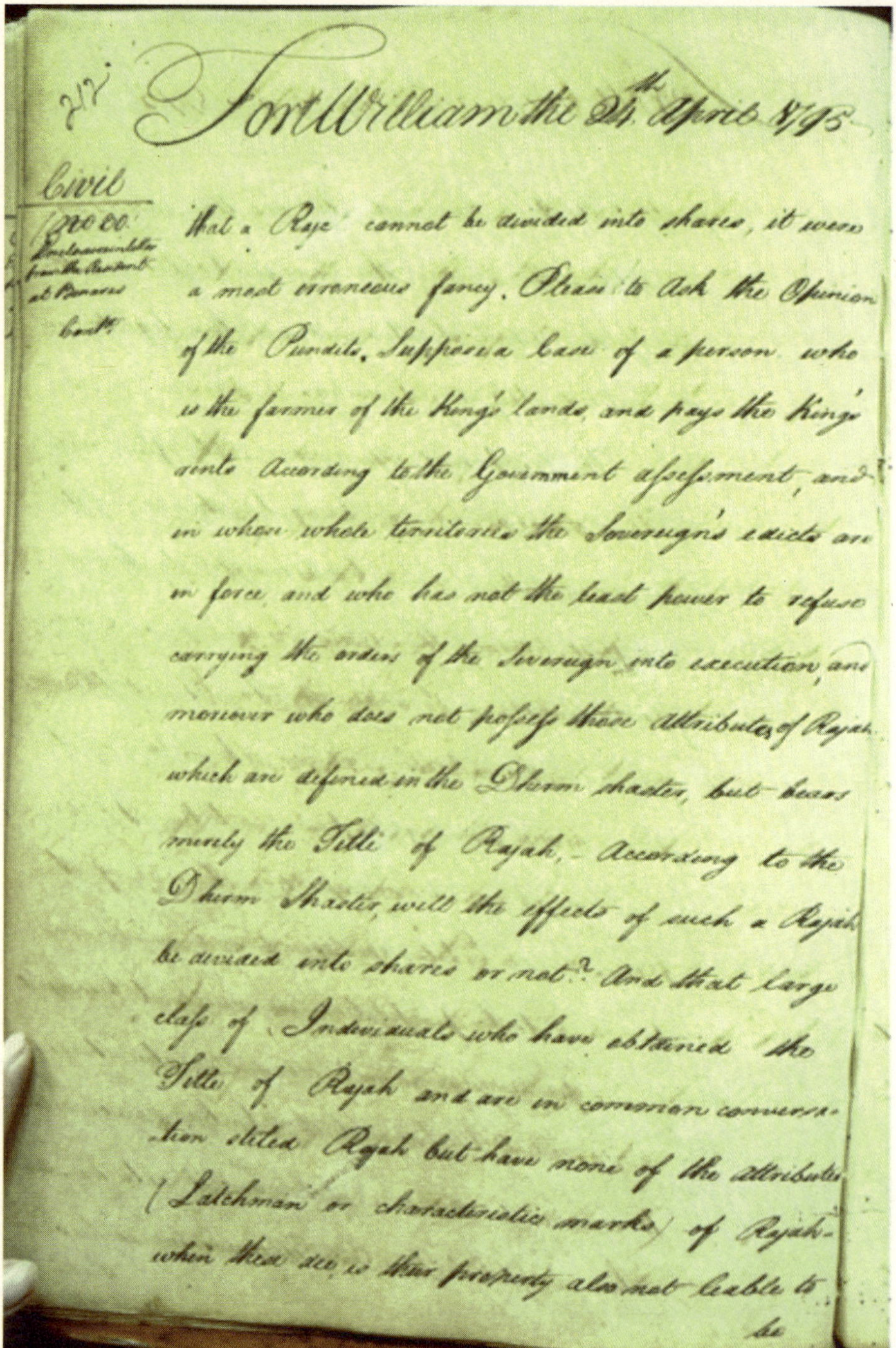

217

Fort William the 24th April 1795

Civil

No. 00.
[illegible] from the Resident at Benares
Contd.

that a Raje cannot be divided into shares, it were a most erroneous fancy. Please to ask the Opinion of the Pundits. Suppose a case of a person who is the farmer of the King's lands, and pays the King's rents according to the Government assessment, and in whose whole territories the Sovereign's edicts are in force, and who has not the least power to refuse carrying the orders of the Sovereign into execution, and moreover who does not possess those attributes of Rajah which are defined in the Dherm shaster, but bears merely the Title of Rajah, - According to the Dherm Shaster, will the effects of such a Rajah be divided into shares or not? And that large class of Individuals who have obtained the Title of Rajah and are in common conversation stiled Rajah but have none of the attributes (Latchman or characteristic marks) of Rajah, when these die, is their property also not liable to be

213

Fort William the 24th April 1795

be divided into shares. From causing themselves to be called Rajah they do not become Rajah. The attributes of Rajah are quite a different thing—

Thirdly, According to the universal practice of the Zemindars in all the kingdoms of Hindostan our right is proved. Let you make enquiry of Zemindars If while the sons of the uncle exist the son of the daughter be entitled to any thing?

Accordingly wherever the Honble English Company have jurisdiction this practice is also observed. For while the sons of the uncle of Rajah Sunder Sing Rajah of Tekary in the Subah of Behar exist, the son of his daughter has no right to the Zemindary nor to the privileges Annexed to the Zemindary, but the sons of his uncle Mutterjeet Sing and Petumber Sing have got possession of them.—

Thus also Rajah Ram Chunder who has not been

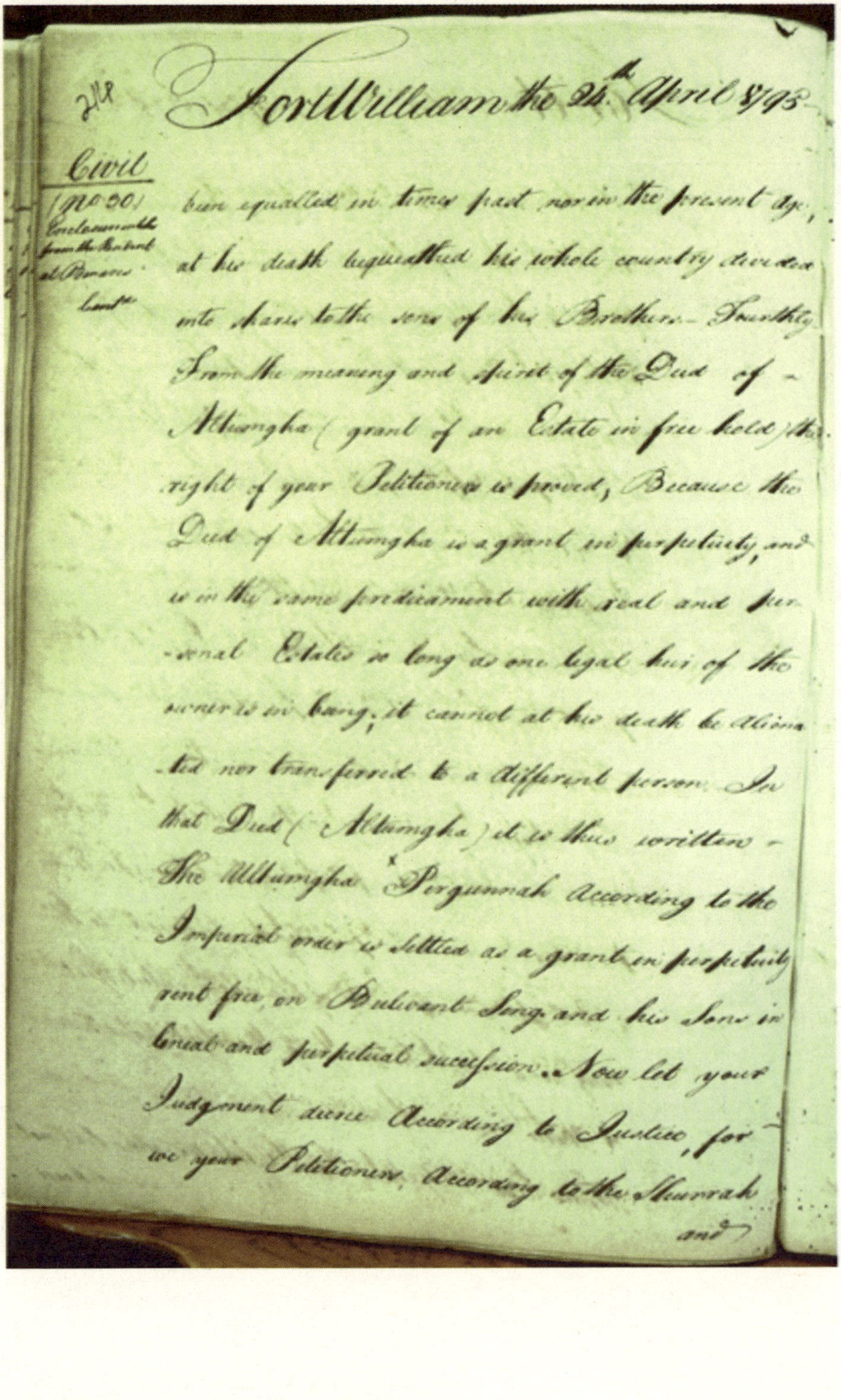

Fort William the 24th April 1793

Civil (No 30)

been equalled in times past nor in the present day, at his death bequeathed his whole country divided into shares to the sons of his Brothers - Fourthly From the meaning and spirit of the Deed of - Altumgha (grant of an Estate in free hold) the right of your Petitioners is proved, Because the Deed of Altumgha is a grant in perpetuity, and is in the same predicament with real and per-sonal Estates so long as one legal heir of the owner is in being; it cannot at his death be aliena-ted nor transferred to a different person. In that Deed (Altumgha) it is thus written - The Ultumgha Pergunnah According to the Imperial order is settled as a grant in perpetuity rent free, on Bulwant Sing and his Sons in lineal and perpetual succession. Now let your Judgment decree According to Justice, for we your Petitioners, According to the Murrah and

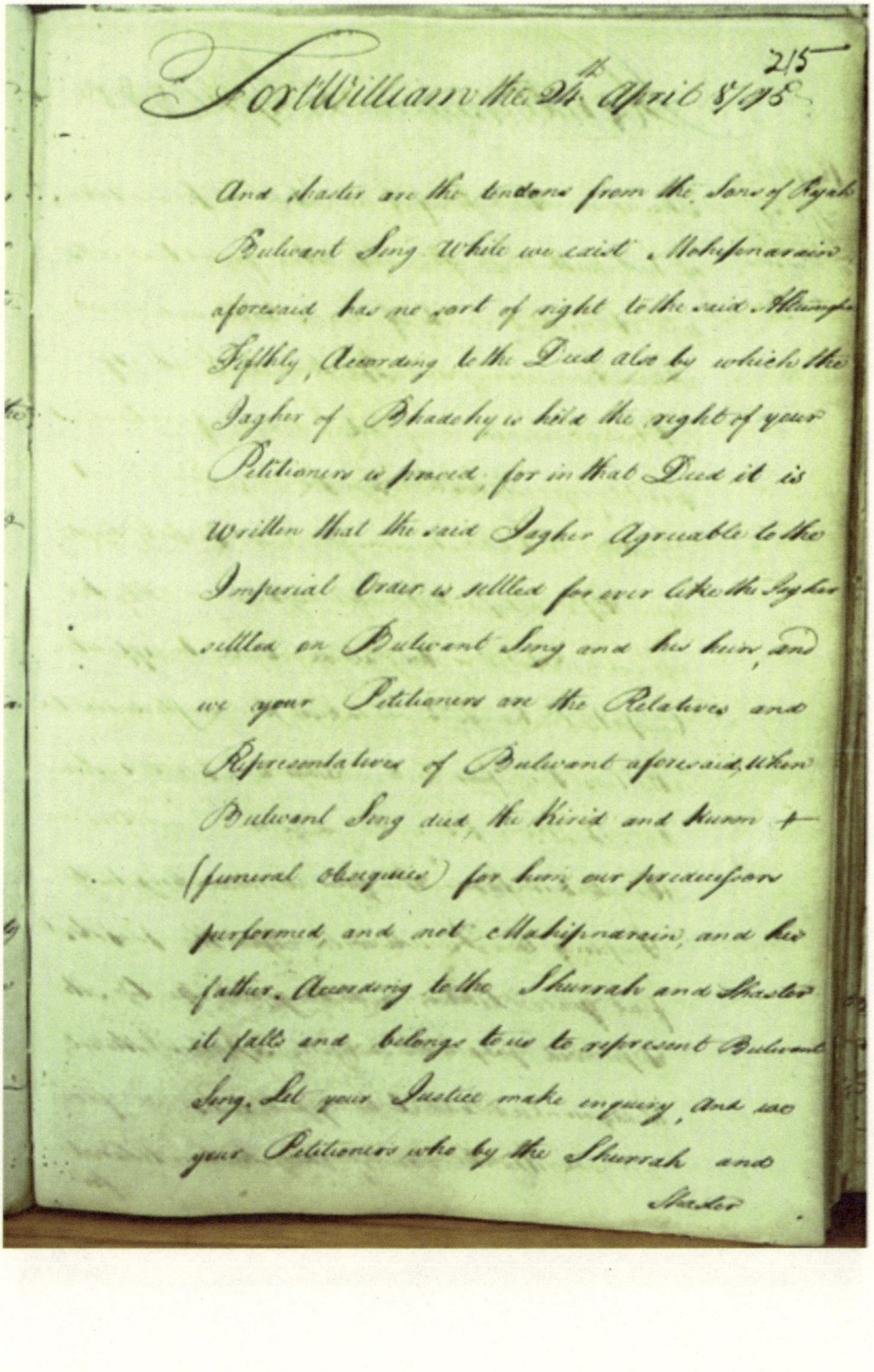

215

Fort William the 24th April 1795

And Shaster are the tendons from the Sons of Rajah
Bulwant Sing. While we exist Mohipnarain
aforesaid has no sort of right to the said Allumgha
Fifthly, According to the Deed also by which the
Jagher of Bhadohy is held the right of your
Petitioners is proved, for in that Deed it is
Written that the said Jagher Agreeable to the
Imperial Order is settled for ever like the Jagher
settled on Bulwant Sing and his heirs, and
we your Petitioners are the Relatives and
Representatives of Bulwant aforesaid. When
Bulwant Sing died the Kirid and Kurm +
(funeral obsequies) for him our predecessors
performed, and not Mahipnarain, and his
father. According to the Shurrah and Shaster
it falls and belongs to us to represent Bulwant
Sing. Let your Justice make enquiry, and we
your Petitioners who by the Shurrah and

Shaster

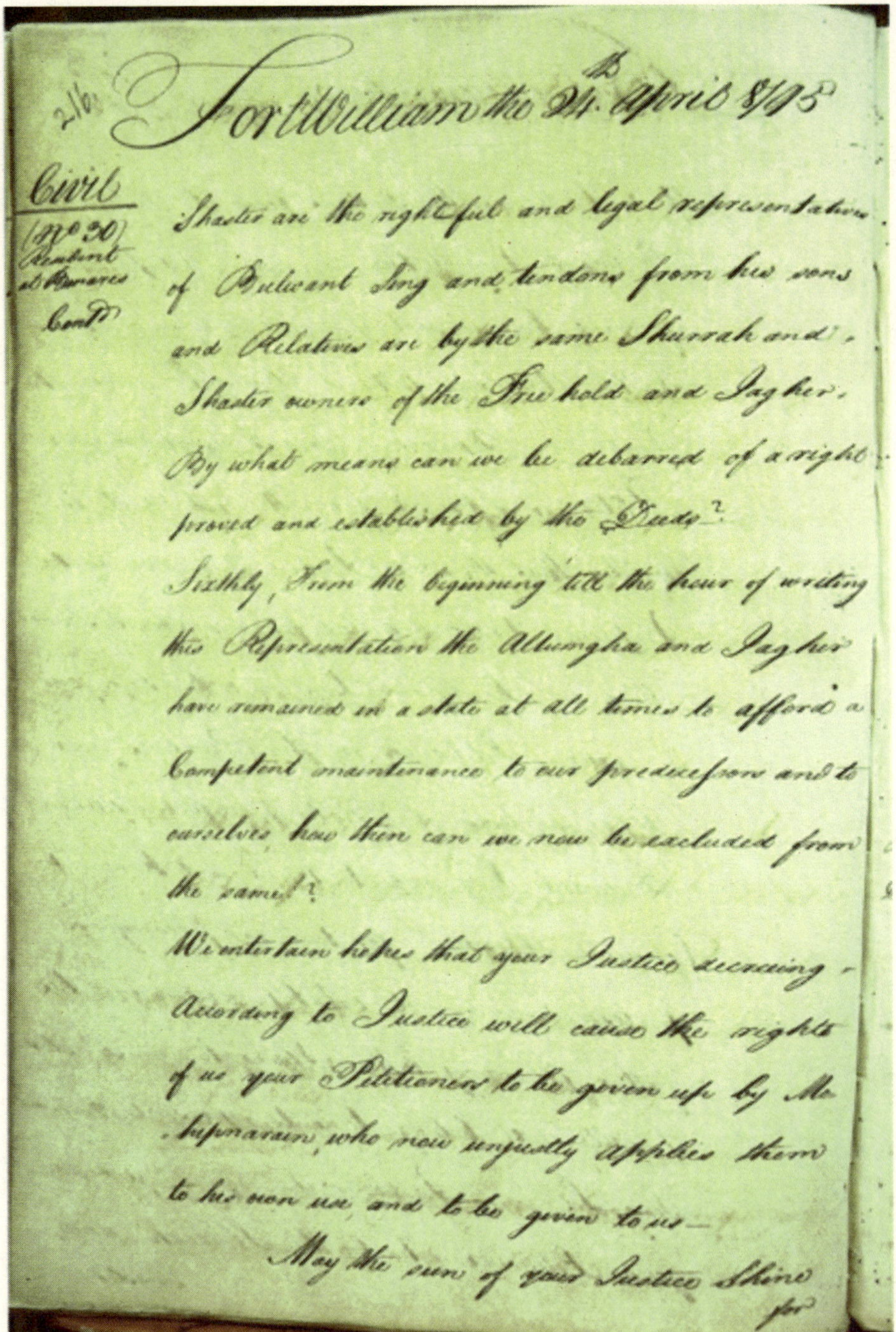

216

Fort William the 24 April 1815

Civil (No. 30) Continued at Benares Contd

Shaster are the rightful and legal representatives
of Bulwant Sing and tendons from his sons
and Relatives are by the same Shurrah and
Shaster owners of the Free hold and Jagher.
By what means can we be debarred of a right
proved and established by the Deeds?
Sixthly, From the beginning till the hour of writing
this Representation the Altumgha and Jagher
have remained in a state at all times to afford a
Competent maintenance to our predecessors and to
ourselves how then can we now be excluded from
the same?
We entertain hopes that your Justice decreeing
According to Justice will cause the rights
of us your Petitioners to be given up by Mr
Lipnarain, who now unjustly applies them
to his own use and to be given to us—
May the sun of your Justice shine
for

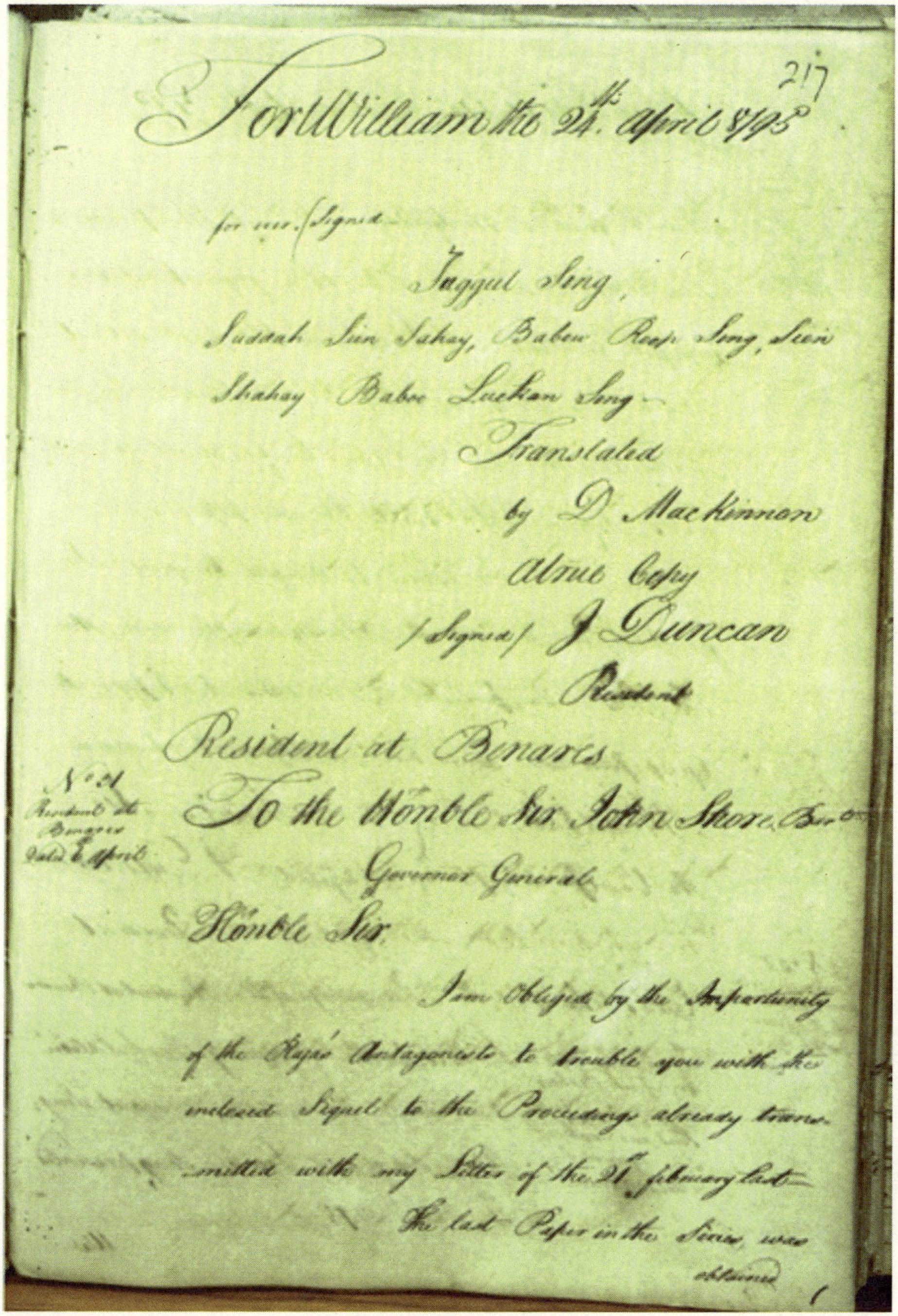

Fort William the 24th April 1795

for use (Signed

Juggul Sing,
Suddah Sun Sahay, Babou Roop Sing, Seo
Shahay Baboo Luchan Sing

Translated
by D. Mackinnon

A true Copy
(Signed) J Duncan
Resident

No. 21
Resident at Benares
Dated 6 April

Resident at Benares
To the Hon'ble Sir John Shore Bar.
Governor General

Hon'ble Sir,

I am Obliged by the Importunity of the Raja's Antagonists to trouble you with the inclosed Sequel to the Proceedings already transmitted with my Letter of the 21 february last —
The last Paper in the Series, was obtained

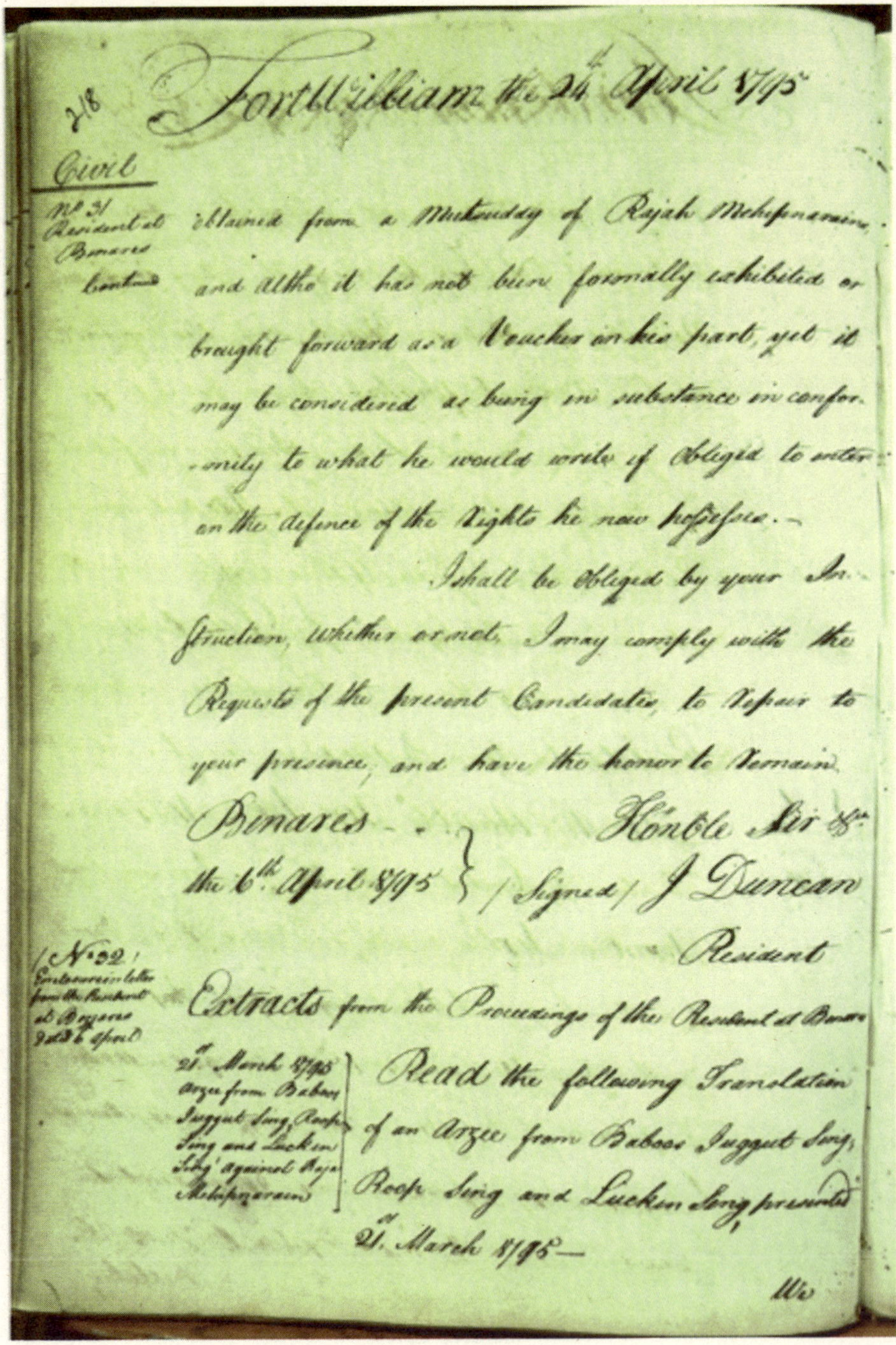
218

Civil

No. 31 Resident at Benares Continued

Fort William the 24th April 1795

obtained from a Mutsuddy of Rajah Mehipnarain, and altho it has not been formally exhibited or brought forward as a Voucher on his part, yet it may be considered as being in substance in conformity to what he would write if obliged to enter on the defence of the Rights he now possesses.—

I shall be obliged by your Instruction, whether or not, I may comply with the Requests of the present Candidates, to repair to your presence, and have the honor to remain

Benares the 6th April 1795 } Hon'ble Sir &c. (Signed) J Duncan Resident

(No. 32) Enclosure in letter from the Resident at Benares dated 6 April

Extracts from the Proceedings of the Resident at Benares

21st March 1795 Arzee from Baboo Juggut Sing, Roop Sing and Lucken Sing against Rajah Mehipnarain

Read the following Translation of an Arzee from Baboo Juggut Sing, Roop Sing and Lucken Sing presented 21st March 1795—

We

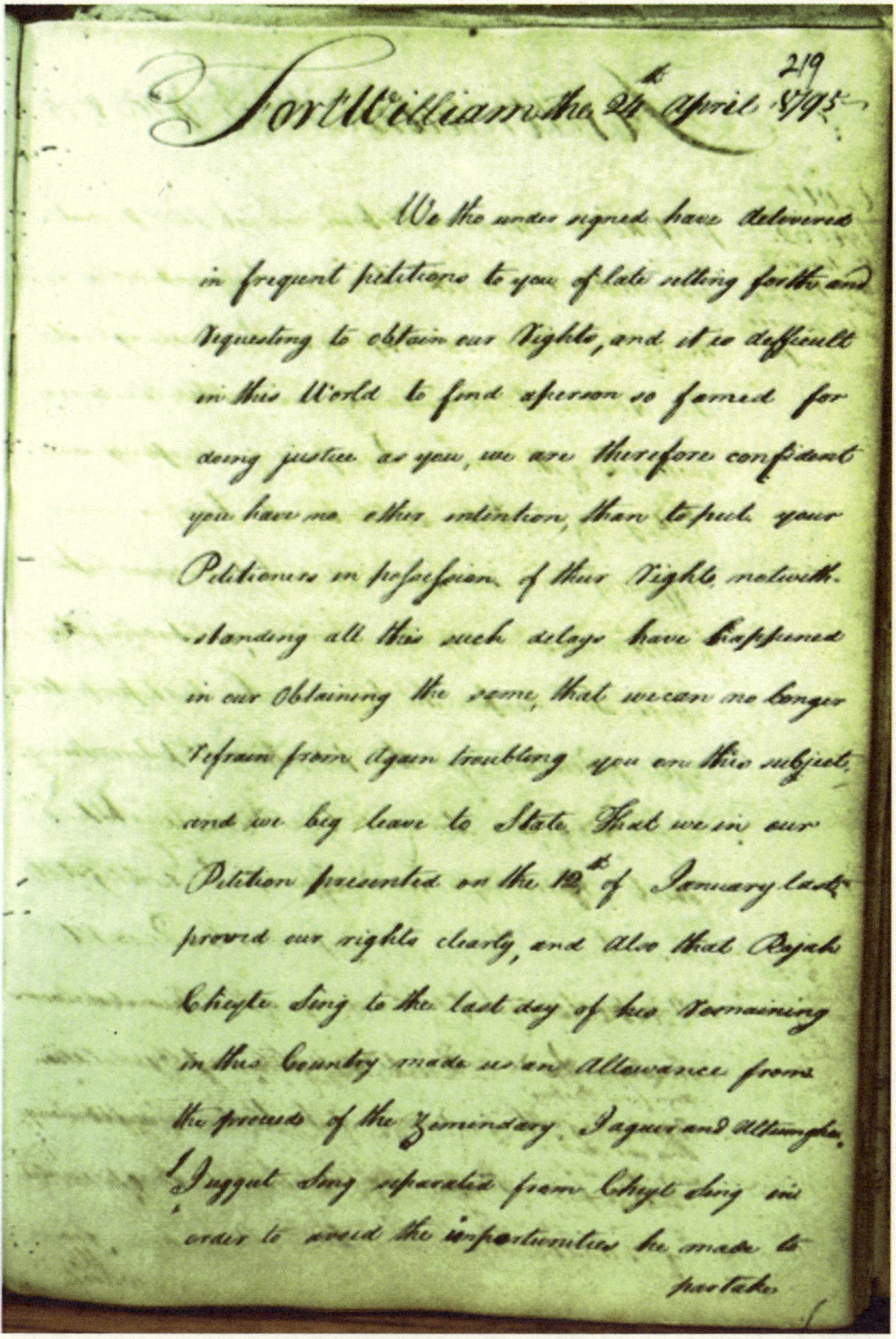
219

Fort William the 24th April 1795

We the under signed have delivered in frequent petitions to you of late setting forth and requesting to obtain our Rights, and it is difficult in this World to find a person so famed for doing justice as you, we are therefore confident you have no other intention, than to put your Petitioners in possession of their Rights notwith-standing all this such delays have happened in our Obtaining the same, that we can no longer refrain from again troubling you on this subject, and we beg leave to State that we in our Petition presented on the 12th of January last proved our rights clearly, and also that Rajah Cheyte Sing to the last day of his remaining in this Country made us an Allowance from the proceeds of the Zemindary, Jaguer and Altumgha, Juggut Sing separated from Cheyt Sing in order to avoid the importunities he made to partake

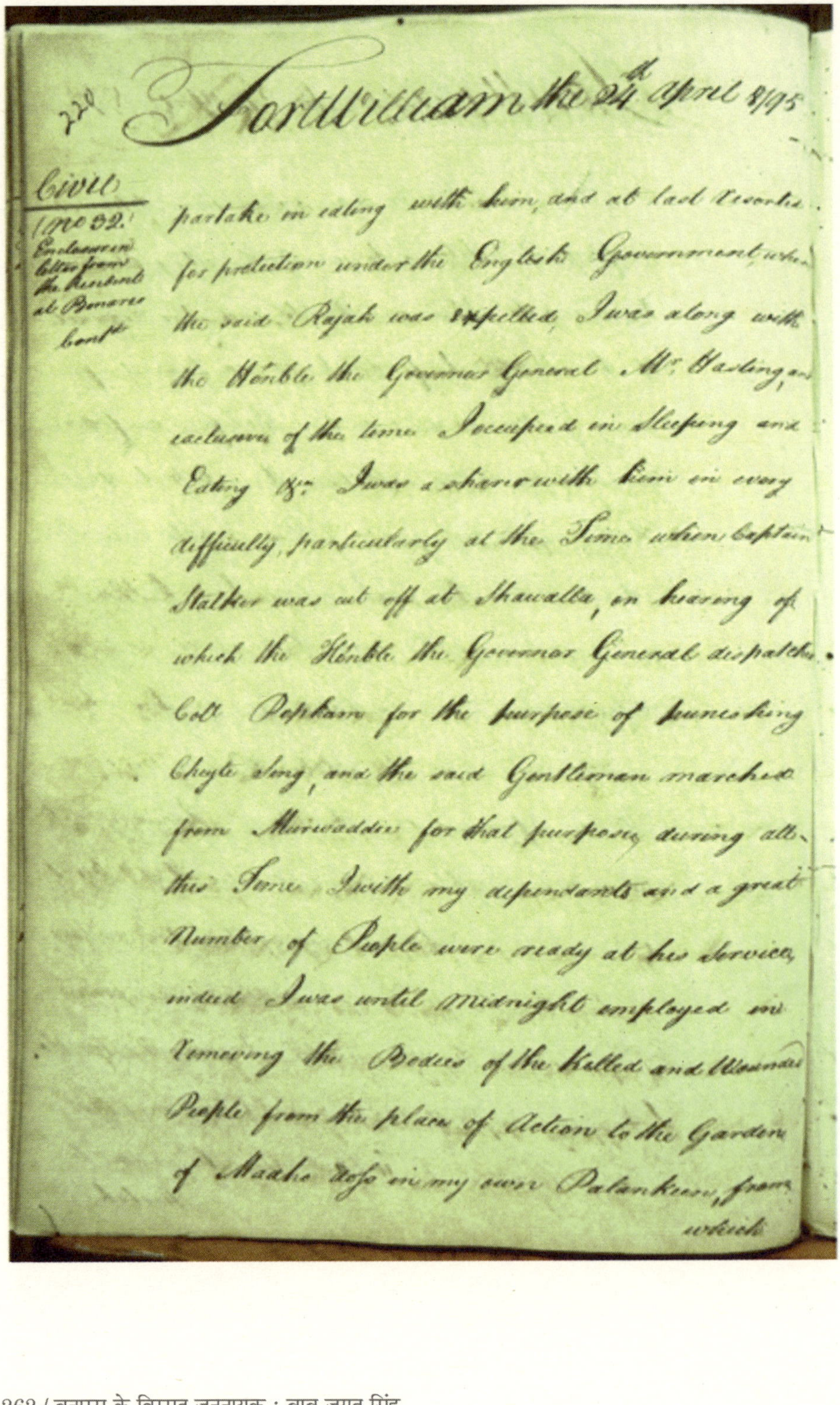

220 Fort William the 24th April 1795

Civil

(No 32. Enclosure in letter from the Resident at Benares cont[d]

partake in eating with him, and at last resorted for protection under the English Government, when the said Rajah was expelled, I was along with the Hon'ble the Governor General Mr Hastings and exclusive of the time I occupied in Sleeping and Eating &c. I was a sharer with him in every difficulty, particularly at the Time when Captain Stalker was cut off at Shawalla, on hearing of which the Hon'ble the Governor General dispatched Coll Popham for the purpose of punishing Cheyte Sing, and the said Gentleman marched from Mirwaddie for that purpose, during all this Time I with my dependants and a great Number of People were ready at his Service, indeed I was until Midnight employed in removing the Bodies of the Killed and Wounded People from the place of Action to the Garden of Maaho Doss in my own Palankeen, from which

221

Fort William the 9th. April 1795

which I accompanied the Governor to Chunar Ghur, but owing to my being at that Time unacquainted with the English Customs in respect to the English Gentlemens regulating the rights of the Hindoos Agreeable to the Shaster or Hindoo Law, I therefore did not at that time give in any petition laying Claim to my Right, but at length when I became Acquainted with the Customs of the English, and with the Justice of their Government I presented several petitions to the Council and likewise to you the Resident praying to attain them—

The History of one Roop Sing is— That my Father and forefathers were Always sharers with Rajahs Cheyt Sing, Bulwunt Sing, and Munsaram, and Always had a Maintenance Allowed them from the Zemindary Jaguer and Ultumgha, when Rajah Cheyt Sing was expelled, altho' my father Accompanied him in his retreat, he owing to his advising that Rajah Against making the English his Enemies

by

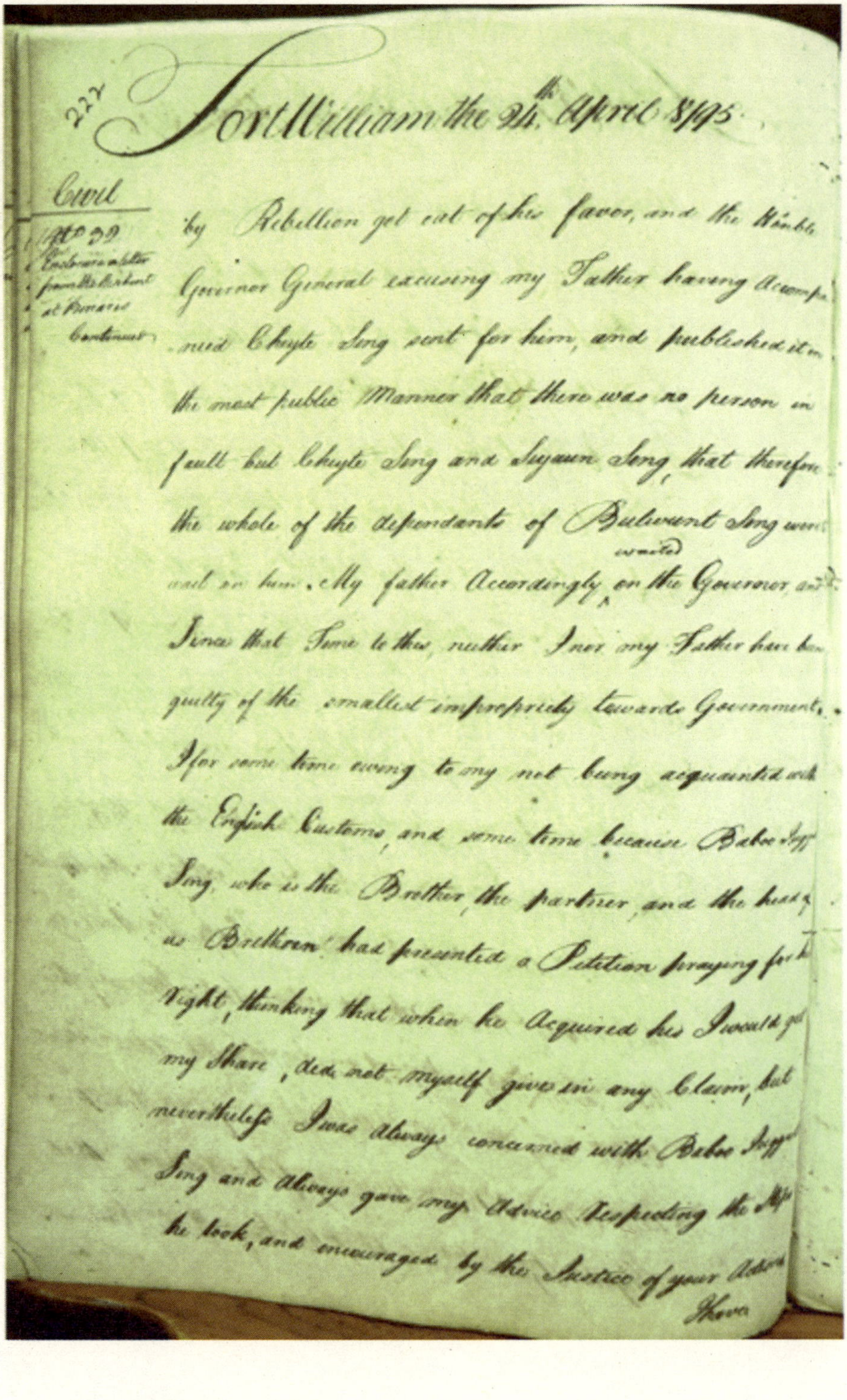

222 Fort William the 24th April 1795

Civil

No 39 Enclosure in letter from the Resident at Benares Continued

by Rebellion got out of his favor, and the Hon'ble Governor General excusing my Father having Accompa-nied Cheyte Sing sent for him, and published it in the most public Manner that there was no person in fault but Cheyte Sing and Sujaun Sing that therefore the whole of the dependants of Bulwunt Sing were wait on him. My father Accordingly waited on the Governor, and Since that Time to this, neither I nor my Father have been guilty of the smallest impropriety towards Government. I for some time owing to my not being acquainted with the English Customs, and some time because Baboo Juggut Sing, who is the Brother, the partner, and the head of us Brethren had presented a Petition praying for his right, thinking that when he Acquired his I would get my Share, did not myself give in any Claim, but nevertheless I was always concerned with Baboo Juggut Sing and Always gave my Advice respecting the steps he took, and encouraged by the Justice of your Admin-

Shows

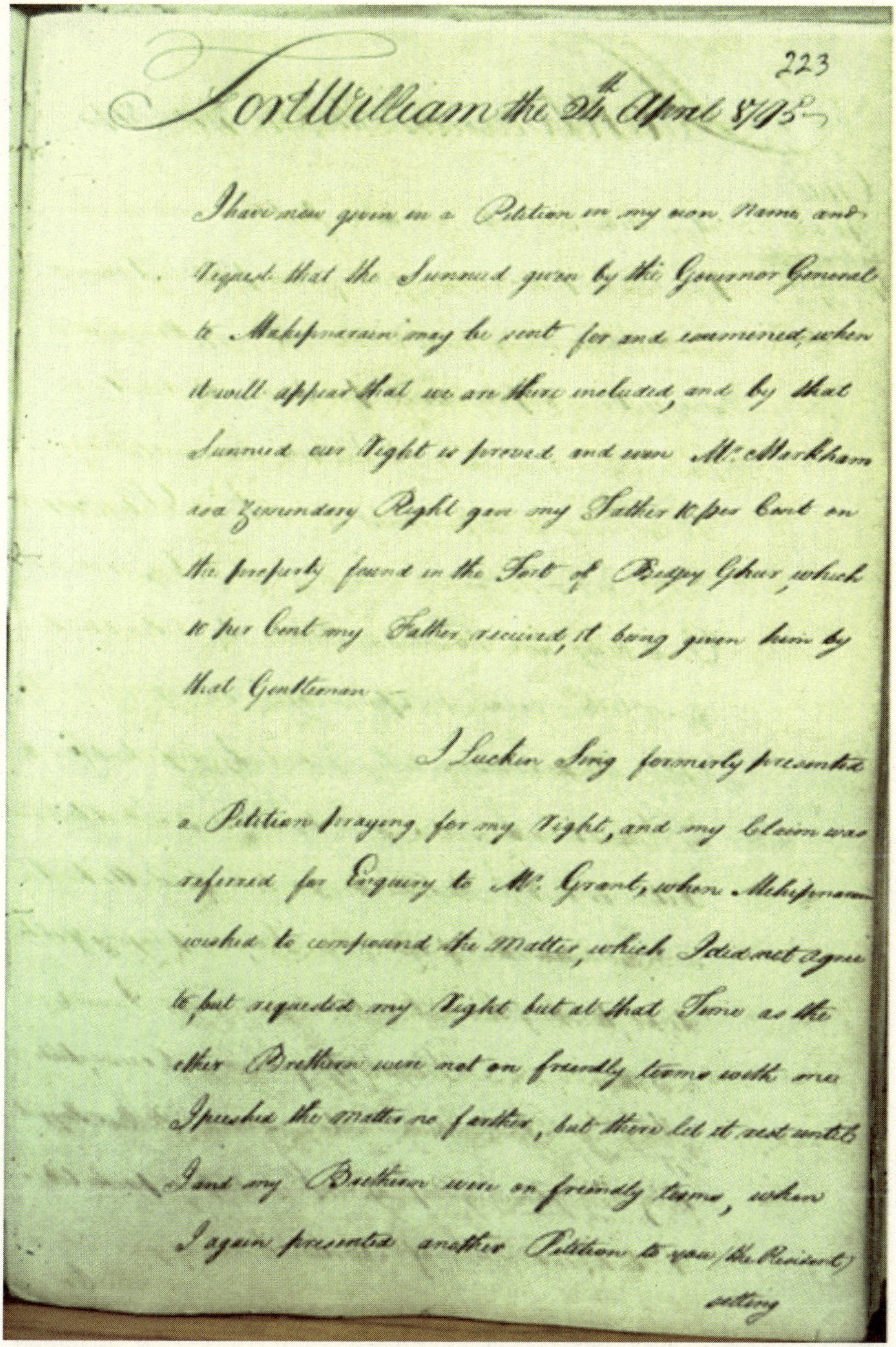

223

Fort William the 24th April 1795

I have now given in a Petition in my own Name and request that the Sunnud given by the Governor General to Mahipnarain may be sent for and examined, when it will appear that we are there included, and by that Sunnud our Right is proved and even Mr. Markham as a Zemindary Right gave my Father 10 per Cent on the property found in the Fort of Bidjey Ghur, which 10 per Cent my Father received, it being given him by that Gentleman —

I Luckin Sing formerly presented a Petition praying for my Right, and my Claim was referred for Enquiry to Mr. Grant, when Mahipnarain wished to compound the Matter, which I did not agree to, but requested my Right but at that Time as the other Brethren were not on friendly terms with me I pushed the matter no farther, but there let it rest until I and my Brethren were on friendly terms, when I again presented another Petition to you (the Resident)

setting

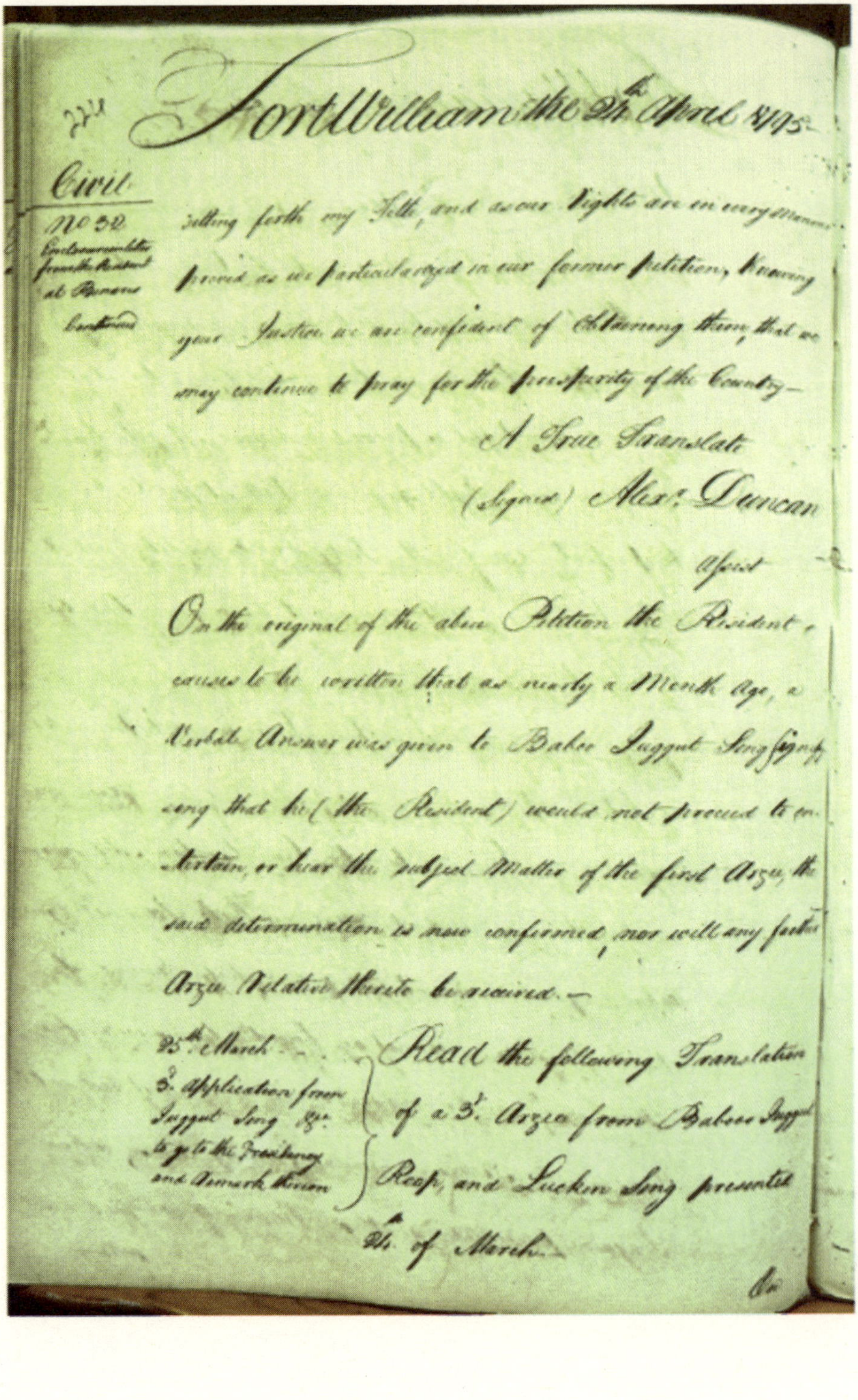

224

Civil

No 32

Enclosure ... from the Resident at Benares

Continued

Fort William the 24th April 1795

setting forth my Title, and as our Rights are in every manner proved as we particularized in our former petition, knowing your Justice we are confident of obtaining them, that we may continue to pray for the prosperity of the Country—

A True Translation

(Signed) Alexr. Duncan

Assist

On the original of the above Petition the Resident causes to be written that as nearly a Month ago, a Verbal Answer was given to Babee Juggut Sing signifying that he (the Resident) would not proceed to investigate, or hear the subject Matter of the first Arzee, the said determination is now confirmed, nor will any further Arzee relative thereto be received.—

25th March — 3d. Application from Juggut Sing &c. to go to the Presidency and Remark thereon

Read the following Translation of a 3d. Arzee from Babee Juggut Roop, and Lucken Sing presented 24th of March

On

225

Fort William the 24th April 1805.

On the 21st Instant you were pleased to inform us that you would not hear our present Claim. Our Protector notwithstanding that our Right is proved by the strongest proofs which we set forth in our former Arzee or Petitions, and as also the late Governor General the Marquis Cornwallis delivered to your dependants the petition we had given into the Council praying for our Inheritance, and knowing you to be the Protector of Rights, yet as you have thought proper to pass the abovementioned Order, we request to know whether you will inform us if you have deferred the hearing of our Claims until you are furnished with the instructions of the Board, or whether our Claims are only to be heard by the Council, that we who have a small part of the Business of Government intrusted in our hands may establish our proper Naibs and set out for Calcutta. we have determined to exhaust and sacrifice our lives and property in obtaining

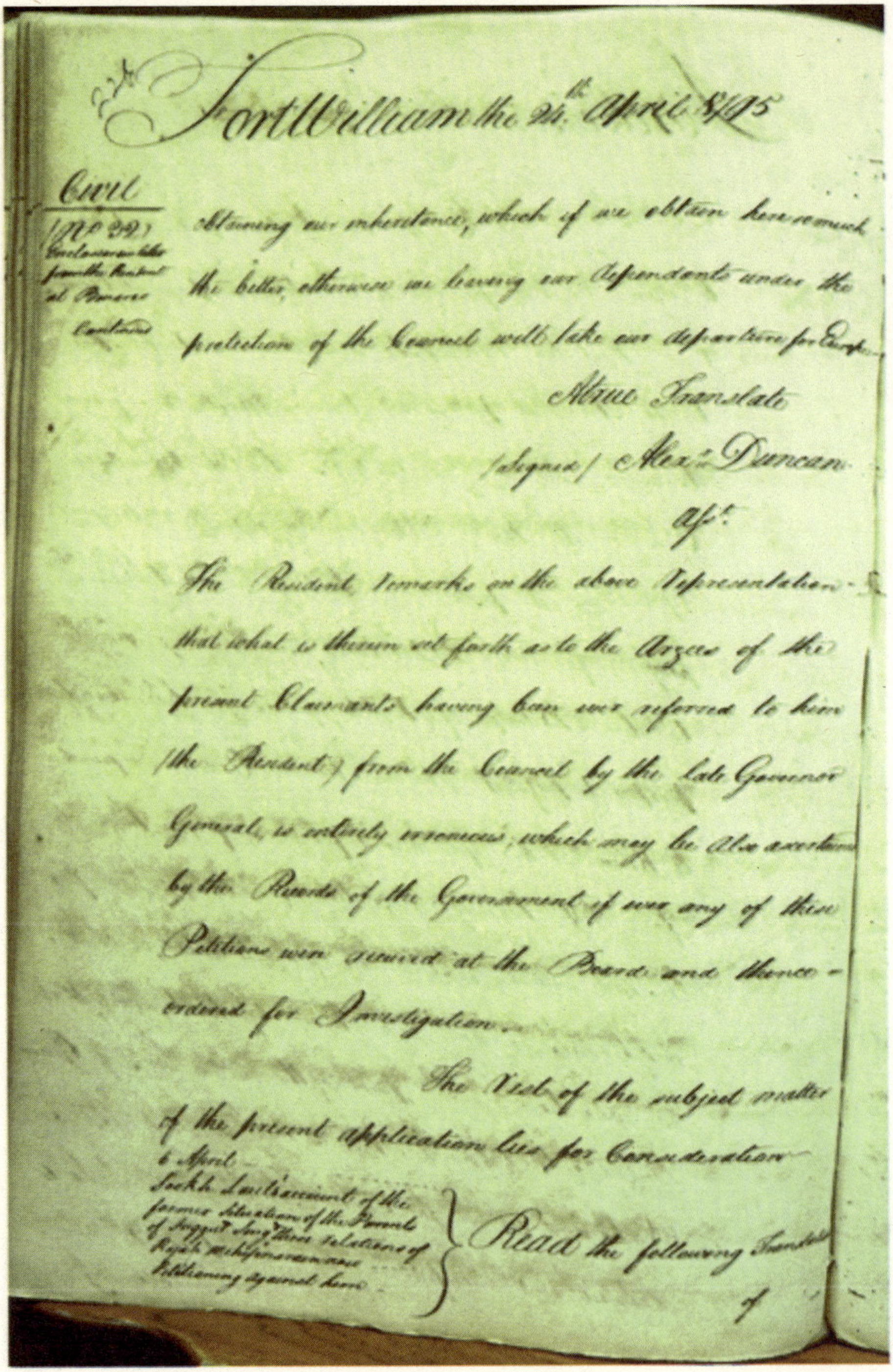
Fort William the 24th April 1795

Civil
No. 39
Enclosures from the Resident at Benares
Continued

attaining our inheritance, which if we obtain here so much the better, otherwise we leaving our dependants under the protection of the Council will take our departure for Europe.

A true Translate
(Signed) Alexr. Duncan
Asst.

The Resident remarks on the above Representation that what is therein set forth as to the Arzees of the present Claimants having been ever referred to him (the Resident) from the Council by the late Governor General, is entirely erroneous, which may be also ascertained by the Records of the Government if ever any of their Petitions were received at the Board and thence ordered for Investigation.

The rest of the subject matter of the present application lies for Consideration

6 April
Seeth Lal's account of the former situation of the Parents of Juggut Sing & three relations of Rajah Mehipnarain now Petitioning against him

Read the following Translate of

परिशिष्ट-II

बाबू जगत सिंह से सम्बन्धित महत्त्वपूर्ण दस्तावेज़

(i) दिनांक 24 अप्रैल 1795 का गवर्नर जनरल सर जॉन शोर का कार्यवृत्त इस पुस्तक को लिखते समय उपलब्ध नहीं था। यह अब पश्चिम बंगाल राज्य अभिलेखागार में न्यायिक सिविल कार्यवाही खण्ड 12 (3 अप्रैल-8 मई 1795) के माध्यम से प्राप्त हुआ है। 15 मई 1795 को कोर्ट ऑफ़ डायरेक्टर्स को उक्त गवर्नर जनरल के पत्र के साथ इसकी तुलना करने पर, जिसे अध्याय 2 में पूर्ण रूप से उद्धृत किया गया है, यह पाया जाता है कि पूरी सामग्री समान है। इसलिए, इस मिनिट को यहाँ पुन: प्रस्तुत नहीं किया जा रहा है।

(ii) नीचे दिया गया दस्तावेज़ संख्या 3 बाबू जगत सिंह के चरित्र के एक प्रशंसनीय मानवीय पहलू को व्यक्त करता है, जैसा कि वह स्वयं इसे चित्रित करते हैं कि कैसे उन्होंने, 'आधी रात तक मारे गये और घायल लोगों के शवों को कार्रवाई के स्थान से हटाकर [अपनी] पालकी में माधो दास के बगीचे तक लाने में लगे रहे थे।'

1. *14 जनवरी, 1795 को बनारस रेज़ीडेंट श्री जोनाथन डंकन को बाबू जग्गत सिंग, बाबू रूप सिंग और बाबू लखन सिंग द्वारा प्रस्तुत की गयी अर्ज़ी का अनुवाद (बनारस डंकन बस्ता नं. 16, वी 85, क्षेत्रीय अभिलेखागार प्रयागराज)।*यह दस्तावेज़ आंशिक रूप से विकृत था, जगह-जगह फटा हुआ और काग़ज़ के कुछ हिस्सों को कीड़े खा चुके थे। हालाँकि अब पूरे दस्तावेज़ को पश्चिम बंगाल राज्य अभिलेखागार में हाल ही में मिली बेहतर प्रति का उपयोग करके न्यायिक सिविल कार्यवाही खण्ड 12, पृ. 204-17 (3 अप्रैल-8 मई 1795) के माध्यम से यहाँ पुन: प्रस्तुत किया जा रहा है।

क्योंकि परमात्मा जितना न्याय का मूल वितरक है, उसने अपनी पूर्ण शक्ति से सभी युगों और क्षेत्रों में न्याय करने वाले सम्प्रभुओं को एक कालीन की भाँति न्याय विस्तारित करने के लिए नियुक्त किया है। उसने मन्त्रियों को न्याय के सँजोने वाले

और बनाये रखने वाले होने के लिए ही नियुक्त किया है। उन्होंने प्रत्येक सम्बन्धित शासक के लिए जहाँ तक उनके प्रभुत्व का विस्तार होता है, प्रतिबद्ध किया है कि उनकी प्रजा का वैध अधिकार पूरी तरह से उत्पीड़न से सुरक्षित रहे। इस कारण से, अतीत और वर्तमान समय के सम्प्रभुओं और मन्त्रियों ने न्याय के निष्पादन पर विचार करते हुए, जिसके लिए उन्हें बनाया गया था, सभी कर्तव्यों के लिए, चाहे नागरिक हों या धार्मिक, सबसे अपरिहार्य मानते हुए, विद्वान और ईमानदार न्यायाधीश और मजिस्ट्रेट नियुक्त किये ताकि वे हिंसक उत्पीड़कों को सज़ा दें और उनके अधिकारों को बनाये रखें और न्याय का प्रशासन करके ईमानदार लोगों के लगाव की संलग्नता को आकर्षित कर सकें।

तदनुसार जब से हिन्दुस्तान के क्षेत्र उन शानदार सम्प्रभु अंग्रेज़ों के हाथ और निपटान में आये (उनकी समृद्धि शाश्वत हो!) और माननीय अंग्रेज़ी कम्पनी (ईश्वर करे यह सदैव पनपे) की देखरेख में हैं। इन प्रभुओं के उपकार की छाया ने इस देश के सभी लोगों के सिरों को नुक़सान और अन्याय से बचाकर ढक दिया है जैसे कि हुमा, पूर्व का फीनिक्स, करता है। न्याय का प्रशासन सभी वस्तुओं में सबसे महत्त्वपूर्ण रखा जाता है, और हर क़ानूनी अधिकार को बनाये रखा जाता है और शक्ति और हिंसा के अतिक्रमण के ख़िलाफ़ संरक्षित किया जाता है। लेकिन विशेष रूप से उस समय से जब आपने इस प्रान्त में न्याय की कुर्सी को भरा है, अमीर और ग़रीब आपकी आंखों में एक ही आदर्श स्तर पर हैं, जब वे न्याय के लिए आपकी उपस्थिति में आते हैं।

तब हम, आपके याचिकाकर्ताओं के लिए, यह आवश्यक हो जाता है कि हम अपने मामले और निरूपण को अन्त तक आपके सामने सम्मानजनक तरीक़े से रखें कि हमारे अधिकारों को बहाल किया जा सके, जो अब दूसरे द्वारा अन्यायपूर्ण रूप से रोक दिये गये हैं। मामला इस प्रकार है :

आपके याचकों के पूर्वज मंसाराम, दसाराम, दयाराम और मायाराम सभी पूर्ण रक्त के चार भाई थे, और मनोरंजन सिंह के पुत्र थे, और सभी एक परिवार के रूप में एक साथ रहते थे। इस संयुक्त स्थिति में, उन्होंने स्वयं के लिए बनारस के ज़िलों के ज़मींदारी का अधिग्रहण किया, और आपस में, उन्होंने मंसाराम, जो उनके सबसे बड़े भाई थे, का चयन किया, जो सरकार को राजस्व का भुगतान जीवन भर उनके लिए करते थे, और सरकार के राजस्व का भुगतान करने के बाद, जो भी अधिशेष बचता था, वे अपने संयुक्त और सामान्य उपयोगों में लगाते थे। उपरोक्त सभी चार भाइयों की मृत्यु के बाद उनके बेटों ने भी पूर्व योजना पर गठित आधार के अनुसार बलवन्त सिंह और चेत सिंह, जो मंसाराम के क्रमशः बेटे और पोते थे, को सरकार को राजस्व का भुगतान करने के लिए नियुक्त किया, और

जो भी अधिशेष बचता था, उसे वे अपने संयुक्त और सामान्य ख़र्चों में लगाते थे। बलवन्त सिंह और चेत सिंह ने भी हमारे, आपके याचकों और हमारे पूर्ववर्तियों के साथ, व्यवहार में अपने पूर्वजों की नक़ल की, और इस संयुक्त अवस्था में हम रहते थे।

आज के दिन चेत सिंह के निष्कासन के बाद, आपके याचकों के पास चार भाइयों द्वारा अर्जित ज़मींदारी और अन्य सम्पत्ति का अधिकार है। महीपनारायण को बलवन्त सिंह या अन्य भाइयों द्वारा छोड़ी गयी सम्पत्ति के लिए उत्तराधिकारी होने का कोई अधिकार नहीं है। यह केवल अन्याय की पराकाष्ठा ही है कि यह उनके पास था।

तदनुसार, इस मुआमले के कारण, 1194 फ़सली (सितम्बर 1786 से शुरू) की शुरुआत से लेकर इस समय तक आपके याचिकाकर्ताओं में से एक, जगत सिंह ने कलकत्ता की परिषद को कई याचिकाएँ प्रस्तुत की हैं, जो स्पष्ट शब्दों में अपने अधिकार के लिए सामूहिक रूप से माँग कर रही हैं। उन्होंने स्वयं कलकत्ता में पूरे एक साल लॉर्ड कार्नवालिस के आगन्तुकों से मिलने के समय साक्षात्कारों में भाग लेने और उनकी अपनी शिकायत को प्राथमिकता देने में बिताया। उक्त सम्प्रभु (लॉर्ड कार्नवालिस) ने आपके याचिकाकर्ता को यह आदेश दिया कि, वर्तमान में जोनाथन डंकन साहब बनारस में सरकार के कार्यों का सम्पादन करते हैं, आपका मामला उनकी जाँच के लिए भेजा गया है। वह अपने आप को आपके दावे की ख़ूबियों के बारे में अवगत करेगा और ठीक से इंगित करेगा कि (राज्य पर) अधिकार किसके पक्ष में है। इस आदेश के पालन में, आपका याचिकाकर्ता आपके समक्ष उपस्थित हो गया, और कभी भी आपको सबसे अधिक आज्ञापालन और सम्मान देने के सम्बन्ध में किसी शिकायत का अवसर नहीं दिया। उस समय से उसने बार-बार आपको अपनी गम्भीर इच्छा के बारे में बताने की स्वतन्त्रता ली है। आपने लगातार उसे यह जवाब दिया है, कि उचित समय पर, 'आप मामले की जाँच करेंगे और निर्धारित करेंगे कि उत्तराधिकार किसके पक्ष में है।' वर्तमान में आपके याचिकाकर्ता को सूचित किया गया है कि आपको बॉम्बे सरकार में पदोन्नत किया गया है। इस ख़बर से चिन्तित होते हुए, उन्होंने स्पष्ट शब्दों में अपने अधिकार की माँग करते हुए, लगातार तीन बार अपनी याचिका आपके सामने प्रस्तुत की है। आपने पूछा है, 'क्या आप मुस्लिम क़ानून या शरियत के अनुसार अपना अधिकार साबित कर सकते हैं या हिन्दू क़ानून या धर्म शास्त्र के अनुसार ऐसा कर सकते हैं?' कमज़ोरों के समर्थक, भगवान के आशीर्वाद और हमारे स्वामी से प्राप्त सुख से, हम सबूतों की बहुलता के साथ अपना अधिकार साबित कर सकते हैं।

सबसे पहले, शरीअत के अनुसार, आपके याचकों का अधिकार इस प्रकार साबित

होता है। हम मुस्लिम क़ानून द्वारा शासित प्रजा हैं और विचाराधीन विरासत मूल रूप से एक मुस्लिम सम्प्रभु द्वारा प्रदान की गयी थी। महीपनारायण का बलवन्त सिंह की सम्पत्ति के किसी भी भाग में कोई हिस्सा नहीं है और अन्य तीन भाइयों की सम्पदा के लिए इससे भी कम है। धर्म शास्त्र के अनुसार भी आपके याचिकाकर्ताओं का अधिकार क़ानूनी रूप से साबित होता है और महीपनारायण को कुछ भी पाने का हक़दार नहीं है। जानकारी और राय के लिए पंडितों से आवेदन करें। यदि पूर्ण रक्त के चार भाइयों ने संयुक्त रूप से और एक बार में मज़बूत हाथों से ज़मींदारी का अधिग्रहण किया और सरकार को देय राजस्व के भुगतान में कार्य करने के लिए सबसे बड़े भाई का गठन किया और सरकार को बताये गये देय राजस्व के भुगतान के बाद जो भी अधिशेष बचा और साथ ही स्थायी भत्ते या प्रदत्त करने के तहत सम्प्रभु के देश से जो कुछ प्राप्त किया गया था, लेकिन व्यक्तिगत भागों में विनियोजित नहीं था, और क्या उक्त भाई अपने सभी दिनों में संयुक्त रूप से इसी पर निर्भर नहीं रहते थे, और दो सफल पीढ़ियों के लिए छोटे भाई के बेटे और सबसे बड़े भाई के बेटे इन सभी दिनों में इस संयुक्त राज्य में एक साथ नहीं रहते थे? इस समय, जब सबसे बड़े भाई की सन्तानों में से पुरुषों में से कोई भी अस्तित्व में नहीं है, तो प्रश्न यह है कि क्या उस सबसे बड़े भाई की बेटियों के बेटे को प्रभाव और भूमि और शाही अनुदान का एकमात्र मालिक बनने का अधिकार है या नहीं? दूसरे, हम अन्य तीन भाइयों के प्रतिनिधि हैं जबकि हमारे पूर्ववर्तियों के हिस्सों का कोई विभाजन कभी नहीं हुआ है; क्या हम ज्ञात अचल सम्पत्ति के अपने सम्बन्धित हिस्सों को अब समाप्त और अविभाजित अनुपात के अनुसार प्राप्त करेंगे जिसमें यह हमारे पूर्ववर्तियों का था या नहीं? और क्या सबसे बड़े भाई का हिस्सा, अब जब उसका कोई बेटा नहीं है, तो वह हमारा है, जो कि उसके चाचाओं के बेटे हैं, या यह उसकी बेटी के बेटे का है? अगर महीपनारायण यह मानते हैं कि राज को हिस्सों में विभाजित नहीं किया जा सकता है, तो यह उनकी एक बहुत ही ग़लत कल्पना है। कृपया पंडितों की राय पूछें कि मान लीजिए कि एक ऐसे व्यक्ति का मामला है जो राजा की भूमि का किसान है, और सरकारी आकलन के अनुसार राजा के निर्धारित राजस्व का भुगतान करता है, और जिसके पूरे क्षेत्रों में सम्प्रभु के फ़रमान लागू हैं, और जिसके पास सम्प्रभु के आदेशों को निष्पादन में ले जाने से इनकार करने की कम-से-कम शक्ति भी नहीं है, और इसके अलावा यदि वह राजा के उन गुणों को धारण नहीं करता है जो धर्म शास्त्र में परिभाषित किये गये हैं लेकिन केवल राजा की उपाधि धारण करता है। धर्म शास्त्र के अनुसार, क्या ऐसे राजा के प्रभावों को हिस्सों में विभाजित किया जायेगा या नहीं? और व्यक्तियों का वह बड़ा वर्ग, जिसने राजा की उपाधि प्राप्त की है, और आम बातचीत में राजा की शैली में हैं, लेकिन राजा के गुणों

में से उसमें लक्षणों (चिह्नित करने योग्य गुणों) में से कोई भी नहीं है–जब ये मर जाते हैं, तो क्या उनकी सम्पत्ति भी हिस्सों में विभाजित होने के लिए योग्य होगी या नहीं? अपने को राजा कहलाने मात्र से वे राजा नहीं बन जाते। राजा के गुण किसी में होना काफ़ी अलग चीज़ हैं।

तीसरा, हिन्दुस्तान के सभी राज्यों में ज़मींदारों की सार्वभौमिक प्रथा के अनुसार हमारा अधिकार साबित होता है। आप ज़मींदारों से पूछताछ करें। यदि चाचा के बेटे मौजूद हैं, तो क्या बेटी का बेटा किसी भी चीज़ का हक़दार है?

तदनुसार, जहाँ भी माननीय अंग्रेज़ी कम्पनी का अधिकार क्षेत्र है, वहाँ इसी प्रथा को अपनाया जाता है क्योंकि बिहार के सूबे में राजा सुन्दर सिंह टिकारी के राजा के यदि पुत्र मौजूद हैं; तो उनकी बेटी के बेटे को ज़मींदारी पर कोई अधिकार नहीं है और न ही ज़मींदारी से जुड़े विशेषाधिकार, लेकिन उनके चाचा मित्रजीत सिंह और पीताम्बर सिंह के बेटों ने उन पर क़ब्ज़ा प्राप्त कर लिया है।

इस प्रकार राजा रामचन्द्र ने भी, जिनकी बराबरी पिछले युगों में और न ही वर्तमान युग में कोई कर पाएगा, अपनी मृत्यु पर अपने पूरे राज को अपने भाइयों के पुत्रों में विभाजित कर दिया था।

चौथा, अलतमग़ा के विलेख के अर्थ और भावना से, आपके याचिकाकर्ताओं का अधिकार साबित होता है, क्योंकि अलतमग़ा का विलेख सदा के लिए अनुदान है, और वास्तविक और व्यक्तिगत सम्पदा के साथ एक ही स्थिति में है, जब तक कि मालिक का एक क़ानूनी उत्तराधिकारी अस्तित्व में है, यह उसकी मृत्यु पर अलग नहीं किया जा सकता है और न ही किसी अन्य व्यक्ति को हस्तान्तरित किया जा सकता है। उस दस्तावेज़ (अलतमग़ा) में इस प्रकार लिखा है। शाही आदेश के अनुसार अलतमग़ा परगना को बलवन्त सिंह और उनके पुत्रों पर वांशिक और शाश्वत उत्तराधिकार में सदा के लिए राजस्व अदायगी से मुक्त अनुदान के रूप में प्रदान की जाती है। अब न्याय के अनुसार अपना निर्णय सुनाओ, क्योंकि हम आपके याचक, शरा और शास्त्र के अनुसार राजा बलवन्त सिंह के पुत्रों की कंड्राएँ हैं। जब तक कि हमारा अस्तित्व है, उक्त महीपनारायण का उक्त अलतमग़ा पर कोई अधिकार नहीं है। पाँचवाँ, उस विलेख के अनुसार भी जिसके द्वारा भदोही की जागीर का रसास्वादन है, आपके याचकों का अधिकार सिद्ध होता है; क्योंकि उस विलेख में लिखा है कि शाही आदेश के अनुसार उक्त जागीर हमेशा के लिए बलवन्त सिंह और उसके उत्तराधिकारियों के लिए लिख कर प्रदान की गयी है, और हम आपके याचिकाकर्ता, उपरोक्त बलवन्त के रिश्तेदार और प्रतिनिधि हैं। जब बलवन्त सिंह की मृत्यु हुई, तो उनके लिए आवश्यक क्रिया और करम (अन्तिम संस्कार) हमारे पूर्ववर्तियों ने किया, न कि महीपनारायण और

उनके पिता ने। शरा और शास्त्र के अनुसार, बलवन्त सिंह का प्रतिनिधित्व करने के लिए यह हम तक आता है और हमारा है। आपका न्याय इस सम्बन्ध में पूछताछ करे और हम आपके याचिकाकर्ता, जो शरा और शास्त्र द्वारा बलवन्त सिंह के सही और क़ानूनी प्रतिनिधि हैं और उनके बेटों और रिश्तेदारों की कंड्राएँ हैं उसी शरा और शास्त्र के अनुसार पूर्ण स्वामित्व रखते हैं और जागीर के मालिक हैं। कर्मों द्वारा सिद्ध और स्थापित किये गये अधिकार से हम किस माध्यम से वंचित हो सकते हैं?

छठा, शुरू से लेकर इस प्रतिनिधित्व को लिखने के समय तक, अलतमग़ा और जागीर हर समय एक ऐसी स्थिति में रहे हैं कि हमारे पूर्ववर्तियों और ख़ुद हमको एक सक्षम रखरखाव का ख़र्च उठाने के योग्य रखा है, फिर अब हमें उसी से कैसे बाहर रखा जा सकता है?

हम आशा करते हैं कि न्याय के अनुसार आपके न्याय करने से आपके याचिकाकर्ताओं के अधिकारों को महीपनारायण द्वारा छोड़ दिया जायेगा, जो अब अन्यायपूर्ण रूप से उन्हें अपने उपयोग के लिए लागू करते हैं, और हमें दिया जायेगा।

आपके न्याय का सूर्य हमेशा चमकता रहे!

हस्ताक्षरित-बाबू जगत सिंह

सदा साईं सहाय बाबू रूप सिंह

साईं सहाय बाबू लकन (लखन) सिंह

अनुवाद : डी मैककीनोन

2. बनारस के रेज़ीडेंट जोनाथन डंकन का सर जॉन शोर गवर्नर जनरल को पत्र, दिनांक 21 फ़रवरी 1795 (बनारस डंकन रिकॉर्ड्स के माध्यम से-बस्ता नम्बर 16, वॉल्यूम नम्बर 86, पृ 147-15-क्षेत्रीय अभिलेखागार, प्रयागराज) और पश्चिम बंगाल राज्य अभिलेखागार में भी न्यायिक सिविल कार्यवाही खण्ड 12 पीपी 195-203 (3 अप्रैल-8 मई 1795)।

[1] जैसा कि यह सम्भव लगता है कि संलग्न याचिका का अभिप्राय जल्द ही पक्षों द्वारा आपके सामने लाया जा सकता है; और जैसा कि मैंने इस स्थान पर इसके विषय पर कोई कार्यवाही करने से इनकार कर दिया है, और यह भी नहीं सोचता कि आपकी पूर्व स्वीकृति के बिना इसे बोर्ड के समक्ष रखना मेरे लिए उचित होगा, इसलिए, मैं निम्नलिखित टिप्पणियों के साथ दावे के विवरण को आपको प्रस्तुत करने का तरीक़ा अपनाता हूँ।

[2] तीन दावेदार जगत सिंह, रूप सिंह और लखन सिंह हैं, जो सभी इस ज़िले के राजाओं के परिवार के सामान्य जोड़ से कम या अधिक दूरस्थ स्तर पर अलग-अलग तरीक़ों से जुड़े हुए हैं, जैसा कि वंशावली तालिका से पता लगाया जा सकता है।

[3] जब मैं पहली बार 1787 में यहाँ आया, तो वे तीनों बिना किसी रोज़गार या निर्वाह के दृष्टिगोचर साधन के थे; लेकिन जगत सिंह, (जो प्रमुख है और अपने आप में वर्तमान उद्यम का लगभग पूरा प्रस्तावक है) ने जल्द ही राजा के आदेश और सद्भावना से एक क्षेत्र प्राप्त किया और जिसके पास उस वर्ष उस बस्ती के राजस्व निस्तारण का नियन्त्रण था–जिसमें शिवपुर, कटेहर और ख़ानपुर के कई परगनों के साथ-साथ पुसारेह के टप्पे और श्रीमू के ताल्लुक़े के साथ, जो एक साथ मिलकर एक बड़ा क्षेत्र बन गये थे, उनके पास थे। मेरा इस बात का नोटिस लेना उनके पक्ष में न्यायसंगत है कि जब तक कि मैं मालाबार से लौट नहीं आया तो उनके तथा उनके अधिकारियों के विरुद्ध अनुचित माँगों की कुछ शिकायतें की गयी थीं। परन्तु पूर्व में उन्होंने कई वर्षों तक मेरी अच्छी राय का काफ़ी हिस्सा पाया था और एक से अधिक बार अपने स्वयं के उदाहरण से विभिन्न योजनाओं की शुरुआत को बढ़ावा देने के लिए एक बेहतर स्तर की तत्परता दिखाई थी, जिन पर मैंने कभी-कभी ध्यान दिया था और जिनका उद्देश्य यह था कि देश के इस हिस्से के स्थानीय प्रशासन की प्रणाली में सुधार लाया जाये, परन्तु (अब) अन्य दावेदारों की ओर अग्रसर होने पर निम्न बातें लिखता हूँ।

[4] जब मेरे वर्तमान प्रभार के दूसरे वर्ष के दौरान पहली बार मुझे राजस्व निपटारे का कार्य सौंपा गया, तो मैंने रूप सिंह को ज़हूराबाद और पुचोतर के 2 परगनों की अमलदारी सौंपी, यह सुनने के बाद कि वे पहले से ही परिवार की अपनी शाखा में लम्बे समय से थे, हालाँकि वे कुछ समय के लिए बेदख़ल हो गये थे और इन दोनों ज़िलों पर तब से रूप सिंह का क़ब्ज़ा है।

[5] जहाँ तक लखन सिंह का सम्बन्ध है, जैसा कि मेरे आगमन पर राजस्व के कुछ बक़ाया के कारण या जिनकी माँग उनसे ठेकेदारी या अमलदारी के कारण की जाती थी और वे ऐसे निर्धारण थे जिनसे पूर्व में उनका सम्बन्ध था, मुझे याद नहीं है कि उसने कभी भी इस प्रकृति के किसी भी भविष्य के प्रावधान के लिए सीधे मुझसे आवेदन किया हो; न ही उसके पास ऐसा कोई प्रावधान था लेकिन उसकी माँ ने मेरे पक्ष के कारण प्रावधान प्राप्त किया है, जो उसने अपने अड़ियल आग्रह को ध्यान में रखते हुए किया न कि मेरे किसी विचार के कारण, मैंने ऐसा किया कि उसे अपना एक अधिकार मिल गया और 11 फ़रवरी 1791 के बोर्ड के आदेश द्वारा मुल्की कोषागार से उसे 100 रुपये प्रति माह की पेंशन देय है।

[6] पक्षों की वर्तमान स्थिति के इस संक्षिप्त विवरण के बाद, मैं यह लिखने के लिए आगे बढ़ता हूं कि जगत सिंह को छोड़कर, उनमें से किसी एक ने भी अब तक किसी भी आगे के दावों को सूचित नहीं किया है, न ही (मेरी सबसे अच्छी याददाश्त

के अनुसार स्वयं) जगत सिंह ने ख़ुद इससे पहले कभी भी मुझे समझाया हो कि उनके विचार किसी भी आकार में इतने ऊँचे थे कि उन विचारों ने वर्तमान राजा को राज से या उसमें साझा करने का बहाना करने से भी पूर्णतया बाहर कर दिया था; और इसके अतिरिक्त या अन्यथा भी उक्त जगत सिंह ने समय-समय पर शिवपुर के परगनों तथा बनारस की ज़मींदारी पर परिवार की अपनी शाखा के श्रेष्ठ अधिकार के रूप में वर्णन करने का प्रयास किया, जिसे मैंने आम तौर पर उतना ही कम और मामूली नोटिस लिया है जितना कि ढोंग मेरे द्वारा ऐसा करने के लायक़ लगता है, चूँकि उन ज़िलों पर जो बनारस की वर्तमान ज़मीनदारी को बनाते हैं के किसी भी हिस्से के लिए उनके पिता या दादा की जो भी पात्रता रही हो, अब मैं यह निष्कर्ष निकालता हूँ कि ये पूरी तरह से अप्रचलित और अपरिवर्तनीय रूप से वर्जित और अमान्य हो गये हैं और समय की चूक और ब्रिटिश सरकार के कृत्यों से ऐसा हुआ है क्योंकि पहले चेत सिंह और उसके बाद महीपनारायण को पूरी ज़मींदारी का अधिकार दे दिया गया।

[7] न तो शायद वर्तमान दावों का कभी सार्वजनिक रूप से आग्रह किया गया होगा, लेकिन सरकार के हाल के विनियमों से जगत सिंह के मन में पैदा हुई आशंकाओं से और यहाँ तक कि कुछ हद तक गाँव के ज़मींदारों और किसानों को हुज़ूरी, जो कि बनारस में सार्वजनिक ख़ज़ाने में तुरन्त अपने राजस्व का भुगतान कर सकते हैं और इस तरह ख़ुद को परगना आमिल पर अपनी प्रमुख निर्भरता से मुक्त कर लेते हैं; बनने के प्रयास में भी उसे इसकी ओर अग्रसर किया और जैसा कि जगत सिंह पहले से ही अपने आमिलों की स्थिति को कम करके उनके तहत ज़िलों से काफ़ी संख्या में अपने मातहत ज़मींदारों का अलगाव देख चुके हैं, जिन पर उन्हें सन्देह है कि ऐसा राजा द्वारा प्रचारित किया गया है। इन विचारों ने आसन्न नियमों की अफ़वाह से उत्पन्न ख़तरे की घण्टी को भी इसमें शामिल कर दिया, क्योंकि यह प्रावधान आमिलों की स्थिति को कम करके उनको तहसीलदारों में परिवर्तित करते हैं। लगता है कि शायद अर्ज़ी में घोषित मक़सद के साथ संयोजन के रूप में इस सबने उन्हें अपने वर्तमान प्रयास के लिए प्रेरित किया, जिसे उन्होंने रूप सिंह और लखन सिंह को ख़ुद से जोड़कर शुरू किया है और जिन्हें केवल उनके आश्रित माना जाना चाहिए। जहाँ तक वर्तमान उदाहरण में उनके मार्गदर्शन में रहने के अलावा कोई अन्य मर्ज़ी या इच्छा नहीं है, जो सम्भवत: उन्हें हर उस साधन का उपयोग करने के लिए प्रेरित करेगी जो वह अपनी इच्छाओं को प्राप्त करने के लिए अनुकूल सोच सकते हैं, जिसके सम्बन्ध में उनकी याचिका पेश करने का उनका वर्तमान पहला क़दम है, और इससे क्या मैं यह समझ सकता हूँ कि इसे प्रारम्भिक औपचारिकता से थोड़ा अधिक माना जा सकता है?

[8] मैंने राजा से उनके इस प्रयास को नहीं छिपाया है, और यहाँ तक कि उसे

अर्ज़ी की एक प्रति प्रस्तुत करने की पेशकश की, ताकि वह उस पर ऐसी टिप्पणियां कर सके जैसा कि उसे उचित लगता है, लेकिन उसने समान रूप से और बल्कि ज़ोरदार रूप से इस तरह के सभी संचार को अस्वीकार कर दिया, यह कहते हुए कि वह माननीय कम्पनी की पसन्द से अस्तित्व में लाया गया राजा है और वह अपने वर्तमान विरोधियों के साथ वरिष्ठता दर्शाते हुए किसी भी प्रकार का स्पष्टीकरण देने की ओर अग्रसर नहीं होगा और न ही वह ऐसा कर सकता है या करेगा लेकिन पूरे विश्वास के साथ आपकी सरकार पर भरोसा करता है या यह कहता है कि मैंने वर्तमान दलों के पूर्वजों के बीच पारिवारिक झगड़ों और दुश्मनियों के बारे में पर्याप्त सुना है, जो मुझे यह सोचने पर मजबूर करता है कि राजा के लिए सफलतापूर्वक विवाद करना बहुत सम्भव है, यदि वह एक से अधिक स्थितियों का जिनका वर्तमान दावेदारों ने अपने वर्तमान वर्णनात्मक प्रतिवेदन में किया है चुने।

[9] लेकिन यह जो कुछ भी हो जगत सिंह ने इस दिन फिर से अपने दावों के लिए एक जवाब देने की इच्छा व्यक्त की, साथ ही साथ अपने और अपने सहयोगियों के सबूतों में कई दलीलों और दावों को पेश करने की भी पेशकश की। मैंने उन्हें संकेत दिया, कि कोई भी ऐसा अवसर नहीं दिया जायेगा और न ही इस विषय पर मेरे द्वारा कोई कार्यवाही की जायेगी ताकि अब प्रेजीडेंसी में वह अपना मुक़दमा चलाने में कोई समय न गँवाये। मुझे लगता है कि मामले की इस रिपोर्ट को अब और अधिक स्थगित (ध्यान रहे कि वह 9 वर्षों तक ऐसे ही करता रहा) नहीं करना मेरी ओर से उचित है। मुझे आशा है कि इसके वर्तमान चरण में आवश्यक लगने के रूप में मेरे इस स्पष्टीकरण को व्याख्यात्मक पाया जायेगा।

अनुलेख : इसके साथ लगायी गयी वंशावली तालिका यह दिखायेगी कि राजा के कई सम्बन्धी वर्तमान आवेदन में शामिल नहीं हुए हैं, [जो स्पष्ट रूप से पार्टियों की ठोस और सही दलीलों को ठुकराने के लिए एक वैध तर्क नहीं हो सकता]।

3. 21 मार्च 1795 को प्रस्तुत बाबू जगत, रूप और लकन [लखन] सिंह की एक अर्ज़ी का निम्नलिखित अनुवाद पढ़ें। (बनारस डंकन रिकॉर्ड्स बस्ता नम्बर 17, वॉल्यूम नम्बर 87, पीपी 80-4, क्षेत्रीय अभिलेखागार प्रयागराज और पश्चिम बंगाल राज्य अभिलेखागार में न्यायिक सिविल कार्यवाही खण्ड 12, पीपी 218-24, (3 अप्रैल-8 मई 1795) के माध्यम से भी।

हम, निम्नलिखित अधोहस्ताक्षरी, आपको बार-बार लगातार याचिकाएँ देते आये हैं और देर से ही सही हमने अपने अधिकारों को प्राप्त करने का अनुरोध किया है, और इस दुनिया में आपके जैसे न्याय करने के लिए इतने प्रसिद्ध व्यक्ति को ढूँढ़ना मुश्किल है, इसलिए ऐसा करके हमें विश्वास है कि आपका अपने याचिकाकर्ताओं

को उनके अधिकारों को क़ब्ज़े में रखने के अलावा कोई अन्य इरादा नहीं है, इस सब के बावजूद हमें अपने अधिकारों को प्राप्त करने में इतनी देरी हुई है, कि हम अब इस विषय पर आपको फिर से परेशान करने से नहीं बच सकते हैं और हम यह बताने की अनुमति माँगते हैं कि हमने अपने अन्तिम प्रतिवेदन दिनांक 12 जनवरी (वास्तव में यह 14 जनवरी है) को प्रस्तुत अपनी याचिका में स्पष्ट रूप से अपना दावा साबित किया, और यह भी कि राजा चेत सिंह ने इस देश में अपने अन्तिम रहने के दिन तक हमें ज़मींदारी, जागीर और अलतमग़ा की आय से भत्ता दिया। मैं जगत सिंह चेत सिंह से अलग हो गया ताकि मैं उनके साथ खाना खाने में भाग लेने की असुविधा से बच सकूँ और अन्त में अंग्रेज़ी सरकार के तहत सुरक्षा का सहारा लिया। जब उक्त राजा को निष्कासित कर दिया गया, तो मैं माननीय गवर्नर जनरल श्री हेस्टिंग्स के साथ था और उस समय के अनन्य जो मैंने सोने और खाने इत्यादि में बिताया, मैं हर कठिनाई में उनके साथ एक हिस्सेदार था, ख़ासकर उस समय जब कैप्टन स्टाकर को शिवाला में काट दिया गया था, जिसके बारे में सुनकर माननीय गवर्नर जनरल ने कर्नल पोफ़म को चेत सिंह को दण्डित करने के उद्‌देश्य से भेजा, और उक्त सज्जन ने उस उद्‌देश्य के लिए मरवाडीह से मार्च किया। इस पूरे समय के दौरान मैं अपने आश्रितों के साथ और बड़ी संख्या में लोगों के साथ उनकी सेवा में उपस्थित था, वास्तव में मैं आधी रात तक मारे गये और घायल लोगों के शवों को कार्रवाई के स्थान से हटाकर अपनी पालकी में माधो दास के बग़ीचे में ले गया था, जहाँ से मैं गवर्नर के साथ चुनार गढ़ गया था, लेकिन उस समय क्योंकि मैं अंग्रेज़ी सज्जनों के रीति-रिवाज़ों से अपरिचित था और यह नहीं जानता था कि वे हिन्दू अधिकारों को शास्त्र या उनके नियमों के अनुसार विनियमित करते थे इसलिए मैंने उस समय अपने अधिकार का दावा करने वाली किसी भी याचिका को नहीं दिया, लेकिन अन्ततः जब मैं अंग्रेज़ों के रीति-रिवाज़ों और उनकी सरकार के न्याय से परिचित हो गया, तो मैंने परिषद को कई याचिकाएँ प्रस्तुत कीं और इसी तरह आपको, अर्थात रेज़ीडेंट को भी, उन्हें प्राप्त करने के लिए प्रार्थना की।

मैं रूप सिंह हूँ और मेरा इतिहास यह है कि मेरे पिता और पूर्वज हमेशा राजा चेत सिंह, बलवन्त सिंह और मंसाराम के हिस्सेदार थे और हमेशा उन्हें ज़मींदारी, जागीर और अलतमग़ा से रखरखाव की अनुमति थी। जब राजा चेत सिंह को निष्कासित कर दिया गया। हालाँकि मेरे पिता उनके भागने में उनके साथ थे, उन्होंने उनकी (गवर्नर जनरल की) सलाह के कारण कि राजा ने विद्रोह द्वारा अंग्रेज़ों को अपना दुश्मन बनाने के कारण उनके पक्ष से बाहर कर लिया और माननीय गवर्नर जनरल ने मेरे पिता को जो चेत सिंह के साथ गमन कर गये थे इसे सार्वजनिक तरीक़े से प्रकाशित किया कि चेत सिंह और सुजान सिंह के अलावा किसी अन्य व्यक्ति की कोई ग़लती नहीं थी। इसलिए बलवन्त सिंह के सभी आश्रितों को उनकी सेवा में आना चाहिए। मेरे पिता

तदनुसार गवर्नर की सेवा में उपस्थित हो गये, और उस समय से, न तो मैं और न ही मेरे पिता सरकार के प्रति छोटे से छोटे अनुचित कार्य के दोषी नहीं रहे हैं। कुछ समय के लिए मैंने अंग्रेज़ी रीति-रिवाजों से परिचित नहीं होने के कारण, और कुछ समय के लिए क्योंकि बाबू जगत सिंह, जो मेरे भाई और साथी हैं और हम भाइयों के मुखिया हैं, ने अपने अधिकार के लिए प्रार्थना करते हुए एक याचिका प्रस्तुत की थी, यह सोचकर कि जब उन्हें अपना हिस्सा मिलेगा तो मुझे भी मेरा हिस्सा मिल जायेगा, ख़ुद कोई दावा नहीं किया। लेकिन फिर भी मैं हमेशा बाबू जगत सिंह के लिए चिन्तित था और हमेशा उनके द्वारा उठाये गये क़दमों के सम्बन्ध में अपनी सलाह देता था। आपके कार्यों के न्याय से प्रोत्साहित होकर मैंने अब अपने नाम पर एक याचिका दी है और अनुरोध करता हूँ कि गवर्नर जनरल द्वारा महीपनारायण को दी गयी सनद को मंगाया जाये और उसकी जाँच की जाये तभी यह प्रकट होगा कि हम उसमें शामिल हैं। उस सनद से हमारा अधिकार सिद्ध हो जाता है और यहाँ तक कि श्री मार्खम ने भी एक ज़मींदार के अधिकार के रूप में मेरे पिता को विजयगढ़ के क़िले की सम्पत्ति का 10 प्रतिशत दिया, जो मेरे पिता पाते थे, और यह उन्हें उस सज्जन द्वारा दिया गया था।

मैं, लखन सिंह, ने पूर्व में अपने अधिकार के लिए प्रार्थना करते हुए एक याचिका प्रस्तुत की थी, और मेरे दावे को श्री ग्रांट को जाँच के लिए उस समय भेजा गया था, जब महीपनारायण ने इस मामले को जटिल बनाना चाहा, जिससे मैं सहमत नहीं था, लेकिन अपने अधिकार का अनुरोध किया, परन्तु उस समय जैसा कि अन्य भाई मेरे साथ दोस्ताना स्थिति पर नहीं थे, मैंने मामले को आगे नहीं बढ़ाया। लेकिन जब तक मैं और मेरे भाई मित्रवत शर्तों पर नहीं थे, तब मैंने अपने मामले को ठण्डे बस्ते में उस समय तक डाले रखा जब तक कि हम तमाम भाई मित्रवत नहीं हो गये, जब मैंने फिर से आपको (रेज़ीडेंट) को अपना दावा निर्धारित करने के लिए एक और याचिका प्रस्तुत की, और जैसा कि हमारे अधिकार हर तरह से साबित होते हैं जैसा कि हमने अपनी पूर्व याचिका में विशेष रूप से आपके न्याय को जानते हुए किया था, हमें उन्हें प्राप्त करने का विश्वास है, ताकि हम देश की समृद्धि के लिए प्रार्थना करना जारी रख सकें।

एक सच्चा अनुवाद

(हस्ताक्षरित) अलेक्जेंडर डंकन उपरोक्त याचिका के मूल लेख पर रेज़ीडेंट ने लिखा है कि लगभग एक महीने पहले, बाबू जगत सिंग को एक मौखिक जवाब दिया गया था, जिसमें संकेत दिया गया था कि वह (रेज़ीडेंट) पहली अर्ज़ी के विषय का संज्ञान लेने या सुनने के लिए आगे नहीं बढ़ेगा, उक्त दृढ़ संकल्प की अब पुष्टि की जाती है, और इस सम्बन्ध में अब कोई और अर्ज़ी प्राप्त नहीं की जायेगी।

4. 24 मार्च 1795 को प्रस्तुत बाबू जगत, रूप और लकन [लखन] सिंह की तीसरी अर्ज़ी का निम्नलिखित अनुवाद पढ़ें (25 मार्च जगत सिंह इत्यादि की तीसरी अर्ज़ी को उन टिप्पणियों के साथ जो उस पर की गयी हैं, प्रेजीडेंसी को भेजा जाना है)। पश्चिम बंगाल राज्य अभिलेखागार न्यायिक सिविल कार्यवाही खण्ड 12, पीपी 224-6 (3 अप्रैल-8 मई 1795) के माध्यम से।

21 तारीख़ को, आपको हमें यह सूचित करने में प्रसन्नता हुई थी कि आप हमारे वर्तमान दावे को नहीं सुनेंगे। ऐ हमारे रक्षक, इस बात के बावजूद कि हमारा अधिकार सबसे मज़बूत सबूतों से साबित होता है जो हमने अपनी पूर्व की अर्ज़ीयों या याचिकाओं में निर्धारित किये हैं; और दिवंगत गवर्नर जनरल, मारकुवीज़ कार्नवालिस ने हम आश्रितों की वह याचिका जिसमें हमने परिषद को अपने अधिकारों का रक्षक जानते हुए अपनी विरासत पाने के लिए प्रार्थना की थी, आपको उचित कार्रवाई के लिए दिया था, फिर भी आपने उपरोक्त आदेश पारित करना उचित समझा। हम यह जानने का अनुरोध करते हैं कि क्या आप हमें सूचित करेंगे की यदि आपने हमारे दावों की सुनवाई को तब तक स्थगित कर दिया है जब तक कि आप बोर्ड के निर्देशों से सुसज्जित न हो जायें, या क्या हमारे दावों को केवल परिषद द्वारा ही सुना जाना है, ताकि यह जानने के बाद हम जिनको सरकार के कार्यों में से एक छोटा-सा हिस्सा सौंपा गया है, वे अपने अधिकार क्षेत्र में उचित नायब स्थापित कर सकते हैं और कलकत्ता के लिए निकल सकते हैं। हमने अपनी विरासत प्राप्त करने के लिए अपने जीवन और सम्पत्ति को समाप्त करने और बलिदान करने का दृढ़ संकल्प किया है। अगर हमें यहाँ प्राप्त हो जाये तो बेहतर है, अन्यथा हम अपने आश्रितों को परिषद के संरक्षण में छोड़कर यूरोप के लिए प्रस्थान कर जायेंगे।

एक सच्चा अनुवाद

(हस्ताक्षरित) अलेक्जेंडर डंकन-सहायक। उपरोक्त अभ्यावेदन पर रेज़ीडेंट टिप्पणी करता है कि वर्तमान दावेदारों के तर्कों के रूप में जो कुछ भी अर्ज़ी में अंकित किया गया है कि उसे पूर्व परिषद के गवर्नर जनरल द्वारा रेज़ीडेंट को सन्दर्भित किया गया है, यह पूरी तरह से ग़लत है, जिसका सरकार के रिकॉर्ड द्वारा भी पता लगाया जा सकता है कि क्या कभी बोर्ड को भी कोई याचिका प्राप्त हुई थी और वहाँ से उस पर जाँच का आदेश दिया गया था। वर्तमान आवेदन की शेष विषय वस्तु विचार के लिए प्रस्तुत है।

परिशिष्ट-III

राजा बलवन्त सिंह की मृत्यु 23 अगस्त 1770 को हो गयी। शुजा-उद्दौला और प्रवर समिति दोनों का दावा है कि उनकी मृत्यु से पहले बलवन्त सिंह की बीमारी 'अल्पकालीन और अचानक' थी।[1] यह दावा तथ्यात्मक नहीं है क्योंकि उनकी बीमारी की प्रकृति ऐसी थी कि यह कभी भी अचानक नहीं हो सकती थी। यह काफ़ी दर्दनाक होती है और लम्बे अरसे तक खिंचती है। यही बात ख़ैर-उद्दीन[2] ने *तोहफ़ा-ए-ताज़*[3] में इंगित की है और स्पष्ट रूप से इसे 'लम्बी बीमारी' कहा है। *बलवन्तनामा* सुब्हान अली ख़ान द्वारा लिखित जो पटना की ख़ुदा बख़्श लाइब्रेरी में ग़लत तरीक़े से तारीख़-ए-बनारस के रूप में संरक्षित किया गया है, उसमें भी यह तथ्य मौजूद है। सुब्हान अली ख़ान बनारस के राजाओं की एक कठपुतली और एक अत्यधिक निठल्ला गपोड़ था पूरी तरह से *तारीख़-ए-बनारस* द्वारा सत्यापित होता है। बनारस के राजाओं के आधिकारिक चिकित्सक सैयद मज़हर हसन भी यही बात कहते हैं। आंशिक रूप से गिरिजा शंकर पाण्डे द्वारा रचित चेत सिंह *(अट्ठारह वर्ष बाद और चेत सिंह का सपना)* पर दो हिन्दी पुस्तकों द्वारा भी यह तथ्य सामने आते हैं। यह सब स्रोत इस तथ्य का जीता जागता सबूत हैं कि अन्य बातों के अलावा, बनारस के लोग इतिहास सम्बन्धी रूमानी गपों का भी शौक़ रखते थे।

अपने जीवन के अन्तिम चरण में अपनी बीमारी की प्रकृति और अवधि की पुष्टि स्वयं बलवन्त सिंह ने की है जब वह सूचित करते हैं :[4] कुछ समय से रोग से पीड़ित हूँ लेकिन अब ठीक हो रहा हूँ। वह आगे बताते हैं[5] कि वह पिछले दो महीनों से बीमारी से काफ़ी पीड़ित थे। बलवन्त सिंह की मृत्यु के बाद बनारस की गद्दी के सभी उम्मीदवारों में पहला[6] मनयार सिंह वल्द मेहरबान सिंह वल्द दयाराम था। मनयार सिंह के लिए बलवन्त सिंह को 'बचपन से बहुत स्नेह था और उन्हें ऐसे शिक्षित किया जैसे कि वह उनके पुत्र हों।' अत: उनका 'दत्तक पुत्र' होने के आधार पर उन्होंने ज़मींदारी पर अपना दावा किया।[7] यही हार्पर की भी राय है जो उस समय अवध में एक ब्रिटिश प्रतिनिधि थे और मौक़े पर (रामनगर में) मौजूद थे। प्रतिभा की दृष्टिकोण से जगत सिंह

वल्द शिव लाल सिंह वल्द दसाराम जिनका (सीपीसी, सातवीं, 1032; मूल विदेश विभाग, फ़ारसी, दस्तावेज़ 10 जनवरी 1787 को प्राप्त उनका पत्र, संख्या 21) 'पालन पोषण' *(बर आवरदाह)* और 'प्रशिक्षण' उसी तरह से हुआ था जैसे (जनाब राजा) बलवन्त सिंह ने अपने जीवन काल में मनयार सिंह का किया था। *(तरबियात याफ्ताह हीन हयात जनाब राजा बलवंद सिंह)*। यह शब्द हमें बाबू जगत सिंह के जीवन के शुरुआती चरणों का पता लगाने में मदद करते हैं। मनयार सिंह की तुलना में उक्त गद्दी के लिए वह सबसे उपयुक्त और योग्य सम्भावित दावेदार थे और 19 अक्टूबर 1770 को अंग्रेज़ों द्वारा रखी गयी कसौटी पर वह बेहतर उतरते थे : 'जब यह माना जाता है कि जेंटू क़ानूनों के सिद्धान्तों द्वारा, विरासत का अधिकार पुरुष वंश की ओर जाता है और महिला वंश का पूर्ण बहिष्कार होता है।'[8] बलवन्त सिंह द्वारा मनयार सिंह की तरह उनके संरक्षण और व्यवहार से पता चलता है कि इस बात की सम्भावना थी कि उन्हें उनकी बेहतर प्रतिभाओं के आधार पर अपने उत्तराधिकारी के रूप में चुना होता यदि उन्होंने सामान्य परिस्थितियों और स्वास्थ्य की स्थिति में यह काम किया होता और विरासत के सामान्य प्रचलित चलन का पालन किया होता जैसा कि कलकत्ता की प्रवर समिति द्वारा इस समस्या का हल निकाला गया था। इसकी क़ानूनी भाषा तीसरे उम्मीदवार महीपनारायण सिंह को ख़ारिज करती है, जो तब केवल 7 साल के थे और राजा बलवन्त सिंह की ब्राह्मण पत्नी रानी गुलाब कुँवर की बेटी के बेटे थे।[9] हार्पर ने लिखा है कि कड़े ब्राह्मण मृतक राजा के पोते से प्रेम करते हैं, जिसकी माँ एक ब्राह्मण की पत्नी है, और उस युवा की ओर से (शुजा) को एक बड़ी राशि की भेंट करने का प्रस्ताव दिया गया है, जो वास्तव में इस पद के लिए अत्यधिक *न्यायपूर्ण योग्यता* (इस पर मेरे द्वारा बल दिया गया है) लगता है[10], जिनमें से अन्तिम दो तिरछेकृत शब्द निश्चित रूप से बहुत अतिरंजित हैं और उक्त प्रस्ताव ने वास्तविक लीगी लॉर्ड (अवध के नवाब) पर तत्काल रुचि रखने के लिए कोई प्रभाव नहीं डाला। उस अवधि में और फिर बक्सर और अन्य युद्धों के बाद की अवधि में वह कलकत्ता में अपने मामलों के अधिग्रहीत वास्तविक शासकों की ओर देख रहा था। अत: प्रवर समिति में यह दर्ज है, 'यह स्पष्ट है कि पोते का दावा केवल ब्राह्मणों द्वारा ही किया जा सकता है जो अपने स्वयं के सम्प्रदाय के लिए अति *पक्षपाती* थे (इस पर मेरे द्वारा बल दिया गया है)।'[11]

हालाँकि जैसा कि चेत सिंह के समय के अधिक विश्वसनीय और समकालीन प्रामाणिक स्रोत द्वारा इंगित किया गया है, ख़ैर-उद्दीन मुहम्मद[12] ने लिखा है कि असामान्य परिस्थितियों में पग उठाते हुए जैसे-जैसे मृत्यु निकट आ रही थी, वह (बलवन्त सिंह) अपने उत्तराधिकारी को नियुक्त करने के बारे में सोचने लगे। पूर्व में बाबू मनयार सिंह को अपना उत्तराधिकारी बनाने का उनका इरादा पक्का था। लेकिन

रानी गुलाब कुँवर ने जब यह पाया कि राजा अपने इरादों को सार्वजनिक करना चाह रहे हैं तो उन्होंने भयावह हंगामा खड़ा कर दिया। उन्होंने रोते हुए कहा कि हालाँकि बाबू महीप नारायण अभी शासन करने के लिए बहुत छोटे हैं, फिर भी किसी को भी गद्दी पर बैठने का उनसे अधिक अधिकार नहीं था; और जब तक वह प्रौढ़ नहीं हो जाते, उनके पिता बाबू दुरविजय सिंह (64) अभिभावक और डिप्टी के रूप में कार्य कर सकते हैं। राजा बलवन्त सिंह के आसपास मौजूद सभी प्रभावशाली लोगों में बाबू औसान सिंह का प्रभाव सबसे बढ़ा था। उनकी इस मामले पर अपनी राय थी। उन्होंने बलवन्त सिंह को ख़ुद से सहमत कर लिया। उन्होंने आग्रह किया कि चेत सिंह राजा की सन्तान हैं, और एक पुत्र की उपस्थिति में न तो भतीजे और न ही पोते को उनके उत्तराधिकारी होने का कोई अधिकार था। उनका समर्थन नंदा भगत, ग़ुलाम हुसैन ख़ान बिन हिम्मत ख़ान, बालकिशन, भाईराम और अन्य लोगों ने किया।[13] हर रोज़ तीनों उम्मीदवारों में से प्रत्येक के समर्थक बलवन्त सिंह की मृत्यु के समय तक उनके दावों की वकालत करते रहे। मृत्यु के समय बलवन्त सिंह रामनगर से बनारस जाना चाहते थे लेकिन वो रास्ते में ही चल बसे।[14] इसके विपरीत उन्होंने ख़ुद दर्ज किया था कि 'कुछ समय से उनका स्वास्थ्य ख़राब चल रहा था लेकिन अब उसमें सुधार हो रहा है।'[15] फिर बाद के एक पत्र में वे लिखते हैं, 'पिछले दो महीनों से बीमारी से बहुत पीड़ित हूँ, लेकिन अब स्वास्थ्य बहाल हो गया है।' ऐसा तब था जब उन्होंने चेत सिंह का कम्पनी अधिकारियों से परिचय करवाने के लिए एक पत्र लिखा था जिसमें कहा गया था कि चेत सिंह 'अब परिपक्व है और राज्य के मामलों में भाग ले सकता है। यह अनुरोध है कि गवर्नर ने अब तक जो विश्वास आवेदक पर बनाए रखा था अब वही विश्वास वह आवेदक के पुत्र पर रखें। ताकि उनका पुत्र स्वयं को अंग्रेज़ों की सेवा में समर्पित कर सके और आवेदक स्वयं बनारस में एक सेवानिवृत्त जीवन व्यतीत कर सके। ऐसा करते हुए वह कम्पनी की समृद्धि के लिए प्रार्थना करते रहेंगे। वह यह सूचना शेख़ अली नक़ी के विवरण के लिए भी सन्दर्भित करते हैं, जो जल्द ही कलकत्ता में महामहिम से भेंट करने वाले हैं।'[16]

उपर्युक्त वर्णित घटनाक्रम से चेत सिंह बनारस की गद्दी के चौथे उम्मीदवार बने। ख़ैर-उद्दीन मुहम्मद कहते हैं, 'रानी गुलाब कुँवर और बाबू मनयार सिंह अब भी अपने दावे आगे बढ़ाने से पीछे हटना नहीं चाहते थे, लेकिन जब उन्हें यह स्पष्ट हो गया कि बाबू औसन सिंह मामले के बीच में आ खड़े हुए हैं तो वे दोनों चुप्पी साध गये।'[17] उनकी वैधता के बारे में सुप्रकाश सान्याल ने काफ़ी स्पष्ट और यथार्थपूर्ण चर्चा की है और इसे उनकी पुस्तक के मनन से जाना जा सकता है।[18] अंग्रेज़ भी ऐसा व्यवहार करने के लिए प्रेरित हो गये थे क्योंकि बिहार में कम्पनी के नायब दीवान शितब रॉय

ने उनके प्रति उसकी वफ़ादारी की वकालत यह कहकर की थी कि वह 'ज़रूरत के समय में सेवा योग्य साबित होगा' और इस क्षेत्र में अंग्रेज़ अपने कई हितों को साधते हुए '(अवध के नवाब से स्वतन्त्र' वहाँ एक 'लचीले राजा' की खोज को पूरा कर सकेंगे।[19] जैसा कि 2024 में प्रकाशित मूल अंग्रेज़ी पुस्तक में उनका इसी रूप में उल्लेख किया जा चुका है और जिसके लिए वे आरम्भ से ही उस समय से प्रयत्नशील थे जब से बनारस की ज़मींदारी का मुस्तक़बिल कुछ यूँ ही तय करने लगे थे जैसे लक्ष्य के लिए लटकाई जाने वाली गाजर। यहाँ तक कि तथाकथित 'डंकन रिकॉर्ड्स' के अलावा, जो मौक़े पर यानी बनारस में दर्ज हुए थे, उस स्थान से सम्बन्धित कार्यवाही के तमाम हवाले मूल रूप से या तो प्रवर समिति की समीक्षाओं में या बंगाल और बिहार के ज़िला अभिलेखों में दर्ज हो रहे थे और इन्हें इन ज़िलों से सम्बन्धित कागज़ात के साथ मिला दिया गया है और परिषद में गवर्नर जनरल की कार्यवाही में इतने बड़े पैमाने पर दर्ज पाया जाता है कि इसके माध्यम से जाने वाले को बंगाल के कई ज़िला अभिलेखों से इन अभिलेखों की जाँच करने की आवश्यकता नहीं पड़ती है। सिवाय 'कुछ विवरण' और '1776-1795 से बनारस में रेज़ीडेंट की कार्यवाही की एक सूची या बनारस के कलेक्टर का 20 जून, 1804 को भेजा गया पत्र', जैसा कि सुप्रकाश सान्याल ने स्पष्ट किया है।[20]

बलवन्त सिंह की मृत्यु के समय चेत सिंह 17 वर्ष के थे।[21] हालाँकि, उनकी मृत्यु से पहले ही कलकत्ता के गवर्नर कार्टियर ने उनके उत्तराधिकार में अपनी रुचि दिखाई और शुजा को एक पत्र लिखा था। इस पत्र में उनकी सिफ़ारिश की गयी थी। लेकिन उनके द्वारा यह पत्र प्राप्त होने से पहले ही उन्होंने हार्पर को इस सम्बन्ध में कलकत्ता में अंग्रेज़ों के शासकीय निकाय-प्रवर समिति की भावनाओं को जानना चाहा और इस प्रकार 25 और 26 अगस्त, 4 सितम्बर, 4 और 8 अक्टूबर, 1770 के अलावा कम-से-कम उनके कुछ अन्य पत्र इस पूरे मामले की प्रगति को जानने के लिए सर्वोपरि हो जाते हैं। यह निश्चित है कि शुजा-उद्दौला 1770 में बनारस नहीं गये थे। इसलिए इस सम्बन्ध में ख़ैर-उद्दीन मुहम्मद द्वारा जो कुछ भी लिखा गया है वह इस घटना की तारीख़ के सम्बन्ध में ग़लत है।[22] बलवन्त सिंह की मृत्यु का पूरा फ़ायदा उठाते हुए शुजा-उद्दौला ने 26 अगस्त 1770 को एलिच ख़ान को 20 लाख की नज़र और वार्षिक भुगतान में 5 लाख की वृद्धि की माँग करने के लिए नियुक्त किया।[23] चेत सिंह नज़राना के रूप में 10 लाख से अधिक की पेशकश करने को तैयार नहीं थे। इस प्रकार वार्ता एक महीने के बाद भी किसी निश्चित निष्कर्ष पर नहीं पहुँच सकी और इसे निष्कर्ष पर लाने के लिए हार्पर को 1 अक्टूबर 1770 को प्रतिनियुक्त करना पड़ा।[24] अन्ततः 8 अक्टूबर 1770 को यह सहमति हुई कि चेत सिंह को 17 लाख का

नज़राना देना चाहिए और वार्षिक भुगतान में 2.5 लाख की वृद्धि करनी चाहिए। 17 लाख में से 10 का भुगतान तुरन्त किया जाना था और बाकी 7 का भुगतान 12 महीने की अवधि में किया जाना था। इस सब के कारण 10 अक्टूबर को चेत सिंह की गद्दी पर स्थापना हुई, जो बलवन्त सिंह को प्राप्त अधिकारों और विशेषाधिकारों का आनन्द लेने के लिए और उन्हें अवध के नवाब की ओर से प्रदान किये गये थे, जिन्होंने इस उद्यम के लिए उनके साथ आने वाली 19 वीं बटालियन के तोपख़ाने द्वारा 15 तोपों की सलामी देने का भी आदेश दिया था ताकि 'उस नवयुवक को सरकार में और मुख़्तार बनाया जा सके।'[25] हरिचरण[26] के अनुसार चेत सिंह ने मुग़ल सम्राट को मान्यता के लिए 4 लाख और हार्पर और एलिच ख़ान को एक-एक लाख का भुगतान किया। इसलिए ख़ैर-उद्दीन मुहम्मद[27] (64) द्वारा एलिच ख़ान को दिये गये 22 लाख का आँकड़ा न केवल बिल्कुल ग़लत है, बल्कि बलवन्त सिंह के अन्तिम संस्कार के दिन ही चेत सिंह को गद्दी पर बैठाने वाली औसान सिंह की बात भी बस गपशप है। यह ध्यान दिया जाना चाहिए कि ऐसा पहली बार उपरोक्त वर्णन की भाँति वर्णित तिथि को हुआ था जब चेत सिंह के परिग्रहण के लिए तोपख़ाने की तोपें दाग़ी गयी थीं और इससे पहले नहीं। यह सब किसी भी तत्काल शासन प्रारम्भ करने वाली पूर्व-परिपक्व क़दम उठाने की सम्भावना को ख़ारिज करता है, जो अवध के नवाब, सहयोगी समर्थकों और अंग्रेज़ों की सहमति के बिना हो। कम-से-कम राजा बलवन्त सिंह की मृत्यु के दिन इस तरह का कोई भी क़दम उनके मामले को ख़तरे में डाल देता। इस तरह से इसकी बहुत सम्भावना थी कि दोनों के द्वारा उन्हें समर्थन नहीं दिया गया होता और उन्हें किनारे हटाकर उस उम्मीदवार को जो अपने लिए प्रयत्न कर रहा था या ऊपर वर्णित अन्य सम्भावित उम्मीदवार पात्र जो सामान्य रीति-रिवाज़ों और पारिवारिक परम्पराओं के अनुसार पदोन्नति के लिए उपलब्ध था उसे गद्दी पर बिठा देते। ख़ैर-उद्दीन मुहम्मद[28] वास्तव में काफ़ी स्पष्ट हैं कि 'राजा बलवन्त सिंह के रिश्तेदार और दोस्त उनके शरीर को जलाने के बाद रामनगर वापस लौट आये थे। राज्य के मुख्यमन्त्री और मामलों के प्रबन्धक बाबू औसन सिंह ने सभी अधिकारियों, रिसालदारों और अन्य लोगों को अपने पक्ष में कर लिया था और कई कोषागारों और अन्य कार्यालयों में काम करने की अपनी व्यवस्था रिक्तता को रोकने के रूप में काम करने लगी थी। यह सच है कि बलवन्त सिंह की मृत्यु की ख़बर मिलते ही नवाब शुजा-उद्दौला[29] ने फ़ैज़ाबाद से निकलने का मन बना लिया था; लेकिन चेत सिंह[30] 'अपने पिता की मृत्यु के बारे में सूचित करते हैं और अंग्रेज़ी सरदारों के पक्ष और संरक्षण की माँग करते हैं।' यह पत्र कार्टियर[31] को 15 सितम्बर 1770 को प्राप्त हो गया था और उन्हें इसके बारे में सूचित किया गया था कि बलवन्त सिंह और अंग्रेज़ों के बीच की मैत्री को ध्यान में रखते हुए

अवध के नवाब को बनारस की ज़मींदारी प्रदान करने की सिफ़ारिश की गयी थी और इसके उसे प्रदान करने के उपरान्त उन्हें एक पूर्ण पत्र लिखा जाना था। उन्हें यह भी सूचित किया गया कि शेख़ अली नक़ी बलवन्त सिंह का पत्र लेकर वहाँ पहुँचे थे और उन्हें विवरण के लिए उनके पास भेजा गया था। हालाँकि, इसके बाद 12 अक्टूबर तक उन्होंने अंग्रेज़ों से सम्पर्क नहीं किया क्योंकि इस तिथि को कार्टियर[32] ने उन्हें लिखा है : 'शुजा-उद्दौला के मुख्य वार्ताकार एलिच ख़ान के साथ बातचीत तब तक एक महीने से अधिक समय तक चल रही थी और इसकी जानकारी अन्य स्रोतों से उन तक पहुँची लेकिन चेत सिंह ने उन्हें इसके बारे में कुछ नहीं लिखा (क्योंकि चेत सिंह ने स्पष्ट रूप से स्थिति के इस पहलू पर अधिक ध्यान केन्द्रित किया था कि बनारस की ज़मींदारी पर अवध के नवाब की सम्प्रभुता थी)। 'यह अजीब है! अंग्रेज़ी प्रमुखों में विश्वास की यह कमी किसी भी तरह से उनकी समृद्धि में योगदान नहीं देगी। न ही यह एक ऐसा सबक़ है जो वह अपने मृत पिता से सीख सकते थे, जिन्होंने अंग्रेज़ी सरदारों की दोस्ती को हर चीज़ से ऊपर रखा और अपने कल्याण और हित को छूने वाले सभी मामलों में उनसे परामर्श किया। उनकी युवावस्था और अनुभवहीनता को वह उनके वर्तमान रवैये का कारण मानने के लिए तैयार है और इसमें सन्देह नहीं है कि भविष्य में वह अपने तरीक़ों में सुधार करेगा और अपने पिता की तरह अंग्रेज़ी प्रमुखों की दोस्ती की खेती करेगा। शुजा के साथ उनकी बातचीत के विषय पर सलाह देने के लिए उनकी मृत्यु के समय उनके पिता की वित्तीय स्थिति को वह नहीं जानता है। केवल यह देखना है कि यदि स्वर्गीय राजा की छोड़ी सम्पत्ति लोगों की कल्पना की तुलना में आधी भी है, तो उनके द्वारा तुच्छ राशि का भुगतान करने से उन्हें असुविधा नहीं होगी। यह उनके अपने हित में है कि वह जल्द ही समझौता करें और उनसे प्रथागत ख़िलअत प्राप्त करें। जैसे ही यह मामला तय हो जाता है, प्रजा की ख़ुशी को बढ़ावा देने का प्रयास करना चाहिए और शुजा को समय पर भुगतान करना चाहिए ताकि उसे उसका समर्थन, दोस्ती और अंग्रेज़ों का पक्ष प्राप्त हो सके।

हालाँकि 10 दिन बाद (22 अक्टूबर)[33] बिहार के नायब नाज़िम राजा शितब राय के पत्र से यह पता चला कि नज़राना मामले को एलिच ख़ान, कैप्टन हार्पर और चेत सिंह के बीच एक सम्मेलन में तय कर लिया गया था और चेत सिंह को कुल 17 लाख जमा करने थे, 10 तुरन्त और 7 का भुगतान कार्तिक के अन्त में करना था। अपने पिता से 2,50,000 अधिक भुगतान करने के लिए वह तैयार हो गया। उन्होंने इस पर हस्ताक्षर किये और हार्पर और एलिच ख़ान से सम्मान का एक वस्त्र और एक हाथी प्राप्त किया और इसलिए 23 अक्टूबर[34] को उन्होंने उपरोक्त के हस्ताक्षर के लिए हार्पर को भेजने के लिए शुजा को धन्यवाद दिया। हार्पर के पत्र से इसकी पुष्टि प्राप्त करने

पर, शितब राय ने यह सब कार्टियर को लिखा, जिन्होंने 27 अक्टूबर[35] के अपने पत्र में इसकी पुष्टि की है। चेत सिंह[36] इसकी भी पुष्टि करते हैं कि शुजा ने पहले बनारस का दौरा करने का संकल्प लिया था और इस जगह को जाने वाली सड़क पर अपने तम्बू गाड़ दिये थे। जब कैप्टन हार्पर ने गवर्नर का पत्र प्राप्त होने पर, शुजा को अपनी यात्रा स्थगित करने के लिए कहा, तो वह स्वयं बनारस आये, और उनकी और शुजा की सन्तुष्टि के लिए हर मामले को सुलझाया। 'यह दुनिया के लिए स्पष्ट है कि अंग्रेज़ी प्रमुख हर अवसर पर अपने अनुयायियों का समर्थन करते हैं और अपने सम्मान और प्रतिष्ठा के रखरखाव के लिए अपने सर्वोत्तम प्रयासों का उपयोग करते हैं। हार्पर ने उनके सम्मान और प्रतिष्ठा का समर्थन करने और शुजा को भी सन्तुष्ट करने के लिए कोई कसर नहीं छोड़ी। अंग्रेज़ी प्रमुखों के प्रति लेखक का आभार इतना महान है कि अगर उसके सर का हर बाल एक जीभ भी बन जाये, तो भी उसके लिए इसे व्यक्त करना असम्भव होगा। सर्वशक्तिमान अंग्रेज़ी प्रमुखों की शक्ति को संरक्षित करे।' 12 अक्टूबर को उनका पत्र प्राप्त करते हुए, उन्होंने एक महीने के लिए अपनी चुप्पी को यह कहते हुए समझाया[37] कि 'पूरे महीने के दौरान जब एलिच ख़ान बनारस में थे, तब तक कुछ भी महत्त्व का नहीं हुआ था। इसलिए उसकी ओर से कोई पत्र नहीं लिखा गया था।' लेकिन जब हार्पर गवर्नर के निर्देशों के अनुसार पहुँचे और शुजा और वह दोनों की सन्तुष्टि के लिए मामलों को समायोजित किया और कार्यालय के सम्मान का प्रथागत वस्त्र प्राप्त किया। साथ ही उनके वकील शेख़ अली नक़ी को एक पत्र भेजा जिसमें उन्हें मामलों का विवरण उनके सामने रखने के लिए निर्धारित किया गया था। 'वह गवर्नर द्वारा धूल से ऊपर उठाया गया है और उनके आदेशों को पूरा करने के लिए हमेशा तैयार रहेगा। शुजा को नियमित और समय पर निर्धारित धन का भुगतान करेगा।' कार्टियर 'हिन्दुस्तान के लोगों पर' एक छाप डालने में अधिक रुचि रखते थे कि चेत सिंह ने अवध के नवाब के एजेंट के एकमात्र प्रयासों के स्थान पर उनके स्वयं के एजेंट के माध्यम से 'उत्तराधिकार का अधिकार प्राप्त किया', शुजा-उद्दौला कलकत्ता में गवर्नर को प्रसन्न रखना जारी रखना चाहते थे क्योंकि वह सपना देख रहे थे, जैसा कि उन्होंने 1760 के दशक में बंगाल और बिहार का नेतृत्व प्राप्त करने[38] के लिए किया था, वह उस समय अवध व अंग्रेज़ों के एक संयुक्त अभियान के द्वारा मराठों को दिल्ली से हटाने और शाह आलम को शाही राजधानी में स्थापित करना चाहते थे परन्तु वह कार्टियर को उस हद तक फँसाने में विफल रहे और उसे अपने साथ गठबन्धन करने के लिए केवल रुहेलों को मनाने के लिए सहमत होना पड़ा, लेकिन उसमें भी वह असफल रहा। उसे इस प्रकार अपने 'गौरव' के लिए 'एक प्रभावकारी झटका' सहन करते हुए लखनऊ वापस लौटना पड़ा। तदोपरांत रुहेलखण्ड और कोरा की

ओर मराठा घुसपैठ के कारण शुजा[39] ने 1 फ़रवरी 1771 को फ़ैज़ाबाद छोड़ दिया। वह 9 तारीख़ को बनारस पहुँचे और 11 तारीख़ को मुनीर ख़ान और एलिच ख़ान के साथ रॉबर्ट बार्कर वहाँ शामिल हो गये। 10 दिनों के अन्तराल की अवधि में जब शुजा बनारस में थे तब चेत सिंह ने फूलपुर में उनका स्वागत किया और एक जागीर के साथ एक वस्त्र, एक सरपेच और एक तलवार प्राप्त की। इसी मोड़ पर शुजा ने 20 फ़रवरी को रामनगर का दौरा किया और चेत सिंह ने उन्हें नक़दी, हाथी, घोड़े, गहने और दुर्लभ कपड़े भेंट किये। इसके प्रतीक के रूप में शुजा ने उसके सिर पर अपनी पगड़ी बाँध दी। हालाँकि ख़ैर-उद्दीन मुहम्मद[40] का दावा है कि आसफ़-उद्दौला ने इस अवसर पर अपने पिता के वचन के अनुसार उनके साथ अपनी पगड़ी का आदान-प्रदान किया था परन्तु यह अंग्रेज़ी रिकॉर्ड से साबित नहीं होता है। शुजा ने 21 फ़रवरी 1771 को बनारस[41] छोड़ दिया और कोरा की ओर बढ़ते हुए गंगा पर मेंहदी घाट पर डेरा डाला और ऊपर वर्णित के अनुसार पीड़ित व दु:खी हुए। यहाँ यह जोड़ा जा सकता है कि यह अच्छी तरह से जानते हुए कि शुजा फ़ैज़ाबाद से उसके साथ जुड़ने के लिए आगे बढ़ रहा था, रॉबर्ट बार्कर ने चेत सिंह को आगे बढ़ने और अपने असली प्रभुत्व वाले व्यक्ति शुजा का स्वागत करने की सलाह दी और वह 8 फ़रवरी को बनारस से 20 मील दूर फूलपुर के लिए रवाना हो गया, जैसा कि पहले उल्लेख किया गया है। सान्याल[42] ग़लत कहते हैं कि शुजा ने बनारस फ़ैज़ाबाद जाने के लिए छोड़ दिया, क्योंकि वास्तविकता वही है जैसा कि मेंहदी घाट तक उनके मार्च के बारे में ऊपर उल्लेख किया गया है। ओल्डहम[43] की यह बात भी सही नहीं है कि इन घटनाओं का विवरण एक सही वर्णन है क्योंकि जब हम इसकी तुलना ख़ैर-उद्दीन मुहम्मद[44] के विस्तृत वर्णन से करते हैं तो यह बात भी ग़लत साबित हो जाती है। दूसरे यह कि इसका वर्णन ओल्डहम ने केवल पृष्ठ 107 पर किया है, न कि 108 पर भी जिसमें शुजा से सम्बन्धित 1773 ईसवी की घटनाओं का विवरण है। इसके साथ ही साथ ओल्डहम इसकी तारीख़ 25वीं जमाद-I, 1184 हिजरी (15 सितम्बर 1770) लिखते हैं और ख़ैर-उद्दीन मुहम्मद 20वीं जमाद-I, 1184 हिजरी (11 सितम्बर 1770) लिखते हैं। उस समय ऐसी किसी भी बैठक की सत्यता को इस तथ्य से ख़ारिज कर दिया गया था[45] कि शुजा के पदार्पण के बारे में सुनकर चेत सिंह विजयगढ़ भाग गये और अंग्रेज़ों से 'अंग्रेज़ी सरदारों के पक्ष और संरक्षण' की माँग करने के लिए सम्पर्क किया न कि उनसे जो उस समय फ़ैज़ाबाद से ही नहीं चले थे जैसा कि ऊपर बताया गया है।

वारेन हेस्टिंग्स 24 जून 1773 को कलकत्ता से रवाना हुए और 19 अगस्त को बनारस पहुँचे।[46] शुजा-उद्दौला 6 अगस्त को फ़ैज़ाबाद से निकले और शायद 18 तारीख़ को बनारस पहुँचे और 4 मील पहले ही उनका स्वागत किया। उनके बीच

हुए सम्मेलन में शुजा ने तर्क दिया कि 1765 की सन्धि का 5वाँ अनुच्छेद बलवन्त सिंह के जीवन तक लागू था। लेकिन वारेन हेस्टिंग्स ने उन्हें 6 सितम्बर के समझौते के माध्यम से चेत सिंह और उनके उत्तराधिकारियों को बनारस की पुष्टि करने के लिए सहमत किया[47] और बनारस के राजा को कम्पनी द्वारा बेचे जाने वाले चौड़े अर्ज़ के कपड़े, ताँबे और सीसा के मिर्ज़ापुर में शुल्क मुक्त बेचने की अनुमति प्रदान करने के लिए बाध्य किया, जो उस समय मध्य और पश्चिमी भारत में बंगाल के सामानों की आपूर्ति के लिए मुख्य बाज़ार था। यहाँ यह जोड़ा जा सकता है कि बनारस की जमींदारी को अंग्रेज़ों द्वारा जल्द ही हड़प लेने की उम्मीद थी।[48] 1769 में जब कलकत्ता के अधिकारियों ने लन्दन में अपने वरिष्ठों से ऐसा करने की इच्छा व्यक्त की तो 1771 में उन्होंने ऐसा करने की उनको मंजूरी दे दी।[49] कलकत्ता की परिषद ने 23 जून 1773 को कोरा और इलाहाबाद के बदले में वारेन हेस्टिंग्स को इस इच्छा को पूरा करने के लिए अधिकृत किया, लेकिन उन्होंने अपनी परिषद, जो भारत में उनके तमाम कार्यकलापों के लिए प्रशासनीय निकाय थी, के आदेशों के सरासर उल्लंघन में इसके बारे में सोचने की भी ज़हमत नहीं उठाई और 1773 में अपने स्वयं के औचित्य के लिए कार्य करना पसन्द किया, जिसे उन्होंने स्पष्ट रूप से अपनी डायरी ऑफ़ बनारस[50] में स्वीकार किया, 'मैंने उनकी (शुजा की) भावनाओं के सम्मान में ग़ाज़ीपुर के अन्तर्गत आने वाले क्षेत्र से सम्बन्धित सभी दावे एक किनारे रख दिये थे, हालाँकि मेरे वरिष्ठों की ज्ञात इच्छाओं और निहित आदेशों से मैं ऐसा करने के लिए बाध्य था। मैंने मन बना लिया कि इसका प्रस्ताव नहीं करूँगा, क्योंकि मैं इस पर ज़ोर नहीं दे सकता था' हालाँकि, बनारस[51] में 1773 मामलों की उनकी रिपोर्ट से बहुत अच्छी तरह से जाना जाता है कि उन्होंने टिप्पणी में एक सफ़ेद झूठ बोला, 'मैंने उन्हें (शुजा) राजा चेत सिंह के क्षेत्र (कोरा और इलाहाबाद) के आदान-प्रदान का प्रस्ताव दिया लेकिन मैंने उन्हें बेवजह प्रतिकूल पाया।' बेशक चेत सिंह की तरह ही मनयार सिंह और महीपनारायण सिंह दोनों ही 'लचीले' राजा थे, लेकिन अगर बलवन्त सिंह ने सामान्य परिस्थितियों में काम किया होता तो सम्भावना थी कि वह मनयार सिंह की तुलना में जगत सिंह को गद्दी देना पसन्द करते और जगत सिंह इतनी आसानी से और लगातार उनके आगे नहीं झुकते। 8वीं सितम्बर 1773 में 'जब वह (वारेन हेस्टिंग्स) बनारस में थे, उन्होंने राजा चेत सिंह को हमारे सैनिकों की सहायता के लिए 500 घोड़े देने का प्रस्ताव किया[52] जिनका प्रयोग बंगाल के संन्यासी विद्रोह के ख़िलाफ़ किया जाना था। हालाँकि वह आसानी से ऐसा करने के लिए सहमत हो गये, लेकिन पहली बार योगदान करने के लिए आवश्यक ऐसे सैनिकों के वेतन के ख़र्च को वहन करने के लिए तैयार नहीं पाये गये।

लेकिन पहले मना करना और फिर मान जाना चेत सिंह की आदत थी जैसा कि उनके जीवन की घटनाओं से हमें इसका आभास होता है।

टिप्पणियाँ

1. सीपीसी, III, 394; प्रोसीडिंग्स ऑफ़ सिलेक्ट कमिटी, 9 सितम्बर, 1770
2. ख़ैर-उद्दीन मुहम्मद, *तोहफ़ा-ए-ताज़,* सम्पादन अंसारी और क़ुरेशी, 62
3. पूर्वोक्त, 56
4. सीपीसी, III, 255-आर 15.6.1770
5. सीपीसी, III, 320-आर 6.8.1770
6. ख़ैर-उद्दीन मुहम्मद, सम्पादन अंसारी और क़ुरेशी, 4
7. सिलेक्ट कमिटी प्रोसीडिंग्स, अक्टूबर 19, 1770 : सिलेक्ट कमिटी को हार्पर, अक्टूबर 4, 1770
8. सिलेक्ट कमिटी प्रोसीडिंग्स, अक्टूबर 19, 1770 : कमिटी का रेसोल्यूशन
9. ख़ैर-उद्दीन मुहम्मद, सम्पादन अंसारी और क़ुरेशी, 63; विलटन ओल्डहम, *नॉर्थ वेस्टर्न प्रोविन्सेज, हिस्टॉरिकल एंड स्टेटिस्टिकल मेमोइर ऑफ़ ग़ाज़ीपुर डिस्ट्रिक्ट,* गवर्नमेंट प्रेस, इलाहाबाद, 1870, पार्ट I, 107; सुप्रकाश सान्याल बनारस एंड दी इंग्लिश ईस्ट इंडिया कम्पनी, 1764-1795, कलकत्ता, दी वर्ल्ड प्रेस प्राइवेट लिमिटेड, 1979, पृ. 75 ने इसे ग़लत तरीक़े से 106 उद्धृत किया है।
10. सिलेक्ट कमिटी प्रोसीडिंग्स, अक्टूबर 19, 1770 : सिलेक्ट कमिटी को हार्पर, अक्टूबर 4
11. पूर्वोक्त
12. ख़ैर-उद्दीन मुहम्मद, सम्पादन अंसारी और क़ुरेशी, 63
13. सिलेक्ट कमिटी प्रोसीडिंग्स, सितम्बर 1, 1770; सिलेक्ट कमिटी को अलेक्जेंडर, 25 अगस्त
14. ख़ैर - उद्दीन मुहम्मद, सम्पादन अंसारी और क़ुरेशी, 64
15. सीपीसी, III, 255-आर 15.6.1770
16. सीपीसी, III, 320-आर 6.8.1770
17. ख़ैर-उद्दीन मुहम्मद, सम्पादन अंसारी और क़ुरेशी 64
18. सुप्रकाश सान्याल, पूर्वोक्त, पृष्ठ 75-76 नोट 8
19. एचए क़ुरेशी, श्रेया पाठक, द *लॉस्ट हीरो ऑफ़ बनारस, बाबू जगत सिंह,* दिल्ली : प्राइमस बुक्स, पृष्ठ 54
20. सुप्रकाश सान्याल, पूर्वोक्त, पृ 232
21. इन घटनाक्रमों की तफ़सीली जानकारी के लिए देखें, एएल श्रीवास्तव, *शुजा-उद्दौला ऑफ़ अवध,* खण्ड II, पृ 142; सीपीसी, III, 346, 350, 365, 424, 425, 433, 462; अधिक

जानकारी के लिए देखें, सान्याल, 53-55

22. आईएच अंसारी व एचए क़ुरेशी, *तोहफ़ा-ए-ताज़ा ऑफ़ फ़कीर ख़ैर-उद-दीन एंड मिनट्स ऑफ़ वारेन हेस्टिंग्स,* न्यू रायल बुक कम्पनी, लखनऊ, 2009, पृष्ठ 64-65
23. डेट इन द सिलेक्ट कमिटी प्रोसीडिंग्स : सिलेक्ट कमिटी को हार्पर अगस्त 27
24. डेट इन द सिलेक्ट कमिटी प्रोसीडिंग्स अक्टूबर 19, 1770 : सिलेक्ट कमिटी को हार्पर अक्टूबर 4
25. सिलेक्ट कमिटी प्रोसीडिंग्स नवम्बर 7, 1770 : सिलेक्ट कमिटी को हार्पर अक्टूबर 4
26. चहार गुलज़ार-ए-शुजाइ, सरकार एमएस, 503 अ; *शुजा-उद्दौला इन अवध,* खण्ड II में उद्धृत, पृष्ठ 143, नोट 31
27. ख़ैर-उद्दीन मुहम्मद, 64
28. पूर्वोक्त
29. पूर्वोक्त
30. सीपीसी, III, 353-आर 8.9.1770
31. सीपीसी, III, 365
32. सीपीसी, III, 415
33. सीपीसी, III, 424
34. सीपीसी, III, 425
35. सीपीसी, III, 433
36. सीपीसी, III, 446-आर 7 नवम्बर 1770
37. सीपीसी, III, 452-आर 10.11.1770
38. सिलेक्ट कमिटी प्रोसीडिंग्स मार्च 20, 1771 : सिलेक्ट कमिटी को हार्पर, फ़रवरी 24
39. एएल श्रीवास्तव, *शुजा-उद्दौला इन अवध,* खण्ड II, 147
40. ख़ैर-उद्दीन मुहम्मद, 65
41. एएल श्रीवास्तव, *शुजा-उद्दौला इन अवध,* खण्ड II, 148
42. सुप्रकाश सान्याल, पूर्वोक्त, पृष्ठ 55, 77, नोट 46
43. विलटन ओल्डहम, *नॉर्थ वेस्टर्न प्रोविन्सेज, हिस्टॉरिकल एंड स्टेटिस्टिक्ल मेमोइर ऑफ़ ग़ाज़ीपुर डिस्ट्रिक्ट* गवर्नमेंट प्रेस, इलाहाबाद, 1870, पार्ट I, 107-8
44. ख़ैर-उद्दीन मुहम्मद, 65-66
45. सिलेक्ट कमिटी प्रोसीडिंग्स सितम्बर 25, 1770 : सिलेक्ट कमिटी को हार्पर, अगस्त 27
46. इन घटनाक्रमों के पूर्ण विवरण के लिए देखें, एएल श्रीवास्तव, *शुजा-उद्दौला ऑफ़ अवध,* खण्ड II, पृष्ठ 199-201; सीपीसी, III, 193, 250, 639, 644, 647
47. यह एचीसन, II में क्रमांक XXX पर है
48. कोर्ट को सार्वजनिक पत्र, जनवरी 6, 1769, पैरा 6
49. कोर्ट से गोपनीय पत्र, अप्रैल 10, 1771, पैरा 47

50. बीएम अडिशनल एमएसएस संख्या 29212, सानयाल में उद्धृत, 78 नोट 52 (रूड़की वाले संस्करण में इसे बनारिस लिखा गया है)
51. फ़ॉरेन सीक्रेट कनसलटेशन अक्टूबर 4, 1773, पृ 52, सानयाल में 1772 मुद्रणदोष है
52. फ़ॉरेन सीक्रेट कनसलटेशन दिसम्बर 9, 1773, अंक 2

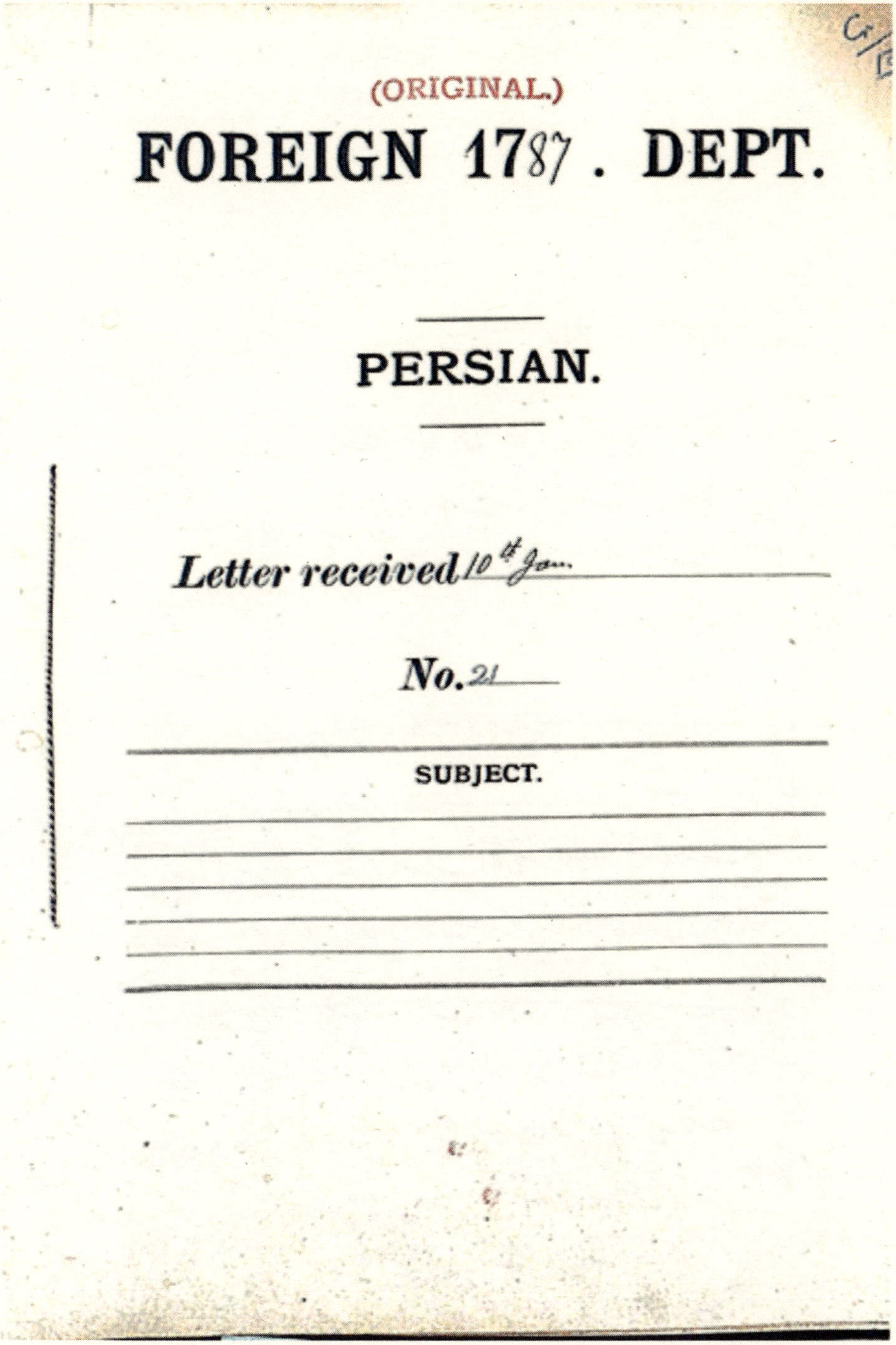

(ORIGINAL.)

FOREIGN 1787 . DEPT.

PERSIAN.

Letter received 10th Jan.

No. 21

SUBJECT.

परिशिष्ट - IV

1787 की याचिका

मूल फ़ॉरेन डिपार्टमेंट परशियन प्राप्त 10 जनवरी 1787 नम्बर 21 (राष्ट्रीय अभिलेखागार देहली) स्वर्गीय राजा बलवन्त सिंह के परिवार से सम्बन्धित आपके समर्पित सेवकों का एक बड़ा समूह है। आप जैसे उत्कर्ष व्यक्ति के इस देश में आगमन से पूर्व वे सबके सब आजीविका कमाने के कष्ट उठाने से स्वतन्त्र थे, जागीर या इजारादारी (ठेकेदारी) के प्राप्त होने के कारण अपनी आजीविका पाते थे परन्तु इस सेवक की आजीविका, जिसका लालन-पालन उपरोक्त वर्णित राजा ने किया था और जो बनारस की जमींदारी का हक़दार है, आपके देश के क्षितिज पर ज़ाहिर होने के समय पर स्थगित थी। ईश्वर की दया के कारण आप जैसे दयावान मानव की छाया 12 सितम्बर 1786 से आपके द्वारा गवर्नर जनरल पद का भार ग्रहण करने से समस्त असहाय, पीड़ित और वंचित मानवों पर छा गयी, अत: सेवक भी आपसे आजीविका के स्थायी स्त्रोत को पाने की आशा रखता है। अपना अधिकार प्राप्त करने के पश्चात् मैं सदैव ईस्ट इंडिया कम्पनी के चिरस्थायी शासन के लिए प्रार्थना करता रहूँगा। महालात परगना कटेसर व परगना हवेली शिवपुर, जो सरकार बनारस के अन्तर्गत आते हैं, बीते हुए समय से सेवक की ज़मींदारी है। इस समय अधिकार प्राप्त अधिकारी ने हस्तक्षेप और लाभ प्राप्त करने के लिए इन इलाक़ों को इजारे (ठेके) पर अन्य को दे दिया, आपका यह समर्पित सेवक भी यह नहीं चाहेगा कि सरकार का नुक़सान हो और कृपा दृष्टि और दया की आशा करते हुए इस बात का इच्छुक है कि उक्त परगनों को इस्तिमरारी यानी मुक़र्ररी (सदैव के लिए निश्चित भूमि आबंटन) रूप में उसे प्रदान करने की कृपा करें, ताकि हक़दार को उसका अधिकार मिल जाये और मैं रय्यत को स्मृद्धिशाली रख सकूँ और अपने समय की सम्प्रभु अधिकार प्राप्त अधिकारी के प्रति अत्यधिक सचेत, कर्तव्य परायण और जीवन का बलिदान करने वाला रहूँ क्योंकि उसके लिए आपके अतिरिक्त कोई अन्य अवलम्बन नहीं है। लाभ और गरिमा प्राप्त करने की स्थिति में मैं हर उस वित्तीय और सरकारी कार्य का सम्पादन पूर्ण सत्यनिष्ठा और ईमानदारी के साथ करूँगा।

मैं ऐसा करने के लिए इसलिए सक्षम हूँ कि यह कर्तव्यनिष्ठ सेवक राजा बलवन्द सिंह द्वारा उनके समस्त जीवन पर्यन्त उनसे प्रशिक्षण प्राप्त करता रहा है। समय की मजबूरियों और हालात के कारण मैं एक किनारे हो जाने वाले व्यक्ति की तरह जीवन-यापन कर रहा था। अब क़िस्मत के जाग जाने से हम जैसे समर्पित मानव और बेचारी प्रजा इन्साफ़ करने वाले अधिकार प्राप्त अधिकारियों के इस देश में सत्ता में आ जाने के कारण और आप जैसे लोगों के मस्तिष्क में इस देश को समृद्धि प्रदान करने, प्रजा को आराम देने और अजनबियों पर ध्यान केन्द्रित करने की प्रवृत्ति के कारण मैंने आपको अपनी परिस्थितियों के बारे में एक स्पष्ट और प्रत्यक्ष ब्यौरा भेजा है और उस पर आपकी कृपा दृष्टि और दयालुता प्राप्त करने की आशा करता हूँ।

ग्रन्थ-सूची

प्राथमिक स्रोत

ब्रिटिश लाइब्रेरी, लन्दन

इंडिया ऑफ़िस रिकॉर्ड्स (IOR) : सभी IOR एशियाई और अफ्रीकी अध्ययन अनुभाग के अन्तर्गत आते हैं। ब्रिटिश लाइब्रेरी के इंडिया ऑफ़िस रिकॉर्ड्स ईस्ट इंडिया कम्पनी के प्रशासन से सम्बन्धित काग़ज़ात हैं। इनमें 1947 तक भारत में ब्रिटिश सरकार के शासन से भी सम्बन्धित सभी दस्तावेज़ उपलब्ध हैं। ये आधिकारिक और निजी दस्तावेज़ों के सूचीबद्ध संग्रह हैं जिन्हें ब्रिटिश लाइब्रेरी के अभिलेखागार और पाण्डुलिपियों के माध्यम से कैटेलॉग किया गया है।

1. आईओआर/जेड/ई/4/23/ जे558 : 1852-3 (इंडेक्स वॉल्यूम)
2. आईओआर/जेड/पी/160 बंगाल जुडीशियल क्रिमिनल प्रोसीडिंग्स 1799 (इंडेक्स वॉल्यूम)
3. आईओआर/ई/4/815 : जगत सिंह, उत्तराधिकारियों को दी गयी पेंशन
4. आईओआर/एच/470 1799-1800 : वेलेज़ली पेपर्स, नम्बर 14
5. एमएफ आईओआर एनयीजी 4046 : वेलेज़ली पेपर्स, नम्बर 14
6. आईओआर/एफ/4/14 1790 : बोर्ड के संग्रह, वॉल्यूम 14
7. एमएफ आईओआर एनईजी 9354 : बोर्ड के संग्रह, वॉल्यूम 14
8. आईओआर/ई/4/654 : 1799 में बनारस में वज़ीर अली ख़ान के व्यक्तियों के मुक़दमों पर रिपोर्ट
9. आईओआर/एफ/4/116/2142 अगस्त 1799 से जुलाई 1801 : वज़ीर अली के तहत बनारस में विद्रोह में सम्बन्धित व्यक्तियों के मुक़दमों पर रिपोर्ट। इस फ़ाइल में प्रतिरोध में शामिल कई लोगों की परीक्षण कार्यवाही की प्रतियाँ हैं।
10. एमएफ आईओआर एनईजी 3670 : 1799 में बनारस में वज़ीर अली ख़ान के व्यक्तियों के मुक़दमों पर रिपोर्ट।
11. आईओआर/एफ/4/72/1590 : फ़रवरी 1799 से फ़रवरी 1800, 14 जनवरी 1799 को

बनारस में अवध के अपदस्थ नवाब वज़ीर अली ख़ान द्वारा जॉर्ज फ्रेडरिक चेरी और कई अन्य यूरोपीय लोगों की हत्या के बारे में काग़ज़ात। इस फ़ाइल में प्रतिरोध के दौरान श्री चेरी की हत्या से सम्बन्धित पत्रों की प्रतियाँ हैं।

12. आईओआर/पी/128/40 : बंगाल क्रिमिनल एंड जुडीशियल कॉन्सल्टेशंस, 4 जनवरी 1799-29 मार्च 1799 ईस्ट इंडिया कम्पनी (ईआईसी) के अधिकार क्षेत्र में होने वाले प्रमुख अपराधों और परीक्षणों पर चर्चा करने के लिए हर पखवाड़े फोर्ट विलियम में परिषद की बैठकें आयोजित की जाती थीं। इन बैठकों के रिकॉर्ड : बंगाल क्रिमिनल एंड जुडीशियल कॉन्सल्टेशंस रजिस्टर में दर्ज किये जाते थे।
13. आईओआर/पी/128/41 : बंगाल क्रिमिनल एंड जुडीशियल कॉन्सल्टेशंस, 5 अप्रैल 1799-28 जून 1799।
14. आईओआर/पी/128/42 : बंगाल आपराधिक और न्यायिक परामर्श, 4 जुलाई 1799-29 अगस्त 1799 इसमें मेहर अली ख़ान, हुसैन अली, आग़ा हसन और किशन दयाल के मुक़दमों की कार्यवाही शामिल थी।
15. आईओआर/पी/128/43 : बंगाल क्रिमिनल एंड जुडीशियल कॉन्सल्टेशंस, 5 सितम्बर 1799-10 अक्टूबर 1799 (यह सबसे महत्त्वपूर्ण खण्डों में से एक है जो 1799 के प्रतिरोध की सुनवाई के लिए बनाये गये बनारस में विशेष न्यायालय की मुक़दमे की कार्यवाही को रिकॉर्ड करता है। यह एक भारी-भरकम कार्यवाही है जो बाबू जगत सिंह के मुक़दमे और अन्तिम निर्णय पत्रों से शुरू होती है, जिसमें उन सभी आरोपों के साथ आरोप लगाये जाते हैं जिनके लिए उन्हें दोषी ठहराया गया था। इसमें 1799 में प्रतिरोध के कई सहयोगियों की परीक्षण कार्यवाही शामिल है)। इसकी मूल फ़ारसी कार्यवाही अभी तक हम नहीं ढूँढ़ पाये हैं। प्रयास जारी है।
16. आईओआर/पी/128/44 : बंगाल क्रिमिनल एंड जुडीशियल कॉन्सल्टेशंस, 17 अक्टूबर 1799-19 दिसम्बर 1799
17. आईओआर/एल/पीएस/4/3 : सीक्रेट, पॉलिटिकल एंड फ़ॉरेन डिपार्टमेंट्स, 1798-1803 में भारत से प्राप्त पत्रों का सार।
18. आईओआर/एल/पीएस/5/23 : सीक्रेट लेटर्स फ्रॉम बंगाल एंड इंडिया, वॉल्यूम 3, 10 जनवरी 1798 से 13 नवम्बर 1800 तक। इस फ़ाइल में राजनीतिक अधिकारियों के बीच गुप्त पत्राचार है।
19. एशियाटिक एनुअल रजिस्टर 1799 : यह भारत में हाल की घटनाओं से सम्बन्धित 1801 में लन्दन में प्रकाशित एक क्रॉनिकल है। इसके पूर्व और बाद के वर्षों के अंक भी पाये जाते हैं और उपयोगी हैं। (हामिद)
20. एमएसएस यूर फोटो यूरो 340 : बनारस में रॉबर्ट ग्राहम की हत्या के सम्बन्ध में जॉर्ज गुथरी से अपने पिता को एक पत्र का उद्धरण।

21. आईओआर/ई/1/100 और 101 : 1799 में प्राप्त विविध पत्र। इन फ़ाइलों में लन्दन में ईआईसी अधिकारियों को मिले पत्र हैं।
22. आईओआर/एच /235 अवध 1763 से 1809 : 1763 और 1809 के बीच अवध के गवर्नमेंट से सम्बन्धित पत्राचार।
23. आईओआर/एफ/4/520/12437 : बनारस डिवीजन में पुलिस प्रशासन पर रिपोर्ट, जून 1790 से अक्टूबर 1815।
24. ऐड एमएस 37281 वेलेज़ली पेपर्स, वॉल्यूम आठवीं, 1798 से 1807 तक।

भारतीय राष्ट्रीय अभिलेखागार, नयी दिल्ली

1. सीक्रेट प्रोसीडिंग्स, जनवरी-जुलाई 1764, वॉल्यूम 3
2. सीक्रेट प्रोसीडिंग्स, 8 दिसम्बर 1763-2 जुलाई 1764, वॉल्यूम 2
3. सीक्रेट प्रोसीडिंग्स, 24 जुलाई-दिसम्बर 1764, वॉल्यूम 4
4. सिलेक्ट कमिटी, 1756-9, खण्ड 4.
5. सिलेक्ट कमिटी, 4 जनवरी 1758-19 दिसम्बर 1758, वॉल्यूम 8
6. सिलेक्ट कमिटी, 15 जनवरी 1759-2 नवम्बर 1759, वॉल्यूम 10
7. सीक्रेट प्रोसीडिंग्स, 3 जनवरी 1765-29 अप्रैल 1765, वॉल्यूम 6
8. सीक्रेट प्रोसीडिंग्स, 17 मई 1765-27 दिसम्बर 1765, वॉल्यूम 18
9. सिलेक्ट कमिटी, 7 मई 1765-27 दिसम्बर 1765, वॉल्यूम 17
10. सिलेक्ट कमिटी, 5 जनवरी 1761-28 दिसम्बर 1761, वॉल्यूम 14 (यह कार्यवाही पठनीय स्थिति में नहीं है।)
11. सीक्रेट प्रोसीडिंग्स, 31 मई 1773-30 दिसम्बर 1773, वॉल्यूम 18
12. सीक्रेट प्रोसीडिंग्स, 30 मई 1776-27 जून 1776, वॉल्यूम 41
13. सीक्रेट प्रोसीडिंग्स, 11 नवम्बर 1776-30 दिसम्बर 1776, वॉल्यूम 45
14. सीक्रेट प्रोसीडिंग्स, 3 जुलाई 1779-23 दिसम्बर 1779, वॉल्यूम 57
15. सीक्रेट प्रोसीडिंग्स, 4-19 जनवरी 1781, वॉल्यूम 62
16. सीक्रेट प्रोसीडिंग्स, 11 जून 1781-6 अगस्त 1781, वॉल्यूम 67
17. सीक्रेट प्रोसीडिंग्स, 4 सितम्बर 1781-22 अक्टूबर 1781, वॉल्यूम 68
18. सीक्रेट प्रोसीडिंग्स, 2 जनवरी 1782-18 फ़रवरी 1782, वॉल्यूम 70
19. सीक्रेट प्रोसीडिंग्स, 29 अप्रैल 1782-24 जून 1782, वॉल्यूम 73
20. सीक्रेट प्रोसीडिंग्स, 5 अगस्त 1782-12 सितम्बर 1782, वॉल्यूम 75
21. सीक्रेट प्रोसीडिंग्स, 23 सितम्बर 1782-24 अक्टूबर 1782, वॉल्यूम 76
22. सीक्रेट प्रोसीडिंग्स, 11 नवम्बर 1782-31 दिसम्बर 1782, वॉल्यूम 77
23. सीक्रेट प्रोसीडिंग्स, 12-30 जून 1783, वॉल्यूम 83

24. सीक्रेट प्रोसीडिंग्स, 16-31 दिसम्बर 1783, वॉल्यूम 92
25. सीक्रेट इंडेक्स, 1780-2, नम्बर 3
26. सीक्रेट कॉन्सल्टेशंस, 1775-83।
27. फ़ॉरेन डिपार्टमेंट, सीक्रेट प्रोसीडिंग्स, 10-24 मई 1799
28. फ़ॉरेन डिपार्टमेंट, सीक्रेट प्रोसीडिंग्स, 4-21 जनवरी 1799
29. फ़ॉरेन डिपार्टमेंट, सीक्रेट प्रोसीडिंग्स, 25-28 जनवरी 1799
30. फ़ॉरेन डिपार्टमेंट, सीक्रेट प्रोसीडिंग्स, 11-15 फ़रवरी 1799
31. फ़ॉरेन डिपार्टमेंट, सीक्रेट प्रोसीडिंग्स, 17-31 दिसम्बर 1799
32. फ़ॉरेन डिपार्टमेंट, सीक्रेट प्रोसीडिंग्स, 1-11 मई 1798
33. फ़ॉरेन डिपार्टमेंट, सीक्रेट प्रोसीडिंग्स, 7 जनवरी- 27 फ़रवरी 1800
34. फ़ॉरेन डिपार्टमेंट, सीक्रेट प्रोसीडिंग्स, 6 जनवरी-27 मार्च 1797
35. फ़ॉरेन डिपार्टमेंट, सीक्रेट प्रोसीडिंग्स, 3 अप्रैल-31 जुलाई 1797
36. फ़ॉरेन डिपार्टमेंट, सीक्रेट प्रोसीडिंग्स, 1-22 मई 1800
37. फ़ॉरेन डिपार्टमेंट, सीक्रेट प्रोसीडिंग्स, 1 जून-9 जुलाई 1798
38. फ़ॉरेन डिपार्टमेंट, सीक्रेट प्रोसीडिंग्स, 16 जुलाई-20 अगस्त 1798
39. फ़ॉरेन डिपार्टमेंट, सीक्रेट प्रोसीडिंग्स, 10 सितम्बर-10 अक्टूबर 1798
40. फ़ॉरेन डिपार्टमेंट, सीक्रेट प्रोसीडिंग्स, 23-30 नवम्बर 1798, संख्या 117, भाग I
41. फ़ॉरेन डिपार्टमेंट, सीक्रेट प्रोसीडिंग्स, 3-31 दिसम्बर 1798, संख्या 117A, भाग II
42. फ़ॉरेन डिपार्टमेंट, सीक्रेट प्रोसीडिंग्स, 4 अगस्त-18 दिसम्बर 1797
43. फ़ॉरेन डिपार्टमेंट, कोर्ट से गुप्त पत्र, 3 नवम्बर 1787-16 अक्टूबर 1801
44. फ़ॉरेन डिपार्टमेंट, कोर्ट को गुप्त पत्र, 2 मार्च 1797-23 अक्टूबर 1800
45. होम पब्लिक प्रोसीडिंग्स, अप्रैल 1799

फ़ॉरेन डिपार्टमेंट के निम्नलिखित सूचकांक को देखा गया :

1. फ़ॉरेन विभाग, सीक्रेट ब्रांच, सीक्रेट डिपार्टमेंट रिकॉर्ड्स की वर्णनात्मक सूची, 1791-5, वॉल्यूम IX
2. कोर्ट ऑफ़ डायरेक्टर्स को पत्र, 1799
3. कोर्ट ऑफ़ डायरेक्टर्स को पत्र, 1800
4. कोर्ट ऑफ़ डायरेक्टर्स और सेक्रेटरी ऑफ़ स्टेट को पत्र, 24 नवम्बर 1797-20 अक्टूबर 1800, संयुक्त वॉल्यूम।
5. कोर्ट ऑफ़ डायरेक्टर्स को पत्र, 1786-1801, संयुक्त वॉल्यूम
6. इंडेक्स टू प्रोसीडिंग्स, 1795 -6, संयुक्त वॉल्यूम।

7. इंडेक्स टू प्रोसीडिंग्स, 1797-8, संयुक्त वॉल्यूम।
8. इंडेक्स टू प्रोसीडिंग्स, 1799-1800, संयुक्त वॉल्यूम।
9. इंडेक्स टू प्रोसीडिंग्स, सीक्रेट एंड सेपरेट डिपार्टमेंट, 1799
10. ओरिजिनल कॉन्सल्टेशंस, सीक्रेट एंड सेपरेट डिपार्टमेंट, 1799
11. सीक्रेट एंड सेपरेट डिपार्टमेंट प्रोसीडिंग्स, 1799
12. समरी इंवेंट्रीज ऑफ़ सीक्रेट प्रोसीडिंग्स, 1798, सीक्रेट ब्रांच
13. समरी इंवेंट्रीज ऑफ़ सीक्रेट प्रोसीडिंग्स, 1799, सीक्रेट ब्रांच
14. समरी इंवेंट्रीज ऑफ़ सीक्रेट प्रोसीडिंग्स, 1800, सीक्रेट ब्रांच
15. फ़ॉरेन डिपार्टमेंट, सीक्रेट एंड सेपरेट इंडेक्स, 1797

माइक्रोफ़िल्म (ब्रिटिश संग्रहालय, लन्दन से जिन्हें भारतीय राष्ट्रीय अभिलेखागार, नयी दिल्ली के निजी दस्तावेज़ अनुभाग में संयोजित किया गया है)

1. एडिशनल मिसलेनियस अंक 29198-9, अकाउंट नम्बर 270, रोल (लपेटी हुई रील का बंडल, कुरेशी) नम्बर 270, अवध के नवाब के साथ नयी रक्षात्मक सन्धि के विषय पर परिषद और गवर्नर जनरल के सदस्यों के कार्यवृत्त और बनारस के प्रति उनकी नीति, 3 मार्च 1775
2. एडिशनल मिसलेनियस नम्बर 29205, अकाउंट-273, रोल नम्बर 273, राजा चेत सिंह के सैन्य बल और किलों का विवरण और 1773 में करों के सापेक्ष ईआईसी के साथ उनका समझौता।
3. एडिशनल मिसलेनियस नम्बर 29212, अकाउंट-276, रोल नम्बर 276, बनारस की यात्रा में वार्तालाप सम्बन्धित आदान-प्रदान और घटनाओं की डायरी, 24 जून-4 अक्टूबर 1773, बनारस और लखनऊ की उनकी यात्रा की डायरी, 17 फ़रवरी-19 मई 1784
4. एडिशनल मिसलेनियस नम्बर 29132, अकाउंट-230, रोल नम्बर 231, वारेन हेस्टिंग्स का सामान्य पत्राचार।
5. एडिशनल मिसलेनियस नम्बर 29210, अकाउंट-275, रोल नम्बर 275, अंग्रेज़ों और वज़ीर के प्रभुत्व क्षेत्र की सीमा पर कई शक्तियों का विवरण।
6. एडिशनल मिसलेनियस नम्बर 29200-2, अकाउंट- 271, रोल नम्बर 271, जून 1786 में श्री पिट द्वारा प्रयुक्त किया गया ज़मींदार के कार्यालय की प्रकृति की परिभाषा।
7. एडिशनल मिसलेनियस नम्बर 29206, अकाउंट-274, रोल नम्बर 274। 1781 के बाद बनारस के प्रशासन से सम्बन्धित मामलात।
8. एडिशनल मिसलेनियस नम्बर 17066-82, अकाउंट-1046, रोल नम्बर 145। 13 फ़रवरी 1788 और 24 मई 1793 के बीच हेस्टिंग्स के मुक़दमे पर कार्यवाही के कुछ अंश।
9. एडिशनल मिसलेनियस नम्बर 29148-50, अकाउंट-242, रोल नम्बर 242; अप्रैल 1781 - सितम्बर 1781 में बनारस और चुनार से वारेन हेस्टिंग्स का सामान्य पत्राचार।

10. एडिशनल मिसलेनियस नम्बर 39875, अकाउंट-139, रोल नम्बर 337; वारेन हेस्टिंग्स पेपर्स, गवर्नर जनरल-इन-काउंसिल से कोर्ट ऑफ़ डायरेक्टर्स को पत्र, 20 जुलाई 1776-29 दिसम्बर 1781
11. एडिशनल मिसलेनियस नम्बर 29197, अकाउंट-269, रोल नम्बर 269 : वारेन हेस्टिंग्स से अपनी पत्नी को पत्र, 19 अगस्त-17 दिसम्बर 1780 (ये छप भी चुके हैं– क़ुरेशी)
12. एडिशनल मिसलेनियस संख्या 29150-2, अकाउंट-243, रोल नम्बर 243; वारेन हेस्टिंग्स का सामान्य पत्राचार, सितम्बर 1781-दिसम्बर 1781

राज्य अभिलेखागार, पश्चिम बंगाल, कोलकाता

1. रेवेन्यू डिपार्टमेंट, गवर्नर जनरल-इन-काउंसिल प्रोसीडिंग्स, 5 जनवरी-23 फ़रवरी 1798
2. रेवेन्यू डिपार्टमेंट, गवर्नर जनरल-इन-काउंसिल प्रोसीडिंग्स, 2 नवम्बर-31 दिसम्बर 1798
3. रेवेन्यू डिपार्टमेंट, गवर्नर जनरल-इन-काउंसिल प्रोसीडिंग्स, 4 मई-5 जुलाई 1798
4. रेवेन्यू डिपार्टमेंट, गवर्नर जनरल-इन-काउंसिल प्रोसीडिंग्स, 13 जुलाई-31 अगस्त 1798
5. रेवेन्यू डिपार्टमेंट, गवर्नर जनरल-इन-काउंसिल प्रोसीडिंग्स, 1-15 मार्च 1799
6. रेवेन्यू डिपार्टमेंट, गवर्नर जनरल-इन-काउंसिल प्रोसीडिंग्स, 24 मई-18 जुलाई 1799
7. रेवेन्यू डिपार्टमेंट, गवर्नर जनरल-इन-काउंसिल प्रोसीडिंग्स, 2-28 नवम्बर 1799
8. रेवेन्यू डिपार्टमेंट, गवर्नर जनरल-इन-काउंसिल प्रोसीडिंग्स, 25 जुलाई-22 अगस्त 1799
9. रेवेन्यू डिपार्टमेंट, गवर्नर जनरल-इन-काउंसिल प्रोसीडिंग्स, 5-19 दिसम्बर 17991
10. जुडीशियरी इंडेक्स, 1799 ए, सिविल कॉन्सल्टेशंस
11. जुडीशियरी इंडेक्स, 1799 बी, क्रिमिनल कॉन्सल्टेशंस

क्षेत्रीय अभिलेखागार, इलाहाबाद

I. विद्रोह पूर्व रिकॉर्ड्स, आयुक्त कार्यालय, वाराणसी

क. एजेंट द्वारा गवर्नर जनरल, बनारस को जारी किये गये पत्र

1. एजेंट्‌वारा गवर्नर जनरल, बनारस को जारी पत्र, अक्टूबर 1795-दिसम्बर 1796
2. एजेंट द्वारा गवर्नर जनरल, बनारस को जारी पत्र, जनवरी-दिसम्बर 1797
3. एजेंट द्वारा गवर्नर जनरल, बनारस को जारी पत्र, 1799-1801.

ख. एजेंट द्वारा गवर्नर जनरल, बनारस को प्राप्त पत्र

1. एजेंट द्वारा गवर्नर जनरल, बनारस को प्राप्त पत्र, 1795-6
2. एजेंट द्वारा गवर्नर जनरल, बनारस को प्राप्त पत्र, 1797-8
3. एजेंट द्वारा गवर्नर जनरल, बनारस को प्राप्त पत्र, 1798-1800

ग. डंकन रिकॉर्ड्स

1. डंकन रिकॉर्ड, कॉरेस्पोंडेंस एंड प्रोसीडिंग्स ऑफ़ रेज़ीडेंट एट बनारस, 27 जनवरी 1788-1792, वॉल्यूम 97

2. डंकन रिकॉर्ड्स, कॉरेस्पोंडेंस एंड प्रोसीडिंग्स ऑफ़ रेज़ीडेंट एट बनारस, वॉल्यूम 98
3. डंकन रिकॉर्ड्स, कॉरेस्पोंडेंस एंड प्रोसीडिंग्स ऑफ़ रेज़ीडेंट एट बनारस, वॉल्यूम 99
4. डंकन रिकॉर्ड्स, कॉरेस्पोंडेंस एंड प्रोसीडिंग्स ऑफ़ रेज़ीडेंट एट बनारस, वॉल्यूम 100
5. डंकन रिकॉर्ड्स बनारस, 1782-8, वॉल्यूम 4
6. डंकन रिकॉर्ड्स बनारस, 1788-99, वॉल्यूम 4
7. डंकन रिकॉर्ड्स बनारस, दिसम्बर 1776, वॉल्यूम 2
8. डंकन रिकॉर्ड्स बनारस, 1777-80, वॉल्यूम 3, बस्ता 1
9. डंकन रिकॉर्ड्स बनारस, 1782-8, वॉल्यूम 4, बस्ता 1
10. डंकन रिकॉर्ड्स बनारस, अगस्त 1785, वॉल्यूम 6, बस्ता 2
11. डंकन रिकॉर्ड्स बनारस, जनवरी 1788, वॉल्यूम 9, बस्ता 2
12. डंकन रिकॉर्ड्स बनारस, जून 1788, वॉल्यूम 10, बस्ता 2
13. डंकन रिकॉर्ड्स बनारस, 1788, वॉल्यूम 12, बस्ता 2
14. डंकन रिकॉर्ड्स कॉरेस्पोंडेंस, मार्च 1795
15. डंकन रिकॉर्ड्स कॉरेस्पोंडेंस, अप्रैल से जून 1795
16. डंकन रिकॉर्ड्स कॉरेस्पोंडेंस, जुलाई 1795
17. डंकन रिकॉर्ड्स कॉरेस्पोंडेंस, सितम्बर से दिसम्बर 1795

II. पूर्व-विद्रोह रिकॉर्ड, बनारस कलेक्ट्रेट

1. मिसलेनियस लेटर्स रिसीव्ड, शृंखला 1, 1796-1808
2. मिसलेनियस लेटर्स इश्यूड, शृंखला 1, 1799-1809

क्षेत्रीय अभिलेखागार, वाराणसी

समाचार-पत्र

सम्बन्धित वर्षों के समाचार-पत्रों को डिजिटल समाचार पत्र भण्डार, ब्रिटिश समाचार पत्र अभिलेखागार, ब्रिटिश लाइब्रेरी, लन्दन से देखे गये हैं।

1. *द होमवर्ड मेल*
2. *चेस्टर क्रॉनिकल*
3. *द इंग्लिशमैन*
4. *द नॉटिंघम ईवनिंग पोस्ट*
5. *द मद्रास वीकली मेल*
6. *ओवरलैंड समरी*
7. *बोस्टन ईवनिंग पोस्ट*
8. *द ऑक्सफोर्डशायर वीकली न्यूज़*

शोध लेख

1. अल्तेकर, ए.एस., 'हिस्ट्री ऑफ़ बनारस', *जर्नल ऑफ़ द बनारस हिन्दू यूनिवर्सिटी,* खण्ड 1, 1937
2. 'इंट्रोड्यूसिंग वाराणसी' शीर्षक वाली स्मारिका से लेख, इंडियन हिस्ट्री कांग्रेस का xxxi अधिवेशन और इंडियन कांग्रेस ऑफ़ अमेरिकन हिस्ट्री का VI अधिवेशन, भारत कला भवन, बीएचयू
3. मिश्रा, केपी, 'द रोल ऑफ़ द बनारस बैंकर्स इन द इकॉनमी ऑफ़ एटीन्थ सेंचुरी अपर इंडिया', *प्रोसीडिंग्स ऑफ़ आईएचसी,* खण्ड 34, संख्या 2, 1973, पृष्ठ 63-76
4. कोहन, बी.एस., 'पॉलिटिकल सिस्टम्स इन एटीन्थ सेंचुरी इंडिया : द बनारस रीजन', *जर्नल ऑफ़ द अमेरिकन ओरिएंटल सोसाइटी,* खण्ड 82, जुलाई-सितम्बर 1962, पृष्ठ12-19
5. डंकन, जे, 'एन अकाउंट ऑफ़ द डिस्कवरी ऑफ़ अर्नस इन द विसिनिटी ऑफ़ बनारस', *एशियाटिक रिसर्चेज,* खण्ड 5, कलकत्ता : एशियाटिक सोसाइटी ऑफ़ बंगाल, 1799 (पुन: मुद्रित, मूल प्रकाशन 1798-कुरेशी)
6. दत्ता, के.के., 'सम अन्पब्लिश्ड डॉक्युमेंट्स रिलेटिंग टू द कोन्स्पिरेसी ऑफ़ वज़ीर अली', प्रोसीडिंग्स ऑफ़ आईसीएचआर, वॉल्यूम 14 दिसम्बर 1937, पृष्ठ 75-87
7. इरविन, विलियम, 'द बंगश नवाब्स ऑफ़ फर्रुख़ाबाद ए क्रॉनिकल (1713-1857)', *जर्नल ऑफ़ एशियाटिक सोसाइटी ऑफ़ बंगाल,* वॉल्यूम 48, नं. 2, 1878
8. जगतगंज राजपरिवार और रामनगर राजपरिवार के मध्य गोद लेने के ख़िलाफ़ ज्ञापन। इसमें विरासत और गोद लेने के मुद्दों से सम्बन्धित पत्रों का संग्रह और जगतगंज राजपरिवार द्वारा ब्रिटिश सरकार को सौंपा गया ज्ञापन शामिल है। इसमें जगतगंज राजपरिवार के योगदान के लिए प्रशंसा-पत्र और प्रमाण-पत्र भी शामिल हैं।
9. नुरुल हसन, एस., 'वारेन हेस्टिंग्स एंड ज़मींदारी राइट्स', प्रोसीडिंग्स ऑफ़ आईएचसी, खण्ड 32, संख्या 2, 1970, पृष्ठ 138-46
10. रॉबर्ट्स, पीई, 'हेस्टिंग्स एंड हिज़ एक्यूज़र्स', जर्नल ऑफ़ इंडियन हिस्ट्री, खण्ड III, मद्रास
11. रे, अनिरुद्ध, 'रिवोल्ट ऑफ़ वज़ीर अली : गोरखपुर पीरियड (जनवरी से मई 1799)', प्रोसीडिंग्स ऑफ़ आईएचसी, खण्ड 44, 1983

गज़ेटियर

1. फिशर और हेवेट, *स्टेटिस्टिकल, डिसक्रिप्टिव एंड हिस्टॉरिकल अकाउंट ऑफ़ नॉर्थ वेस्टर्न प्रोविन्सेज ऑफ़ इंडिया,* खण्ड-XIV, भाग 1, बनारस, इलाहाबाद : नॉर्थ वेस्टर्न प्रोविन्सेज एंड अवध गवर्नमेंट प्रेस, 1884
2. नेविल, एच. आर., *बनारस : ए गज़ेटियर,* खण्ड-XXVI डिस्ट्रिक्ट गज़ेटियर ऑफ़ द यूनाइटेड प्रोविन्सेज ऑफ़ आगरा एंड अवध, इलाहाबाद: गवर्नमेंट प्रेस, यूनाइटेड प्रोविन्सेज, 1909

3. *इम्पीरियल गज़ेटियर ऑफ़ इंडिया,* खण्ड-VII, महामहिम के सेक्रेटरी ऑफ़ स्टेट फॉर इंडिया इन काउंसिल के अधिकार के तहत प्रकाशित, ऑक्सफोर्ड
4. *उत्तर प्रदेश डिस्ट्रिक्ट गज़ेटियर,* बलिया : उत्तर प्रदेश सरकार, 1988
5. *उत्तर प्रदेश डिस्ट्रिक्ट गज़ेटियर,* जौनपुर : उत्तर प्रदेश सरकार, 1986
6. *उत्तर प्रदेश डिस्ट्रिक्ट गज़ेटियर,* ग़ाज़ीपुर : उत्तर प्रदेश सरकार, 1982
7. *उत्तर प्रदेश डिस्ट्रिक्ट गज़ेटियर,* मिर्ज़ापुर : उत्तर प्रदेश सरकार, 1988
8. *उत्तर प्रदेश स्टेट गज़ेटियर,* खण्ड-I, उत्तर प्रदेश सरकार, 2001
9. *उत्तर प्रदेश स्टेट गज़ेटियर,* खण्ड-IV, उत्तर प्रदेश सरकार, 1997
10. *गज़ेटियर फॉर द प्रोविन्स* अवध, 3 खण्ड, दिल्ली : बीआर पब्लिशिंग कार्पोरेशन, 1985

प्रकाशित प्राथमिक स्रोत

1. *एशियाटिक एनुवल रजिस्टर,* 1799
2. *बंगाल एंड मद्रास पेपर्स,* 3 खण्ड, कलकत्ता : सेंट्रल प्रिंटिंग ऑफ़िस
3. बॉन्ड, ईए, *स्पीचेज ऑफ़ द मैनेजर्स एंड काउंसिल्स रिकार्ड्स इन द ट्राइल ऑफ़ वारेन हेस्टिंग्स,* 4 खण्ड, लन्दन : लॉन्गमैन, ग्रीन, लॉन्गमैन और रॉबर्ट्स,1859, 1860, 1861
4. मार्शल, पीजे और जॉन ए वुड्स, द *कॉरेस्पोंडेंस ऑफ़ एडमंड बर्क 1729-1797,* 10 खण्ड, शिकागो, इलिनोइस : कैम्ब्रिज यूनिवर्सिटी प्रेस, 1968
5. कुरवेन फ्रेडरिक, द *बलवन्तनामा,* अनुवाद, खैरुद्दीन, *तोहफ़ा-ए-ताज़ा,* इलाहाबाद : नॉर्थ वेस्टर्न प्रोविन्सेज गवर्नमेंट प्रेस, 1875
6. डेविस, जेएफ, *वज़ीर अली ख़ान ऑर द मैसेकर ऑफ़ बनारस : ए चैप्टर इन ब्रिटिश इंडियन हिस्ट्री,* लन्दन : स्पोटिसवुड एंड कम्पनी, 1871
7. डेवर, डगलस, *ए हैंडबुक टू इंग्लिश प्री-म्यूटिनी रिकार्ड्स* इन द *गवर्नमेंट रिकॉर्ड रूम्स ऑफ़ द यूनाइटेड प्रोविन्स ऑफ़ आगरा* एंड अवध, यूपी, भारत : भारत सरकार, 1944
8. डनडास, लॉरेंस, द *एशियाटिक एनुअल रजिस्टर, ऑर, ए व्यू ऑफ़ द हिस्ट्री ऑफ़ हिन्दुस्तान एंड ऑफ़ द पॉलिटिक्स, कॉमर्स एंड लिटरेचर ऑफ़ एशिया 1800-1812,* लन्दन : जे डेबरेट, 1811
9. फिर्मिंगर, डब्ल्यू. के., *अफेयर्स ऑफ़ द ईस्ट इंडिया कम्पनी (बीइंग द फिफ्थ रिपोर्ट फ्रॉम द सिलेक्ट कमिटी फॉर द हाउस ऑफ़ कॉमन्स 28 जुलाई 1812),* 3 खण्ड, दिल्ली : नीरज पब्लिशिंग हाउस, 1984
10. फिशर, एफएच और जेपी हेवेट, *स्टेटिस्टिकल डेसक्रिपटिव एंड हिस्टॉरिकल अकाउंट ऑफ़ नॉर्थ वेस्टर्न प्रोविन्स ऑफ़ इंडिया, पार्ट बनारस,* खण्ड 14, 1884
11. फॉरेस्ट, जी. डब्ल्यू., संकलित, *हिस्टोरिकल डॉक्यूमेंट्स ऑफ़ ब्रिटिश इंडिया, वारेन हेस्टिंग्स, 2* खण्ड, दिल्ली : अनमोल प्रकाशन, 1985
12. ____________, *एडमिनिस्ट्रेशन ऑफ़ वारेन हेस्टिंग्स 1772-85,* कलकत्ता : ऑफ़िस ऑफ़ सुपरिंटेंडेंट ऑफ़ गवर्नमेंट प्रिंटिंग, भारत, 1892

13. हेरास एच., *फोर्ट विलियम-इंडिया हाउस कॉरेस्पोंडेंस* (सम्बन्धित खण्ड), नयी दिल्ली : भारतीय राष्ट्रीय अभिलेखागार, 1974
14. फुरबर, होल्डन, *द प्राइवेट रिकॉर्ड ऑफ़ एन इंडियन गवर्नर जनरलशिप : द कॉरेस्पोंडेंस ऑफ़ सर जॉन शोर, गवर्नर जनरल विद हेनरी डंडास, प्रेजिडेंट ऑफ़ बोर्ड ऑफ़ कंट्रोल 1793- 98,* कैम्ब्रिज : हार्वर्ड यूनिवर्सिटी प्रेस, 1933
15. हेस्टिंग्स, वारेन, *ए नैरेटिव ऑफ़ द लेट ट्रांजैक्शन एट बनारस,* लन्दन : जे डेब्रेट, 1782; पुनः प्रकाशित, कलकत्ता, 1853
16. होए, विलियम, *मेमॉयर्स ऑफ़ दिल्ली एंड फ़ैज़ाबाद : बीइंग ट्रांसलेशन ऑफ़ तारीख़ ए फ़राहबक़्श ऑफ़ मुहम्मद फैज़ बख़्श,* 2 खण्ड, इलाहाबाद, 1889
17. हंटर, डब्ल्यूडब्ल्यू, *बंगाल एमएस रिकॉर्ड्स 1794-97,* 4 खण्ड, लन्दन : डब्ल्यूएच एलन एंड कम्पनी, 1894
18. जोन्स, विलियम, *मेमॉयर्स ऑफ़ सर विलियम जोन्स एंड कॉरेस्पोंडेंस बाइ सर विलियम जोन्स एंड लॉर्ड टीनमाउथ,* लन्दन, 1804
19. ख़ान, सैयद ग़ुलाम हुसैन, *सीर मुताक़ीरिन,* दिल्ली : लौ प्राइस पब्लिकेशंस, 1832 (पुनः मुद्रित-क़ुरेशी)
20. मार्टिन, आर. मोंटगोमरी, *द डिस्पेचेस, मिनिट्स एंड कॉरेस्पोंडेंस ऑफ़ द मारक़ुवीज़ वेलेज़ली ड्यूरिंग हिज़ एडमिनिस्ट्रेशन इन इंडिया,* 5 वॉल्यूम, नयी दिल्ली : इंडिया पब्लिकेशंस, 1837
21. ओवेन, जे., *सेलेक्शंस फ्रॉम द डिस्पेचेस मेमोरांडा एंड अदर पेपर्स,* ऑक्सफोर्ड : क्लेरेंडन, 1880 (पुनः मुद्रित-क़ुरेशी)
22. साहनी, दयाराम, *कैटेलॉग एट द म्यूजियम ऑफ़ आर्कियोलॉजी एट सारनाथ,* कलकत्ता : सुपरिंटेंडेंट गवर्नमेंट प्रिंटिंग, 1914
23. सालेटोर, जी.एन., (सं.) *बनारस अफेयर्स 1788-1810,* इलाहाबाद : सेंट्रल रिकॉर्ड ऑफ़िस, एनडी
24. ________ *हेनरी वेलेज़लीज कॉरेस्पोंडेंस 1801-1803,* इलाहाबाद : सेंट्रल रिकॉर्ड ऑफ़िस, 1955
25. _________ (सं.), *प्रेस लिस्ट ऑफ़ प्री-म्युटिनी रिकॉर्ड्स बनारस कॉरेस्पोंडेंस 1776-89,* इलाहाबाद : सेंट्रल रिकॉर्ड ऑफ़िस, 1955. इसके अलावा, 1790 के लिए एक समान रिकॉर्ड, 1956 में प्रकाशित
26. __________ *बनारस अफेयर्स 1811-1858,* इलाहाबाद : सेंट्रल रिकॉर्ड ऑफ़िस, 1959
27. *सेलेक्शंस फ्रॉम द रिकार्ड्स ऑफ़ द गवर्नमेंट ऑफ़ इंडिया* (विदेश विभाग), कलकत्ता : फ़ॉरेन गजट ऑफ़िस, 1855
28. शेक्सपियर, ए., *सेलेक्शंस फ्रॉम डंकन रिकॉर्ड्स,* 2 खण्ड, बनारस : मेडिकल हॉल प्रेस, 1873
29. स्ट्रैची, *हेस्टिंग्स एंड द रोहिल्ला वॉर, ऑक्सफोर्ड :* क्लेरेंडन प्रेस, 1892

30. सुन्दरलाल, *भारत में अंग्रेज़ी राज,* दिल्ली : प्रकाशन विभाग, 1960
31. टीनमाउथ, *मेमॉयर ऑफ़ द लाइफ एंड कॉरेस्पोंडेंस ऑफ़ जॉन लॉर्ड टीनमाउथ,* 2 खण्ड, लन्दन : हैचर्ड एंड संस, 1843
32. टेनेंट, विलियम, *इंडियन रेक्रिएशन्स, कंसीस्टिंग चीफ़ली ऑफ़ स्ट्रिक्टचर्स ऑन द डॉमेस्टिक एंड रूरल इकोनॉमी ऑफ़ द मोहम्मडन्स एंड हिन्दूज,* वॉल्यूम I, एडिनबरा : सी स्टीवर्ट, 1803
33. वैलेंटिया, जॉर्ज विस्काउंट, *वॉयजेस एंड ट्रेवल्स इन इंडिया, सीलोन, द रेड सी, एबीसीनिया एंड ईजिप्ट इन द इयर्स 1802, 1803, 1804, 1805 & 1806,* लन्दन, 1809

द्वितीयक स्त्रोत

1. अहमद, सफ़ी, *ब्रिटिश एग्रेशन इन अवध,* मेरठ : मीनाक्षी प्रकाशन, 1969
2. ____________, *ब्रिटिश रेज़ीडेंट्स एट द कोर्ट ऑफ़ अवध 1764-1856,* लखनऊ : अवध हिस्ट्री रिसर्च सेंटर
3. अग्रवाल, वासुदेव एस., *वाराणसी सील्स एंड सीलिंग्स,* वाराणसी : पृथ्वी प्रकाशन, 1984
4. बेनाम, *हिस्ट्री ऑफ़ द प्रोविन्स ऑफ़ बनारस,* र करूथेरस एंड संस, 1875
5. अंसारी, इशरत हुसैन और एचए क़ुरेशी, *तोहफ़ा-ए-ताज़ा ऑफ़ फ़क़ीर ख़ैर-उद्दीन एंड मिनिट्स ऑफ़ चार्जेज़ ऑफ़ वारेन हेस्टिंग्स,* लखनऊ : न्यू रॉयल बुक कम्पनी, 2009
6. बसु, पूर्णेन्दु, *अवध एंड ईस्ट इंडिया कम्पनी 1785-1801,* लखनऊ : मैक्सवेल, 1943
7. बेली, सीए, *रूलर्स, टाउनसमेन एंड बाज़ार्स (नॉर्थ इंडियन सोसाइटी इन द एज ऑफ़ ब्रिटिश एक्सपैंशन 1770-1870),* कैम्ब्रिज : कैम्ब्रिज यूनिवर्सिटी प्रेस, 1983
8. बेदी, राजेश, *बनारस : सिटी ऑफ़ शिवा,* वाराणसी : ब्रिजबासी प्रिंटर्स प्राइवेट लिमिटेड, 1987
9. बेनेल, एंथोनी एस., *मेकिंग ऑफ़ आर्थर वेलेज़ली, लन्दन :* लॉन्गमैन, 1997
10. बर्नस्टीन, जेरेमी, *डॉनिंग ऑफ़ द राज : द लाइफ एंड ट्रायल्स ऑफ़ वारेन हेस्टिंग्स,* 2000
11. भाटिया, सुरेश, *सारनाथ वाराणसी एंड कौशाम्बी,* वाराणसी : इंडिका बुक्स, 2008
12. भट्टाचार्य, बीसी, *हिस्ट्री ऑफ़ सारनाथ और क्रेडल ऑफ़ बुद्धिज़्म,* वाराणसी : पिल्ग्रिम्स पब्लिशिंग, 2009
13. बरफ़ोर्ड, रॉबर्ट, *डेस्क्रिप्शन ऑफ़ ए व्यू ऑफ़ द होली सिटी ऑफ़ बनारस, एंड द सेक्रेड गेंजेज़,* लन्दन : आर बरफ़ोर्ड, 1840
14. केप, सी. फिलिप्स, *बनारस :* द *स्ट्राँगहोल्ड ऑफ़ हिन्दूइज़्म,* बोस्टन : रिचर्ड जी बेजर, 2018
15. चंद्रमौली, *होली काशी टू वाइब्रेंट काशी,* वाराणसी : इंडिका बुक्स, 2006
16. ________, *आनन्द कणन काशी,* वाराणसी : पिल्ग्रिम्स पब्लिशिंग, 2012
17. चौधरी, एस.बी., *सिविल डिस्टर्बेंसेज ड्यूरिंग द ब्रिटिश रूल इन इंडिया (1765-1857),* कलकत्ता : द वर्ल्ड प्रेस लिमिटेड, 1955

18. कॉलिन डेवीज़, सी., द *बनारस डायरी ऑफ़ वारेन हेस्टिंग्स,* कामडेन मिसिलनी जिल्द 18, ऑफ़िस ऑफ़ रॉयल हिस्टोरिकल सोसाइटी, लन्दन, 1948
19. डालमिया, वसुधा, *नेशनलाइजेशन ऑफ़ हिन्दू ट्रेडीशंस,* दिल्ली : परमानेंट ब्लैक, 2010
20. दत्ता, के.के., *एंटी-ब्रिटिश प्लोट्स एंड मूवमेंट्स बिफोर 1857,* मेरठ : मीनाक्षी प्रकाशन, 1970
21. देसाई, माधुरी, *बनारस रीकंसट्रक्टेड : आर्किटेक्चर एंड सेक्रेड स्पेस इन ए हिन्दू होली सिटी,* वाशिंगटन : वाशिंगटन यूनिवर्सिटी प्रेस, 2017
22. डोडसन, माइकल एस., *ओरिएंटलिज़्स, एम्पायर एंड नेशनल कल्चर : इंडिया 1770-1880,* लन्दन : पालग्रेव मैकमिलन, 2007
23. ________, *बनारस : अर्बन फॉर्म्स एंड कल्चरल हिस्ट्रीज,* नयी दिल्ली : रूटलेज, 2017
24. एक, डायना, एल., *बनारस : सिटी ऑफ़ लाइट्स,* नयी दिल्ली: पेंगुइन इंडिया, 2015
25. फ्रीटैग, सैंड्रिया, बी., *कल्चर एंड पावर इन बनारस : कम्यूनिटी, परफॉर्मेंस एंड एनवायरमेंट 1800-1980,* कैलिफोर्निया : कैलिफोर्निया यूनिवरसिटी प्रेस, 1992
26. मिशेल, जॉर्ज, *बनारस : द सिटी रिवील्ड,* मुम्बई : मुम्बई मार्ग पब्लिकेशंस, 2005
27. ग्लीग, *मेमोइर्स ऑफ़ द लाइफ ऑफ़ द राइट हॉन वारेन हेस्टिंग्स : फ़र्स्ट गवर्नर जनरल ऑफ़ बंगाल,* 3 खण्ड, लन्दन : आर बेंटले, 1841
28. ग्रीव्स, एडविन, *काशी : द सिटी इलस्ट्रियस ऑर बनारस,* इलाहाबाद : इंडियन प्रेस, 1909
29. गुटचो, नील्स, *बनारस : द सेक्रेड लैंडस्केप ऑफ़ वाराणसी,* जर्मनी : एडिशन एक्सल मेंगेस, 2005
30. हेस्टिंग्स, जीडब्ल्यू, *ए विंडीकेशन ऑफ़ वारेन हेस्टिंग्स,* लन्दन : हेनरी फ्राउड, 1909
31. हैवेल, ई.बी., *बनारस : द सेक्रेड सिटी स्केचेस ऑफ़ हिन्दू लाइफ एंड रिलिजन,* लन्दन: ब्लैकी एंड सन लिमिटेड, 1905
32. हटन, डब्ल्यूएच, *रूलर्स ऑफ़ इंडिया : द मारकुवीज़ वेलेज़ली,* ऑक्सफोर्ड: क्लेरेंडन प्रेस, 1893
33. ________, *मारकुवीज़ वेलेज़ली एंड द डेवलपमेंट ऑफ़ द कम्पनी इंटू द सुप्रीम पावर,* ऑक्सफोर्ड : क्लेरेंडन प्रेस, 1915
34. इनग्राम, एडवर्ड, *टू व्यूज़ ऑफ़ ब्रिटिश इंडिया : द प्राइवेट कॉरेस्पोंडेंस ऑफ़ मिस्टर डंडाज़ एंड लॉर्ड वेलेज़ली 1798-1801,* एडम्स एंड डार्ट, 1969
35. इरविन, एच.सी., द *गार्डन ऑफ़ इंडिया ऑर चैप्टर्स ऑफ़ अवध हिस्ट्री,* लन्दन : डब्ल्यूएच एलन एंड कम्पनी, 1880
36. जायसवाल, विदुला, *एनशिएंट वाराणसी : एन आर्कियोलोजिकल पर्स्पेक्टिव,* नयी दिल्ली : आर्यन बुक्स इंटरनेशनल, 2008
37. ________, *आदि काशी से वाराणसी तक,* नयी दिल्ली : आर्यन बुक्स इंटरनेशनल, 2014

38. जायसवाल, विदुला और बीआर मणि, *अर्ली हिस्ट्री ऑफ़ वाराणसी,* नयी दिल्ली : आर्यन बुक्स इंटरनेशनल, 2016

39. कर्र, डब्ल्यू., *सेलक्शन्स फ्रॉम कलकत्ता गज़ेटियर 1787-1789,* कलकत्ता : मिलिट्री ओरफन प्रेस, 1865

40. काशीकेय, रुद्र और शिव प्रसाद मिश्र, *टेल्स ऑफ़ बनारस, द फ्लावरिंग गैनजेज़ : लाइफ एंड लोर ऑफ़ इंडियाज सेक्रेड सिटी ऑन द गैनजेज़,* बुक्स फेथ, 2002

41. कुलकर्णी, वी.बी., *ब्रिटिश स्टेट्समैन ऑफ़ इंडिया (फ्रॉम वारेन हेस्टिंग्स टू माउंटबेटन),* बॉम्बे : ओरिएंट लॉन्गमैन लिमिटेड, 1961

42. लॉसन, चार्ल्स एलन, *प्राइवेट लाइफ ऑफ़ वारेन हेस्टिंग्स,* लन्दन : मैकमिलन एंड कम्पनी, 1895

43. लेगर, जीन मिशेल, *बनारस : अन वॉयेज डी' आर्किटेक्चर-एन आर्किटेक्चरल वॉयेज, क्रेफिस,* 1989

44. लयाल, अल्फ्रेड, *वारेन हेस्टिंग्स,* लन्दन : मैकमिलन एंड कम्पनी, 1889

45. केए, जेडब्ल्यू *ए हिस्ट्री ऑफ़ सेपॉय वॉर इन इंडिया 1857-58,* 2 खण्ड, लन्दन : डब्ल्यूएच एलन एंड कम्पनी, 1878

46. केनेडी, जेम्स, *लाइफ एंड वर्क्स इन बनारस एंड कुमाऊँ (1839-1877),* लन्दन : टी फिशर अनवीन, 1884

47. मैकाले, टी.बी., *मैकालेज़ एस्सेज़ ऑन क्लाइव एंड हेस्टिंग्स,* लन्दन : ऑक्सफोर्ड यूनिवर्सिटी प्रेस, 1910

48. महाजन, जगमोहन, *वाराणसी विस्टा : अर्ली व्यू ऑफ़ द होली सिटी,* वाराणसी : इंडिका बुक्स, 2008

49. मजूमदार, बी., *ए गाइड टू सारनाथ,* वाराणसी : पिल्ग्रिम्स पब्लिशिंग, 2000

50. मजूमदार, नन्दिनी, बनारस : *वॉक्स थ्रु इंडियाज़ सेक्रेड सिटी,* पंजाब : लोटस, 2014

51. मैल्कम, जॉन, द *पॉलिटिकल हिस्ट्री ऑफ़ इंडिया फ्रॉम 1784-1823,* 2 खण्ड, लन्दन : जॉन मरे, 1826

52. मलिक, ज़हीरुद्दीन, द *रेन ऑफ़ मुहम्मद शाह,* एशिया पब्लिशिंग हाउस, बॉम्बे, 1977

53. मेलीसन, जीबी, *लाइफ़ ऑफ़ वारेन हेस्टिंग्स,* 1894, पुनः प्रकाशित, लन्दनः चैपमैन एंड हॉल, 1985

54. __________, *एडमिनिस्ट्रेशन ऑफ़ ब्रिटिश इंडिया अंडर लॉर्ड वेलेज़ली,* नयी दिल्ली : दया पब्लिशिंग, 1989

55. मार्शल, पी.जे., द *इम्पीचमेंट ऑफ़ वारेन हेस्टिंग्स,* लन्दन : ऑक्सफोर्ड यूनिवर्सिटी प्रेस, 1965

56. मेहता, भानुशंकर, *अनसीन बनारस,* वाराणसी : पिल्ग्रिम्स पब्लिशिंग, 2013

57. मिल, जेम्स, *हिस्ट्री ऑफ़ ब्रिटिश इंडिया,* सम्बन्धित खण्ड, लन्दन : जेम्स मैडेन, 1858

58. मिश्रा, के.पी., *बनारस इन ट्रांजिशन 1738-1795 :* सोशियो-इकोनॉमिक स्टडी, नयी दिल्ली: मुंशीराम मनोहरलाल पब्लिशर्स, 1975

59. _________, *सिचुएटिंग बनारस इन नाइंटींथ सेंचुरी एरा ऑफ़ ट्रांजिशन इन बनारस रीजन,* नयी दिल्ली : मानक पब्लिकेशन प्राइवेट लिमिटेड, 2012

60. मिश्रा, शिव प्रसाद, *बहती गंगा,* नयी दिल्ली : राधाकृष्ण प्रकाशन प्राइवेट लिमिटेड, 2010

61. मोहन, सुरेन्द्र, *अवध अंडर द नवाब्स : पॉलिटिक्स, कल्चर, एंड कम्यूनल रिलेशंस 1722-1856,* नयी दिल्ली : मनोहर प्रकाशन, 1997

62. मोतीचंद, *काशी का इतिहास,* वाराणसी : विश्वविद्यालय प्रकाशन, 1962

63. मुखर्जी, विश्वनाथ, *बना रहे बनारस,* काशी : भारतीय ज्ञानपीठ,1958

64. मुथैया, केएस, *स्माइलिंग बनारस,* लन्दन : रायथे एंड कम्पनी प्रिंटर्स, 1911

65. नन्द, स्वामी मेधासा, *वाराणसी एट द क्रॉसरोड्स : ए पेनोरमिक व्यू ऑफ़ अर्ली मॉडर्न वाराणसी एंड स्टोरी ऑफ़ इट्स ट्रांजीशन,* 2 खण्ड, द रामकृष्ण मिशन इंस्टीट्यूट ऑफ़ कल्चर, 2013

66. नारायण, वी.ए., *जोनाथन डंकन एंड वाराणसी,* कलकत्ता : फरमा के.एल. मुखोपाध्याय, 1999

67. ओल्डहम, विल्टन, *हिस्टॉरिकल एंड स्टेटिस्टिकल मेमोइर ऑफ़ द ग़ाज़ीपुर डिस्ट्रिक्ट, 1781-95,* इलाहाबाद : एनडब्ल्यूपी गवर्नमेंट प्रेस, 1876

68. पाण्डे, बनारसी लाल, महाराजा बलवन्त सिंह : काशी का अतीत, 1975

69. पाण्डे, गिरिजा शंकर, *अठारह वर्ष बाद,* आनन्द पुस्तक भवन, वाराणसी, अक्टूबर, 1958

70. _________, *चेत सिंह का सपना,* अठारहवीं शताब्दी के उत्तर भारत का क्रान्तिकारी राजनीतिक उपन्यास, आनन्द पुस्तक, भवन, वाराणसी, 1956, द्वितीय संस्करण, 1960

71. पाठक, श्रेया, *द रुलिंग डाइनेस्टी ऑफ़ बनारस स्टेट : इट्स राइज़ एंड डेवलपमेंट* 1740-1950, नयी दिल्ली : अनामिका पब्लिशर्स एंड डिस्ट्रीब्यूटर्स प्राइवेट लिमिटेड, 2014

72. फिलिप्स, सीएच, *द ईस्ट इंडिया कम्पनी 1784-1834,* मैनचेस्टर : मैनचेस्टर यूनिवर्सिटी प्रेस, 1940

73. _________, *इंडिया (ब्रिटिश एम्पायर हिस्ट्री),* लन्दन : हचिंसन्स यूनिवर्सिटी लाइब्रेरी, 1948

74. प्रेमचंद, *हंस पत्रिका,* 1934

75. प्रिंसेप, एचटी, *हिस्ट्री ऑफ़ पॉलिटिकल एंड मिलिट्री ट्रेंज़ैक्शन्स इन इंडिया,* लन्दन : किंग्सबरी पारमरी, 1825

76. प्रिंसेप, जेम्स, *बनारस इलस्ट्रेटेड,* 1996

77. क़ुरेशी, हामिद आफ़ाक़, *सोरसेज़ ऑन अवध 1722 एडी टू 1856 एडी,* लखनऊ : न्यू रॉयल बुक कम्पनी, 2004

78. _________, *द फिलिकर्स ऑफ़ एन इंडिपेंडेंट नवाबी : नवाब वज़ीर अली ख़ान,* 2 खण्ड, लखनऊ : न्यू रॉयल बुक कम्पनी, 2002

79. _________, *द मुग़ल्स, द इंग्लिश एंड द रुलर्स ऑफ़ अवध : फ्रॉम 1722 टू 1856 एडी-ए क्लाइडोइस्कोपिक स्टडी*, लखनऊ : न्यू रॉयल बुक कम्पनी, 2003
80. रेनिक, एमएस, *लॉर्ड वेलेज़ली एंड द इंडियन स्टेट*, आगरा : अरविन्द विवेक प्रकाशन, 1987
81. रॉबर्ट्स, पीई, *हिस्ट्री ऑफ़ ब्रिटिश इंडिया अंडर द कम्पनी एंड द क्राउन*, लन्दन : ऑक्सफोर्ड यूनिवर्सिटी प्रेस, 1921
82. _________, *इंडिया अंडर वेलेज़ली*, लन्दन : जी. बेल, 1929
83. साहनी, दयाराम, *बुद्धिस्ट रूइन्स ऑफ़ सारनाथ. ए गाइड*, 1911
84. साहनी, दयाराम और एमए रायबहादुर, *ए गाइड टू द बुद्धिस्ट रूइन्स ऑफ़ सारनाथ विद ए प्लान ऑफ़ एक्सकेवेशन*, नयी दिल्ली : ज्ञान पब्लिशिंग हाउस, 1926
85. सम्पूर्णानन्द, *चेत सिंह और काशी के निवासियों का अंग्रेज़ों से युद्ध*, *वाराणसी :* नागरी प्रचारिणी सभा, 2000
86. सान्याल, सुप्रकाश, *बनारस एंड इंग्लिश ईस्ट इंडिया कम्पनी (1764-1795)*, कलकत्ता: वर्ल्ड प्रेस, 1979
87. सरस्वती, स्वामी शिवानन्द, *काशी गौरव*, एस. एस. सरस्वती, 1993
88. सेन, रजनी रंजन, *द होली सिटी बनारस*, चटगाँव : एम आर सेन, 1912
89. शेरिंग, एम.ए., *बनारस द सेक्रेड सिटी ऑफ़ द हिन्दूज़ इन एनशिएंट एंड मॉडर्न टाइम्स*, दिल्ली : बीआर प्रकाशन निगम,1868
90. _________, *हिन्दू ट्राइब्स एंड कास्ट्स ऐज़ रिप्रेसेंटेड इन बनारस, कलकत्ता :* ठाकर स्पिंक एंड कम्पनी, 1872
91. सिंह, जेआर, *सारनाथ : पास्ट एंड प्रेजेंट*, 1980
92. सिंह, रघुबीराजन, *बनारस : सेक्रेड सिटी ऑफ़ इंडिया, लन्दन :* थेम्स एंड हडसन लिमिटेड,1987
93. सिंह, राणा पी.बी., *बनारस : मेकिंग ऑफ़ इंडियाज हेरिटेज सिटी*, कैम्ब्रिज स्कॉलर्स पब्लिशिंग, 2009
94. _________, *बनारस :* द *हेरिटेज सिटी ऑफ़ इंडिया : ज्योग्राफी, हिस्ट्री एंड बिब्लिओग्राफी*, वाराणसी : इंडिका बुक्स, 2009
95. _________, *कॉस्मिक ऑर्डर एंड कल्चरल एस्ट्रॉनॉमी : सेक्रेड सिटीज ऑफ़ इंडिया*, वाराणसी : इंडिका बुक्स, 2009
96. _________, (सं.) *बनारस (वाराणसी) : कॉस्मिक ऑर्डर, सेक्रेड सिटी, हिन्दू ट्रेडीशन्स*, कैम्ब्रिज स्कॉलर्स पब्लिशिंग, 2009
97. सिंह, राणा पीबी और प्रेमलता, *सारनाथ : कल्चरल हेरिटेज, म्यूज़ियम, टूरिज़्म*, वाराणसी : तारा प्रिंटिंग वर्क्स, 1991
98. सिंह, ठाकुर प्रसाद, *स्वतन्त्रता आन्दोलन और बनारस*, वाराणसी : विश्वविद्यालय प्रकाशन, 1990

99. श्रीवास्तव, एएल, *शुजा-उद्दौला,* 2 खण्ड, दिल्ली : शिव लाल अगरवाल एंड कम्पनी (प्राइवेट) लिमिटेड, 1939

100. __________, *फ़र्स्ट टू नवाब्स ऑफ़ अवध,* आगरा : शिव लाल अग्रवाल एंड कम्पनी लिमिटेड, 1954

101. श्रीवास्तव, बिरेन्द्र बहादुर, *सर जॉन शोरस पॉलिसी टुवर्ड्स द इंडियन स्टेट्स, 1793-1798,* इलाहाबाद : चुघ पब्लिकेशंस, 1981

102. सुकुल, केदारनाथ, वाराणसी डाउन द एजेज़, वाराणसी : भार्गव भूषण प्रेस, 1974

103. __________, वाराणसी वैभव, बिहार राष्ट्रभाषा परिषद, 2008

104. टीनमाउथ, मेमोइर ऑफ़ द लाइफ एंड कॉरेस्पोंडेंस ऑफ़ चार्ल्स जॉन शोर जॉन लॉर्ड टीनमाउथ, खण्ड 1, लन्दन : हैचर्ड एंड सन, 1843

105. ट्रॉटर, लियोनेल जे, *वारेन हेस्टिंग्स,* लन्दन : एलन, 1878

106. उपाध्याय, वैकुंठनाथ, *काशीखण्ड,* वाराणसी : विष्णु प्रेस, 1967

107. उपाध्याय, बलदेव, *काशी की पांडित्य परम्परा* (1200-1900), 1983

108. वर्मा, बालमुकुन्द, काशी या बनारस, 1935

109. वर्मा बालमुकुन्द और रामचन्द्र, बनारस का इतिहास या काशी दर्शन, 1910

110. वर्मा, नीरा, काशी : एक सांस्कृतिक विरासत, 2018

111. विश्वकर्मा, ईश्वरचन्द, *काशी का ऐतिहासिक भूगोल : आरम्भ से लेकर बारहवी सदी तक, 1905*

112. वर्लग, हैरासोविप्ज़, *विजुअलाइज़्ड टेक्स्ट : सेक्रेड स्पेस, स्पेशियल टेक्स्ट एंड रिलिजियस कार्टोग्राफ़ी ऑफ़ बनारस,* 2011

113. यांग, आनन्द ए., *बाज़ार इंडिया : मार्केट्स, सोसाइटी एंड द कोलोनियल स्टेट इन गैंजेटिक बिहार, बर्कले :* कैलिफोर्निया यूनिवर्सिटी प्रेस, 1999

जगतगंज राजपरिवार

बाबू जयनारायण सिंह

कुसुम कुंवर

रवीन्द्र नारायण सिंह

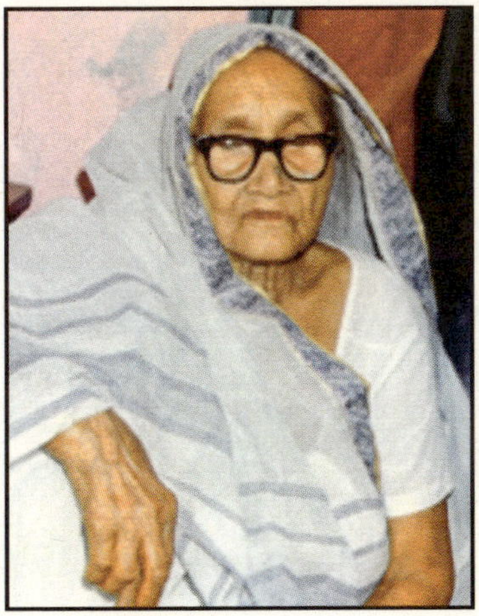

गिरजा कुंवर

इन्द्र नारायण सिंह

देवकी कुंवर

ऐश्वर्य नारायण सिंह

फतेह नारायण सिंह

प्रदीप नारायण सिंह

रेनु सिंह

वैभव नारायण सिंह

आकृति आलोक सिंह

कुशाग्र नारायण सिंह

समृद्धि परासर सिंह

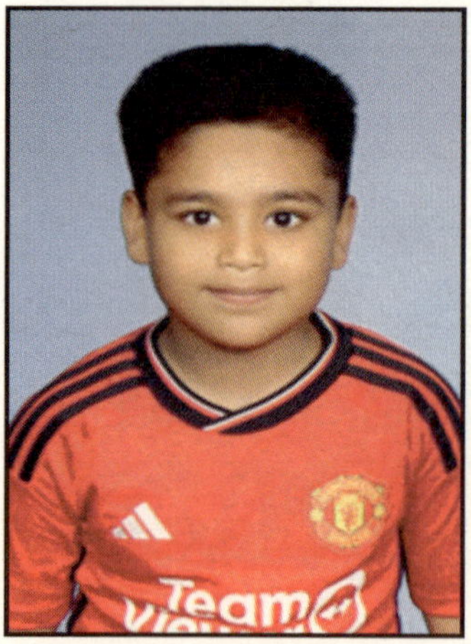

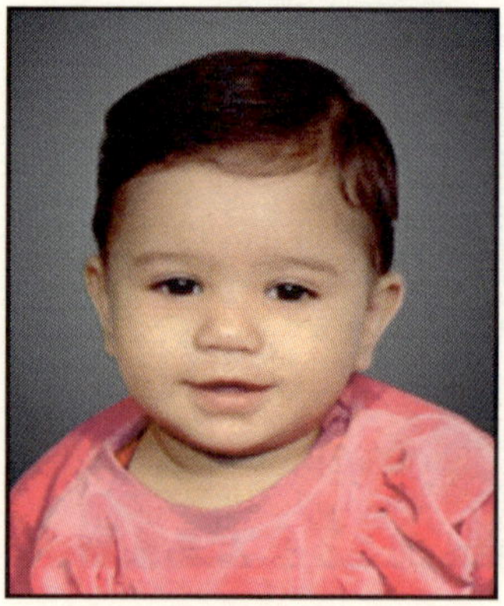

अद्वैत नारायण सिंह

काश्वी कुशाग्र सिंह

ऊपर बायें से (खड़े)–सूर्य नारायण सिंह, डॉ. शशि नारायण सिंह, सिद्ध नारायण सिंह।
कुर्सी पर बैठे हुए (बायें से)–रवीन्द्र नारायण सिंह, राय बहादुर कवीन्द्र नारायण सिंह, पवीन्द्र नारायण सिंह।
कवीन्द्र नारायण सिंह के बायें–विजय नारायण सिंह, दाहिने–शिव नारायण सिंह
सबसे नीचे बायें से–शम्भू नारायण सिंह, विनोद नारायण सिंह, जय नारायण सिंह।

जगतगंज कोठी
JAGATGANJ KOTHI
British army arrested Babu Jagat Singh at this place on 18.03.1799 against the charge of armed revolt at Banaras on 14.01.1799 against their Government. He was taken to Chunar and confined in Chunar Fort since 21.03.1799, trial was carried out in special court at Benaras and The Nizamat Adalat from 17th June to 22nd July 1799. He was sentenced to death. However this punishment was converted into "transportation beyond sea till life". The Calcutta council confirmed the sentence on 23rd July 1799 and on 10th August 1799 he was sent to Calcutta from Benaras through river transportation and was confined in Fort William on 31.08.1799. The Governor General in council ordered to deport him on 18th October 1799 to St. Helena Island (near South Africa) which was 7164 nautical miles away from Calcutta by ship named Osterly. While being taken for embarkation through Hughli river (Ganga river) he threw himself into the water of Ganga Sagar to take Jal Samadhi on 20.10.1799.

Jagatganj Kothi
Rajpariwar
जगतगंज कोठी

जगतगंज राजपरिवार रिसर्च कमेटी
बायें से दायें अरविन्द कुमार सिंह, श्रेया पाठक, राणा पी. वी. सिंह, त्रिपुरारी शंकर, हामिद आफ़ाक़ क़ुरेशी, प्रदीप नारायण सिंह

एच.ए. कुरेशी **श्रेया पाठक**

बायें से दाहिने बैठे हुए विशिष्ट जन–श्री अशोक आनन्द, श्री अनूप श्रीवास्तव, मेजर डॉ. अरविन्द कुमार सिंह, श्री त्रिपुरारी शंकर (एडवोकेट), श्री प्रदीप नारायण सिंह, श्री अद्वैत नारायण सिंह, प्रो. मनोज राय, प्रो. ध्रुव कुमार सिंह, श्री अशोक कपूर, प्रो. कमलशील, प्रो. दीपक मलिक, प्रो. अवधेश प्रधान, डॉ. हामिद आफ़ाक़ क़ुरेशी (लेखक), प्रो. राणा पी. बी. सिंह, प्रो. राम सुधार सिंह, प्रो. विदुला जायसवाल, श्रीमती प्रेमा अग्रवाल, डॉ. मीरा शर्मा, श्री राजेन्द्र कुमार दुबे, श्री अरविन्द कुमार सिंह (एडवोकेट)

पिछली पंक्ति में बायें से दाहिने खड़े हुए विशिष्ट जन–श्री अनिल तिवारी, श्री वैभव कुमार सिंह, श्री विकास यादव, श्री मोहम्मद शमीम अहमद, श्री समी अहमद, श्री अभिजीत चटर्जी

(11.12.2023 को *द लॉस्ट हीरो ऑफ़ बनारस : बाबू जगत सिंह* नामक पुस्तक के लोकार्पण की पूर्व संध्या पर मन्दिर-मस्जिद-गुरुद्वारा भूमि और जगतगंज कोठी के समीप से निरीक्षण करने तथा चर्चा हेतु उपरोक्त सम्मानित प्रोफ़ेसरगण एवं विशिष्टजन उपस्थित हुए)

नामानुक्रमणिका

अ

अजायब सिंह-153

अद्वैत नारायण सिंह-319,324

अनिल तिवारी-324

अनूप श्रीवास्तव-324

अवध-23

अरविन्द कुमार सिंह मेजर-29,322,324

अरविन्द कुमार सिंह एडवोकेट-324

अब्राहम वेलैण्ड-103

अब्दुल्ला बेग-43

अबुल क़ासिम अंसारी-155

अम्बाजी इंगलिया-157

अमान अली-245

अमानुल्लाह-245

अमदू-245

अभिजीत चटर्जी-324

अलेक्जेण्डर डंकन-279,280

अवतार सिंह-158,173

अवधेश प्रधान-324

अशरफ अली खान-133

अशोक आनन्द-324

अशोक कपूर-324

अहमद अली बेग-191

अहमद शाह अब्दाली-36

अहमद शाह दुर्रानी-125

आ

आक़ा अहमद बहबहानी-124

आकृति आलोक सिंह-317

आग़ा हुसैन-166

आदित्य नारायण सिंह-27,113,239

आसफ-उद्दौला-24,124,125,128,234,288

आसमान सिंह-105

इ

इन्द्र नारायण सिंह-27,239,240,316

इज़्ज़त अली-133,153,163,178

इच्छा सिंह-137

इरविन-129

इमाम अली-163,212

इमाम-उद्दीन-132

इरादत खान-33,34,35

इशरत हुसैन अंसारी-104

ई

ईस्ट इंडिया कम्पनी-23

ईश्वरी प्रसाद नारायण सिंह-112

ईश नारायण सिंह-27,239

उ

उदवन्त सिंह-159

उदित नारायण सिंह बहादुर-25,72,104,105,

112,113,135,172,229
उन्गनु सिंह-191
उन्देरिन सिंह-137
उमराव गिर गोसाईं-194
उर्दुन सिंह-159,
उर्दन सिंह हज़ारी-161,173

ए

ए.एल. श्रीवास्तव-33,36
एडमोंस्टन-131
एण्डरसन-39
एडवर्ड थॉमस-90
एच.आर. नेविल-33
एच.टी. कैलक्राफ्ट-207
एच.सी. सीली-196
एनी बेसेण्ट-239
एलन मैकलीन -175
एल्फिंस्टन-194,198
एलिच खान-107,284,285,286,287,288
एस.बी. चौधरी-213
एर्स्किन-134,163,169,196,198,200,237

ऐ

ऐश्वर्य नारायण सिंह-26,239,316

ओ

ओरदम सिंह-173
ओल्डहम-113,288

औ

औदान सिंह-161
औसान सिंह- 39,60,61,104,106,109,110,
231,283,285

अं

अंगनू पाण्डे-210

क

कमल गुप्त-32
कमलशील-324
कलन्दर सिंह-105,161
कल्ब अली खान-190,192
कल्ब अली बेग उर्फ मुगुल बेग-159,163,
192
कर्ताराम-159
कवीन्द्र नारायण सिंह-240,319
करीमुल्लाह-245
कॉनवे-164
कॉर्टर-189
कॉर्टियर-284,285,286,287
काशीबाई-79
काश्वी कुशाग्र सिंह-318
कनिंघम-26,89,92,93,94,95,96,97,232,
233
कुतलुग सुल्तान बेगम-134,169
कुशाग्र नारायण सिंह-318
कुसुम कुँवर-215
कोलिन्स-26,189
क्रिस्टोफर बेली-32
कीथू मिश्र-34
कुद्दुन सिंह-154
कुर्बान अली सैयद-193
केए-129,204,231
कोर्निश-193

ख

ख्वाजा शहामतुल्लाह, आमिल -152

खंचन उर्फ कंचन सिंह-174
खुर्शीद अली-137
खैर-उद्दीन बेग-212
ख़ैर-उद्दीन मुहम्मद- 33,60,103,281,282, 283,284,285,285,288
खैराती-244

ग

गज्जू सिंह-159
गणेश राय-160
गरीब हुसैन-64
गजराज सिंह-152,194,201,208,245
गन्नू सिंह उर्फ गुन्नू-159,174
गिनवर्च-152
गिरजा कुँवर-315
गिरधारी लाल-169
गिरिजा शंकर पाण्डेय-61,281
गुनगुन दूबे-191,193
गुरदत्त सिंह-154
गुरु पाण्डे-191
गुरबख्श-167
गुलाब कुँवर-105,109,110,112,283
गुलाब सिंह-159
गुलाम हुसैन खान-33,283
गैरिसन-134
गोपाल सिंह-161,172
गोपीनाथ-155
गौतम बुद्ध-85
गौरव पाण्डे-210

च

चन्द्रसेन सिंह-159,172
चार्ल्स बोडम-195
चेरी- 25,131,132,135,136,137,138,139, 156,157,162,163,164,165,166,167, 171,178,192,210,211,212,244,245
चेतसिंह-23,24,40,41,60,64,103,104, 105,108,109,110,133,206,213,229, 231,271,278,281,282,283,284,285, 286,287,288,289,290
चैन सिंह-154,163,191,192,212,213,244

छ

छोटू बाबू-105,110

ज

जनरल एरस्किन-25,167
जगत सिंह द्वितीय-173
जगन्नाथ सिंह-153,175,188,190,207
जगरदेव सिंह-105,109
जगरूब सिंह-137
जब्बर सिंह-154
जमान शाह-129,155,156,178,213
जयजीत सिंह-60,230
जय गोविन्द सिंह-71
जय नारायण सिंह उर्फ जय बाबू-240, 315, 319
ज़मान शाह दुर्रानी-125,145,155
ज़हीर उद्दीन मलिक-33
जहाँदार शाह-33,134
जालिम सिंह-60,109,154
जीतन सिंह-158,173
जी.एच. बार्लो-202
जी. रसेल-178,188
जुनारी-160
जेम्स क्रेग-178
जेम्स प्रिंसेप-91

जेम्स लाटूच-239
जे. कोलिन्स-170
जे.एच. हैरिंगटन-191
जे. रूटलेज-166,199
जैकब राइडर-189
जॉर्ज फ्रेडरिक चेरी-25,75
जॉन कार्टियर-37
जॉन कॉलिन्स-189
जॉर्ज विस्काउण्ट वैलेंशिया-165
जॉन लम्सडेन-25,71
जोरावर सिंह-154
जोधन सिंह-244

ट

टकर लेफ्टिनेण्ट-207,238
टीपू सुलतान-126
ट्रेव्स-167

ड

डी. मैककीनोन-274
डेनियल बारवेल-39
डेविड वेंडरहेडन-200
डेविड डिकोस्टा-175,191
डेविस जॉन फ्रान्सिस-63,178
डेविस सैमुएल-24,25,63,132,136,137,138,164,165,168,193,194,195,196,197,198,199,204,205,210,212
डेविडसन-95
डोबरी सिंह-137
डंकन जोनाथन -63,66,67,88, 93,94,96,137,139,205,234,241,269,271,274

त

तफज़्ज़ुल हुसैन खान-123,127,128,130
तहसीन अली खान-124,131
तिलक सिंह-76,79
तिलक राज-112
तुक्खर सिंह-159
तुसुन सिंह-211
तोंदमल उर्फ तोरलमल-193

थ

थॉमस ग्राहम-24,39,199

द

दसाराम- 23,34,35,57,58,59,71,80,104,229,231,240,270,282
दयाराम-23,34,35,104,107,229,270,281
दलजीत सिंह-245
दायम खान-59,230
दा वैश्य-161
दासू राय-160
दिल दिलेर खान-134
दीपक मलिक-324
दुर्गा नारायण सिंह-60,230
दुर्ग विजय सिंह-71,105,110,283
दुर्गबिजय सिंह-105
दूनन-244
देपा सिंह-174
देवशंकर-211
देवकी कुँवर-316
देवकी नन्दन सिंह-175
देवी सिंह-159
देह सिंह-159
दौलत राव सिन्धिया-157,189

ध
धन्ना सिंह-166,167
ध्रुव कुमार सिंह-324
धौकल सिंह-191,194

न
नन्दन सिंह-60,230
नन्दा भगत-283
नजफ़ खान-128
नत्था सिंह-158
नन्हकू सिंह-105
नर नारायण सिंह-112
निहाल सिंह-105
नीव जॉन-167,171,172,188,193,200
नुथर सिंह-173
नूर मुहम्मद-163
नेपोलियन-137,203,204,205
नोक लेफ्टिनेंट कर्नल-202

प
पन्ना कुँवर-106
पवीन्द्र नारायण सिंह-240,319
पृथ्वीपाल सिंह-60,230
प्लासी-23
प्रदीप नारायण सिंह-29,240,317,322,324
प्रभु नारायण सिंह-113
प्रसिद्ध नारायण सिंह-112
प्रताप सिंह-63,105
प्रताप रुद्र सिंह-109
प्रषांत सिंह-137
प्रेमा अग्रवाल-324
पूरन सिंह-154
पेरोन-157
पैटन-171
पोफम-46,47,278
पी. गैलीज-127
पी. ट्रेवेस-200
पीताम्बर सिंह-67
पीर मोहम्मद-245

फ
फतेह नारायण सिंह-26,154,238,239,316
फ्रांसिस-40,41,42,43,44,45,63
फॉक-41

ब
बखत सिंह-154
बदलू सिंह-191
बलवन्त सिंह-23,35,36,57,58, 59,67,80, 103,105,108,110,112,229,230,231, 270,271,272,273,274,278,281,282, 283,284,285,286,269,296
बलराज-244
बरियार सिंह-105
बसन्त सिंह-60,159,230
बसन्तपाल-91
बहादुर सिंह-63,151,159,172,196,197, 201,207,208,245
बन्नू सिंह-137
बहोरे सिंह-161
बहू बेगम-124,128,130,132
बाबू जगत सिंह- 25,27,28,29,30,57,58, 59,60,61,62,63,64,65,66,67,68,69, 70,90,91,92,93,94,95, 96,145, 146,149,150,151,152,153,154, 166,167,168,169,170,171,172, 173,174,175,177,178,190,191, 192,193,194,195,196,197,198,

199,200,201,202,203,204,205, 206,207,208,209,211,212,213, 214,215,230,231,232,233,234, 235,236,237,238,240,241,269, 274,275,276,277,279,280,281, 282,289,324
बाबू जगत देव सिंह-30
बाबूराम-133
बाबू बख्श सिंह-159
बाजा सिंह रघुवंशी-161
बाजी सिंह-158
बाजे सिंह-173
बादल खान-163
बालकिशन-283
बालगोविन्द सिंह-158,160,161,163,174
बालाजी राव-79
बारवेल-39
बार्लो-172
बाहू सिंह-161
बिस्मिल्लाह-244
बीचक पाण्डेय-211
बीचक सिंह प्रथम-163,174,191,208,209
बीचक सिंह द्वितीय-159,172,173
बीचक सिंह तृतीय-168
बिशन सिंह-158,161,172
बिशन ब्रजबासी-160,172
बीचन सिंह उर्फ हींचण राम-158
बेली-33
बेहराजी सिंह-137
बोधराज साहू-152,191,195
बुहुक सिंह-159
ब्रह्मदत्त-85
ब्राउन-170

भ

भगवन्त दास-191,192
भवानी सिंह-194
भवानी शंकर सिंह- 153,159,160,161,163, 167,172,173,194,195,210,211
भाईराम-283
भाऊ राय-160
भाऊनाथ राय-160
भाटिया-92

म

मनोज राय-324
मनोरथ सिंह-137,172,174
मलिक बोहरा-164
महाबत खान-33
मनोरंजन सिंह उर्फ मतरंजन उर्फ मीरांजी- 34, 229,270
मनयार सिंह- 61,64,105,107,109,110, 281,282,283,289
महमूद-188
महीप नारायण सिंह- 24,30,67,72,104, 105,112,113,153,229,231,271, 272,273,276,279,282,283,289
महिपाल-87
मजूमदार-92
मायाराम-23,35,104,229,270
मॉनसन-39
मारकुवीज़ कार्नवालिस-280
मॉर्निंगटन-131,134,199
मार्खम-41,42,43,90,279
मातीम सिंह-158
मातूर्ण सिंह-173
मीर अज़ीज़-उद्दीन-163
मीर कासिम-134

मीर रुस्तम अली-33,34,229
मीरा जायसवाल-324
मेकॉले-111
मोहम्मद शाह-23,33
मोहम्मद बख्श-245
मुख्तार उद्दौला-128
मुन्नू सिंह-159
मुनीर खान-288
मुनीर मुहम्मद-164
मुराद-212,244
मुल्ला मुहम्मद माज़ंदरान-155
मुर्तुज़ा खान-23,33,229
मुलुस-67
मंखू सिंह-137
मंसाराम-23,34,103,104,229,270,278
मिर्जा अली-211
मिर्जा पंचू-25,137,163
मिर्जा बेग-212
मिर्जा मुखव-199
मिर्जा मुगुल-163
मिर्जा मुहम्मद तक़ी ख़ान-155
मिर्जा मुजफ़्फ़र बख़्त-168
मिर्जा वज़ीर अली-123,125,211
मेहरबान सिंह-105,107,281
मेजर किट्टो-97
मेजर मैकन-166,167
मेजर पिगोट-167
मैकाले-32
मोहम्मद शमीम अहमद-324

य

याहिया खान-80

र

रणजीत सिंह-60,230
रतन सेन राव-152
रमन सिंह-137
रमज़ानी-244
रवीन्द्र नारायण सिंह-240,315,319
रहीम अली-163
राणा पी.वी. सिंह-29,322,324
रानी विक्टोरिया-239
राजा बानर-34
राजा रामचन्द्र-273
रामदयाल सिंह-158,172,209,244
राम नारायण सिंह-199
राम दास-159
रामसुधार सिंह-324
रामसेवक-244
राम परगस सिंह-159,174
रामप्रसाद-210
रामांक कुँवर-58
राबर्ट क्लाइव-23
राबर्ट ग्राहम-110,164
रॉबर्ट बार्कर-288
रॉबर्ट ब्रुक-203
राजवंश-23
राजा प्रताप सिंह-170,189
राजेन्द्र कुमार दुबे-324
राव कृष्णराव-80
राव शिवनाथ सिंह-159
रिखाई सिंह-137
रिचर्ड इवांस-163
रूप सिंह- 70,71,77,105,108,269,274,
275,277,278,280
रेव. जी.आर. ग्लीग-46
रेनु सिंह-317

रेने-198
रैन सिंह-154
रोशन सिंह-158,173
रंगलाल-159

ल

लखन सिंह- 60,69,70,108,269,274,275,277,279,280
लक्ष्मी नारायण सिंह-145,151,172,238
लम्सडेन- 76,78,123,124,126,130,156,162,163,178,190
लाल सिंह-210
लाला गंगा राम-76
लीला सिंह-158,173
लॉर्ड क्लाइव-38
लॉर्ड टीनमाउथ-156
लार्ड कार्नवालिस-64,271
लॉर्ड मॉर्निंगटन-156
लोहानी-161

व

वज़ीर अली- 25,30,108,123,127,128,130,132,133,135,136,137,138,139,145,146,151,153,154,155,156,157,159,160,162,163,164,165,166,167,168,169,170,171,172,173,174,177,178,187,188,189,190,191,192,193,194,200,209,212,213,214,234,235,236
वज़ीर मुहम्मद-133
वारिस अली- 133,135,137,138,153,159,163,165,168,169,178,187,192
विकास यादव-324
विजय नारायण सिंह-319
विनोद नारायण सिंह-240,319
विदुला जायसवाल-324
विभूति नारायण सिंह-113
विलफोर्ड-91
विलियम टेनेन्ट-177
विलियम पामर-129
विलियम लैली-171
वी.ए. नारायण-92
वेलेज़ली-140,189,237
वेलैण्ड-189
वैभव कुमार सिंह-324
वैभव नारायण सिंह-317
व्हीलर-40,41,42,43

श

शम्भू नारायण सिंह-319
शम्स उन्निसा बेगम-132
शम्स-उद्दौला-155
शशि नारायण सिंह-240,319
शहजादा शगुफ्ता बख्त-134
शाकिर खान-33
शाह आलम-287
शिव लाल दूबे-173
शिव लाल सिंह-29,60,71,104,230,282
शिव दयाल सिंह-133,137,164,245
शिव देव सिंह- 159,161,163,167,168,194,195,196,197,210,211
शिव अम्बर सिंह-105,153,158,160,166,191,194,195
शिव गुलाम सिंह-230
शिव जालिम सिंह-230
शिवनाथ सिंह-153,160,161,172,173,194,195,197,198
शिव नारायण सिंह-105,161,319

शिव परसन सिंह-137,151,152,153,191,
194,195
शिव प्रसाद सिंह-153,172
शिव रतन-191
शिव रतन सिंह-135,153,191,194,195
शिवराज सिंह-154
शिवशरण सिंह-158,160,172,209
शिव शंकर सिंह-160
शितब राय-37,283,286,287
शीतल सिंह-154
शुकरुल्लाह-245
शुजा-उद्दौला-23,24,36,60,61,75,104,
107,109,124,125,127,234,281,282,
284,286,287,288,289
शुब्रिक-167
शेरिंग-91,96
शेख अब्दुल्ला-35
शेख अली-163
शेख अली नकी-283,286,287
शेख क़ासिम-163
शेख गुलाम -76,230
शेख वज़ीर मुहम्मद-137
शेवान सिंह-137
शोभन सिंह-137,159
श्रीकृष्ण मिश्र-240
श्रेया पाठक-29,322,323

स

सआदत खान- 33,124,127,128,131,132,
162,172,177,187
सद्दन-128
सन्थू सिंह-194
सफदर जंग-23,79
सफदर अली-245
सम्पूर्णानन्द-240
सम्मन सिंह-137
समी अहमद-324
सरनाम सिंह-71,104,105
सरबजीत सिंह-74,135,154
सर जॉन शोर- 23,24,65,125,127,130,
132,135,164,178,241,269,274
सर विलियम जोंस-88
सर आयर कूट-41
सम्राट अशोक-88
समृद्धि परासर सिंह-318
सालार मसउद-34
सुब्हान अली खान-281
सुमन सिंह-159
सुजान सिंह-105,109,110,278
सुन्दर सिंह-67
सुमनी सिंह-159
सुमोद सिंह-160,161
सुमानी सिंह-161,173
सुमानी सिंह चौधरी-161
सुमेद सिंह-158,172,173
सुखराम दास-146,151,152,190,191,
192,193,245
सुबुन सिंह-174
सुदान्त सिंह-137
सुप्रकाश सान्याल-283,284
सुब्हान अली खान-104,281
सुमील-211
सूरज गुलाम सिंह-154
सूर्य नारायण सिंह-240,319
सैयद नूर-उल-हसन-107
सैयद अकबर अली खान-193
सैयद मजहर हसन-281
सी. मैकेन्जी-89

सिद्ध नारायण सिंह-240,319
सिन्धिया-39,129,145,155,190,213,236
सिम्स-46
स्थिरपाल-91
स्टिबर्ट-41
स्टॉकर-46,278
स्कॉट-46
संगकर-89,97
संग्राम सिंह-159,174
संसार सिंह-137

ह

हर देव सिंह-159
हरदयाल-210
हर दयाल पाण्डे-191
हर नारायण सिंह-244
हफीज़ुल्लाह-212
हॉर्पर-281,285,286
हरिचरण-285
हरिदास-193
हाजी-244
हामिद आफाक कुरेशी-30,104,188, 322, 323,324
हिम्मत अली-191
हिम्मत खान-33, 283
हिल-164
हेनरी ब्लॉकमैन-104
हेनरी लॉरेंस-133
हेस्टिंग्स वारेन- 24,39,40,41,42,43,103, 110,113,171,234,241,278,289
होरेस-177
ह्वेनसांग-87

त्र

त्रिपुरारी शंकर-29,322,324